LA FE CRISTIANA FRENTE A LOS DESAFIOS CONTEMPORANEOS

La fe cristiana frente a los desafíos contemporáneos

John Stott

1991
NUEVA CREACION
BUENOS AIRES — GRAND RAPIDS
Y
WILLIAM B. EERDMANS PUBLISHING COMPANY

filial de Wm. B. Eerdmans Publishing Co.
255 Jefferson Ave. S.E., Grand Rapids, Mich. 49503

Nueva Creación, José Mármol 1734 – (1602) Florida
Buenos Aires, Argentina

Título original:
Involvement: Being a Responsible Christian
in a Non-Christian Society (vol. 1) y
Involvement: Social and Sexual Relationships
in the Modern World (vol. 2).

Traducción de Lilian D. Rogers

Impreso en los Estados Unidos
Printed in the United States of America

Reprinted 1995

Library of Congress Cataloging-in-Publication Data

Stott, John R. W.
[Issues facing Christians today. Spanish]
La fe cristiana frente a los desafíos contemporáneos / John Stott;
[traducción de Lilian D. Rogers].
p. cm.
Translation of: Issues facing Christians today.
Includes bibliographical references and indexes.
ISBN 0-8028-0918-9
1. Sociology, Christian. 2. Church and social problems.
3. Evangelicalism. 4. Sex — Religious aspects — Christianity.
5. Christian life — Anglican authors. I. Title.
BT738.S7718 1991
261.8 — dc20 91-9487
CIP

Contenido

II. PROBLEMAS INTERNACIONALES

III. PROBLEMAS SOCIALES

IV. PROBLEMAS DE ETICA SEXUAL

CONCLUSION GENERAL

Prefacio a la edición en español

Vivir por fe siempre ha sido un desafío radical. Para toda persona y en cada época el llamado de Dios a entrar en relación con él y, a partir de ello, vivir una vida transformada en este mundo ha significado soportar diferentes tensiones. A lo largo de la historia de las iniciativas de Dios para con los seres humanos se han dado momentos climáticos y anticlimáticos con compases de espera de distinta longitud. Así es como la relación de los cristianos con el mundo circundante ha tenido distintos grados de involucramiento y autenticidad en su fe y compromiso. Este libro proviene de una circunstancia histórica particular y del deseo de ser fiel al Señor al vivirla.

John Stott, un autor conocido y apreciado por los lectores evangélicos de América Latina, es quien actualiza el desafío de vivir la fe en el mundo de la última parte del siglo XX. Aborda con decisión los temas que afectan la vida de la gente de nuestro tiempo y que sólo una fe inauténtica puede ignorar. Sin embargo, no cualquier tratamiento es admisible. Una de las principales características del mundo contemporáneo es la formidable complejidad e interdependencia de todos sus problemas. Se requiere una buena dosis de talento y paciencia además del coraje para echar un poco de luz sobre ellos. Sin duda John Stott lo logra en esta obra, y el lector se sentirá impulsado a hacer su parte en el testimonio integral de la fe cristiana en el mundo de hoy.

LOS EDITORES

Introducción

Uno de los rasgos más notables del movimiento evangélico mundial en los últimos diez a quince años ha sido la recuperación de la conciencia social que habíamos perdido temporariamente. Durante unos cincuenta años (1920-70) los evangélicos nos dedicamos a defender la fe bíblica histórica contra los ataques del liberalismo y a reaccionar al «evangelio social». Pero en la actualidad estamos convencidos de que Dios nos ha dado, para con el mundo, responsabilidades sociales además de las evangelísticas. Ahora bien, al abandonar este campo por medio siglo nos hemos rezagado considerablemente. Hay mucho por hacer para ponernos al día.

Este libro es mi contribución a la tarea de recuperar el tiempo perdido. Sus fuentes se remontan a 1978-9, cuando Michael Baughen, actual obispo de Chester, entonces párroco de All Souls, me invitó a predicar una serie de sermones sobre los problemas éticos en Gran Bretaña. Varios capítulos de este libro fueron originalmente sermones que luego dieron lugar a ponencias en el London Institute for Contemporary Christianity, creado con el propósito de ayudar a las personas a desarrollar una perspectiva cristiana para enfrentar los complejos problemas del mundo moderno.

Debo confesar que mientras escribía, varias veces estuve tentado a abandonar la tarea. Por momentos me sentí necio y por momentos jactancioso al querer encarar semejante empresa. Pues no soy especialista en teología moral ni en ética social, ni experto o experimentado en algunas de las disciplinas en las que hago injerencia. Es más, cada asunto es complejo, ha originado una amplia literatura de la que sólo he leído una parte, y es causa potencial de división y aun de conmoción. No obstante he perseverado, fundamentalmente porque ésta no pretende ser una obra profesional acabada sino el trabajo de un cristiano común que lucha por desarrollar un pensamiento cristiano, es decir, por aplicar la revelación bíblica a los apremiantes problemas de la actualidad.

El asunto que me ocupa es el que sigue. Tomo como punto de partida mi compromiso con la Biblia como «la Palabra de Dios escrita», que es como la describen los Artículos Anglicanos y como la han recibido la mayoría de las Iglesias hasta hace relativamente poco tiempo. Este es el supuesto básico de este libro; una argumentación en su defensa queda fuera de mis propósitos presentes. Pero los cristianos tenemos otro compromiso, a saber, con el mundo en el que Dios nos ha puesto. Estos compromisos a menudo parecen estar en conflicto. Por tratarse de una serie de documentos relativos a acontecimientos puntuales lejanos, la Biblia tiene cierto sabor arcaico. Parecería ser incompatible con nuestra cultura occidental, las exploraciones espaciales y los microprocesadores. Como cualquier otro cristiano, me encuentro atrapado en la penosa tensión entre estos dos mundos que se encuentran a siglos de distancia. No obstante, he tratado de resistir la tentación de abandonar uno de ellos para entregarme al otro.

Algunos cristianos, ansiosos por ser fieles a la revelación de Dios sin claudicaciones, se desentienden de los desafíos del mundo moderno y viven en el pasado. Otros, ansiosos por responder al mundo que los rodea, mutilan y tuercen la revelación de Dios en sus intentos de hacerla pertinente. Yo he luchado por evitar ambas trampas, puesto que el cristiano no tiene la libertad de entregarse a la antigüedad ni a la modernidad. En cambio, he intentado someterme completamente a la revelación de ayer manteniéndome, a la vez, inmerso en la realidad de hoy. No es fácil combinar la lealtad al pasado con la sensibilidad al presente. Sin embargo, nuestro llamado cristiano es precisamente a vivir en el mundo conforme a la Palabra.

Muchas personas contribuyeron a la formación de mi pensamiento. Agradezco a la «sucesión apostólica» de mis ayudantes (Roy McCloughry, Tom Cooper, Mark Labberton, Steve Ingraham y Bob Wismer) quienes compilaron la bibliografía, reunieron los grupos para debatir los temas tratados en los sermones, reunieron datos y revisaron las referencias. Bob Wismer ha colaborado de manera especial leyendo el manuscrito dos veces y haciendo valiosos aportes. Así también Frances Whitehead, quien ha sido mi secretaria durante 28 años, mecanografió el manuscrito en colaboración con Vivienne Curry. Steve Andrews, mi actual ayudante, ha hecho una minuciosa corrección de pruebas. Estoy agradecido además a los amigos que leyeron diferentes capítulos y me ofrecieron sus comentarios: Oliver Barclay, Raymond

Johnston, John Gladwin, Mark Stephens, Roy McCloughry, Myra Chave-Jones y mis colegas del London Institute: Andrew Kirk (director adjunto) y Martyn Eden (decano). Estoy especialmente agradecido a Jim Houston, rector del Regent College, Vancouver, cuya comprensión de la necesidad de los cristianos de tener una cosmovisión integral ha servido de estímulo tanto para mi propio pensamiento como para la fundación del London Institute.

JOHN STOTT
Junio 1984.

I. EL COMPROMISO CRISTIANO EN UNA SOCIEDAD NO CRISTIANA

1

El compromiso social: ¿nos concierne?

Es inconcebible que los seguidores de Jesucristo alguna vez se hayan tenido que preguntar si a ellos les concernía o no el compromiso social, y que haya surgido una controversia sobre la relación entre evangelización y responsabilidad social. Pues es evidente que en su ministerio público Jesús recorría los lugares «enseñando ... y predicando» (Mt. 4.23; 9.35) y que «anduvo haciendo bienes y sanando» (Hch. 10.38). Por lo tanto, «la evangelización y la responsabilidad social han estado íntimamente relacionadas a lo largo de la historia de la Iglesia ... A menudo los cristianos han participado en ambas actividades con naturalidad, sin sentir la necesidad de definir lo que hacían ni por qué lo hacían».[1]

El legado evangélico del compromiso social

En los Estados Unidos y la Europa del siglo XVIII se encuentran ejemplos notables. El avivamiento evangélico que sacudió los dos continentes no debe considerarse sólo en términos de la predicación del evangelio y la conversión de pecadores a Cristo; llevó además a una amplia práctica de la filantropía y afectó profundamente las sociedades de uno y otro lado del Atlántico. John Wesley sigue siendo el ejemplo más sobresaliente. Generalmente se lo recuerda como el predicador y evangelista itinerante. Y ciertamente lo era. Pero el evangelio que predicaba inspiraba a las personas a abrazar la causa social en el nombre de Cristo. Algunos historiadores han tenido la influencia de Wesley por factor determinante del hecho de que Gran Bretaña se haya visto libre de los horrores de una revolución sangrienta como la de Francia.

El cambio que sobrevino a Gran Bretaña durante este período está bien documentado en el excelente libro de J. Wesley Bready, *England*

Before and After Wesley (Inglaterra antes y después de Wesley), que lleva el subtítulo «The Evangelical Revival and Social Reform» (El avivamiento evangélico y la reforma social). Su investigación lo llevó a concluir que «la verdadera fuente de los valores espirituales y morales que han dado origen y sustento a las instituciones libres en todo el mundo de habla inglesa», de hecho «la divisoria de aguas en la historia anglosajona», fue «el muy despreciado y frecuentemente satirizado avivamiento evangélico».[2]

Bready describe el profundo salvajismo de gran parte del siglo XVIII»,[3] que se caracterizó por

> la tortura de animales por deporte, la embriaguez brutal del pueblo, el inhumano tráfico de africanos, la captura de compatriotas para su exportación y venta como esclavos, la mortalidad infantil en los asilos, la obsesión general con las apuestas, la crueldad del sistema carcelario y del código penal, el caos moral, la prostitución de los teatros, el creciente predominio de la ilegalidad, la superstición y el libertinaje, el soborno y la corrupción política, la arrogancia y truculencia eclesiásticas, las superficiales presunciones del deísmo, y la falsedad y degradación imperantes en la Iglesia y el Estado. Estos hechos nos sugieren que el pueblo británico de esos tiempos tal vez estuviera tan profundamente degradado y corrompido como los demás pueblos de la cristiandad.[4]

Luego la situación fue cambiando. En el siglo XIX se abolieron la esclavitud y el tráfico de esclavos, se humanizó el sistema carcelario, se mejoraron las condiciones de trabajo en las fábricas y minas, la educación llegó a estar al alcance de los pobres, comenzaron a organizarse los sindicatos de obreros, etc., etc.

> ¿Cómo, pues, se originó ese movimiento hacia la humanización, esa pasión por la justicia social y esa sensibilidad a las injusticias humanas? Existe sólo una respuesta que se ajusta a la inconmovible verdad histórica. Se derivó de una nueva conciencia social. Y si bien, como se admite, esa conciencia social tuvo diversas causas, su principal fuente y sustento fue el avivamiento evangélico del cristianismo práctico y vital, un avivamiento que reveló los postulados centrales de la ética del Nuevo Testamento, hizo realidad la paternidad de Dios y la hermandad de los hombres, destacó la prioridad de la persona por encima de las posesiones y guió el corazón, el alma y la mente hacia el establecimiento del Reino de Justicia en la tierra.[5]

El avivamiento evangélico «contribuyó a la transfiguración del carácter moral del pueblo en general, más que ningún otro movimiento registrado en la historia británica».[6] Wesley fue, pues, predicador del evangelio a la vez que profeta de la justicia social. Fue «el hombre que restituyó el alma a una nación».[7]

Los líderes evangélicos de la generación siguiente se entregaron con igual fervor tanto a la evangelización como a la acción social. Los más famosos entre ellos fueron Granville Sharp, Thomas Clarkson, James Stephen, Zachary Macaulay, Charles Grant, John Shore (Lord Teignmouth), Thomas Babington, Henry Thornton y, naturalmente, el inspirador de todos ellos, William Wilberforce. Como varios vivían en Clapham —por aquellos tiempos una aldea a unos cinco kilómetros al sur de Londres— y pertenecían a la iglesia de Clapham, cuyo pastor John Venn era uno del grupo, se los llamó «la Secta Clapham», aunque en el Parlamento y la prensa burlonamente se los apodaba «los santos».

El primer asunto que los reunió fue su preocupación por la situación de los esclavos africanos. Tres días antes de su muerte en 1791, John Wesley le escribió a Wilberforce confirmándole que Dios lo había levantado para su «gloriosa empresa», y exhortándolo a no cansarse de hacer el bien.

La Secta Clapham (bajo el liderazgo de Wilberforce) merece en gran medida el reconocimiento por el primer asentamiento de esclavos liberados en Sierra Leone (1787), la abolición del tráfico de esclavos (1807), el registro de esclavos en las colonias (1820), que acabó con el contrabando de esclavos, y finalmente la emancipación (1833). Si bien es cierto que «los santos» eran aristócratas pudientes que compartían algunas de las cegueras sociales de su tiempo, eran sumamente generosos en su filantropía y su esfera de acción era extraordinariamente amplia. Además de dedicarse al problema de la esclavitud, participaron en reformas penales y parlamentarias, se ocuparon de la educación popular (escuelas dominicales, tratados y el periódico *Christian Observer*), los deberes de Gran Bretaña hacia sus colonias (en especial la India), la propagación del evangelio (fueron agentes directos de la fundación de las Sociedades Bíblicas y de la Sociedad Misionera de la iglesia) y la legislación laboral. También hicieron campañas contra los duelos, las apuestas, la embriaguez, la inmoralidad y los deportes crueles con animales. En todo ello los motivaba y dirigía su fuerte fe evangélica. Ernest Marshall Howse refiriéndose a ellos escribió lo siguiente:

> Ese grupo de amigos de Clapham se unió cada vez más en una asombrosa intimidad y solidaridad. Planificaban y trabajaban como una comisión permanente. Movidos por un mismo impulso, se congregaban en las mansiones Clapham a las que dieron en llamar «Asambleas Ministeriales» donde discutían acerca de las injusticias que deshonraban a la nación y de las batallas que deberían librar para establecer la justicia. De allí en adelante, en el Parlamento y fuera de él, actuaban como un solo cuerpo, delegando a cada hombre la tarea que podía realizar mejor, con el fin de defender los principios compartidos y cumplir los propósitos comunes.[8]

En su biografía de Wilberforce, Reginald Coupland hace una afirmación certera: «Sin duda, esa hermandad de políticos cristianos fue un fenómeno único. Desde entonces no ha habido en la vida pública británica nada que se le parezca.»[9]

Anthony Ashley Cooper fue elegido miembro del Parlamento británico en 1826, a la edad de 25. Primeramente en la Cámara de los Comunes y luego en la Cámara de los Lores como séptimo conde de Shaftesbury, se ocupó sucesivamente de la condición de los enfermos mentales, los niños empleados en fábricas y molinos, los deshollinadores o «limpiachimeneas», las mujeres y los niños de las minas, y los niños de los barrios bajos, entre los cuales en Londres más de treinta mil carecía de hogar, y más de un millón en todo el país carecía de educación. La autora de su biografía, Georgina Battiscombe, quien a menudo lo critica severamente, sin embargo concluye el relato de su vida con una generosa alabanza: «Ningún otro hombre ha hecho tanto para aliviar el sufrimiento humano ni para contribuir a la suma total de la felicidad humana.»[10]

El mismo se consideró capaz de alegar que «la mayoría de los grandes movimientos filantrópicos del siglo han surgido entre los evangélicos.»[11]

La misma historia puede relatarse de los Estados Unidos en el siglo pasado. El compromiso social tuvo sus orígenes en la religión evangélica y se desarrolló paralelamente a la evangelización. Charles G. Finney es una clara manifestación de esta realidad. Se lo conoce más como el abogado que se hizo evangelista y como el autor de *Lectures on Revivals of Religion* (Ponencias sobre los avivamientos religiosos, 1835). Por su predicación del evangelio, numerosas personas llegaron a la fe en Jesucristo. Lo que no se suele saber de él es que se dedicó tanto a las «reformas» como a la evangelización y avivamiento. Como lo destaca Donald W. Dayton en su obra *Discovering an Evangelical Heritage* (El descubrimiento de un legado evangélico), Finney estaba convencido de que del evangelio «se desprende un poderoso impulso hacia la reforma social» y que el abandono por parte de la Iglesia de la acción social reformadora contristó al Espíritu Santo y fue un obstáculo para el avivamiento. Resulta sorprendente la siguiente afirmación de Finney en su vigésimo tercera ponencia sobre el avivamiento: «la gran empresa de la Iglesia es la reforma del mundo ... Originalmente la Iglesia de Cristo se organizó para ser un cuerpo de reformadores. La profesión de fe cristiana en sí misma implica una profesión o virtualmente un voto a hacer todo lo que puede hacerse a favor de la reforma global del mundo».[12]

Por lo tanto, no nos extraña saber que por medio de la tarea evangelística de Finney, Dios levantó «un ejército de jóvenes cristianos que se convirtieron en los soldados del movimiento reformador de su época». En especial, «los integrantes de las fuerzas de oposición a la esclavitud

... provenían mayormente de entre quienes se habían convertido en las campañas evangelísticas de Finney».

Entre ellos se destacó Theodore Weld quien dedicó toda su vida a la lucha contra la esclavitud. Se convirtió por medio del ministerio de Finney y por un tiempo fue su ayudante.[13] Sin embargo, no podemos tomar a Weld por el equivalente norteamericano de Wilberforce, pues Weld no fue un parlamentario. De hecho, «la campaña (contra la esclavitud en los Estados Unidos) fue efectuada no tanto por héroes de la Reforma sino por un gran número de desconocidos, movidos por un impulso de naturaleza religiosa y un espíritu evangélico, que se originó en el gran avivamiento de 1830».[14]

El siglo XIX se conoce además por la enorme expansión de misiones cristianas de la que fue testigo. Pero no debe pensarse que los misioneros se concentraron exclusivamente en la predicación, ni que en su compromiso social se hayan limitado a la ayuda y asistencia descuidando el desarrollo y la actividad sociopolítica. Es poco probable que en la práctica alguna vez se hayan delimitado estrictamente ambas esferas. El misiólogo norteamericano doctor R. Pierce Beaver escribe:

> La acción social en la misión puede retrotraerse al tiempo de los apóstoles ... El campo de acción nunca se limitó al nivel asistencial. El misionero itinerante llevaba consigo un bolso de medicamentos, semillas y plantas nuevas o mejores, y ganado mejorado. Nevins introdujo la moderna industria frutícola en Shantung. Los misioneros de Basel revolucionaron la economía de Ghana al introducir el café y el cacao que eran cultivados por familias e individuos en sus propios terrenos. James McKean transformó la vida de Tailandia al eliminar sus tres males preponderantes: viruela, malaria y lepra. A menudo los pozos y el agua potable fueron fruto de la tarea de los misioneros. Durante el siglo XIX se fomentó la creación de escuelas industriales y se establecieron industrias...

Además,

> con frecuencia, los misioneros fueron los que permanentemente defendían a los pueblos nativos de la explotación y la injusticia de los gobiernos y de las compañías comerciales ... Desempeñaron un papel importante en la abolición del trabajo forzado en el Congo. Se opusieron a la captura de los nativos de las islas al sur del Pacífico. Lucharon fervientemente por los derechos humanos en la China, combatiendo el consumo de opio y las costumbres de vendar los pies y de abandonar a las niñas recién nacidas. Libraron batalla contra el infanticidio, la muerte en la hoguera para las viudas y la prostitución de los templos de la India, y por sobre todo quebraron la esclavitud económica y social de los miembros de castas inferiores y de los intocables en el sistema de castas...[15]

Causas del abandono de la conciencia social

Al parecer, es un hecho confirmado que al menos durante el siglo pasado, no sólo en Gran Bretaña y en los Estados Unidos sino también en Asia y Africa por la acción de los misioneros, el evangelio de Jesucristo dio el buen fruto de la reforma social. Pero algo sucedió luego, especialmente entre los cristianos evangélicos. En algún momento durante los primeros treinta años de este siglo y en especial durante la década que siguió a la Segunda Guerra Mundial, se produjo un cambio de rumbo radical que el historiador norteamericano Timothy L. Smith denomina «El abandono de la conciencia social» y que David O. Moberg analiza en la obra que lleva ese título (*The Great Reversal*). Si bien el doctor Moberg no pretende hacer un análisis exhaustivo de las causas del abandono de la responsabilidad social por parte de los evangélicos, ellas incluirían las siguientes:

En primer lugar, fue una reacción al liberalismo teológico, que a fines del siglo pasado estaba penetrando en las iglesias de Europa y Estados Unidos. Los evangélicos temían estar corriendo graves riesgos. Es comprensible que se hayan dedicado a defender y proclamar el evangelio, pues al parecer nadie más abogaba por el cristianismo bíblico histórico. Por aquel tiempo (más precisamente 1910-15) en Estados Unidos se publicó una serie de obras titulada *Los Fundamentos*, que dio origen al término «fundamentalismo». Mientras los evangélicos se dedicaban a reivindicar los fundamentos de la fe, no tenían tiempo para los problemas sociales.

En segundo lugar, los evangélicos reaccionaron al llamado «evangelio social» que en ese tiempo estaban comenzando a elaborar los teólogos liberales. Su vocero más conocido fue Walter Rauschenbusch, quien fue profesor de Historia de la Iglesia en el Seminario Rochester en Nueva York de 1897 a 1917. Se había encontrado cara a cara con la opresión de la pobreza durante los doce años de su pastorado en una iglesia bautista en Nueva York (1886-97), y aquella experiencia moldeó su mensaje. En su primer libro *Christianity and the Social Crisis* (El cristianismo y la crisis social, 1907),[16] después de analizar la compasión social de los profetas hebreos, de Jesús y de la Iglesia primitiva, hace una crítica del capitalismo y propone una forma simple de «comunismo» o socialismo cristiano.[17] Además establece un contraste entre «el antiguo evangelio del alma salvada» y «el nuevo evangelio del Reino de Dios».[18] "No se trata de hacer que las personas lleguen al cielo», escribe, «sino de transformar la vida sobre la tierra hasta lograr la armonía celestial».[19] Luego, el «propósito fundamental del cristianismo es transformar la sociedad humana en el Reino de Dios, por medio de la regeneración de todas las relaciones humanas».[20] Bastan estas dos citas para descubrir los dos errores en los que cae, que llevaron a los evangélicos a condenar el «evangelio social» y que a la vez constituyeron un obstáculo para el desarrollo de un programa social evangélico. En primer término, identifica el Reino de Dios con «la reconstrucción de la sociedad sobre bases cristianas».[21] En seguno término, da a entender que los seres humanos podemos establecer el Reino de Dios por nuestra propia cuenta (mientras que Jesús siempre se refirió a él como un don de Dios). Y aunque dice no albergar ninguna «ilusión utópica»,[22] no obstante cree que «depende de nuestra decisión que amanezca una nueva era en la que el mundo se transforme en el Reino de Dios».[23] Sostiene que el «objetivo común» de la Iglesia y el Estado «es transformar la humanidad en el Reino de Dios».[24]

Se desprende de esta ligereza en la expresión que *Christianity and the Social Crisis* no es una obra de teología seria. Tampoco lo es el segundo libro de Rauschenbusch, que lleva el engañoso título *Christianizing the Social Order* (La cristianización del orden social, 1912). Su tercer libro, *A Theology for the Social Gospel* (Teología para un evangelio social, 1917),[25] lo delata. Comienza con la ingenua afirmación: «Tenemos un evangelio social. Necesitamos una teología sistemática lo suficientemente amplia como para que concuerde con él y lo suficientemente vital como para que lo sustente.» En efecto, hace falta una «readaptación y ampliación de la teología» para «proveer un fundamento intelectual adecuado para el evangelio social».[26] Así, pues, Rauschenbusch se delata a sí mismo. En primer lugar formula un evangelio social; ¡sólo entonces comienza la búsqueda de una justificación intelectual y teológica! La encuentra en el Reino de Dios. «Esta doctrina es en sí misma el evangelio social.»[27] Ya que «el Reino de Dios es la humanidad organizada de acuerdo con la voluntad de Dios».[28] "El Reino de Dios es la transfiguración cristiana del orden social.»[29]

Pero el Reino de Dios no es la cristianización de la sociedad. Es el gobierno divino sobre la vida de quienes reconocen a Cristo. En palabras de Cristo mismo, se ha de «entrar» en el Reino, «recibirlo» o «heredarlo» mediante la fe en él, humilde y penitente. Sin nacer de nuevo no es posible verlo y menos aun entrar. Quienes lo reciben como niños, pasan a ser miembros de la nueva comunidad del Mesías, que ha sido llamada a encarnar los ideales de su gobierno sobre la tierra y así presentar al mundo una alternativa social. Este desafío social del evangelio difiere profundamente del «evangelio social». Es comprensible (aunque lamentable) que cuando Rauschenbusch politizó el Reino de Dios, como reacción los evangélicos se concentraran en la evangelización y la filantropía individual, dejando de lado toda acción sociopolítica.

El tercer motivo del abandono de la responsabilidad social por parte de los evangélicos fue la desesperanza y el pesimismo que siguieron a la Primera Guerra Mundial, por la manera en que había salido a la luz la maldad humana. Los programas sociales anteriores habían fracasado. El hombre y la sociedad parecían irreformables. Todo intento de reforma parecía inútil. Ciertamente, con el conocimento de las doctrinas bíblicas del pecado original y de la depravación humana, los evangélicos no se deberían haber extrañado. Pero en el período entre las dos guerras no hubo ningún líder evangélico que proclamara la providencia y la gracia de Dios como fundamento para perseverar en la esperanza. El cristianismo reformado histórico estaba en decadencia.

En cuarto lugar, estaba en plena difusión la teoría premilenialista (epecialmente por medio de las enseñanzas de J. N. Darby y de la Biblia anotada por Scofield). Esta teoría ofrece la visión del presente mundo malo, completamente inmejorable e irredimible, y predice que el proceso de deterioro sostenido seguirá avanzando hasta el regreso de Jesús, quien entonces establecerá su reino milenial sobre la tierra. El argumento, pues, es que si el mundo continúa empeorando y si únicamente Jesús en su venida lo restaurará, no tiene sentido alguno tratar de reformarlo ahora.

La quinta razón de la falta de compromiso social de los evangélicos probablemente haya sido que el cristianismo se extendió entre personas de clase media, quienes lo diluyeron en un intento de asimilarlo a su propia cultura. Sin duda éste es el factor de fondo en los hallazgos de los estudios sociológicos presentados en los Estados Unidos por Milton Rokeach en 1969 y resumidos por David O. Moberg. En ellos se hace una dura crítica de la influencia negativa que ejerce la religión organizada sobre la sociedad:

> El panorama que surge de los resultados presentados ... es que aquellos que dan gran importancia a la salvación son conservadores, están ansiosos por mantener el *status quo*, son indiferentes y no se compadecen de la situación de los pobres y los negros ... Si se consideran los datos globales, aparentemente sugerirían que las personas religiosas se caracterizan por una preocupación egocéntrica por salvar su alma, una orientación hacia el más allá acompañada de la indiferencia y aun la aprobación tácita de un sistema social que perpetuaría la desigualdad y la injusticia social.

David Moberg comenta que el informe causó una tempestad de protestas basadas en las deficiencias de la metodología empleada en la investigación; no obstante, agrega que «sería un grave error» desechar por completo estos hallazgos y conclusiones.[30] Si bien he mencionado anteriormente algunos ejemplos de acción social durante los siglos XVIII y XIX ha habido también otras situaciones en que la Iglesia consintió tácitamente la opresión y la explotación, no tomó ninguna iniciativa contra estos males, y ni siquiera levantó una protesta.

Esta pérdida de la conciencia social tiene su explicación en estas cinco razones. No condenamos a nuestros antepasados evangélicos; es probable que en su lugar nosotros habríamos reaccionado de la misma forma a las presiones contemporáneas. No es que a principios de este siglo y en el período entre las dos guerras todos los evangélicos hayan perdido la conciencia social. Algunos siguieron luchando, con un profundo compromiso social paralelo al ministerio de la evangelización, preservando así la integridad indispensable del evangelio, sin la cual el movimiento evangélico pierde parte de su autenticidad. Pero la mayoría se alejó. Luego, durante los años sesenta, la década de las protestas en que los jóvenes se rebelaron contra el materialismo, la superficialidad y la hipocresía del mundo adulto que habían heredado, la principal corriente evangélica recobró la moral y el proceso comenzó a revertirse.

Probablemente la primera voz que se haya alzado para exhortar a los evangélicos a retomar su responsabilidad social haya sido la de Carl F. H. Henry, estudioso cristiano norteamericano, editor fundador de la revista *Christianity Today*, en su libro *The Uneasy Conscience of Modern Fundamentalism* (La conciencia intranquila del fundamentalismo moderno, 1947). Al parecer, no tuvo demasiada repercusión. Pero paulatinamente el mensaje comenzó a tener mayor acogida. En 1966, al cierre de la conferencia norteamericana sobre las misiones del mundo, los participantes adoptaron por unanimidad la «Declaración de Wheaton» que proclama categóricamente la unidad de «la primacía de predicar el evangelio a toda criatura» y «testificar verbalmente de Jesucristo» con «la acción social evangélica», y urge a «todos los evangélicos a defender abierta y firmemente la igualdad racial, la libertad humana y la justicia social en todas sus manifestaciones en el mundo entero».

A principios de la década del sesenta en Gran Bretaña un grupo de líderes evangélicos comenzó a abordar el asunto de la aplicación social del evangelio. En su mayoría eran laicos, profesionales y hombres de negocios; entre ellos se destacó el profesor Norman Anderson. Luego, en 1961 se publicó *The Responsible Company* (La compañía responsable) de George Goyder y en 1964 *The Christian in Industrial Society* (El cristiano en la sociedad industrial) de Fred Catherwood. Esta incipiente marejada de conciencia social halló expresión pública en el primer Congreso Nacional Evangélico Anglicano que se realizó en la Universidad de Keele en 1967. Allí los evangélicos anglicanos expresaron públicamente su arrepentimiento por el abandono que habían hecho tanto del mundo secular como del resto de la Iglesia y se comprometieron a actuar a conciencia en ambos medios. En cuanto a los alcances de la misión, el informe sostiene que «la evangelización y el servicio compasivo van juntos en la misión de Dios».[31]

El momento crucial para el movimiento evangélico mundial fue sin duda el Congreso Internacional sobre la Evangelización Mundial celebrado en Lausana, Suiza, en julio de 1974. Alrededor de 2700 participantes de más de 150 países se reunieron bajo la consigna «Que el mundo oiga la voz de Dios» y al cierre del congreso suscribieron el Pacto de Lausana. Luego de tres secciones introductorias sobre el propósito de Dios, la autoridad de la Biblia y la singularidad de Cristo, la cuarta se titula «La naturaleza de la evangelización» y la quinta, «Responsabilidad social cristiana». En ella se declara que «la evangelización y la acción social y política son parte de nuestro deber cristiano».

Sin embargo, en el Pacto los dos párrafos se hallan lado a lado, sin ningún intento de vinculación entre sí, salvo la siguiente afirmación del párrafo 6: «En la misión de la Iglesia, que es misión de servicio sacrificado, la evangelización ocupa el primer lugar.»

En los años que siguieron al Congreso de Lausana existieron grandes tensiones dentro del movimiento evangélico, dado que algunos ponían el acento en la evangelización, otros en la acción social, y todos nos preguntábamos cuál debía ser la relación adecuada entre ambas de acuerdo con las Escrituras. Por lo tanto, en junio de 1982 se llevó a cabo la «Consulta sobre la relación entre la evangelización y la responsabilidad social» en Grand Rapids, Michigan, Estados Unidos, auspiciada por la Alianza Evangélica Mundial y el Comité de Lausana. El informe oficial de la Consulta se tituló *La evangelización y la responsabilidad social: compromiso evangélico*. Aunque, como es natural, no hubo coincidencia absoluta en todos los puntos, Dios nos guió a un notable nivel de consenso. Se dijo que la acción social es una consecuencia de la evangelización a la vez que un puente hacia ella; de hecho, se declaró que ambas van juntas. Es más, que las une el evangelio mismo. «Pues el evangelio es la raíz de la cual la evangelización y la responsabilidad social son los frutos.»[32]

El informe incluye un capítulo sobre «Historia y escatología» y un capítulo final, de aplicación práctica, titulado «Pautas de acción».

La Iglesia y la política

Se habrá notado que el Pacto de Lausana no sólo hace referencia a la «responsabilidad social» sino también a la «acción social y política». La mención de la palabra «política» es la que causa alarma a la mente de muchos evangélicos. Siempre han participado en tareas humanitarias, especialmente en programas de salud y educación; pero a la actividad política le han rehuido. En efecto, la oposición a toda vinculación de la Iglesia con la política trasciende ampliamente el movimiento evangélico. Cada vez que la Iglesia (o una rama de la misma) emprende la acción política, se pueden esperar los alaridos de protesta tanto de adentro como de afuera de la membresía. La gente exclama:«La Iglesia debería mantenerse al margen de la política» y «la religión y la política no se mezclan».

Esta controversia encierra varios asuntos distintos y si no se los identifica, el debate se enturbia. El primero es la definición del término «política». El segundo se refiere a la relación entre lo social y lo político, y a la razón por la cual no se pueden separar. En tercer lugar, debemos considerar los motivos por los que algunas personas se oponen a la intervención de la Iglesia en política y qué es lo que tratan de salvaguardar. En cuarto lugar, debemos establecer a quién corresponde la responsabilidad política cristiana.

En primer lugar, debemos definir los términos. Las palabras «política» (sust.) y «político»(adj.) pueden usarse en sentido amplio o en sentido restringido. En sentido amplio, «política» denota la vida de la ciudad (*pólis*) y las responsabilidades del ciudadano (*polítes*). Se relaciona, pues, con toda nuestra vida dentro de la sociedad. La política es el arte de vivir juntos en una comunidad. Por otra parte, en sentido restringido, la política es el arte de gobernar. Está relacionado con la elaboración y la adopción de políticas de gobierno específicas con vistas a que se perpetúen en la ley.

Trazada esta diferencia, podemos preguntarnos si Jesús participó en política. Si consideramos el último sentido, el más restringido, es evidente que no. Nunca organizó un partido político, ni adoptó un programa político, ni dirigió una protesta política. No dio ningún paso para influir en las políticas de César, de Pilato, ni de Herodes. Al contrario, renunció a una carrera política. En el sentido más amplio de la palabra, todo su ministerio era político: había venido al mundo para compartir la vida de la comunidad humana y envió a sus seguidores al mundo a hacer lo mismo. Es más, el Reino de Dios que proclamó e inauguró es una organización social radicalmente nueva y distinta, cuyos valores y normas desafían a los de la antigua comunidad caída. Es en este sentido que sus enseñanzas tienen consecuencias «políticas»: ofrecen una alternativa al *status quo*. Por otra parte, su condición de rey fue considerada un desafío a la autoridad de César, por lo que se lo acusó de sedición.

En segundo término debemos considerar la relación entre lo «social» y lo «político», en el sentido restringido de la palabra. En su capítulo final, el Informe de Grand Rapids se ocupa de este asunto. Establece la diferencia entre «servicio social» y «acción social», y la resume en el siguiente cuadro:

Servicio social	***Acción social***
Asistencia a las necesidades humanas	Eliminación de las causas de la necesidad
Actividad filantrópica	Actividad política y económica
Procura servir a los individuos y a las familias	Procura transformar las estructuras sociales
Obras de bien	Defensa de la justicia[33]

El informe prosigue delineando la acción sociopolítica en estos términos:

> Mira más allá de los individuos a las estructuras, más allá de la rehabilitación de los presos a la reforma del sistema carcelario, más allá del mejoramiento de las condiciones de las fábricas a lograr un papel más participativo de los obreros, más allá del socorro a los pobres a la mejora —y si fuese necesaria, la transformación— del sistema económico (cualquiera que sea) y del sistema político (también, cualquiera que sea), hasta lograr su liberación de la pobreza y la opresión.[34]

Resulta claro, pues, que un genuino compromiso social cristiano abarcará ambos: el servicio social y la acción social. Divorciarlos sería artificial. Existen casos en que las necesidades no pueden aliviarse si no es mediante la acción política (quizá podía aliviarse el trato cruel de los esclavos, pero no la esclavitud en sí; debía ser abolida). La asistencia continua a las necesidades, si bien es necesaria, puede ser un impedimento para que se lleguen a eliminar las raíces del mal. Si quienes transitan por el camino de Jerusalén a Jericó fueran golpeados habitualmente y siempre hubiera buenos samaritanos que los atendieran, es muy probable que se podría pasar por alto la necesidad de elaborar leyes que acaben con los asaltos en los caminos. Si en una cierta esquina se producen accidentes con demasiada frecuencia, lo que hace falta no son más ambulancias sino la instalación de un semáforo para evitar los accidentes.

Siempre es bueno dar de comer a los hambrientos; mejor aun sería erradicar las causas del hambre, si fuese posible. De modo que si en verdad amamos a nuestro prójimo y queremos servirle, nuestro servicio puede obligarnos a emprender la acción política a su favor o a solicitarla.

¿Por qué existe, pues, tanta hostilidad hacia la participación política de la Iglesia? Esta es la tercera pregunta que planteamos. De las críticas recientes, la formulada por el Dr. Edward Norman en las Conferencias de Reith tituladas *Christianity and the World Order* (El cristianismo y el orden mundial) probablemente haya sido la más sistemática.[35] En realidad no negó que las enseñanzas bíblicas tengan consecuencias sociales («es evidente que las tienen», dijo, p. 74) ni que el amor de Dios lleve a los cristianos a «la acción social y política corporativa» (p. 79). Su preocupación se debía más a «la politización del cristianismo», es decir a «la transformación interna de la fe misma, de manera que pase a definirse según valores políticos» y su esencia se «reinterprete como un plan de acción social y política» (p. 2). Sin duda el doctor Norman tiene razón al afirmar que el cristianismo no puede reducirse a un programa político, ni identificarse con él. Sin embargo, pienso que su reacción a esa tendencia fue excesiva, de tal modo que muchas personas llegaron a la conclusión de que la Iglesia debería ser completamente apolítica.

Aun así, las Conferencias de Reith de 1978 incluyeron por lo menos cuatro advertencias a las que sería sabio atender, si bien con sentido crítico. La siguiente es una reorganización:

1. El *énfasis* político de la Iglesia contemporánea eclipsa lo que debería constituir la preocupación central de la Iglesia, a saber lo individual («la redención personal», p. 78), lo interior («Cristo que mora en el interior», pp. 72-85) y lo eterno («las cualidades etéreas de la inmortalidad», p.2). La afirmación del doctor Norman es cierta en cuanto a que *algunas* Iglesias han perdido estas dimensiones por completo. Aunque también es cierto que al preservarlas, la Iglesia no debe descuidar sus responsabilidades colectivas, externas y temporales. Los cristianos somos ciudadanos de dos reinos y tenemos responsabilidades en ambos. Amar a Dios con todo nuestro ser es, efectivamente, el «primer y gran» mandamiento; pero amar a nuestro prójimo como a nosotros mismos es «semejante». Uno está incompleto sin el otro.

2. Las *opiniones* políticas de la Iglesia contemporánea no son sino «los ideales morales y políticos de la cultura circundante» (p. 32), ya sea del liberalismo burgués occidental o del marxismo. Lo único que hace la Iglesia es «seguir la corriente y agregar un barniz de religiosidad» a las ideas ajenas (p. 4). Se conforma en vez de criticar.

3. La *contribución* política de la Iglesia contemporánea es sólo de aficionados; carece de la especialización necesaria para participar.

4. Las *expectativas* políticas de la Iglesia contemporánea son ingenuas, pues no suelen tomar en cuenta la falibilidad y el pecado humanos.

Se habrá observado que las cuatro críticas se refieren a la conducta específica de *algunas* Iglesias (aunque el doctor Norman tiende a generalizar), y no al concepto mismo de que la Iglesia cristiana tiene efectivamente responsabilidades sociopolíticas.

¿A quién corresponden estas responsabilidades? Esta es la cuarta y última pregunta. La falta de su formulación y respuesta es una de las principales causas de la actual confusión con relación a la participación cristiana en política. Debemos distinguir entre individuos, grupos e iglesias cristianas. Todos los individuos cristianos deben ser políticamente activos, es decir que, como ciudadanos concienzudos, votarán en las elecciones, se mantendrán bien informados, participarán del debate público, y tal vez escriban a un periódico, cabildeen al diputado que los represente o participen de una manifestación pública. Es más, algunos individuos son llamados por Dios para dedicar su vida a la política, ya sea en el gobierno local o nacional. Los cristianos que comparten un interés común por problemas morales o sociales específicos deberían ser estimulados a sumarse a un grupo que estudie tales asuntos en profundidad y tome las medidas de acción que correspondan, y si dicho grupo no existiese se alentará su organización. En algunos casos se tratará de grupos exclusivamente cristianos; en otros, los cristianos podrán ofrecer su perspectiva bíblica a grupos mixtos, ya sea en un partido político, un gremio o una asociación profesional.

Si consideramos que la participación de individuos y grupos cristianos en el pensamiento y la acción política es loable, ¿debería la Iglesia como tal participar en política? La Iglesia debe enseñar la ley y el evangelio de Dios; ése es el deber de los pastores, maestros y demás líderes. Y «cuando la Iglesia llega a la conclusión de que la fe o la justicia bíblica requieren que se pronuncie públicamente sobre algún tema, entonces debe obedecer la Palabra de Dios y confiarle las consecuencias» (Informe de Grand Rapids, p. 52).

El hecho de que pensemos que la Iglesia debe ir más allá de la enseñanza, para emprender la acción política colectiva, depende de la tradición protestante a la que adhiramos, ya sea luterana, reformada o anabautista. Coincidiremos, al menos, en que la Iglesia no debería ingresar en este ámbito si no cuenta con la suficiente preparación.

El fundamento bíblico de la acción social

¿Cuál es, pues, el fundamento bíblico para la acción social? ¿Por qué deben participar los cristianos? En definitiva, sólo hay dos actitudes posibles para el cristiano frente al mundo: el escapismo y el compromiso. «Escapismo» significa dar la espalda al mundo y rechazarlo, lavarse las manos (para descubrir luego, como Poncio Pilato, que la culpa no desaparece con el agua) y endurecer el corazón frente al clamor agonizante de quienes piden ayuda. En cambio, «compromiso» significa volverse hacia el mundo con compasión; ensuciarse, lastimarse y gastarse las manos en el servicio y sentir en lo más profundo del ser el impulso del amor de Dios que no puede ser sofocado.

En demasiados casos los evangélicos hemos sido, o tal vez aún somos, escapistas irresponsables. Nos resulta más agradable disfrutar de la comunión unos con otros dentro de la iglesia que servir fuera de ella, en un medio indiferente y hasta hostil. Por supuesto, de vez en vez hacemos incursiones evangelísticas en territorio enemigo (especialidad como evangélicos); pero luego nos retiramos, cruzando el foso de regreso al castillo cristiano (la seguridad de nuestra comunidad evangélica), levantamos el puente levadizo y hasta cerramos los oídos a las súplicas desesperadas de quienes golpean el portal. En cuanto a la acción social, en general decimos que en gran medida es una pérdida de tiempo, en vista de la inminencia del regreso del Señor. Al fin y al cabo, cuando la casa está en llamas, ¿de qué sirve colocar cortinas nuevas o reacomodar los muebles? Lo único que importa es rescatar a las víctimas. De este modo hemos tratado de aquietar nuestra conciencia mediante una teología espuria.

«¿Se da cuenta de que si empezamos a alimentar a los pobres, las cosas no van a empeorar, y si las cosas no empeoran, Jesús no volverá?» preguntó una estudiante a Tom Sine en los Estados Unidos durante un seminario de futurología. Ella hablaba con absoluta sinceridad, explica Tom Sine, y continúa diciendo:

> La reacción de la estudiante ... refleja la visión del futuro que yo denomino «gran escapismo»... Lo irónico de este enfoque del futuro es que, si bien pretende tomar a Dios en serio, al afirmar que ni él puede hacer algo en «estos últimos tiempos», sin saberlo quita a Dios de la historia ... Sin proponérselo lo hace aparecer como un propietario ausente, que ha perdido el dominio de su mundo y de la historia humana ... El gran escapismo llega a ser una increíble retracción de todo lo que Cristo nos ha llamado a ser y hacer.[36]

En vez de evadir nuestra responsabilidad social, debemos abrir los oídos y atender a la voz de aquél que en todos los tiempos llama a su pueblo a salir al mundo perdido y solitario (como lo hizo él), para vivir y amar, testificar y servir, como él y para él. Pues precisamente en esto consiste la «misión». La misión es nuestra respuesta humana a la comisión divina. Es un estilo de vida cristiano integral, que comprende la evangelización y la responsabilidad social, y está dirigida por la convicción de que Cristo nos envía a salir al mundo como el Padre lo envió a él. Por lo tanto, allí es adonde nos debemos dirigir, para vivir y servir, sufrir y morir por él.

Aun así nos volvemos a preguntar «¿por qué?» ¿Por qué deben participar los cristianos en la sociedad y sus problemas sociales? Como respuesta presento cinco doctrinas bíblicas que todos aceptamos en teoría, pero que tendemos a retacear para que se adecuen a nuestra teología escapista. Hago una apelación a sostener con valor estas doctrinas en su integridad bíblica. Cualquiera de ellas debería bastar para convencernos de nuestra responsabilidad social como cristianos; las cinco en conjunto nos dejan sin excusas.

1) Una doctrina más completa de Dios

Primeramente, necesitamos una doctrina de Dios más completa. Pues solemos olvidar que a él le interesa toda la humanidad y la vida humana en todas sus facetas y en su complejidad. Estos conceptos entrañan consecuencias significativas para nuestro pensamiento.

En primer término, el Dios vivo es *el Dios de la naturaleza además de ser el Dios de la religión*, de lo «secular» además de lo «sagrado». Ya que todo es «sagrado», pues todo le pertenece, y nada es «secular», por cuanto nada le es ajeno. Dios creó el universo material, lo sustenta y lo declaró bueno (Gn. 1.31). En efecto, «todo lo que Dios creó es bueno, y nada es de desecharse, si se toma con acción de gracias» (1 Ti. 4.4). Deberíamos ser más agradecidos de lo que generalmente somos por los buenos dones de un Creador bueno: el sexo, el matrimonio y la familia; la belleza y el orden del mundo natural; el trabajo y el tiempo libre; la amistad y la experiencia de participar de una comunidad interracial e intercultural; la música y otras manifestaciones del arte creativo que enriquecen la vida humana. A menudo nuestro Dios es demasiado pequeño porque es demasiado religioso. Nos parece que sólo le interesa la religión: los edificios religiosos (templos y capillas), las actividades religiosas (la adoración y la liturgia) y los libros religiosos (la Biblia y libros devocionales). Por cierto, esto le interesa, pero sólo si se relaciona con toda la vida. Según los profetas del Antiguo Testamento y las enseñanzas de Jesús, Dios cuestiona la «religión», si ésta se reduce a cultos religiosos divorciados de la vida real, del servicio en amor y de la obediencia moral del corazón. «La religión pura y sin mácula delante de Dios el Padre es esta: Visitar a los huérfanos y a las viudas en sus tribulaciones, y guardarse sin mancha del mundo» (Stg. 1.27). El único valor del culto religioso es que concentra en una hora de actividad congregacional, pública y oral la devoción de toda nuestra vida. Si no es así, si en cambio en la iglesia cantamos y decimos cosas que no tienen su corolario en la vida real fuera de la iglesia, en nuestro hogar y en el trabajo, es peor que nada; tal hipocresía es abominable a los ojos de Dios.

En segundo lugar, el Dios vivo es *el Dios de la creación además de ser el Dios del Pacto*. Los cristianos a veces cometemos el mismo error que cometió el pueblo de Israel en el Antiguo Testamento al concentrarse exclusivamente en el Dios del Pacto, quien los había escogido de entre todas las naciones para ser la nación santa e hizo un pacto con ellos diciendo: «yo seré vuestro Dios y vosotros seréis mi pueblo». Ciertamente, ésta era una verdad gloriosa. El concepto de «pacto» es un tema fundamental de la Biblia; la revelación bíblica es ininteligible sin él. Pero es una media verdad peligrosa. Cuando el pueblo de Israel la acentuó demasiado, empequeñeció al Dios vivo. Lo redujeron al nivel de una deidad local, del dios de una tribu. Se convirtió en Jehová el dios de los israelitas, semejante a Quemós el dios de los moabitas y a Milcom el dios de los amonitas. También olvidaron a las demás naciones o simplemente las despreciaron y rechazaron.

Pero la Biblia comienza con las naciones, no con el pueblo de Israel; con Adán, no con Abraham; con la creación, no con el pacto. Además, cuando Dios escogió al pueblo de Israel no perdió su interés en las naciones. Amós proclamó la palabra del Señor con valentía: «Hijos de Israel, ¿no me sois vosotros como hijos de etíopes? ... ¿No hice yo subir a Israel de la tierra de Egipto, y a los filisteos de Caftor (Creta), y de Kir a los arameos?» (Am. 9.7). Asimismo, el altivo emperador Nabucodonosor tuvo que aprender que «el Altísimo tiene el dominio en el reino de los hombres, y lo da a quien él quiere» (Dn. 4.32). El gobierna sobre las naciones. Su destino está bajo el control de Dios. Si bien Satanás es llamado «príncipe de este mundo», y es su usurpador *de facto*, Dios sigue siendo el gobernante último de todo lo que ha creado. «Desde los cielos miró Jehová; vio a todos los hijos de los hombres; desde el lugar de su morada miró sobre todos los moradores de la tierra. El formó el corazón de todos ellos; atento está a todas sus obras» (Sal. 33.13-15).

Aun más, ha prometido que al bendecir a Abraham y su descendencia bendecirá a todas las familias de la tierra, y que un día restaurará aquello que la caída ha arruinado y restituirá la perfección a todo lo que ha creado.

En tercer lugar, el Dios vivo es *el Dios de la justicia además de ser el Dios de la justificación*. Ciertamente es el Dios de la justificación, el Salvador de los pecadores, el Dios «misericordioso y piadoso; tardo para la ira, y grande en misericordia y verdad» (Ex. 34.6). Pero también le importa que nuestra vida comunitaria se caracterice por la justicia.

> Que hace justicia a los agraviados,
> Que da pan a los hambrientos.
> Jehová liberta a los cautivos;
> Jehová abre los ojos a los ciegos;
> Jehová levanta a los caídos;
> Jehová ama a los justos.
> Jehová guarda a los extranjeros;
> Al huérfano y a la viuda sostiene,
> Y el camino de los impíos trastorna.
> (Sal. 146.7-9)

Esto no significa que realice todas estas cosas invariablemente, sino que ésa es la clase de Dios que es.

Es más, la demanda de promover la justicia de Dios, si bien se dirige especialmente a su pueblo, se extiende a todas las naciones. La compasión y la justicia social importaban no sólo en Israel sino también en las demás naciones. Los primeros dos capítulos de la profecía de Amós presentan las evidencias más claras de esta verdad. Antes de reprender a Judá por rechazar la ley de Dios y volverse a la idolatría, y a Israel por agobiar a los pobres y por negarles la justicia a los oprimidos (2.4-8), Amós pronunció el juicio de Dios sobre las naciones vecinas (1.3-2.3): sobre Siria por su crueldad, sobre Filistea por haber capturado a comunidades enteras para venderlas como esclavos, sobre Tiro por haber quebrantado un tratado de hermandad, sobre Edom por su cruel hostilidad contra Israel, sobre Amón por las atrocidades cometidas durante la guerra, y sobre Moab por profanar los restos de un rey vecino.

Varios de los libros proféticos incluyen secciones de oráculos sobre o contra las naciones. Que Dios es Dios de justicia y desea que la justicia reine en todas las naciones y comunidades es especialmente evidente en el libro de Nahum, que es una profecía contra Nínive, capital y símbolo de Asiria. La condena de Jehová a Asiria no se basa sólo en su antigua enemistad con Israel (ver 1.9ss.; 2.2ss.), sino también en su idolatría (1.14) y en que era una «ciudad sanguinaria, toda llena de mentira y de rapiña» (3.1). Jehová repite las terribles palabras: «Heme aquí contra ti» (2.13;

3.5) y el oráculo culmina con la pregunta retórica: «¿Sobre quién no pasó continuamente tu maldad?»(3.19).

De estos pasajes del Antiguo Testamento se desprende claramente que Dios odia la injusticia y la opresión *en todas partes* y que ama y promueve la justicia *en todas partes*. De hecho, dondequiera que haya justicia en este mundo caído es por la obra de su gracia. Todos los seres humanos lo sabemos, pues tenemos un sentido innato de la justicia, de lo cual es testimonio elocuente la común protesta de los niños: «¡Eso no vale!» (con el sentido de «¡no es justo!»). Esto confirma las enseñanzas de Pablo en cuanto a que la ley moral de Dios está escrita en el corazón del hombre (Ro. 2.14,15). Tanto la ley de Dios como su evangelio son para nuestro bien.

Así es, pues, el Dios vivo de la Biblia. Su interés lo abarca todo: no sólo lo «sagrado» sino lo «secular», no sólo la religión sino la naturaleza, no sólo el pueblo del pacto sino todos los pueblos, no sólo la justificación sino también la justicia social en toda comunidad, no sólo su evangelio sino su ley. De manera que no debemos limitar sus intereses. Es más, los nuestros deberían ser tan amplios como los suyos.

John Gladwin resume esta argumentación en su obra *God's People in God's World* (El pueblo de Dios en el mundo de Dios):

> Este es el mundo de Dios, por el cual él mismo se preocupa hasta el punto de la encarnación y la crucifixión. Por lo tanto, nosotros tenemos el deber de trabajar por la justicia de Dios frente a la opresión, por la verdad de Dios frente a la mentira y el engaño, por el servicio frente al abuso de poder, por el amor frente al egoísmo, por la cooperación frente al antagonismo destructivo y por la reconciliación frente a las divisiones y hostilidades.[37]

2) Una doctrina más completa del hombre

Todas nuestras obras filantrópicas (es decir, obras inspiradas en el amor a los hombres) dependen de nuestro concepto de hombre. Cuanto más alto sea el valor que demos al ser humano, mayor será nuestro deseo de servirle.

Los humanistas seculares, quienes declaran sinceramente que se dedican «a la causa humana»,[38] a veces parecen más humanitarios que los cristianos. Pero si les preguntáramos por qué están tan comprometidos con la humanidad, probablemente afirmarían junto a Julian Huxley que es por el potencial humano de los futuros eones de la evolución. Huxley lo expresa en estos términos: «Así pues, el desarrollo del vasto potencial humano de posibilidades realizables del hombre constituye el principal móvil para la acción colectiva.»[39]

Obviamente, ésta es una base inadecuada para el servicio. Si nuestra preocupación principal fuese el progreso sin impedimentos de la evolución, ¿qué sentido tendría que nos ocupásemos de los seniles, los imbéciles, los criminales empedernidos, los psicópatas, los enfermos crónicos o los hambrientos? ¿No sería más sensato dormirlos, al igual que al perro de la familia, no sea que obstruyan el proceso evolutivo? La consecuencia lógica de la premisa humanista sería la eutanasia obligatoria y no el servicio compasivo. El hecho de que los humanistas no avancen hacia ese abismo parece indicar que su corazón supera a su mente, y su filantropía a su filosofía.

Los cristianos tenemos una base más sólida para el servicio al prójimo: no las especulaciones acerca de lo que llegará a ser el hombre en el futuro desarrollo del género humano, sino lo que ya es por la creación divina. Los seres humanos son seres con semejanza divina, creados a imagen de Dios, que además poseen capacidades únicas que los distinguen de la creación animal. Es cierto que la raza humana está caída, y que la imagen divina se ha desfigurado, pero a pesar de toda apariencia contraria, no se ha borrado por completo (Gn. 9.6; Stg. 3.9). Esa es la razón de su valor único y que siempre ha inspirado el servicio cristiano.

Pues estas criaturas humanas de semejanza divina no son sólo almas (para que sólo nos ocupemos de su salvación eterna), ni sólo cuerpos (para que sólo atendamos a sus necesidades de alimentación, vestido, vivienda y salud), ni tan sólo seres sociales (para que nos limitemos a asistirlos en sus problemas comunitarios). Comprenden los tres aspectos. Desde una perspectiva bíblica el ser humano puede definirse como «cuerpo-alma-en comunidad». Pues así nos ha creado Dios. De modo que si en verdad amamos a nuestro prójimo, y por su valor deseamos servirle, nos ocuparemos de su bienestar integral: físico, espiritual y social. Y de nuestra preocupación surgirán proyectos de evangelización, asistencia y desarrollo. No nos limitaremos a las palabras, los planes y la oración, como aquel pastor que respondió al pedido de ayuda de una mujer desamparada con la promesa de orar por ella (aunque seguramente lo hizo con sinceridad y por un sentido de impotencia). Más tarde ella escribió este poema y se lo entregó a un miembro de la organización Shelter:

Tuve hambre,
 y formaron una comisión para considerar mi problema.
Estuve en la cárcel,
 y se retiraron en silencio a orar por mi libertad.
Estuve desnuda,
 y reflexionaron sobre la inmoralidad de mi aspecto.

Estuve enferma,
y agradecieron de rodillas por su propia salud.
Necesitaba un techo,
y me predicaron sobre el refugio del amor de Dios.
Estuve en soledad,
y me abandonaron para ir a orar por mí.
Parecen tan santos, tan cerca de Dios...
Pero yo todavía sufro hambre,
frío
y soledad.

Motivados por el amor a los seres humanos necesitados, los primeros cristianos fueron por todas partes predicando la Palabra de Dios, porque no hay nada que tenga un efecto tan humanizante como el evangelio. Luego fundaron escuelas, hospitales y refugios para los marginados de la sociedad. Más tarde abolieron el tráfico de esclavos y liberaron a los esclavos, mejoraron las condiciones de los trabajadores de molinos y minas, y de los presos. Protegieron a los niños de la explotación comercial en Occidente y de la prostitución ritual en los templos de Oriente. En la actualidad, llevan la compasión de Jesús a los enfermos de lepra, además de servirles mediante modernos métodos de cirugía plástica y rehabilitación. Atienden a los ciegos y sordos, los huérfanos y las viudas, los enfermos y los moribundos. Se acercan a los drogadictos y los acompañan durante la traumática etapa de abstinencia. Se oponen al racismo y la opresión política. Participan activamente en la vida urbana, los barrios marginales, las villas de emergencia y los ghettos, y hacen oir su protesta por las condiciones inhumanas en las que muchos deben vivir. Buscan por todos los medios a su alcance expresar su solidaridad hacia los pobres y hambrientos, los desposeídos y los que viven en inferioridad de condiciones.

No pretendo afirmar que todos los cristianos en todos los tiempos hayan dedicado su vida a esta clase de servicio. Pero su número basta para merecer una mención. ¿Por qué razón lo hicieron? Por la doctrina cristiana del hombre, varón y mujer, creado a imagen de Dios, aunque caído. Porque las personas importan. Porque cada hombre, mujer y niño tiene un valor intrínseco e inalienable como ser humano. Una vez que comprendamos esto, emprenderemos la tarea de liberar a las personas de todo aquello que las deshumanice y consideraremos que es un privilegio servir y hacer todo lo posible por humanizar la vida humana.

La película *The Elephant Man* dio amplia difusión a la extraordinaria historia que a fines del siglo pasado se conocía en toda Inglaterra. En 1884 Frederick Treves, un joven cirujano y profesor de anatomía del Hospital de Londres, descubrió al hombre elefante en un negocio frente a la entrada del hospital. Apenas vio la figura encorvada, Treves creyó haber visto «la soledad en persona». Luego lo describió como «el espécimen más repugnante de la humanidad» que jamás hubiera visto. Tenía una «enorme cabeza amorfa» con una gigantesca masa ósea que sobresalía de las cejas y otra del maxilar superior, lo cual le daba un aspecto elefantino. La piel esponjosa, maloliente, como un hongo o un coliflor marrón, le colgaba en bolsas de la espalda, del pecho, de atrás de la cabeza y del brazo derecho. Tenía las piernas deformes, los pies bulbosos, y un mal de cadera. No tenía expresión alguna en la cara y hablaba con una ininteligible farfulla. Sin embargo, tenía la mano y el brazo izquierdos tan bien formados y delicados como los de una mujer.

Su sufrimiento se veía acentuado por el trato que recibía. Como a un animal, lo llevaban de feria en feria y lo exhibían a los curiosos por dos peniques. Treves relata: «Huían de él como de un leopardo, lo encerraban como a una bestia salvaje, y él veía pasar la vida desde la mirilla de un carro de circo.» Recibía menos afecto que un perro, y aterrorizado de las miradas curiosas, se escurría para esconderse en un rincón.

Cuando el director del circo lo abandonó, Treves le consiguió alojamiento y lo cuidó en un cuarto en el fondo del Hospital de Londres, donde murió tres años y medio más tarde, a unos días de haber participado de la Santa Cena de Pascua.

Treves había pensado que era un imbécil, probablemente de nacimiento. Pero en el hospital descubrió que era un ser humano, llamado Joseph Merrick, de unos veinte años, sumamente capaz, lector voraz y conversador apasionado, de aguda sensibilidad y romántica imaginación. Además era una «criatura tierna, afectuosa y querible».

Cuando por primera vez lo visitó una mujer, y le sonrió, lo saludó y hasta le dio la mano, él rompió en un llanto incontrolable. A partir de aquel día comenzó su transformación. Se convirtió en una celebridad y muchas personas notables lo visitaban. En palabras de Treves, se transformó «de una cosa acechada en un hombre». Pero en realidad siempre había sido un hombre. Tal vez Treves nunca formuló una doctrina cristiana de los seres humanos creados a imagen de Dios. Sin embargo, fue gracias a su admirable respeto por Joseph Merrick que éste pudo levantar la deforme cabeza y adquirir cierto grado de dignidad antes de morir.[40]

3) Una doctrina más completa de Cristo.

Ha habido muchas reinterpretaciones y reconstrucciones de Jesús. Y de hecho está bien que cada generación de cristianos trate de comprenderlo y presentarlo en términos que se adecuen a su propia época y cultura. Así tenemos a Jesús el asceta, el masoquista, el monarca, el caballero, el payaso, el hombre espectacular, el capitalista, el socialista, el revolucionario, el guerrillero, la droga maravillosa. Es evidente que varios de estos retratos se contradicen mutuamente y que otros no tienen fundamento histórico.

Necesitamos, pues, recobrar la imagen auténtica de Jesús a la que el Pacto de Lausana denomina «el Cristo histórico y bíblico» (sección 4). Necesitamos verlo en su integridad paradójica: con sus sufrimientos y su gloria; como Siervo y Señor; en su Encarnación y en su reinado cósmico. Considero que los evangélicos hemos descuidado el aspecto de su Encarnación, tanto en su significación teológica como en sus consecuencias prácticas.

El Hijo de Dios no permaneció en la inmune seguridad del cielo. Se vació de su gloria y se humilló para servir. Se volvió pequeño, débil y vulnerable. Tomó como propios nuestro dolor, nuestra alienación y nuestras tentaciones. No sólo proclamó las buenas nuevas del Reino de Dios, sino que también demostró su llegada sanando a los enfermos, alimentando a los hambrientos, perdonando a los pecadores, haciéndose amigo del rechazado y resucitando a los muertos. No había venido para ser servido, dijo, sino para servir y dar su vida como precio de rescate para liberar a muchos. Así es que se convirtió en víctima de flagrantes injusticias en las cortes, y mientras lo crucificaban oró por sus enemigos. Luego, en la horrible oscuridad del abandono de Dios, cargó nuestros pecados en su propia persona, aunque era inocente.

¿No debería esta visión de Cristo influir sobre nuestra comprensión de la comisión: «Como me envió el Padre, así también yo os envío» (Jn. 20.21)? Pues si la misión cristiana ha de tener la misión de Cristo por modelo, seguramente implicará que nosotros debemos entrar en el mundo de los demás tal como lo hizo Cristo. En la evangelización, implicará ingresar en el mundo de su pensamiento, su tragedia y su desorientación, con el fin de llevarles a Cristo allí adonde se encuentren. En la acción social, significará la disposición a renunciar a la comodidad y seguridad de nuestro propio trasfondo cultural para entregarnos a nosotros mismos en servicio a las personas de una cultura diferente, cuyas necesidades tal vez nunca hayamos conocido ni sentido antes. La misión de la Encarnación, ya sea evangelística o social o la combinación de ambas, requiere una costosa identificación con las personas en su situación real. Jesús de Nazaret tuvo compasión de los seres humanos necesitados, ya fuesen enfermos o desamparados, hambrientos, atormentados o indefensos; ¿no debería también su pueblo tener compasión de ellos?

Leonidas Proaño es el obispo católico de Riobamba, situada a unos 150 kilómetros al sur de Quito, Ecuador. Basando su pensamiento en la Biblia, promueve la justicia social en su país, y defiende asimismo la causa de los aborígenes cuya cultura desearía que se preserve de quienes amenazan con socavarla y aun destruirla. Aunque rehusa identificarse con el marxismo, y de hecho no es un marxista, critica y llega a desafiar el sistema político y eclesiástico de su país. Se opone, además, al feudalismo y al poder opresivo de los terratenientes. No nos debería sorprender, pues, que haya recibido amenazas de muerte. El caso es que después del derrocamiento y muerte del presidente de Chile Salvador Allende en 1973, el obispo Proaño predicó en una misa para estudiantes marxistas en Quito. Describió a Cristo como el radical que era, el crítico del «establishment», el defensor de los oprimidos, el que amaba a los pobres, y que no sólo predicó el evangelio sino que también sirvió compasivamente a los necesitados. Después de la misa hubo un tiempo de preguntas, durante el cual algunos estudiantes dijeron: «Si hubiésemos conocido a *este* Jesús, nunca nos habríamos hecho marxistas.»

¿En cuál Jesús creemos? ¿Y a qué Jesús predicamos? ¿Será posible que en algunos sectores de la Iglesia se esté presentando a los jóvenes un Jesús tan falso («otro Cristo», 2 Co. 11.4), que estemos ahuyentándolos de él y empujándolos en brazos de Karl Marx?

4)Una doctrina más completa de la salvación

En la Iglesia existe una tendencia constante a trivializar la naturaleza de la salvación, como si no significara más que una autotransformación, o el perdón de nuestros pecados, o un pasaporte personal al paraíso, o una experiencia mística privada sin consecuencias sociales ni morales. Es una necesidad imperiosa rescatar la salvación de estas caricaturas y recuperar la doctrina en su integridad bíblica. Pues la salvación es una transformación radical en tres fases, que comienza ahora, continúa a lo largo de toda la vida en la tierra y llegará a su perfección cuando Cristo venga. Especialmente debemos vencer la tentación de separar verdades que van unidas.

En primer lugar, *no debemos separar la salvación del Reino de Dios*, ya que en la Biblia son prácticamente sinónimos, dos maneras de describir la misma obra de Dios. Según Isaías 52.7, quienes predican las buenas nuevas de paz son los mismos que proclaman la salvación y dicen a Sión: ¡Tu Dios reina! Es decir que allí donde Dios reina, salva. La salvación es la bendición de su reinado. Cuando Jesús dijo a sus discípulos: «¡Cuán difícilmente entrarán en el reino de Dios...!», al parecer era muy natural para ellos preguntar: «¿Quién, pues, podrá ser salvo?» (Mr. 10.24-26). Evidentemente, entrar en el Reino equivalía a ser salvos.

Una vez que se ha establecido esta identificación, la salvación adquiere un alcance más amplio. Pues el Reino de Dios es el gobierno dinámico de Dios, que irrumpe en la historia humana a través de Jesús; enfrenta, combate y vence el mal; trae el bienestar integral a nivel personal y comunitario y toma posesión de su pueblo con plena bendición y plena demanda.

La Iglesia está llamada a ser la comunidad del Reino, un modelo de lo que es una comunidad humana gobernada por Dios, y una alternativa desafiante para la sociedad secular. Ingresar en el Reino de Dios es ingresar en la nueva era, largamente prometida en el Antiguo Testamento, que es a su vez el comienzo de la nueva creación de Dios. Ahora miramos hacia adelante a la consumación del Reino, cuando nuestros cuerpos, nuestra sociedad y el universo serán renovados, y el pecado, el dolor, la banalidad, la enfermedad y la muerte serán erradicados. La salvación es un concepto amplísimo; no tenemos derecho a reducirlo.

En segundo término, *no debemos separar a Jesús el Salvador de Jesús el Señor*. Es poco menos que increíble que algunos evangelistas enseñen que es posible aceptar a Jesús como Salvador y a la vez postergar la entrega de nuestro ser a él como Señor. Pero Dios ha exaltado a Jesús, lo ha puesto a su derecha y lo ha hecho Señor. Desde esa posición de poder supremo y autoridad ejecutiva puede conceder la salvación y el don del Espíritu. Es precisamente porque es Señor que puede salvar. Las afirmaciones «Jesús es Señor» y «Jesús es Salvador» son casi intercambiables. Y su señorío supera ampliamente los límites del área religiosa de nuestra vida. Incluye toda nuestra experiencia de vida: pública y privada; en el hogar y en el trabajo; como miembros de una iglesia y como ciudadanos con deberes cívicos; las responsabilidades evangelísticas y las sociales.

En tercer lugar, *no debemos separar la fe del amor*. Los cristianos evangélicos siempre hemos subrayado la importancia de la fe. *Sola fide*, sólo por la fe, era parte del magnífico lema de la Reforma, y con toda razón. La «justificación» o aceptación de Dios no es por buenas obras que nosotros hayamos realizado o pudiéramos realizar; es puramente por el favor inmerecido de Dios («gracia»), tiene por único fundamento la muerte expiatoria de Jesucristo, es sólo por confianza en él. Esta verdad central del evangelio es inmutable. Pero, si bien la justificación es por fe solamente, la fe no puede permanecer sola. Si es viva y auténtica, inevitablemente resultará en buenas obras; de lo contrario, es espuria. Jesús mismo enseñó esto cuando describió el Juicio Final con la imagen de las ovejas y los cabritos. Nuestras buenas obras de amor hacia sus hermanas y hermanos más pequeños, dijo Jesús, revelarían y serían la base para juzgar nuestra actitud hacia él. La enseñanza de Santiago al respecto es bien conocida: «la fe, si no tiene obras, es muerta ... yo te mostraré mi fe por mis obras» (2.17,18). Y la de Juan: «Pero el que tiene bienes de este mundo y ve a su hermano tener necesidad, y cierra contra él su corazón, ¿cómo mora el amor de Dios en él?» (1 Jn. 3.17). Y la de Pablo: Cristo murió para crear una nueva comunidad, un pueblo «celoso de buenas obras» (Tit. 2.14). Hemos sido recreados en Cristo para «buenas obras, las cuales Dios preparó de antemano para que anduviésemos en ellas» (Ef. 2.10). Luego, «Lo que sí vale es tener fe, y que esta fe nos haga vivir con amor ... sírvanse los unos a los otros por amor» (Gá. 5.6,13 VP). Esta es, pues, la notable secuencia: fe, amor, servicio. La fe verdadera se traduce en amor, y el amor verdadero se traduce en servicio.

En especial quienes nos llamamos cristianos «evangélicos» debemos tomar en serio este énfasis del Nuevo Testamento. Debemos tener mucho cuidado de no enaltecer la fe y el conocimiento a expensas del amor. Pablo no lo hace. Si «entendiese todos los misterios y toda ciencia», escribió, «y si tuviese toda la fe, de tal manera que trasladase los montes, y no tengo amor, nada soy» (1 Co. 13.2). Pues la fe que salva y el amor que sirve van de la mano. Si uno falta, el otro también. Ninguno de los dos existe solo.

5)Una doctrina más completa de la Iglesia

Muchos consideran que la Iglesia es una especie de club, parecido a un club de tenis, salvo que el interés común de sus miembros resulta ser Dios en vez del tenis. Son personas religiosas que juntas realizan actividades religiosas. Pagan una suscripción y disfrutan de los privilegios que corresponden a los miembros del club. Al adoptar esa mentalidad olvidan las palabras de William Temple: «la Iglesia es la única sociedad cooperativa que existe en el mundo para beneficio de aquellos que no son miembros de la misma.»[41]

Debemos abandonar la imagen de la Iglesia como club y en su lugar recuperar la «doble identidad» de la Iglesia. Por un lado, es un pueblo «santo», llamado a salir del mundo para pertenecer a Dios. Pero por otro, es un pueblo «mundano», pues es enviado de vuelta al mundo para testificar y servir. El Dr. Alec Vidler, siguiendo a Bonhoeffer, utiliza la expresión «santa mundanalidad» de la Iglesia.[42] En su larga y variada historia, la Iglesia rara vez ha recordado o mantenido su doble identidad. A veces, por acentuar su «santidad», ha caído en el error de retirarse y aislarse del mundo. Otras veces, por acentuar su «mundanalidad» (es decir, su inserción en la vida del mundo), se ha conformado a las normas y valores del mundo hasta contaminarse con ellos. No obstante, si no preserva ambos aspectos de su identidad, no puede llevar a cabo la misión. La misión surge de la doctrina bíblica de la relación de la Iglesia con la sociedad. Una eclesiología desequilibrada lleva a una misión igualmente desequilibrada.

Jesús mismo enseñó estas verdades, no sólo en su famosa expresión «en el mundo sin ser del mundo», sino también en sus vívidas metáforas de la sal y la luz. «Vosotros sois la sal de la tierra», dijo, y «Vosotros sois la luz del mundo» (Mt. 5.13-16). Esto implica que las dos comunidades, la vieja y la nueva, la Iglesia y el mundo, son tan radicalmente distintas entre sí como la luz y la oscuridad o la sal y la descomposición. Además, para poder servir de alguna ayuda la sal debe penetrar en la carne y la luz debe brillar en la oscuridad. De la misma manera, los cristianos deben penetrar en la sociedad no cristiana.

De un modo similar el apóstol Pedro se refiere a los miembros del nuevo pueblo de Dios, por un lado, como «extranjeros y peregrinos» en el mundo y, por otro, como ciudadanos con deberes y responsabilidades que cumplir (1 P. 2.11-17). Nuestra actitud hacia el mundo no puede ser de plena identificación y defensa (como si no existiera ningún mal en él) ni tampoco de completa negación (como si no existiera nada bueno en él), sino que debe ser una combinación de ambas, y asimismo ha de ser especialmente desafiante, reconociendo su potencialidad como mundo de Dios y buscando que la vida del mundo se adecue cada vez más a su señorío.

Esta visión de la influencia de la Iglesia sobre la sociedad se describe mejor en términos de «reforma» que de «redención». A. N. Triton lo expresa así:

> La redención no es una impregnación de las estructuras sociales ... Trae como consecuencia la restauración de la relación de los individuos con Dios. Pero esto produce ondas horizontales de choque en la sociedad por las cuales nos beneficiamos todos. Estos beneficios son en términos de una *reforma* de la sociedad de acuerdo con la *ley* de Dios y no de su *redención* por la muerte de Cristo.[43]

La efectividad de la Iglesia depende de su combinación de «santidad» y «mundanalidad». Volveremos luego a estas imágenes.

Aplicación práctica

He reunido cinco doctrinas y he exhortado a que las sostengamos en su integridad bíblica: las doctrinas de Dios (Creador, Legislador, Señor y Juez), de los seres humanos (su valor único por haber sido creados a imagen de Dios), de Cristo (quien se identificó con nosotros y nos llama a identificarnos con los demás), de la salvación (una transformación radical) y de la Iglesia (distinta del mundo como su sal y luz, pero que no obstante penetra en él por Cristo). Estas doctrinas constituyen el fundamento bíblico para la misión, para la responsabilidad evangelística y social. Nos imponen la obligación de participar activamente en la vida del mundo. ¿Pero cómo?

Consideremos en primer lugar al cristiano individualmente. Todo cristiano está llamado a ser testigo y siervo. Pues cada uno de nosotros es seguidor del Señor Jesús quien testificó y asimismo dijo «yo estoy entre vosotros como el que sirve». De manera que *diakonía* (servicio) y *marturía* (testimonio) son inseparables. No obstante, los cristianos son llamados a diferentes ministerios específicos, del mismo modo que los doce fueron llamados al ministerio de la Palabra y la oración, mientras que los siete fueron llamados a encargarse de la distribución diaria a las viudas (Hch. 6). La metáfora de la Iglesia como cuerpo de Cristo refuerza la misma enseñanza. Así como cada miembro del cuerpo humano tiene una función distinta, cada miembro del cuerpo de Cristo también tiene un ministerio distinto. A su vez, cualquiera sea nuestro llamado especial, lo dejaremos a un lado en situaciones de urgencia. El sacerdote y el levita de la parábola del buen samaritano no habrían podido justificar su vergonzosa actitud al pasar al lado del hombre que había sido asaltado y golpeado, diciendo que su llamado era a trabajar en el templo. Si somos llamados a un ministerio predominantemente social, aún tenemos la obligación de testificar. Si somos llamados a un ministerio predominantemente evangelístico, no debemos pensar por eso que no nos corresponde ninguna responsabilidad social.

Por su parte, la iglesia local ampliará su alcance y se volverá cada vez más polifacética si se aprovechan plenamente los diversos dones y llamados de todos sus miembros. Es muy sano que los líderes de las iglesias estimulen a las personas que comparten una misma inquietud a que se unan para formar grupos de «intereses especiales» o de «reflexión y acción». Unos tendrán objetivos evangelísticos: visitación casa por casa, música, misión mundial, etc. Otros se ocuparán de problemas sociales: ayuda social y visita a los enfermos, problemas de vivienda, relaciones comunitarias y raciales, defensa de la vida y lucha contra el aborto, atención a las necesidades de un grupo étnico minoritario, etc. Tales grupos especiales se complementan entre sí. Si ocasionalmente se les da la oportunidad de informar a la congregación sobre sus respectivos ministerios, se reafirmará la naturaleza representativa de los mismos, y podrán recibir de su comunidad de origen un valioso apoyo que puede consistir en aconsejamiento, estímulo, oración y sostén económico.

Ningún cristiano puede ni debe participar en ministerios de toda clase. Pero cada iglesia local (al menos las congregaciones medianas) puede y debe comprometerse en la mayor variedad de ministerios posible *por medio de grupos*. Estos permiten a la iglesia diversificar en gran medida su esfera de acción.

Concluyo este capítulo con una referencia, tal vez sorprendente, a la misa Católica Romana. La palabra «misa» probablemente se deriva de la oración final del antiguo rito latino: *ite missa est*. En español formal podría traducirse «quedan despedidos». En lenguaje vulgar podría decirse simplemente «váyanse» —salgan al mundo creado por Dios habitado por seres hechos a su imagen, el mundo al que vino Cristo y al cual nos envía. Pues allí es donde debemos estar. El mundo es el ámbito en el que hemos de vivir y amar, testificar y servir, sufrir y morir por Cristo.

Notas

1. *Evangelism and Social Responsibility: An Evangelical Commitment*, The Grand Rapids Report, Paternoster, 1982, p. 19.
2. J. Wesley Bready, *England: Before and After Wesley*, Hodder & Stoughton, 1939, pp. 11, 14.
3. *Ibid.*, p. 126.
4. *Ibid.*, p. 405.
5. *Ibid.*, p. 405.
6. *Ibid.*, p. 327.
7. *Ibid.*, p. 316.
8. Ernest Marshall Howse, *Saints in Politics, the "Clapham sect" and the growth of freedom*, George Allen Unwin, 1953, p. 26.
9. *Ibid.*, p. 27.
10. Georgina Battiscombe, *Shaftesbury*, Constable, 1974, p. 334.
11. Citado por David O. Moberg en *The Great Reversal*, «Evangelism versus social concern», Scripture Union, 1973, p. 184. Para una síntesis de la acción social evangélica en Gran Bretaña durante el siglo XIX, ver Kathleen Heasman, *Evangelicals in Action*, Geoffrey Bles, 1962.
12. Donald W. Dayton, *Discovering an Evangelical Heritage*, Harper & Row, 1976, pp. 15-24. Ver también Timothy L. Smith, *Revivalism and Social Reform*, «American Protestantism on the Eve of the Civil War», Johns Hopkins University Press, 1980.
13. *Op. cit.*, p. 25.

14. De un artículo de Donald W. Dayton en *The Post-American*, Marzo 1975.
15. De la Introducción de R. Pierce Beaver a *Christian Mission and Social Justice*, de Samuel Escobar y John Driver, Herald, 1978, pp. 7-9.
16. Walter Rauschenbusch, *Christianity and the Social Crisis*, Macmillan, London, 1907.
17. *Ibid.*, pp. 391-400.
18. *Ibid.*, p. 357.
19. *Ibid.*, p. 65.
20. *Ibid.*, p. xiii.
21. *Ibid.*, p. 149.
22. *Ibid.*, p. 420.
23. *Ibid.*, p. 210.
24. *Ibid.*, p. 380.
25. Walter Rauschenbusch, *A Theology for the Social Gospel*, Macmillan, New York, 1918.
26. *Ibid.*, p. 1.
27. *Ibid.*, p. 131.
28. *Ibid.*, p. 142.
29. *Ibid.*, p. 145.
30. *Op. cit.*, pp. 53-57.
31. *Keele 67*, The National Evangelical Anglican Congress, ed. Philip Crowe, Falcon, 1967, párr. 20.
32. *Op. cit.*, p. 28.
33. *Op. cit.*, pp. 43-44.
34. *Op. cit.*, p. 45.
35. Dr. Edward Norman, *Christianity and the World Order*, OUP, 1979.
36. Tom Sine, *The Mustard Seed Conspiracy*, Word, 1981, pp. 69-71.
37. John Gladwin, *God's People in God's World*, Biblical motives for social involvement, IVP, 1979, p. 125.
38. H. J. Blackham, *Humanism*, Penguin, 1968.
39. Sir Julian Huxley, Ed., *The Humanist Frame*, George Allen & Unwin, 1961, p. 47.
40. Resumen de *The Elephant Man and Other Reminiscences*, Sir Frederick Treves, Cassell, 1923. Ver Michael Howell and Peter Ford, *The True History of the Elephant Man*, Penguin, 1980.
41. Citado por Charles Smyth en *Cyril Forster Garbett*, Hodder & Stoughton, 1959, p. 106.
42. A. R. Vidler, *Essays in Liberality*, SCM, 1957, pp. 95-112.
43. A. N. Triton, *Whose World?*, IVP, 1970, pp. 35-36.

2

Complejidad: ¿podemos pensar equilibradamente?

Supongamos que coincidimos en que las doctrinas de Dios, de Cristo, del hombre, la salvación y la Iglesia nos obligan inevitablemente a asumir un compromiso social, no sólo de servicio social, para atender en el nombre de Cristo a las víctimas de la opresión, sino también de acción social, para procurar la justicia y el cambio social. Contar con esa fuerte motivación es fundamental pero no suficiente. Cualquier contribución que esperemos hacer dependerá de nuestra comprensión de los problemas. Si no estamos debidamente preparados, no será sabio avanzar a ciegas por los campos minados de la ética social. Como oí decir a John Mackay cuando era Rector del Princeton Theological Seminary: «El compromiso sin reflexión es fanatismo en acción, pero la reflexión sin compromiso es la parálisis de toda acción.»

No debemos subestimar la complejidad de los problemas que hoy enfrenta la humanidad. Es cierto, todas las generaciones se han sentido desconcertadas frente a los problemas contemporáneos; por eso no nos debería sorprender sentir lo mismo. Sin embargo, la cantidad, la escala y gravedad de los asuntos que enfrentamos a fines del siglo XX no tienen precedentes, especialmente por causa de la revolución científica. Por ejemplo, el problema de la guerra y la paz siempre ha afligido a la conciencia cristiana, pero el desarrollo de armamento nuclear lo ha agravado enormemente. Asimismo, la moderna microtecnología ha aumentado el problema del desempleo prolongado, y el desciframiento del código genético y las posibilidades de la ingeniería genética han creado la necesidad de una nueva disciplina: la «bioética».

Evidentemente, ningún cristiano puede ser experto en todos estos campos; además quizá no sea tarea de la Iglesia recomendar políticas específicas y detalladas. William Temple, quien sin duda ha sido el Arzobispo de Canterbury con mayor preocupación social de este siglo, subrayó la necesidad de distinguir entre principios y políticas. En 1941 escribía sobre la sostenida pobreza y desnutrición en Gran Bretaña, y «la vida industrial de la nación ... que padece la desdicha del desempleo crónico», y seguía diciendo: «La Iglesia tiene el derecho y la obligación de denunciar a la sociedad por estos males; pero no tiene derecho de promover colectivamente soluciones específicas.»[1] En cambio, la Iglesia debe estimular a sus miembros (ya sean políticos, funcionarios, hombres de negocios, gremialistas o miembros de cualquier otra área de la vida pública) a buscar y aplicar las soluciones adecuadas. «En otras palabras, la Iglesia establece principios; el ciudadano cristiano los aplica, empleando la maquinaria del Estado».[2] Luego, «La Iglesia no puede decir cómo ha de hacerse pero está llamada a decir que debe hacerse.»[3]

Al año siguiente, en su libro más conocido: *Christianity and the Social Order* (El cristianismo y el orden social), Temple todavía enfatizaba la misma diferenciación: «La Iglesia está comprometida con el evangelio eterno ... ; nunca debe comprometerse con programas temporarios de acciones específicas.»[4] Los lectores de Temple sabrán que de ningún modo quiso decir que la religión y la política no se mezclen. Su argumento es otro, a saber: que «a la Iglesia le competen los principios y no las políticas».[5] Las razones por las que considera que la Iglesia debe abstenerse de la «acción política directa», de elaborar y promover programas específicos podrían resumirse en: «integridad» (la Iglesia no es experta en cada uno de los campos, aunque algunos de sus miembros pueden serlo), «prudencia» (puede comprobarse que estaba equivocada y perder credibilidad) y «justicia» (pues distintos cristianos opinan de manera diferente, y la Iglesia no debería alinearse con ningún sector, ni siquiera con una mayoría, frente a una minoría igualmente legítima).

Aun si coincidimos en esta diferenciación de roles y reconocemos que no todos los cristianos son responsables de la elaboración de políticas, todavía debemos desentrañar los principios, y su formulación no es tarea fácil en absoluto.

Frente a esta situación algunos cristianos se dan por vencidos y caen en la desesperación. «Los antiguos problemas de la guerra, la economía y el divorcio», dicen, «siempre han dividido a los cristianos. Siempre ha habido pacifistas y no pacifistas, capitalistas y socialistas, actitudes laxas y rígidas hacia el divorcio. Y los problemas modernos, al ser más complejos, son a la vez causa de más divisiones.» «Además», prosiguen, «no existe el llamado 'punto de vista cristiano' sobre estos problemas; hay una amplia gama de puntos de vista cristianos. Ni siquiera la Biblia nos ayuda siempre; se escribió en medio de culturas tan antiguas que no responde a nuestros problemas modernos. Por lo tanto, dejémoslo todo en manos de expertos y abandonemos la esperanza de encontrar una respuesta cristiana por nuestra cuenta.» Esta desesperación menoscaba a Dios, pues niega la utilidad de su revelación como lámpara a nuestros pies y lumbrera a nuestro camino (Sal. 119.105). La razón para abandonar la esperanza de encontrar una respuesta cristiana puede ser una pereza intelectual disfrazada de falsa humildad.

La verdadera humildad nos llevará a estudiar con paciencia la revelación de Dios y a afirmar por fe que él puede guiarnos hacia un pensamiento en común. ¿Cómo podemos creer en la Palabra y el Espíritu de Dios, y negar esto? Lo que hace falta es más estudio grupal concienzudo en que 1) aprendamos a orar juntos, 2) escuchemos con atención el punto de vista de los demás y las preocupaciones profundas que están detrás de ellas y 3) nos ayudemos los unos a los otros a discernir los prejuicios culturales por los que somos reacios y hasta incapaces de abrir nuestra mente a perspectivas diferentes. Esta clase de disciplina es dolorosa, pero la integridad cristiana la demanda. Como resultado, rehusaremos conformarnos con polarizaciones superficiales, pues la verdad es siempre más sutil y compleja. En cambio, nos dedicaremos a una exploración cuidadosa, señalando y enfatizando los puntos de acuerdo y aclarando los puntos de desacuerdo restantes con los que seguiremos lidiando pacientemente.

Si la desesperación es una reacción posible a la complejidad de los problemas éticos modernos, la opuesta es una ingenua simplificación. Algunos cristianos (especialmente cristianos evangélicos, me temo) han tendido a actuar irreflexivamente. Ya sea por mala disposición o por incapacidad de comprender los problemas, a veces hemos negado su existencia. O hemos reafirmado el lema evangélico de la «perspicuidad» de las Escrituras, como si esto implicara que los problemas no existen. Luego hemos dado respuestas simplistas a preguntas complejas, y hemos usado la Biblia como si se tratara de una máquina automática en la que insertamos una moneda para obtener una respuesta, o una de esas extraordinarias enciclopedias que nos ofrecen información sobre cualquier asunto.

En efecto, el camino de salvación es claro y «perspicuo», que es el significado que los reformadores le atribuían al término. Pero ¿cómo podemos negar que las Escrituras contengan problemas, si el apóstol Pedro mismo afirma que en las epístolas de su hermano el apóstol Pablo hay algunas cosas «difíciles de entender» (2 P. 3.16)? También es difícil entender la manera de aplicar la antigua Palabra de Dios al mundo moderno. Negarlo es otra manera de menoscabar a Dios, en este caso por no comprender la naturaleza de la revelación que él ofrece de sí mismo.

Así pues, deshonramos a Dios tanto si negamos que haya soluciones –él nos ha revelado su voluntad–, como si ofrecemos soluciones simplistas –no lo ha hecho en una serie de proposiciones inequívocas.

Una mente cristiana

Existe un tercer enfoque de la complicada problemática actual mejor y más cristiano, que consiste en el desarrollo de una mente cristiana, una mente que haya comprendido a fondo las premisas básicas de las Escrituras y que se inspire plenamente en la verdad bíblica. Sólo así podrá pensar con integridad cristiana sobre los problemas del mundo contemporáneo.

En los primeros versículos de Romanos 12, Pablo emplea la expresión «la renovación de vuestro entendimiento». Acaba de impartir su conocida exhortación a los lectores romanos a presentar sus cuerpos «en sacrificio vivo» y como «culto racional», en gratitud a Dios por su misericordia. Luego explica la manera en que el pueblo de Dios puede servirle en el mundo. Presenta dos posibilidades. Una es conformarse a este mundo o «siglo», a sus normas (o falta de ellas), a sus valores (esencialmente materialistas) y a sus objetivos (egocéntricos y ajenos a Dios). Estas son las características de la cultura occidental. No es fácil mantenerse firme contra la cultura predominante (como no lo es frente a un viento predominante). Es más fácil adoptar una postura de menor resistencia y rendirse a ella, como «una caña sacudida por el viento». El secularismo contemporáneo es poderoso y sutil; las presiones a conformarnos son fuertes.

No obstante, Pablo nos exhorta a no conformarnos a este mundo, sino a transformarnos por medio de la renovación de nuestro entendimiento para discernir así la voluntad de Dios, agradable y perfecta. La premisa del apóstol es, pues, que los cristianos tenemos o deberíamos tener una mente renovada, y que nuestra mente renovada tendrá consecuencias radicales sobre nuestra vida, pues nos permitirá discernir y aceptar la voluntad de Dios, y por lo tanto transformar nuestra conducta. La secuencia merece ser analizada. Si queremos vivir correctamente, tenemos que pensar correctamente. Si queremos pensar correctamente, debemos tener una mente renovada. Pues una vez que nuestra mente se renueve, ya no nos ocuparemos de los asuntos del mundo sino de la voluntad de Dios, lo cual nos transformará.

La conversión cristiana significa renovación completa. La Caída condujo a la depravación total (doctrina rechazada sólo por quienes no la comprenden, que no implica que todos los seres humanos han descendido al nivel más bajo de depravación, sino que con ella se ha pervertido íntegramente nuestra naturaleza humana, incluso nuestra mente). De manera que la redención entraña una renovación total (esto no significa que ya hayamos alcanzado la plenitud, sino que cada parte de nosotros, incluso nuestra mente, ha sido renovada). El contraste es claro. Nuestro antiguo punto de vista nos llevaba a conformarnos con la mayoría; nuestra nueva manera de pensar nos guía a no conformarnos moralmente, por el nuevo interés que tenemos en la voluntad de Dios. Nuestra mente caída seguía los caminos del mundo; nuestra mente renovada se concentra en la voluntad de Dios, revelada en la Palabra de Dios. Entre las dos media el arrepentimiento, *metánoia*, un cambio total de mente o de perspectiva.

Pablo escribe no sólo de una mente renovada sino también de «la mente de Cristo». Exhorta a los Filipenses así: «Haya, pues, en vosotros este sentir que hubo también en Cristo Jesús» (2.5). Es decir que en la medida en que estudiamos las enseñanzas y el ejemplo de Jesús, y sometemos nuestra mente al yugo de su autoridad (Mt. 11.29), comenzamos a pensar como él pensó. Gradualmente, su mente se va formando en nosotros por la obra del Espíritu Santo, que es el Espíritu de Cristo. Empezamos a ver las cosas a su manera, desde su perspectiva. Nuestro punto de vista se alinea con el de él. Casi nos atrevemos a decir lo que el apóstol podía decir: «nosotros tenemos la mente de Cristo» (1 Co. 2.16).

«La renovación de la mente», «la mente de Cristo», «la mente cristiana». Harry Blamires populariza esta última expresión en su libro homónimo, que desde su publicación en 1963 ha sido de gran influencia. Cuando dice «mente cristiana» no se refiere a una mente dedicada a temas específicamente «religiosos», sino a una mente que piensa «cristianamente», es decir, desde una perspectiva cristiana, aun acerca de los temas más seculares. No se trata de la mente de un cristiano esquizoide que «adopta la mentalidad cristiana y la abandona automáticamente cuando el tema de conversación cambia de la Biblia al periódico».[6] De ninguna manera; Blamires afirma que la mente cristiana es «una mente entrenada, formada y equipada para manejar los datos de la controversia secular dentro de un marco de referencia basado en premisas cristianas».[7] Lamenta la falta de un pensamiento cristiano aun entre los líderes de las iglesias: «la mente cristiana ha sucumbido a la corriente secular, revelando así una debilidad y una impotencia inéditas en la historia del cristianismo».[8] Luego de deplorar esta pérdida, Harry Blamires emprende un minucioso examen de la recuperación del pensamiento cristiano. Quisiera ver el surgimiento de la clase de pensadores cristianos que «desafía los prejuicios vigentes..., perturba a los autocomplacidos..., es un obstáculo para los atareados pragmáticos..., cuestiona el fundamento mismo de todo lo que lo rodea, y ... es un estorbo».[9]

Blamires enumera luego los seis rasgos que considera distintivos de una mente cristiana: 1) «una orientación hacia lo sobrenatural» (se orienta más allá del tiempo hacia la eternidad, más allá de la tierra hacia el cielo y el infierno, y entre tanto vive en un mundo creado, sustentado y cuidado por Dios); 2) «conciencia del mal» (el pecado original pervirtió aun las cosas más nobles y las convirtió en instrumentos de los apetitos banales); 3) «su concepción de la verdad» (la revelación divina como verdad «dada» no sujeta a claudicaciones); 4) «su aceptación de la autoridad» (lo que Dios ha revelado no demanda un vínculo igualitario, sino la sumisión en mansedumbre); 5) «su preocupación por la persona» (el reconocimiento del valor de la personalidad humana frente a la máquina); y 6) «su carácter sacramental» (que reconoce, por ejemplo, el amor sexual como «uno de los instrumentos más efectivos de Dios» para abrir el corazón del hombre a su realidad).

Si bien estas seis características de la mente cristiana sin duda son algunas de las verdades más importantes de la revelación bíblica, debo confesar que me resultó difícil integrarlas, ya que al parecer no presentan una interrelación lógica.

Creo que resulta más sencillo adoptar el sistema de la Biblia misma. Pues la verdadera mente cristiana se ha arrepentido de las pruebas descontextualizadas (la tendencia a resolver los problemas doctrinales y éticos citando un sólo texto fuera de contexto, mientras que Dios nos ha dado una revelación completa) y en cambio se imbuye de toda la Escritura. En especial ha absorbido la estructura de la historia bíblica. Pues la Biblia divide la historia humana en cuatro eras, que no están señaladas por el surgimiento y la caída de imperios, dinastías y civilizaciones, sino por cuatro acontecimientos fundamentales: la Creación, la Caída, la Redención y la Consumación.

En primer lugar, *la Creación*. Es fundamental para la fe cristiana (y por lo tanto para la mente cristiana) el hecho de que en el principio, al comienzo de los tiempos, Dios creó el universo de la nada. Luego hizo el planeta Tierra, y en él la tierra seca, los mares y todas las criaturas. Finalmente, como clímax de su actividad creadora, hizo al hombre, varón y hembra, a su imagen. La semejanza de la humanidad con Dios se va revelando a medida que se desarrolla la historia: el hombre y la mujer son seres racionales y morales (capaces de comprender los mandamientos de Dios y responder a ellos), seres responsables (que ejercen dominio sobre la naturaleza) y seres sociales (que encuentran su máxima realización en el conocimiento y la adoración de su Creador). De hecho, se describe al Creador y a sus criaturas humanas caminando juntos y hablando en el huerto. Todo esto era la imagen de Dios que daba a Adán y a Eva una dignidad y un valor únicos.

Luego, *la Caída*. Hicieron caso a las mentiras de Satanás, en vez de a la verdad de Dios. A causa de su desobediencia fueron expulsados del huerto. Esta es la peor tragedia que haya sobrevenido a los seres humanos, que aunque fueron creados por Dios, semejantes a él y para él, ahora viven sin Dios. La alienación, la desorientación y el vacío de la vida humana encuentran su origen último allí. Asimismo se deterioraron las relaciones humanas. La igualdad sexual se trastornó: «tu marido ... se enseñoreará de ti» (Gn. 3.16). La maternidad estaría marcada por el dolor. El odio y los celos de Caín hacia su hermano desembocaron en el asesinato. Hasta la naturaleza perdió su armonía. La tierra cayó bajo maldición por culpa del hombre, el cultivo del suelo se convirtió en una labor penosa, y el trabajo creativo degeneró en una tarea monótona y fatigosa. A lo largo de los siglos, el hombre y la mujer se han apartado de la mayordomía responsable del medio que se les encomendó, y han talado bosques, creado desiertos, contaminado la atmósfera, los ríos y los mares con sustancias tóxicas. La frase «pecado original» significa que la naturaleza humana que heredamos está distorsionada por un egocentrismo funesto. El mal impregna toda la humanidad y está profundamente arraigado en ella. Si bien la imagen de Dios en nosotros no se ha destruido, estamos en enemistad con Dios y bajo su justa condena.

En tercer lugar, *la Redención*. En vez de abandonar o destruir a sus criaturas rebeldes, como lo merecían, Dios planeó su redención. No bien el hombre hubo pecado, Dios prometió que la simiente de la mujer heriría a la serpiente en la cabeza (Gn. 3.15), y en esas palabras reconocemos la primera profecía de la venida del Salvador. El propósito redentor de Dios empezó a cumplirse cuando llamó a Abraham e hizo un pacto solemne con él, en el cual prometió bendecirlo a él y por medio de su descendencia a todas las familias de la tierra: otra promesa que sabemos que se cumplió en Cristo y en su comunidad mundial. En el Monte Sinaí Dios renovó su pacto, con Israel en este caso, y vez tras vez prometió por medio de los profetas que sucederían muchas cosas más en los días del Reino Mesiánico. Luego, en la plenitud de los tiempos vino el Mesías. Su llegada marcó el amanecer de una nueva era: el Reino de

Dios irrumpió y dio comienzo al fin. Hoy, por medio de la muerte, la resurrección y el don del Espíritu de Jesús, Dios está llevando a cabo su promesa de redención y está recreando la humanidad caída, no sólo como individuos, sino también incorporándolos a su nueva comunidad reconciliada.

En cuarto lugar vendrá *la Consumación*. Pues un día, cuando las buenas noticias del Reino hayan sido proclamadas en todo el mundo (Mt. 24.14), Jesucristo aparecerá con gran esplendor. Resucitará a los muertos, juzgará al mundo, regenerará el universo y llevará el Reino de Dios hasta la perfección. Allí se disipará todo dolor, corrupción, pecado, pesar y muerte, y Dios será glorificado para siempre. Entretanto vivimos entre dos eras, entre el Reino inaugurado y el Reino consumado, entre el «ahora» y el «después» de la redención, entre el «ya» y el «todavía no».

En síntesis, estos cuatro acontecimientos corresponden a cuatro realidades: la Creación («lo bueno»), la Caída («lo malo»), la Redención («lo nuevo») y la Consumación («lo perfecto»). Esta realidad bíblica en cuatro fases nos permite a los cristianos observar el panorama de la historia desde una perspectiva adecuada, contemplar su desarrollo entre las dos eternidades, y ver a Dios cumplir su propósito. Nos da un marco de referencia en el cual encuadrar todo, un modo de integrar nuestro entendimiento, la posibilidad de pensar correctamente, aun acerca de los problemas más complejos.

Los cuatro acontecimientos o eras que hemos considerado, especialmente si los comprendemos en su interrelación, nos enseñan verdades fundamentales sobre Dios, el hombre y la sociedad, que ayudan a orientar nuestro pensamiento cristiano.

La realidad de Dios

Consideremos primeramente la realidad de Dios. El plan bíblico es esencialmente teocéntrico, o al menos las cuatro realidades se revelan desde el punto de vista de Dios. Incluso la Caída, a pesar de ser un acto de desobediencia humana, se presenta en el contexto de los mandamientos, juicios y decretos divinos. De modo que es Dios quien crea, juzga, redime y perfecciona. La iniciativa es suya de principio a fin. Es por eso que el popular culto al «sin sentido» resulta tan agraviante a los cristianos. En efecto hay un cúmulo de actitudes radicalmente incompatibles con la fe cristiana: por ejemplo, el concepto de desarrollo evolutivo ignoto, la afirmación de la autonomía del hombre en el arte, la ciencia y la educación, y la declaración de que la historia está sujeta al azar y que la vida es absurda. La mente cristiana está en abierto conflicto con estos conceptos seculares, pues sostiene que los seres humanos sólo pueden definirse con relación a Dios, y que el hombre sin Dios ha dejado de ser plenamente humano. Pues somos criaturas que dependemos de nuestro Creador, pecadores responsables delante de él, y que estamos bajo su juicio, como huérfanos perdidos si no fuera por su redención.

Este teocentrismo es fundamental para la mente cristiana. La mente cristiana es una mente orientada hacia Dios. Es más, comprende el «bien» por sobre todo con relación a Dios. No puede llamar «buena» a una persona que vive sin Dios. Este es el mensaje de la literatura de la sabiduría en la Biblia. Los cinco libros de la sabiduría (Job, Salmos, Proverbios, Eclesiastés y el Cantar de los Cantares) se centran todos, de diferentes maneras y con énfasis distintos, en lo que significa ser humanos, y en el lugar que ocupan el sufrimiento, el mal, la opresión y el amor dentro de nuestra humanidad. El libro de Eclesiastés se conoce especialmente por el estribillo pesimista: «vanidad de vanidades, todo es vanidad». Habla de la necedad y la inutilidad de la vida humana circunscripta por el tiempo y el espacio. Si la vida se limita a la brevedad del promedio de vida, si está ensombrecida por el dolor y la injusticia, y culmina para todos en el mismo destino: la muerte; si además está limitada por las dimensiones del espacio a las experiencias «debajo del sol», sin ningún punto de referencia último, entonces efectivamente la vida es tan estéril como «un querer atrapar el viento». Sólo Dios, Creador y Juez, Principio y Fin, al conferir a la vida humana la dimensión de trascendencia y eternidad, puede darle sentido y así transformar la necedad en sabiduría.

En contraste con el pesimismo de Eclesiastés se encuentra la afirmación frecuente en la literatura de la sabiduría: «El temor del Señor es la sabiduría (o su principio), y el apartarse del mal la inteligencia» (Job 28.28; cf. Sal. 111.10; Pr. 1.7, 9.10; Ec. 12.13). Estas son las dos realidades principales de la experiencia humana: Dios y el mal. No son realidades equiparables, pues los cristianos no somos dualistas. Pero ambas dominan la vida sobre la tierra. Una (Dios) trae la realización humana, aun el éxtasis; la otra (el mal), la alienación humana, hasta la desesperación. Y la sabiduría consiste en adoptar una actitud adecuada hacia ambas: amar a Dios y odiar el mal; «temer» a Dios mediante la adoración que reconoce su infinito valor y «apartarse» del mal mediante la santidad que lo desprecia por su falta absoluta de valor. Dado que Dios nos ha hecho seres espirituales y morales, la religión y la ética, la santidad y la bondad son esenciales para una auténtica humanidad. De allí la tragedia del «secularismo», la cosmovisión cerrada que niega a Dios y hasta se gloría del vacío espiritual que genera. T. S. Eliot acertó al llamarlo el erial («wasteland») y Theodore Roszak en *Where the Wasteland Ends* (En los confines del erial) al caracterizarlo como un desierto del espíritu. «Pues la ciencia puede estudiar sólo una parte de lo que el hombre puede conocer. Nuestro conocimiento se extiende para abrazar lo sagrado.» Sin sentido de trascendencia «la persona se consume».[10] El secularismo no sólo destrona a Dios, sino que también destruye a los seres humanos.

Si por causa de la realidad de Dios la mente cristiana es teocéntrica, por ello también es una mente humilde. Este es otro tema fundamental de las Escrituras. Cuando Nabucodonosor se pavoneaba por el techo de su palacio, sosteniendo que a él pertenecían el reino, el poder y la gloria, y no a Dios, enloqueció. Cuando reconoció el señorío de Dios y lo adoró le fueron devueltos el reino y la razón. Daniel hace explícita la enseñanza: «él puede humillar a los que andan con soberbia» (Dn. 4.28-37). Esta historia nos llama a la reflexión. Así como el orgullo y la locura van de la mano, la humildad y la cordura también.

Los contemporáneos de Jesús deben de haber quedado anonadados cuando éste dijo a los adultos que si querían entrar en el Reino de Dios debían volverse como niños, y (peor aun) que en el Reino el parámetro para juzgar la grandeza sería la humildad de los niños. Nosotros ya estamos demasiado familiarizados con esta enseñanza, por lo cual ha perdido el poder para asombrarnos o escandalizarnos. Pero Jesús no sólo la enseñó sino que también la demostró. Se vació a sí mismo y se humilló. Pablo añade: «Haya, pues, en vosotros este sentir que hubo también en Cristo Jesús.» Los moralistas medievales tenían razón al considerar el orgullo el peor de los «siete pecados mortales» y la raíz de todos los demás. No hay nada tan repulsivo como el orgullo, nada tan agradable como la humildad.

Probablemente el punto de mayor antagonismo entre la mente cristiana y la mente secular sea la insistencia en la humildad y el rechazo implacable del orgullo. La sabiduría del mundo desprecia la humildad. La cultura occidental ha asimilado la filosofía del poder de Nietzsche en un grado mucho mayor del que tiene conciencia. El ideal del mundo, al igual que el de Nietzsche, es el «superhombre»; el ideal de Jesús es el niño.

De manera que la realidad de Dios (cómo Creador, Señor, Redentor, Padre y Juez) imprime en la mente humana su característica fundamental. Los cristianos nos negamos a honrar cualquier cosa que deshonre a Dios. Aprendemos a evaluar todo en términos de la gloria que ello da o niega a Dios. Por esta razón, para la mente cristiana, la sabiduría consiste en temer a Dios y la virtud preeminente es la humildad.

La paradoja del hombre

Pasamos de Dios al hombre, del esplendor perfecto que caracteriza todo lo «divino» a la penosa ambigüedad relacionada con todo lo «humano». Hemos visto que la perspectiva bíblica de la humanidad toma en cuenta tanto la Creación como la Caída.

Esa es la «paradoja del hombre». Los seres humanos tenemos una dignidad única por ser criaturas hechas a imagen de Dios y asimismo una depravación única por ser pecadores bajo condenación. Aquélla nos da esperanza; ésta limita nuestras expectativas. La crítica cristiana a la mente secular es que en su apreciación de la condición humana oscila entre un optimismo ingenuo y un pesimismo negativo, mientras que la mente cristiana, con fuertes raíces en el realismo bíblico, celebra la gloria del ser humano a la vez que deplora su vergüenza. En nuestra conducta podemos reflejar a Dios a cuya imagen fuimos creados, y al instante descender al nivel de las bestias. Somos capaces de pensar, elegir, crear, amar y adorar a Dios, pero también de negarnos a pensar, elegir el mal, destruir, odiar y adorarnos a nosotros mismos. Construimos templos y arrojamos bombas. Desarrollamos unidades de terapia intensiva para los enfermos graves y utilizamos la misma tecnología para torturar a los enemigos políticos que se atreven a oponerse a nosotros. Así es el «hombre»: una paradoja extraña y desconcertante, polvo de la tierra y aliento de Dios, vergüenza y gloria. De modo que cuando la mente cristiana se concentra en la vida del hombre sobre la tierra, en sus asuntos personales, sociales y políticos, procura recordar que se trata de una criatura paradójica: noble y vil, racional e irracional, bondadosa y egoísta.

Tal vez esta dialéctica se ilustre mejor por medio de dos ejemplos: la sexualidad y la política.

Es pertinente comenzar con la sexualidad, por una parte porque todos somos seres sexuados, y por otra, porque de todas las revoluciones sociales de este siglo, la revolución sexual quizá sea la más profunda. Los roles sexuales (masculinidad y feminidad), el contexto de las relaciones sexuales (dentro o fuera del matrimonio), la cuestión en cuanto a si puede (y aun si debería) sobrevivir el concepto tradicional de matrimonio, la opción de vínculos homosexuales, la anticoncepción, la fecundación in vitro, el SIDA, el aborto y el divorcio fáciles: éstos son algunos de los aspectos de la sexualidad humana sobre los cuales hoy se están formulando preguntas fundamentales. Si bien la Biblia presenta instrucciones claras referentes a algunos de ellos, nos encontraremos en mejores condiciones para abordar los problemas específicos si antes adquirimos una visión somera de la sexualidad en general considerándola a la luz de las Escrituras y de su estructura en cuatro fases.

Según Génesis 1 y 2 Dios creó al hombre varón y hembra a su imagen desde el principio y les dijo que fructificaran. Aunque declaró «buena» la creación, tuvo que añadir que «no es bueno que el hombre esté solo». Y estableció que el compañerismo sexual del hombre y la mujer debía consumarse en el misterio de la experiencia de ser «una sola carne». Así pues, la sexualidad humana, el matrimonio, las relaciones sexuales y la familia forman parte del propósito creador de Dios. El matrimonio (como unión heterosexual, exclusiva, permanente, con un compromiso público) no es una institución humana sino divina, que por lo tanto no se ve afectada en sí por los cambios en la cultura. La intimidad sexual dentro del matrimonio es un regalo bueno de un Creador bueno.

Pero después de la Creación vino la Caída. El pecado ha distorsionado la sexualidad, al igual que todos los instintos, facultades y deseos humanos. El sexo se ha vuelto un impulso mucho más imperioso de lo que seguramente Dios se había propuesto originalmente. Han surgido desviaciones sexuales desnaturalizadas. Si bien el amor sexual aún se puede disfrutar y celebrar con admiración como en el Cantar de los Cantares, a menudo lo arruinan las demandas egoístas, los temores, la explotación y la crueldad.

La obra redentora de Cristo por medio de su Espíritu ha hecho posible una actitud completamente nueva hacia el sexo. Esto incluye (además del reconocimiento del propósito y el regalo del Creador) el control y la santificación del instinto sexual, el concepto de amor-entrega en el matrimonio como un reflejo de la relación de Cristo con su Iglesia, y un vínculo de pareja que, sin negar el rol de responsabilidad y cuidado que Dios ha dado al hombre como cabeza (originado en la creación y no en la cultura), se regocija en que en Dios «no hay varón ni mujer», pues ambos han sido justificados en Cristo y adoptados en la familia de Dios (Gá. 3.26-29).

¿Y cómo será el Fin? En el mundo venidero, después de la resurrección, Jesús dijo que «ni se casarán ni se darán en casamiento, sino serán como los ángeles que están en los cielos» (Mr. 12.25). Así pues, aunque el amor es eterno, el matrimonio no lo es. La procreación ya no será necesaria. Los vínculos de amor trascenderán lo físico, y es probable que sean menos exclusivos (aunque seguramente no menos ricos). La importancia de agregar esta cuarta fase debe quedar en claro. Contiene un mensaje para los casados (no sea que la unión se vuelva egoísta al punto de la idolatría) y para los solteros (que el matrimonio no es indispensable para la realización plena como seres humanos).

En nuestro intento de dar una respuesta cristiana a los desafíos sexuales de hoy, nos resultará más fácil acometer los problemas específicos dentro de este marco de referencia bíblico global.

El segundo ejemplo relacionado con «la paradoja del hombre» se refiere a la política. La naturaleza del hombre constituye una de las cuestiones fundamentales de la política del siglo veinte. Por cierto es uno de los principales puntos de conflicto entre Marx y Jesús, y por lo tanto entre el Este y el Oeste, específicamente en el punto referido a si los seres humanos tienen algún valor absoluto en razón del cual deben ser respetados, o si sólo tienen valor en función de la comunidad y por ello pueden ser explotados. En términos más sencillos, ¿sirven las personas a la institución o la institución a las personas? Como escribe John S. Whale: «las ideologías ... son en realidad antropologías»;[11] reflejan diferentes doctrinas del hombre.

Los cristianos deberían tener cuidado de no «bautizar» ninguna ideología política (ya sea de derecha, de izquierda o de centro), como si ésta tuviera el monopolio de la verdad y el bien. En el mejor de los casos una ideología o un programa político es sólo una aproximación a las ideas cristianas o bíblicas. De hecho, al menos en algunas partes del mundo, existen cristianos en todos los partidos políticos y todos tienen serios argumentos cristianos para defender su afiliación. En términos burdamente simplistas, las dos ideologías predominantes en las sociedades occidentales atraen a los cristianos por diferentes razones. El capitalismo los atrae porque estimula la iniciativa individual, pero también hay quienes lo rechazan pues al parecer no le importa que los débiles sucumban a la competencia feroz que engendra. Por otra parte, el socialismo los atrae por su compasión por los pobres y los débiles, pero también hay quienes lo rechazan porque al parecer no le importa que la iniciativa individual sea sofocada por el inmenso estado que genera. Cada sistema atrae por el énfasis que hace en alguna verdad acerca del hombre, bien la necesidad de dar lugar al libre ejercicio de sus capacidades creativas o bien de protegerlo de la injusticia. Cada sistema es rechazado porque no toma en cuenta la verdad complementaria. Ambos pueden ser liberadores. Pero también ambos pueden ser opresivos, como se observa en los regímenes totalitarios tanto de derecha como de izquierda. Como lo expresa el dicho: «La diferencia entre el capitalismo y el socialismo es que en el capitalismo el hombre explota al hombre, mientras que en el socialismo es a la inversa.» Es comprensible que muchos cristianos sueñen con una tercera opción que supere el antagonismo actual y reúna los mejores aspectos de ambos.

Cualquiera sea nuestro color político, todos los cristianos nos inclinamos a defender la democracia (definida popularmente como «gobierno del pueblo por el pueblo»). No es que sea «perfecto o que encierre toda sabiduría», como lo admitió Winston Churchill en la Cámara de los Comunes el 11 de noviembre de 1947. «En efecto», prosiguió, «se ha afirmado que la democracia es la peor forma de gobierno: a excepción de todas las otras que se han probado de tiempo en tiempo.» El hecho es que es la forma de gobierno más sabia y segura que se haya ideado hasta el momento. Esto se debe a que refleja la paradoja del hombre. Por un lado, toma en serio la Creación (es decir, la dignidad humana) al negarse a gobernar a los seres humanos sin su consentimiento e insistir en que compartan la responsabilidad de las decisiones. Por otro lado, toma en serio la Caída (es decir, la depravación humana) porque impide que el poder se concentre en manos de una sola persona o de un grupo reducido de personas, e insiste en su distribución, protegiendo así a los seres humanos de su propio orgullo y necedad. Reinhold Niebuhr lo resume así: «La capacidad del hombre para hacer justicia hace posible la democracia; pero su inclinación hacia la injusticia la hace necesaria.»[12]

El futuro de la sociedad

La tercera esfera en que podría resultar útil la aplicación del plan bíblico en cuatro fases es la posibilidad de un cambio social. ¿Qué expectativas debemos tener de una mejora de la sociedad? Entre los cristianos de diferentes tradiciones existe una amplia gama de posturas frente a este asunto.

Los cristianos «liberales» tienden a ser activistas sociales. Por su confianza casi absoluta en el hombre, sueñan con la construcción de una utopía sobre la tierra (a veces mal llamada «Reino de Dios»).

En cambio, los cristianos «evangélicos» se han inclinado hacia el quietismo social (al menos a principios de siglo). Debido a su sombría visión de la depravación humana, no confían en absoluto en el hombre (a menos que haya nacido de nuevo). Por lo tanto, consideran que la acción social es una pérdida de tiempo y que la transformación social es imposible.

He presentado deliberadamente las formas extremas de ambas posturas. Formulada en estos términos, la polarización no logra integrar los dos aspectos de la paradoja humana.

Como los seres humanos fueron creados a imagen de Dios, y ésta no se ha perdido completamente (si bien se ha desfigurado), conservan la noción de la sociedad justa y compasiva que agradaría a Dios, y cierto deseo de lograr su realización. En general, la humanidad aún prefiere la paz a la guerra, la justicia a la opresión, la armonía a la discordia, el orden al caos. Por lo tanto, el cambio social es posible, y efectivamente se ha producido. En muchos lugares del mundo se observan mejores niveles de salubridad y asistencia sanitaria, un mayor respeto por las mujeres y los niños, un mayor acceso a la educación, un claro reconocimiento de los derechos humanos, una creciente preocupación por la preservación del medio ambiente, y mejoras en las condiciones de vida en las prisiones, y del trabajo en fábricas y minas. Esto se ha logrado, en gran parte, gracias a la influencia directa o indirecta de los cristianos, aunque de ninguna manera todos los reformadores sociales han sido cristianos comprometidos. Pero cada vez que el pueblo de Dios ha sido efectivo como luz y sal de la comunidad, se ha producido menos deterioro y más mejoramiento social. Por ejemplo en los Estados Unidos, especialmente después del despertar de principios del siglo pasado, vinculado con Charles G. Finney, «en la década de 1830 en los Estados Unidos, los cristianos estaban a la vanguardia de toda reforma social significativa. Encabezaron el movimiento abolicionista, el movimiento de temperancia, el movimiento por la paz, y el movimiento feminista en sus orígenes.»[13]

Sin embargo, por su naturaleza caída, y por haber heredado una tendencia al egocentrismo, el hombre nunca logrará construir la sociedad perfecta. Una mejora, sí; la justicia perfecta, no. Los sueños utópicos son irrealistas; pertenecen al mundo de la fantasía. Todos los planes humanos, aunque se hayan emprendido con grandes esperanzas, han decepcionado a quienes los idearon pues han dado contra la roca del egoísmo humano. Por lo general, los cristianos han tomado en cuenta esta realidad. William Temple lo expresó en estos términos: «Por sostener la verdad del pecado original, la Iglesia debería ser profundamente realista y notoriamente libre de toda utopía.»[14] En efecto, los cristianos evangélicos que se reunieron en Lausana en el Congreso Internacional para la Evangelización Mundial declararon abiertamente: «Rechazamos como un sueño autosuficiente y arrogante la idea de que el hombre podrá construir una utopía en la tierra.»[15] Los socialistas han tendido a ser demasiado optimistas en cuanto a los logros humanos. El profesor C. E. M. Joad fue un buen ejemplo. Instruido en el libro de oraciones de la Iglesia Anglicana, en un principio creía en la pecaminosidad inherente a los seres humanos. Pero más tarde abandonó esta noción en favor de la «perfectibilidad infinita» del hombre, hasta que la Segunda Guerra Mundial destruyó esa fantasía y lo convenció de que «el mal es endémico en el hombre». En su libro *Recovery of Belief* (Retorno a la fe, 1952) lo relata con candidez: «Nuestro rechazo de la doctrina del pecado original es la razón por la cual los de izquierda siempre acabamos frustrados; frustrados por la negativa de las personas a ser razonables, por la subordinación del intelecto a las emociones, porque el verdadero socialismo nunca llega ..., sobre todo por la realidad reiterativa de la guerra.»[16]

Es difícil evitar los extremos de pesimismo y optimismo en cuanto a la posibilidad de que se efectúe el cambio social. Robert McNamara casi lo logra en el «más elocuente» de los discursos que pronunció cuando ejercía la función de ministro de Defensa de los Estados Unidos: «Toda la evidencia histórica parece indicar que efectivamente el hombre es un animal racional, pero con una capacidad para la estupidez casi infinita. Su historia parece mayormente un esfuerzo vacilante pero sostenido para elevar su razón por encima de su animalidad. Elabora anteproyectos de una utopía pero nunca llega a construirla.»[17] Pero aun estas palabras tienen un tinte de cinismo.

¿Cómo se puede resumir la actitud hacia las posibilidades de cambio social que no sea reflejo «ni del optimismo humanista ni del pesimismo cínico, sino del realismo radical de la Biblia»?[18] ¿Cómo hacer justicia a las verdades de la Creación, la Caída, la Redención y la Consumación? Pablo expresa adecuadamente el equilibrio bíblico en 1 Tesalonicenses 1.9,10, al describir la conversión de los ídolos a Dios: «para servir al Dios vivo y verdadero, y esperar de los cielos a su Hijo». La combinación de «servir» y «esperar» es asombrosa, ya que el primer término implica ocuparse activamente en la tierra por causa de Cristo, mientras que el segundo significa aguardar pasivamente que venga del cielo. Debemos servir, pero nuestros logros serán limitados. Debemos esperar, pero no tenemos derecho a ser ociosos. De modo que «trabajar» y «esperar» van de la mano. La necesidad de esperar a Cristo del cielo nos rescatará de la soberbia de quien cree poder lograrlo todo; la necesidad de trabajar para Cristo en la tierra nos rescatará del pesimismo de quien piensa que no se puede hacer nada. Sólo una mente cristiana que ha adquirido una perspectiva bíblica nos permitirá mantener este equilibrio.

* * * * *

Comenzamos el capítulo reconociendo la complejidad de los problemas de ética personal y social que enfrentamos hoy. En general, es imposible ofrecer fórmulas sencillas y precisas. Los atajos simplistas, que dejan de lado los verdaderos problemas, no ayudan. Al mismo tiempo, rendirse y dar lugar a la desesperación tampoco es una actitud cristiana.

Nos debe animar saber que Dios nos ha impartido cuatro dones:

Una mente con la cual pensar. Dios nos ha hecho criaturas racionales, inteligentes. Nos prohibe comportarnos como el caballo o la mula que no tienen entendimiento; nos dice, además, que no seamos como niños sino como adultos en nuestro modo de pensar.[19]

La Biblia y su testimonio de Cristo, para que dirija y controle nuestro pensamiento. A medida que asimilemos sus enseñanzas, nuestros pensamientos se ajustarán más a los suyos. No se trata de memorizar una infinidad de textos fuera de contexto, para tener uno preparado para cada pregunta, y esgrimirlo en el momento justo; más bien se trata de comprender los grandes temas y principios de las Escrituras y su estructura en cuatro fases que hemos considerado.

El Espíritu Santo, el Espíritu de la verdad, que nos revela el significado de las Escrituras y nos ilumina la mente para que las comprendamos y apliquemos.

La comunidad cristiana como contexto para que desarrollemos nuestro pensamiento. La heterogeneidad es la mejor garantía contra una visión parcial. Pues la Iglesia tiene miembros de ambos sexos, de diferentes edades, temperamentos, experiencias y culturas. Con la riqueza que tal diversidad de trasfondos da a la interpretación bíblica, es difícil mantener nuestros prejuicios.

Con la ayuda de estos cuatro dones (una mente, un libro de texto, un Maestro y una Escuela) debería ser posible desarrollar una mente cada vez más cristiana y un pensamiento más equilibrado.

Notas

1. William Temple, *Citizen and Churchmen*, Eyre & Spottiswoode, 1941, p. 82.
2. *Ibid.*, p. 83.
3. *Ibid.*, p. 84.
4. William Temple, *Christianity and the Social Order*, Penguin, 1942, p. 29.
5. *Ibid.*, p. 31.
6. Harry Blamires, *The Christian Mind*, SPCK, 1963, p. 70.
7. *Ibid.*, p. 43.
8. *Ibid.*, p. 3.
9. *Ibid.*, p. 50.
10. Theodore Roszak, *Where the Wasteland Ends*, «Politics and Transcendence in Post-industrial Society», Anchor, 1973, pp. xxi, 67.

11. J. S. Whale, *Christian Doctrine*, Fontana, 1957, p. 33.
12. Reinhold Niebuhr, *The Children of Light and the Children of Darkness*, Nisbet, 1945, p. vi.
13. Tom Sine, *The Mustard Seed Conspiracy*, Word, 1981, p. 70.
14. William Temple, *Christianity and the Social Order*, Penguin, 1942, p. 54.
15. *The Lausanne Covenant*, párr. 15. Ver John Stott, *The Lausanne Covenant - An Exposition and Commentary*, Lausanne Occasional Paper No. 3, publicado por la Comisión de Lausana para la Evangelización Mundial, 1975, pp. 33-36.
16. Citado por Stuart Barton Babbage en *The Mark of Cain*, Eerdmans, 1966, pp. 17, 18.
17. De *The Essence of Security*, citado por Gavin Reid en *The Elaborate Funeral*, Hodder & Stoughton, 1972, p. 48.
18. J. S. Whale, *op. cit.*, p. 41.
19. Sal. 32.9; 1 Co. 14.20.

3

Pluralismo: ¿debemos imponer nuestro punto de vista?

Hemos llegado a reconocer que debemos involucrarnos. Nos esforzamos por desarrollar un pensamiento cristiano sobre los problemas actuales. En consecuencia, adquirimos convicciones firmes. Pero hay quienes no las comparten. De hecho, los cristianos nos encontramos cada vez en mayor disonancia con la sociedad poscristiana de hoy. ¿Cómo podemos tener influencia sobre nuestra nación para que vuelva a ser más cristiana en sus leyes, sus instituciones y su cultura? ¿Deberían los cristianos tratar de imponer sus puntos de vista a una nación predominantemente no cristiana?

En Europa y Estados Unidos, y en aquellos países miembros del Commonwealth que han heredado la «cultura cristiana» occidental, por cierto debemos entrar en consonancia con el nuevo pluralismo. John Briggs presenta una valiosa reseña histórica de esta evolución en su ensayo «From Christendom to Pluralism» (Del cristianismo al pluralismo).[1] El pluralismo se debe en gran medida a dos factores. El primero es el proceso de secularización, entendido como la disminución de la influencia de la Iglesia sobre los individuos y las instituciones. Resulta sumamente difícil acceder a estadísticas precisas y no menos interpretarlas. Sin embargo, parece estar claro que la membresía de las iglesias protestantes de Inglaterra, Gales y Escocia ha descendido de un 13% de la población en 1920 a un 8% en 1970, lo cual representa una disminución del 40% de los miembros en cincuenta años. Por otra parte, durante los once años del período 1971-1981, 828 iglesias fueron declaradas prescindibles y fueron destinadas a otros fines (cultural, residencial, etc.) o se dispuso su demolición. Es cierto que la marea parece haber comenzado a repuntar. De acuerdo con el estudio más reciente del Departamento de Investigación de las Sociedades Bíblicas, publicado en 1983, el 15% de la población inglesa afirma que concurre a la iglesia una vez por semana o más.[2] No obstante, a diferencia de la situación hace medio siglo, sin mencionar el siglo pasado, no cabe duda de que la Iglesia ha perdido terreno considerablemente.

Paralelamente a la decadencia cristiana se ha producido un aumento de opciones no cristianas. Así, la segunda causa del pluralismo es la liberalidad de las políticas inmigratorias durante los primeros años de la posguerra. En consecuencia, la población de la mayoría de los países occidentales hoy comprende considerables grupos étnicos originarios de Africa, Asia, el Medio Oriente y el Caribe. Esto nos permite a todos participar de la riqueza que representa la diversidad cultural. Pero también lleva a la competencia religiosa y por consiguiente a las demandas de reconocimiento en el sistema educativo, las leyes y las instituciones del país. La composición adulta de los grupos religiosos no cristianos en el Reino Unido en 1980 era la siguiente:[3]

Musulmanes	600.000
Sikhs	150.000
Judíos	110.000
Hindúes	120.000
Mormones	91.032
Testigos de Jehová	85.321

La suma de todos los miembros adultos de las minorías religiosas no cristianas del Reino Unido (incluidos los grupos espiritualistas, de la Ciencia Cristiana, etc.) asciende a casi 1 1/2 millón, que es casi el doble de la membresía adulta de la Iglesia Metodista y Bautista del Reino Unido juntas. En cuanto a los no creyentes, como las estimaciones más generosas de las comunidades religiosas en su conjunto (incluidos los niños y los adherentes no practicantes) son de un 73% de la población, debe de haber un 27% que no profesa ninguna religión.

En otras partes del mundo, aunque los cristianos constituyen una minoría importante, la cultura predominante es hindú o budista, judía o islámica, marxista o secular. Los cristianos del Reino Unido enfrentan el mismo dilema, quizá de manera más crítica. En muchos puntos consideran que conocen la voluntad del Señor. Asimismo creen que como cristianos tienen el deber de orar y trabajar para que la voluntad de Dios se cumpla. Sin embargo, ¿deberían tener la esperanza de imponer sus convicciones a los no cristianos? Si fuese posible, ¿sería deseable? Aun cuando pudieran, ¿deberían intentarlo?

Las dos reacciones más comunes a estas preguntas representan extremos opuestos. Uno es la «imposición»: el intento de obligar a la gente a aceptar el camino cristiano, a manera de cruzada, mediante la legislación. El otro es el «laissez faire»: la decisión derrotista de dejar que la gente siga con su estilo de vida no cristiano, sin interferir ni tratar de influir sobre ella de ninguna manera. Debemos examinar cuidadosamente estas alternativas por medio de algunos ejemplos históricos y así prepararnos para considerar una opción mejor.

La imposición

Algunos cristianos tienen un encomiable celo por Dios. Creen en la revelación y les preocupa profundamente la verdad y la voluntad de Dios reveladas. Anhelan que la sociedad las refleje. El deseo de alcanzar ese objetivo por la fuerza es una tentación comprensible.

La primera ilustración histórica que consideraremos es la Inquisición en Europa, que fue un tribunal especial establecido en el siglo XIII por la Iglesia Católico Romana para combatir la herejía. En primer lugar se emprendía la búsqueda de los sospechosos de herejía, luego se les requería para que confesaran, y si se negaban, iban a juicio. En 1252 la bula «Ad Extirpanda» del Papa Inocente IV autorizó la tortura además de los juicios. El castigo a los herejes impenitentes consistía en la excomunión, la prisión, la confiscación de bienes, o la entrega en manos del Estado para que murieran en la hoguera. La Inquisición duró alrededor de 300 años. Fue suprimida en 1542, aunque la Inquisición Española (la más cruel), instituida a fines del siglo XV por Fernando e Isabel por razones de seguridad nacional, en especial contra los judíos, moros y protestantes, fue abolida tan sólo en el año 1834. Hoy los cristianos de todas las tradiciones se avergüenzan de que tales métodos se hayan utilizado en el nombre de Jesucristo. La Inquisición fue un período que empañó la historia de la Iglesia y que nunca se debe repetir. Pero aún hoy las dictaduras de las extremas izquierda y derecha tratan de exigir la adhesión y de suprimir la oposición por la fuerza. Pero todos los cristianos sostienen que el totalitarismo y la tortura son absolutamente incompatibles con la mente y el espíritu de Jesús.

El segundo ejemplo histórico, más reciente, es el Prohibicionismo en los Estados Unidos; a saber: la proscripción de la manufactura y venta de alcohol. El Partido Nacional Prohibicionista fue formado en 1869 por un grupo de protestantes blancos. Los móviles eran muy loables. Consternados por el incremento en los niveles de consumo de alcohol y de alcoholismo, especialmente entre los inmigrantes pobres, y considerándolo una amenaza al orden público, emprendieron una campaña para lograr la prohibición total de las bebidas alcohólicas. En 1895 un grupo de líderes eclesiásticos fundaron el «Anti-Saloon League of America» (Liga contra los bares) y en 1919, después de alrededor de veinticinco años de campaña, el Congreso sancionó la décimo octava enmienda a la Constitución, que prohibía la fabricación, la venta y el transporte de alcohol. Entró en vigencia un año más tarde, y al cabo de dos años ya había sido ratificada por cuarenta y seis de los cuarenta y ocho estados.

Sin embargo, el resultado fue que la ley fue ampliamente quebrantada. Los «bootleggers» contrabandeaban, fabricaban y vendían bebidas ilegalmente, y prosperaron los «speakeasies» (negocios que vendían alcohol clandestinamente). En consecuencia, en 1933, trece años después de que comenzara la llamada «Experiencia noble», la décimo octava enmienda fue anulada por la vigésimo primera firmada por el Presidente Roosvelt, y el Prohibicionismo llegó a su fin. Lejos de eliminar el abuso de alcohol, lo había provocado y aumentado. Además, las leyes habían caído en desprestigio.

¿El Prohibicionismo fue una imposición o una elección? Hay opiniones encontradas al respecto. Los partidarios de la ley seca sostienen que tuvo consenso nacional; los antiprohibicionistas afirman que se obtuvo sólo por medio de la acción legislativa, no por el voto popular directo, y en un momento en que la nación estaba preocupada por el ingreso de los Estados Unidos en la Primera Guerra Mundial. John Kobler escribe: «Las evidencias accesibles no confirman ninguna de las dos posturas. Excluyen las respuestas terminantes y dejan el problema sin resolver.» No obstante, concluye su investigación histórica con estas palabras: «En suma, parece ser que la Norteamérica rural, agrícola, con su población predominantemente norteamericana nativa y protestante, impuso la prohibición a la Norteamérica urbana, industrial, con su heterogeneidad de razas, religiones y trasfondos extranjeros.»[4]

Al reflexionar sobre estos dos ejemplos, uno europeo y otro norteamericano, advertimos que la Inquisición fue un intento de imponer una creencia y la Prohibición, un intento de imponer una conducta. Ambos resultaron infructuosos, pues no se puede obligar a la gente a que crea algo que no cree, ni a comportarse de una manera que no desea. Del mismo modo, pensar hoy que podemos hacer que Europa acepte las convicciones y normas cristianas es completamente irrealista. Es la nostalgia absurda por un cristianismo que hace ya mucho tiempo ha desaparecido.

Laissez-faire

El concepto opuesto a «imposición» que proponemos es el de «laissez-faire». El término se empleó originalmente en el siglo XVIII para hacer referencia a los economistas del libre comercio, y era el concepto imperante en la sociedad del siglo XIX. Entonces no tenía la connotación de indolencia. Por el contrario, era una creencia bien fundada en la no intervención del gobierno. El uso de la palabra ha cambiado a lo largo de los siglos, y actualmente en el lenguaje popular describe una actitud de apatía e indiferencia. Se aplica tanto a los gobiernos como a los ciudadanos. De acuerdo con esta actitud, lejos de imponer nuestro punto de vista, ni siquiera lo difundiremos ni lo recomendaremos. No molestaremos a los demás, dejaremos que se ocupen de sus propios asuntos, así como nosotros esperamos que nos dejen ocuparnos de los nuestros. Los cristianos han justificado su actitud de laissez-faire aduciendo tolerancia. Ciertamente los cristianos deben ser tolerantes y respetar a quienes piensen y actúen de un modo diferente de ellos. También socialmente tolerantes, es decir que anhelemos ver que las minorías políticas y religiosas sean aceptadas en la comunidad y protegidas por la ley, así como en una nación no cristiana la minoría cristiana espera tener libertad legal para profesar, practicar y difundir el evangelio. Pero ¿cómo podrán los cristianos tener tolerancia intelectual hacia determinadas opiniones, a sabiendas de su falsedad, y hacia determinadas acciones, a sabiendas de su maldad? ¿En qué clase de indulgencia amoral incurrirían? Ante Dios, las sociedades son de olor agradable o nauseabundo. El no permanece indiferente ante asuntos de justicia social; ¿cómo, pues, podrá su pueblo? Permanecer callado y pasivo cuando abundan el error y la maldad acarrea consecuencias graves. Pues en ese caso la alternativa cristiana no tiene representación y pierde el caso. ¿No será que los cristianos al no alzar la voz por Cristo son, al menos en parte, responsables de que Inglaterra haya soltado las amarras cristianas y se haya ido a la deriva?

El ejemplo más sombrío del laissez-faire cristiano es el silencio de las Iglesias alemanas frente al trato de los nazis para con los judíos. Es una historia larga y funesta que está ampliamente documentada en la obra de Richard Gutteridge *Open Thy Mouth for the Dumb* (Abre tu boca por el mudo).[5] Los orígenes de la complicidad cristiana se remontan al siglo XIX, cuando el cristianismo se identificó con un patriotismo místico alemán, que se acentuó después de la Primera Guerra Mundial. Fue en ese tiempo que se hicieron varios intentos errados de teologizar el valor inherente del «Volk» ario. Por ejemplo, en 1932 Paul Althaus escribía: «Es la voluntad de Dios que conservemos la pureza de nuestra Raza y nuestro Pueblo (Volkstum), que sigamos siendo alemanes y que no nos volvamos un pueblo bastardo con mezcla de sangre judía y aria.»[6] En esa época la Iglesia parecía estar aliada al Movimiento Nacional Socialista. Sólo unas pocas voces valientes (como la de Karl Barth y Paul Tillich) se alzaron en protesta. Pero, entretanto, el «Movimiento de Fe de los Cristianos Alemanes», patrocinado por el Partido Nazi, sostenía la teoría de la supremacía de la raza aria.

Después de que Hitler asumiera el poder en 1933 se sancionó una ley para depurar el Estado, eliminando a los funcionarios públicos que no fueran de raza aria, y por increíble que pueda parecer, los «cristianos alemanes» racistas querían aplicar esa «cláusula aria» a la Iglesia. Varios sínodos la adoptaron, frente a la oposición de hombres como Martin Niemöller, Walter Künneth, Hans Lilje y Dietrich Bonhoeffer. Sin embargo, «la Iglesia Evangélica nunca se pronunció oficialmente en contra de la legislación aria en general». Bonhoeffer se consternó profundamente por el silencio de la Iglesia y a menudo citó Proverbios 31.8: «Abre tu boca por el mudo.»[7]

En la terrible masacre de noviembre de 1938 fueron incendiadas 119 sinagogas (76 de las cuales fueron destruidas completamente), fueron arrestados veinte mil judíos, fueron saqueados negocios y destacados ciudadanos judíos fueron humillados públicamente. El pueblo en general se horrorizó, y algunos líderes religiosos protestaron. Pero «la Iglesia Evangélica en conjunto en ninguna oportunidad alzó la voz para manifestar su horror e indignación, y la Iglesia Católica permaneció casi en absoluto silencio, y su jerarquía no pronunció palabra.»[8] La atroz «solución final» por la cual Hitler ya se había decidido antes de que estallara la Segunda Guerra Mundial, comenzó a aplicarse en 1941. Pero sólo dos años después, en una conferencia de líderes luteranos, se resolvió denunciar al gobierno del Reich por las atrocidades del antisemitismo. Richard Gutteridge resume su tesis de la siguiente manera: «La Iglesia como tal no encontró una palabra decisiva de las Escrituras para acometer el problema globalmente ... A lo largo del conflicto nadie hizo una denuncia directa y terminante contra el antisemitismo como tal desde una posición de autoridad.»[9] Barth lo llamó «el pecado contra el Espíritu Santo» y un «rechazo de la gracia de Dios».[10] Hubo otros líderes de la Iglesia que fueron igualmente valientes, y pagaron un alto precio por su coraje. Pero poco después de la guerra, cuando se reunieron los líderes de las Iglesias Evangélicas y emitieron la «Declaración de Stuttgart», tuvieron que admitir que: «es nuestra autoacusación por no haber hecho una confesión más valiente.»[11] Gutteridge concluye diciendo:

> El mayor fracaso de la Iglesia no fue que los obispos y sínodos no se hayan pronunciado públicamente, si bien ello contribuyó al fracaso, sino que lo que faltó fue un estallido espontáneo en algún momento del común de los cristianos sinceros ... Una manifestación pública, visible y generalizada de justa indignación hubiera requerido seria consideración por parte de los líderes nazis, y seguramente habría tenido un efecto profundo, puesto freno a los excesos y las brutalidades más inicuas, y aun causado la caída de tan monstruosa y amoral tiranía.»[12]

La historia relatada por Richard Gutteridge habla por sí sola. No necesito agregarle comentario alguno. La complicidad de los «cristianos alemanes», que omitieron elaborar una crítica bíblica del flagrante racismo nazi, debería bastar para desterrar el laissez-faire para siempre. ¿No podrían haber evitado el Holocausto?

Persuasión

Mejor que los extremos de la «imposición» y el «laissez-faire» es la estrategia de «persuasión» mediante la argumentación. Este es el método empleado por la mente cristiana, pues surge naturalmente de las doctrinas bíblicas de Dios y del hombre.

El Dios vivo de la revelación bíblica, que creó y sostiene el universo, se propuso originalmente que los seres humanos a quienes creó vivieran en comunión y amor. Es más, su justicia es una expresión esencial de su amor. Dios ama la justicia y odia la opresión. Defiende la causa del pobre, el extranjero, la viuda y el huérfano. El da de comer al hambriento, viste al que está desnudo, sana al enfermo, va en busca del que se perdió. El quiere que toda la humanidad se salve y llegue a conocer la verdad en su Hijo Jesucristo. Esta visión bíblica de Dios afecta profundamente nuestra actitud hacia la sociedad, dado que el interés de Dios se transforma en el interés de su pueblo. Nosotros también hemos de respetar a los hombres y mujeres creados a imagen de Dios, buscar la justicia, odiar la injusticia, atender a los necesitados, velar por la dignidad del trabajo, reconocer la necesidad de reposo, mantener la santidad del matrimonio, tener celo por el honor de Jesucristo, y anhelar que toda rodilla se doble delante de él y toda lengua le confiese. ¿Por qué? Porque todos estos son los intereses de Dios. ¿Cómo podemos aceptar aquello que le disgusta profundamente, o fingir indiferencia hacia aquello con lo que Dios tiene un compromiso profundo? La política del laissez-faire es inconcebible para los cristianos que sostienen una doctrina bíblica de Dios.

Luego, la política de la imposición es inconcebible para quienes sostienen una doctrina bíblica del hombre. Pues Dios creó al hombre y a la mujer como seres responsables. Les dijo que fructifiquen (que ejerciten sus capacidades de procreación), que sojuzguen la tierra y gobiernen sus criaturas, que trabajen y descansen, y que lo obedezcan («puedes comer ... no comerás...»). Estos mandatos carecerían de sentido si Dios no hubiera dotado al hombre de dos dones únicos: conciencia (para discernir entre las opciones) y libertad (para elegir entre ellas). El resto de la Biblia lo confirma. A lo largo de las Escrituras se presupone que los seres humanos son seres morales, responsables de sus acciones. Conocen la ley moral pues está «escrita en sus corazones», se los exhorta a obedecer y se les advierte del castigo por la desobediencia. Pero nunca se los obliga. Nunca se emplea la coacción. Sólo la persuasión mediante la argumentación: «El Señor dice: 'Vengan, vamos a discutir este asunto'»(Is. 1.18 VP).

El fundamento básico de esto es que la conciencia humana ha de ser tratada con el mayor de los respetos. Pablo expresa su decisión de procurar «tener siempre una conciencia sin ofensa ante Dios y ante los hombres» (Hch. 24.16). Tiene mucho que decir además acerca de la conciencia de los demás. Puede ser «fuerte» (bien cultivada y libre) o «débil» (excesivamente propensa a sentir escrúpulos). Pero cualquiera sea el estado de conciencia de alguien, aun cuando esté equivocado, debe ser respetado. La conciencia débil ha de ser fortalecida, y la conciencia engañosa, iluminada; la intimidación no debe existir. Sólo en situaciones extremas se debe inducir a alguien a actuar contra lo que le dicta su conciencia. Las conciencias se deben educar y no violentar. Este principio, que surge de la doctrina cristiana del hombre, debe influir sobre nuestra conducta y sobre las instituciones sociales. Es la razón por la cual los cristianos se oponen a la autocracia y apoyan la democracia. La autocracia aplasta conciencias; la democracia (al menos en teoría) las respeta, ya que los gobiernos democráticos derivan «su justo poder del consentimiento de los gobernados» (Declaración de la Independencia de los Estados Unidos). No obstante, una vez que una ley ha sido promulgada (tanto en una democracia como en una autocracia), todos los ciudadanos tienen la obligación de obedecerla. No pueden hacer lo que les plazca. Pero en asuntos de gran peso (como la incorporación en tiempos de guerra) un gobierno civilizado permitirá la «objeción por asuntos de conciencia». Esta provisión también es fruto de una mente cristiana.

Así pues, las doctrinas bíblicas de Dios y del hombre guían nuestra conducta en una sociedad pluralista; la primera excluye el laissez-faire, y la segunda, la imposición. Porque Dios es quien es, no podemos permanecer indiferentes cuando su verdad y su ley son burladas; pero porque el hombre es quien es, no podemos tratar de imponerlas por la fuerza.

¿Qué, pues, debemos hacer los cristianos? Debemos tratar de educar la conciencia pública para que conozca y desee la voluntad de Dios. La Iglesia debería proponerse actuar como la conciencia de la nación. Si no podemos imponer la voluntad de Dios por medio de las leyes, tampoco podemos convencer a la gente simplemente mediante el uso de citas bíblicas. Pues estos son ejemplos de «autoridad impuesta desde arriba», que provoca resentimiento y resistencia. Resulta más eficaz la «autoridad que surge desde abajo», la verdad y el valor inherentes a algo que es evidente por sí mismo y que por lo tanto demuestra su propia validez. (No es que las dos clases de autoridad sean incompatibles —la autoridad de Dios está compuesta de ambas clases.) Este principio se aplica tanto a la evangelización como a la acción social.

En la evangelización no debemos tratar de obligar a la gente a creer en el evangelio, ni permanecer callados como si su respuesta nos fuera indiferente, ni depender exclusivamente de la proclamación dogmática de textos bíblicos (si bien la exposición bíblica con autoridad es vital); más bien, al igual que los apóstoles, procuraremos razonar con la gente a partir de la naturaleza y de las Escrituras, presentando el evangelio de Dios mediante la argumentación racional.

Asimismo, en la acción social no debemos tratar de imponer las normas cristianas a la fuerza a un público renuente, ni permanecer callados e inactivos frente al derrumbamiento contemporáneo, ni atenernos exclusivamente a la declaración dogmática de los valores bíblicos; más bien procuraremos razonar con la gente acerca de los beneficios de la moralidad cristiana, presentando la ley de Dios mediante la argumentación racional. Creemos que las leyes de Dios son buenas en sí mismas y de aplicación universal, porque lejos de ser arbitrarias, son apropiadas para los seres humanos que Dios ha creado. Así lo afirmó Dios desde un principio. El las dio, según él mismo lo dijo, «para que les vaya bien» (Dt. 10.13 VP), y exhortó a la gente a obedecerlas «para que a ellos y a sus hijos les fuese bien para siempre» (Dt. 5.29ss.). Había, pues, una correspondencia directa entre lo «bueno y lo recto ante los ojos de Jehová» y el bien de ellos (Dt.12.28). Lo «bueno» y el «bien» coincidían. Es más, creemos que todos intuyen esta verdad. Pero ya sea porque no pueden o porque no quieren reconocerla, debemos esgrimir argumentos para demostrar que las leyes de Dios son para el bien de los individuos y de la sociedad.

Por lo tanto, necesitamos de la apologética doctrinal en la evangelización (una defensa fundamentada de la verdad del evangelio) y de la apologética ética en la acción social (una defensa de la bondad de la ley moral). La Iglesia y el mundo de hoy necesitan con urgencia las dos clases de apologistas.

Ejemplos de persuasión por argumentación

Consideremos algunos ejemplos. Comenzaremos por un tema sumamente controvertido: la educación moral y religiosa. Naturalmente, en los Estados Unidos debido a la rigurosa separación de Iglesia y Estado, no se permite la enseñanza religiosa en las escuelas públicas. Pero en Inglaterra, como la Iglesia fue la pionera en la educación, sucesivas leyes educativas han estipulado que las escuelas del estado proporcionen instrucción religiosa. La famosa Ley de Educación de 1944, impulsada en el Parlamento por R. A. Butler, estableció la obligatoriedad de una reunión de adoración conjunta diaria y la enseñanza de religión según un programa convenido. En los cuarenta años que han transcurrido desde entonces, como la influencia de la Iglesia ha disminuido, y la sociedad se ha vuelto más pluralista, el humanismo secular ha cobrado mayor preponderancia. Actualmente la opinión general reclama el estudio comparado de distintas religiones, ideologías y sistemas morales, sin que se dé tratamiento preferencial a ninguno. Esta demanda es comprensible. Por cierto, no deberíamos obligar a niños judíos o musulmanes, por ejemplo, a recibir educación cristiana (la ley Butler incluía una cláusula de conciencia a tal efecto), y deberíamos concebir la manera en que esos niños puedan ser educados en su propia religión, si ellos y sus padres así lo desean (la ley Butler estipulaba el dictado de clases especiales para cada religión). ¿Pero qué diremos de la actitud, el espíritu y el enfoque general de la escuela? La educación es el proceso de facilitar el crecimiento de las personas hacia la madurez. Pero no podemos definir la madurez sin antes definir qué es ser persona, y no se puede definir lo que es ser persona sin una referencia a los valores de creencia y comportamiento, es decir, a la religión y a la moral. ¿Qué valores se deberán enseñar y propiciar, pues? El enfoque por el cual los niños son sometidos al estudio de toda la gama de religiones para que después escojan una es irresponsable, ya que los niños carecen del criterio necesario para elegir y necesitan que se los ayude a evaluar lo que se les presenta. Y la neutralidad resulta imposible. La educación libre de valores es una contradicción en sí misma. Si no se propician los valores cristianos, éstos serán reemplazados por los seculares. ¿En que se funda, pues, el argumento a favor de la educación cristiana en la Inglaterra pluralista? No podemos basar nuestro argumento en la unicidad y finalidad de Cristo, por fuerte que sea nuestra fe en él. La defensa de la orientación cristiana de la educación puede basarse en por lo menos tres argumentos:

1)La gran mayoría de residentes ingleses aún siguen siendo cristianos, nominales al menos. Si bien según la encuesta de las Sociedades Bíblicas de 1983, sólo el 15% de la población va a la iglesia una vez por semana o más, el 64% se considera afiliado a la Iglesia Anglicana, y si se agregan las Iglesias Católico Romanas y las Libres, el 84% de la población se considera asociado a una Iglesia cristiana. Esta mayoría tal vez deba describirse como silenciosa, inactiva y no comprometida. Pero es una significativa señal de la dirección en que se inclinan las simpatías.

2)Otro punto es la aceptación. El cristianismo puede reclamar tratamiento preferencial porque ha pasado por pruebas que, sumadas a la consiguiente aceptación, han sido más prolongadas (históricamente) y más extendidas (geográficamente) que toda otra religión o ideología. El hinduismo es más antiguo pero está circunscripto mayormente a la India y a los hindúes de la dispersión. Si bien se podría afirmar que el marxismo es una ideología de alcance mundial como el cristianismo, surgió hace sólo un siglo y no ha soportado pruebas tan rigurosas.

3)El cristianismo está en la base misma de la herencia cultural británica. Es el elemento de ligazón que da cohesión a la historia, las leyes, las instituciones y el estilo de vida nacional británico. Aun los inmigrantes y las minorías étnicas de ciudadanía británica que profesan otra religión deberían recibir instrucción acerca de los orígenes y la cultura de su país de adopción.

Pasemos de la educación a la ética sexual, el segundo ejemplo que consideraremos. Las normas cristianas de castidad antes del matrimonio y fidelidad dentro de él son cada vez más desafiadas y repudiadas. La promiscuidad sexual se está extendiendo. La convivencia experimental antes del matrimonio no sólo es ampliamente practicada sino también recomendada. La cohabitación sin matrimonio, ya no sólo en el antiguo sentido de matrimonio *de facto* sino en el sentido de prescindir por completo del matrimonio como una costumbre obsoleta, ya casi no provoca desaprobación social. El trueque de esposas se considera un juego entretenido. Es cada vez más común el «matrimonio abierto», en el cual el marido sabe que su mujer tiene otros compañeros sexuales y la mujer sabe lo mismo del marido, y los dos lo aprueban y lo alientan. En ciertos casos se considera «enriquecedora» la experiencia de tener una serie de matrimonios sucesivos mediante el divorcio fácil (el sufrimiento de los hijos no se toma en cuenta o se racionaliza), y la pareja homosexual se considera cada vez más una alternativa legítima al matrimonio heterosexual.

Frente a esta revolución sexual, los cristianos deberían obedecer ellos mismos las inmutables normas de la ley de Dios y darlas a conocer a otros. Sin embargo, no bastará con subir al Monte Sinaí y proclamar los Diez Mandamientos desde ese pináculo de autoridad. El hecho de que las personas se conviertan y regeneren (lo cual sigue siendo nuestra principal preocupación) no significa que no necesiten razones para obedecer. ¿Qué argumentos esgrimiremos, pues? El primero es antropológico. Raymond Johnston, Director de CARE, fue quien en sus Ponencias sobre el cristianismo contemporáneo, en Londres en 1978, me dio a conocer el libro *Sex and Culture* (Sexo y cultura, 1934) de J. D. Unwin. Johnston la considera «una de las obras monumentales de la antropología comparada».[13] Unwin confiesa que comenzó su investigación «con una actitud objetiva e imparcial». Libre de ideas preconcebidas y sin saber adónde lo conducirían sus investigaciones, quería someter a prueba el supuesto de la existencia de una relación entre la civilización y el autocontrol sexual. Estudió ochenta sociedades primitivas y dieciséis sociedades civilizadas y descubrió que la energía cultural de una sociedad (expresada en el arte, la ciencia, la tecnología, etc.) es mayor en la medida en que se controla la energía sexual.

Su estudio de determinadas «sociedades vigorosas» reveló que «en todos los casos se reducía la oportunidad sexual al mínimo mediante la adopción de la monogamia absoluta; en todos los casos la continencia obligatoria daba como resultado una gran energía social. El grupo que dentro de la sociedad experimentaba mayor continencia presentaba más energías y dominaba la sociedad». A la inversa, en los casos en que se alteraba la monogamia, disminuía la energía cultural de la sociedad. La conclusión del libro es que si una sociedad vigorosa «desea mantener su energía productiva por un largo tiempo», debe regular las relaciones entre los sexos mediante la práctica de la monogamia. De ese modo «la tradición heredada se enriquecerá continuamente, se logrará una cultura más elevada que la alcanzada hasta el momento, por la acción de la entropía (la generación de nueva energía cultural) se acrecentarían sus tradiciones y se perfeccionarían hasta sobrepasar nuestra comprensión actual».[14] Asimismo, Freud enseñó que existe una íntima relación entre la prosperidad de la cultura y la restricción de los instintos.

A esta evidencia sociológica puede sumarse un argumento psicológico. Es bien sabido que las experiencias sexuales del varón y de la mujer son diferentes. El apetito sexual masculino es mayormente físico, se despierta y se satisface rápidamente. En cambio, para la mujer la relación sexual no es una experiencia que *en sí misma* satisfaga plenamente pues despierta otros deseos que no se satisfacen tan fácilmente: el deseo de la seguridad de tener marido, hogar e hijos. Cuando un hombre alimenta tales deseos, sin tener la intención de responder a ellos, comete una crueldad.[15]

Recientemente leí una confirmación de este argumento, en un lugar insospechado: la revista norteamericana para jovencitas *Seventeen*, en su número de noviembre de 1977. Incluía un artículo titulado «El argumento en contra de la cohabitación», que consistía en una entrevista a la doctora Nancy Moore Clatworthy, socióloga de la Universidad del estado de Ohio en Columbus, Ohio. Dedicó diez años al estudio del fenómeno de las parejas que conviven sin casarse. Al empezar estaba predispuesta a favor. Los jóvenes le habían asegurado que era «maravilloso» y ella les había creído. Le parecía un arreglo «sensato», «un paso útil dentro del noviazgo» durante el cual las parejas se llegaban a conocer. Pero su investigación (que comprendió el estudio de centenares de parejas, casadas y solteras) la hizo cambiar de opinión. «Vivir juntos no da los resultados que la gente dice que da», afirma la doctora. El problema se presentaba en especial en las chicas, quienes estaban ansiosas, temerosas y contemplando «más allá de la retórica, el posible dolor y agonía». Llegó a dos conclusiones en particular. La primera se refiere a los problemas. «En el área de la adaptación, la felicidad y el respeto», las parejas que habían convivido antes de casarse tenían *más* problemas que las que se habían casado antes. También discutían más sobre asuntos tales como el dinero, los amigos y el sexo. «Las parejas que habían vivido juntas antes del matrimonio en todas las áreas disentían más a menudo que las parejas que no habían convivido sin casarse.» La doctora concluye que era evidente que vivir juntos antes de casarse no resuelve los problemas. La segunda conclusión de la doctora Clatworthy es acerca del compromiso en la relación. «El compromiso es la expectativa que una persona tiene del éxito de una relación ... El compromiso es lo que hace que funcione un matrimonio, una pareja o cualquier otra relación humana.» Pero «saber que algo es transitorio afecta el grado de compromiso». Por lo tanto las parejas que conviven sin casarse no invierten todos sus esfuerzos para nutrir y proteger su relación, y por consiguiente el 75% se separa. Son especialmente las muchachas quienes resultan lastimadas. Nancy Clatworthy concluye afirmando: «Según indican las estadísticas, quienes se casan tienen ventaja sobre aquellos que conviven sin casarse. Para aquellos que están enamorados todo lo que no llega a ser un compromiso pleno es igual a la falta absoluta de compromiso.»

Cuando la antropología, la sociología y la psicología apuntan todas en la misma dirección, el argumento es contundente. No deberíamos temer usarlo. Tampoco debería sorprendernos tal convergencia, porque Dios ha escrito su ley en dos lugares: sobre tablas de piedra y en el corazón del hombre (Ro. 2.14ss.). De manera que la ley moral no es ajena a los seres humanos. Es la «ley natural». Existe una correspondencia fundamental entre las Escrituras y la naturaleza.

La enseñanza religiosa y la moralidad sexual son sólo dos ejemplos de la necesidad de esgrimir argumentos al defender y promover la ética social cristiana. Debemos tratar de elaborar la misma estrategia en todas las esferas. La «teoría de la guerra justa», por ejemplo, no es una línea de pensamiento expresamente cristiana. Si bien fue desarrollada por grandes pensadores cristianos como Agustín y Tomás de Aquino, sus orígenes se remontan a Platón, Aristóteles y Cicerón de la Grecia y Roma antiguas. Es, pues, una tradición que ha sido perfeccionada y enriquecida mediante las Escrituras. Muchos no cristianos reconocen que es razonable, aun sin aceptar la autoridad de las Escrituras.

Existen posibilidades de unirnos a los no cristianos en asuntos de interés común y colaborar con ellos en la defensa de los derechos humanos y la preservación del medio ambiente. El respeto por los derechos humanos es una de las principales preocupaciones de los humanistas seculares consagrados a la causa humana, aunque sus motivaciones difieren de las de los cristianos. En cuanto a la conservación del medio, pueden haber coincidencias sobre la unidad de la nave tierra, el delicado equilibrio de la naturaleza, nuestra común dependencia del aire, el agua y la tierra, y la distinción entre recursos naturales no renovables (como los combustibles fósiles) y las ganancias, sin citar siquiera un texto de Génesis 1 y 2 ni de ninguna otra parte de la Biblia.

El último ejemplo que consideraremos se refiere al uso del domingo. El deber de guardar uno de los siete días para la adoración y el descanso está estipulado en el cuarto mandamiento, que aún está en vigencia. Pero no será suficiente que citemos la ley de Dios para asegurar que se observe el domingo; al menos, mientras la gente no se convierta. No obstante, creemos que es la voluntad de Dios que se mantenga este ritmo, que la nación se beneficia por la protección legislativa del domingo como un día diferente, que la vida familiar se fortalece, que a los trabajadores se los protege de la obligación de trabajar y que deberían prohibirse los espectáculos deportivos (por lo menos aquellos que requieren el transporte de grandes cantidades de personas, los servicios de la policía, los bomberos, las ambulancias y compañías de alimentos). ¿Por qué deben algunos disfrutar del descanso y la recreación a costa de otros que tienen que trabajar para brindárselo? Y si no se acepta el argumento bíblico, el histórico puede resultar convincente. Ha habido varios intentos de cambiar el ritmo de seis días y un día, ya sea eliminando por completo el día de descanso o prolongando la semana laboral. Por ejemplo, los revolucionarios franceses, después de abolir la monarquía y de establecer la República en 1792, introdujeron un nuevo calendario con una semana de diez días. Pero el experimento duró unos pocos años solamente. La gente no soportaba nueve días sin un descanso. Así que en 1805 Napoleón restableció la semana de siete días. Algo similar ocurrió un siglo más tarde, después de la revolución rusa. Al arrasar con las instituciones religiosas, los líderes revolucionarios convirtieron el domingo en un día laboral. Pero el intento fracasó nuevamente, y Stalin restableció el domingo como día de reposo.

No debe ser causa de alarma que los argumentos mencionados en la mayoría de mis ejemplos se basen en el interés personal. Pues cuando buscamos razonamientos que agraden al público en general debemos ser realistas. William Temple escribe: «El arte de gobernar es el arte de ordenar la vida de forma tal que el interés personal inspire a hacer lo que la justicia demanda.»[16] Se debe convencer a las personas de que las leyes son para su bien, y que vivir de acuerdo con ellas redunda en su propio beneficio. Ello es aun más cierto de los grupos que de los individuos. En efecto, la tesis fundamental del libro de Reinhold Niebuhr, *Moral Man and Immoral Society* (El hombre moral y la sociedad inmoral) es que mientras que «el individuo es moral en cuanto a que es capaz de tomar en cuenta otros intereses además de los propios al resolver problemas de procedimiento», debemos reconocer «el caracter brutal del comportamiento de todos los grupos humanos y del poder del interés propio y del egoísmo colectivo en todas las relaciones intergrupales».[17]

Sistemas políticos

La acción social no consiste meramente en ganar el debate público, sino en procurar una legislación que vuelva la vida pública más agradable a los ojos de Dios. Esto no significa que todo pecado deba transformarse en un crimen y que todo deber deba apuntalarse mediante leyes. Hay áreas de la vida privada en las que la ley no debe inmiscuirse. Por ejemplo, en los países musulmanes la inmoralidad sexual privada es considerada delito punible, mientras que en los países cristianos no lo es, a menos que perjudique a otros de alguna manera. La función principal de la ley es resguardar los valores aceptados por la sociedad y proteger los derechos de los ciudadanos. Las leyes deben ser además suceptibles de lograr acatamiento, es decir que deben contar con la aprobación pública. La elaboración y aprobación de tales leyes requiere poder político, y en una democracia, la mayoría en el congreso.

De nada sirve decir que Jesús y sus apóstoles no tenían interés en la política, y que ni exigieron ni propiciaron la acción política, y menos aun se dedicaron a ella. Es cierto. No lo hicieron. Pero debemos recordar que eran una minoría exigua e insignificante bajo el régimen totalitario de Roma. Las legiones estaban en todas partes y tenían órdenes de suprimir la disidencia, aplastar la oposición y preservar el *status quo*. Los cristianos del primer siglo no podían dedicarse a la acción política; ¿será ésa la razón por la cual no lo hicieron? Por lo menos sabemos que el hecho de que ellos no lo hicieran porque no podían no significa que nosotros no debamos hacerlo si podemos. El asunto es si habrían participado activamente en política si hubieran tenido la oportunidad de hacerlo y alguna probabilidad de triunfar. Considero que sí. Pues sin una acción política adecuada hay necesidades sociales que sencillamente no se pueden satisfacer. Los apóstoles no exigieron la abolición de la esclavitud. Pero ¿no nos alegramos y enorgullecemos de que lo hayan hecho los cristianos del siglo XIX. Su campaña se basó en enseñanzas bíblicas acerca de la dignidad humana y fue una legítima aplicación. Los apóstoles no construyeron hospitales ni mandaron que se construyeran, pero los hospitales cristianos son una legítima extrapolación del interés compasivo de Jesús por los enfermos. Asimismo, la acción política (si consiste en un amor que busca la justicia para los oprimidos) es una legítima extrapolación de las enseñanzas y el ministerio de Jesús.

Observemos las tres actitudes alternativas al cambio social que hemos considerado e imprimámosles un giro político; a la vez notemos el concepto de hombre que cada una supone.

El absolutismo es la manifestación política de la «imposición». Un gobierno absolutista establece las leyes sin los límites de una constitución ni de la consulta popular. El absolutismo se basa en un concepto absolutamente pesimista del ser humano. Considera que las personas son demasiado tontas como para saber lo que es bueno para ellas, o bien que si lo saben, no quieren o no pueden ponerse de acuerdo. Por consiguiente, sostienen: «Debemos decirles lo que es bueno para ellos; los obligaremos a colaborar y a conformarse.» La justificación que siempre se ofrece públicamente es que se requiere un control estricto para la defensa del orden social. Ocasionalmente una autocracia ha sido genuinamente benévola. No obstante, degrada a los ciudadanos porque no les confía ninguna responsabilidad en la toma de decisiones.

La anarquía puede considerarse la manifestación política del «laissez-faire». No lo fue en el siglo XIX pues sus primeros defensores abrigaban la visión de una sociedad ordenada, y su economía era un medio para tal fin. Pero la moderna actitud del laissez-faire conduciría naturalmente a la abolición de todo gobierno y de toda ley, y se basa en un concepto ingenuamente optimista del ser humano. Supone que el hombre es perfectamente capaz de gobernarse a sí mismo y que las leyes son innecesarias para crear una sociedad justa. Sus defensores dicen: «Dejen a la gente tranquila y todo va a estar bien.»

En suma, el absolutismo considera que el control riguroso es necesario, porque se basa en un concepto pesimista del hombre y niega su dignidad como ser creado a imagen de Dios. Por otra parte, la anarquía considera que la libertad sin restricciones es algo seguro, porque se basa en un concepto optimista del hombre y niega su depravación a raíz de la Caída. Ambas posturas son políticamente erróneas pues, en primer lugar, son teológicamente erróneas, por basarse en falsas doctrinas del hombre. Además tienen resultados desastrosos en la práctica. El absolutismo conduce a la tiranía, y la anarquía, al caos y no a la utopía.

La democracia es la tercera opción. Es la manifestación política de la «persuasión por argumentación». Mientras que el absolutismo por ser pesimista impone la ley arbitrariamente, y la anarquía por ser optimista prescinde por completo de ella, la democracia, por ser realista en su visión del hombre como creado y caído, permite a los ciudadanos participar en la elaboración de sus propias leyes. Al menos ésa es la teoría. En la práctica, especialmente en países con alto nivel de analfabetismo, los medios de comunicación pueden manipular al público fácilmente. En todas las democracias existe el peligro constante de arrollar a las minorías.

«La palabra 'democracia' y sus derivados se aplican a los métodos de toma de decisión», afirma John R. Lucas en su libro *Democracy and Participation* (Democracia y participación). Describe tres aspectos del proceso de decisión. El primero se refiere a *quién* toma la decisión: «Una decisión se toma democráticamente cuando a la pregunta '¿quién la toma?' se puede responder 'casi todos', en contraste con las decisiones tomadas sólo por los más calificados para hacerlo, como en los gobiernos de élite, o las tomadas por un sólo hombre, como en las autocracias y monarquías.» En segundo término, «democracia» describe el *cómo* de la decisión: «Una decisión se toma democráticamente cuando se llega a ella por medio de la discusión, la crítica y la transacción.» En tercer lugar, «democracia» describe *el espíritu* en el que se toma una decisión: «cuidando el interés de todos, en vez del de un solo grupo o facción.»[18]

Así pues, la democracia refleja el concepto bíblico y equilibrado del hombre, lo cual es natural si se recuerda su origen en la Europa cristiana posterior a la Reforma. Además, en este sistema los cristianos tienen la oportunidad de hacer una contribución positiva en una sociedad pluralista, participando en el debate público (ya sea sobre el armamentismo, el divorcio, el aborto o la fecundación in vitro), y procurando influir en la opinión pública para que surja una demanda general de leyes que se adecuen a los propósitos de Dios. Ya que la democracia es el gobierno por consentimiento, el consentimiento depende del consenso (o al menos es así cuando los procedimientos electorales son verdaderamente democráticos), y el consenso surge del debate en el que se esclarecen los problemas.

Naturalmente, el proceso político democrático también es «el arte de lo posible». Puesto que los seres humanos son seres caídos, es inevitable que exista una brecha entre el ideal divino y la realidad humana, entre lo que Dios ha revelado y lo que al hombre le resulta posible. Jesús mismo reconoce esta distinción en la ley de Moisés. Pues el permiso de divorcio en caso de «indecencia» o «inmoralidad» fue dado «por la dureza de vuestro corazón» (Mr. 10.5). En otras palabras, era una concesión a la debilidad humana. Pero Jesús inmediatamente añadió que «al principio no fue así», recordando el ideal divino.

* * * * *

Existe una gran necesidad de más pensadores cristianos que se lancen al debate público en la sociedad contemporánea, y de activistas cristianos que organicen grupos de presión para promover la persuasión. Su motivación será puramente cristiana: un concepto del Dios que se interesa por la justicia, la compasión, la honestidad y la libertad en la sociedad; y un concepto del hombre, creado a imagen de Dios aunque caído, moral y responsable, con una conciencia que ha de ser respetada. Será por celo de Dios y amor al hombre que buscarán la renovación de la sociedad. No intentarán esconder el origen de su preocupación, aunque en el calor del debate, en el ataque y la defensa, sus argumentos a menudo deban ser *ad hominem*, y las políticas que conciban deban ajustarse a la realidad. Siempre su objetivo deberá ser la formación de la opinión pública.

John V. Taylor, obispo de Winchester, se refirió a la necesidad que tienen los cristianos de una vida de protesta positiva contra los valores de la sociedad de consumo, en estos términos:

> Esta batalla debe librarse en la esfera de la opinión pública. Nada más que la reorientación radical de la opinión pública podrá lograr el cambio de políticas que nuestra salvación misma demanda.

Luego cita a Reg Prentice quien en 1972 sostuvo que la única manera de aumentar el interés de Gran Bretaña por los países del Tercer Mundo es la «lenta y ardua tarea de la educación pública y la presión política dentro de los países ricos». El obispo Taylor concluye diciendo:

> la renovación y la revolución de Cristo comienza silenciosamente, como la fe misma. Comienzan a crecer a partir de una semillita, de la idea abrumadora de que *las cosas no tienen por qué seguir así*. Cuando ese pensamiento comienza a penetrar en las estructuras y en la mente de la gente común de nuestra sociedad opulenta, puede ser que brote la exclamación: ¡no son más que un mazo de naipes!»[19]

Notas

1. Capítulo 3 de *Essays in Evangelical Social Ethics*, ed. David F. Wright, Paternoster, 1978, pp. 59-81.
2. Jan Harrison, *Attitudes to Bible God Church*, Informe de investigación, Bible Society, 1983.
3. *UK Christian Handbook 1983 Edition*, ed. Peter Brierley, Tabla 12a, 13a, publicado conjuntamente por Evangelical Alliance, Bible Society y MARC Europe, pp. 27-28.
4. John Kobler, *Ardent Spirits*, Michael Joseph, 1974, pp. 216-217.
5. Richard Gutteridge, *Open Thy Mouth for the Dumb*, Basil Blackwell, 1976.
6. *Ibid.*, p. 48.
7. *Ibid.*, p. 128.
8. *Ibid.*, p. 181.
9. *Ibid.*, p. 268.
10. *Ibid.*, p. 298.
11. *Ibid.*, p. 299.
12. *Ibid.*, p. 304.
13. O. R. Johnston, *Who Needs the Family?*, Hodder & Stoughton, 1979, pp. 43-46.
14. J. D. Unwin, *Sex and Culture*, OUP, 1934, pp. 411-412, 431-432.
15. Ver Hugh Arthur, *Sex and Society*, Presbyterian Church of England, 1969.

16. William Temple, *Christianity and the Social Order*, Penguin, 1942, p. 59.
17. Reinhold Niebuhr, *Moral Man and Immoral Society*, Scribners 1932, edición revisada, 1960, pp. xi, xx.
18. John. R. Lucas, *Democracy and Participation*, Pelican, 1976, p. 10. Ver también Reinhold Niebuhr, *The Children of Light and the Children of Darkness*, Nisbet, 1945.
19. John V. Taylor, *Enough is Enough*, SCM, 1975, pp. 64, 114.

4

La alienación: ¿podemos influir?

No existe otra palabra que encierre con mayor precisión o exprese con mayor elocuencia el sentido moderno de impotencia que la palabra «alienación». Decir «Estoy alienado» significa: «Ya no puedo relacionarme con la sociedad y lo peor es que no puedo hacer nada al respecto.»

Marx popularizó el término. Pero él se refería al sistema económico en el que los obreros estaban alienados de los frutos de su trabajo debido a que los dueños de las fábricas eran quienes vendían los productos. Los marxistas contemporáneos amplían su aplicación. Por ejemplo, Jimmy Reid, un concejal comunista de Glasgow, Escocia, y principal vocero del gremio de estibadores de Upper Clyde, declaró en 1972: «La alienación es el clamor de hombres que se sienten víctimas de fuerzas ocultas que están fuera de su control ..., la frustración de la gente común que es excluida de los procesos de toma de decisión.»[1]

De manera que la alienación es la sensación de impotencia económica y política. Las fuerzas inexorables del poder institucionalizado avanzan despiadadamente, y el hombre y la mujer comunes no pueden hacer nada para cambiar su dirección o su velocidad, y menos aun para detenerlas. No somos más que espectadores del desarrollo de una situación en la cual nos sentimos incapaces de influir de modo alguno. Eso es «alienación».

A pesar de mi defensa teológica de la teoría democrática, y de mi argumentación acerca de la necesidad de que los cristianos aprovechen el proceso democrático para unirse al debate público, debo admitir que la democracia no siempre resuelve el problema de la alienación y que muchos se decepcionan en la práctica. Este abismo entre la teoría y la práctica es la médula misma del libro de John R. Lucas, *Democracy and*

Participation, que cito en el capítulo anterior. Las personas ejercen su derecho democrático a votar, y por cierto «votar constituye una forma de participación mínima» (p. 166). Sin embargo, de allí en adelante «la democracia se convierte en una autocracia en la cual todas las decisiones excepto una las toma un autócrata, y la única decisión que se deja en manos de la gente es la ocasional elección del autócrata.» Por lo cual llama a la democracia «autocracia electiva», ya que «el grado de participación en el gobierno permitido a la gente es irrisorio». El sistema hace que «el gobierno se vuelva insensible a los deseos de los gobernados y a las demandas de la justicia» (p. 184). Luego, «Si bien la autocracia electiva tiene su aspecto democrático, es profundamente no democrática en lo relativo a la manera y el espíritu en que se toman las decisiones ... Es no participativa» (p. 198). Sin duda esta decepción del funcionamiento real de la democracia es generalizado. Los cristianos deberían compartir la inquietud de ampliar el contexto del debate público, hasta que las discusiones parlamentarias «resuenen en todos los cafés y talleres de la nación». El doctor concluye su libro con una afirmación amena: «la democracia sólo prosperará arraigada en tierra de cafés» (p. 264).

Es triste que muchos cristianos se contagien el espíritu de alienación. «Por cierto», dicen, «la búsqueda de la justicia social nos concierne y no podemos escapar a ese hecho. Pero los obstáculos son enormes. No sólo enfrentamos la complejidad de los problemas (no nos consideramos expertos) sino también el pluralismo de la sociedad (no pretendemos tener el monopolio del poder ni del privilegio) y el dominio de las fuerzas de reacción (no tenemos ninguna influencia). La tendencia descendente de la influencia de la fe cristiana en la comunidad nos ha dejado sin recursos. Además, el ser humano es egoísta y la sociedad está corrompida.»

El primer antídoto contra esa combinación de pesimismo cristiano y alienación secular es la historia. Abundan los ejemplos de cambios sociales que resultaron de la influencia cristiana. Consideremos el caso de Inglaterra. El progreso social allí es innegable, especialmente aquel que resultó del cristianismo bíblico. Pensemos en algunos de los rasgos que deshonraban al país hace sólo dos siglos. El código penal era tan severo que alrededor de 200 ofensas merecían la pena de muerte; con toda justicia se lo llamó «código sangriento». Todavía se defendía la legitimidad y aun la respetabilidad de la esclavitud y el tráfico de esclavos. A los hombres se los reclutaba por la fuerza en el ejército o la marina. Las masas populares no recibían educación ni asistencia sanitaria. Más del 10 por ciento de cada generación moría de viruela. Los viajes a caballo o en carruaje eran muy peligrosos debido a los asaltantes de caminos. El feudalismo social confinaba a las personas en un riguroso sistema de clases y condenaba a algunos a la miseria absoluta. Las condiciones en las cárceles, fábricas y minas eran increíblemente inhumanas. Sólo los anglicanos podían ingresar en la Universidad o el Parlamento, si bien algunos disidentes lograban entrar mediante la práctica del «conformismo ocasional». Causa vergüenza que sólo dos siglos atrás tanta injusticia haya empañado la vida de la nación.

Pero la influencia social del cristianismo ha sido mundial. K. S. Latourette la resume en la conclusión de su obra en siete volúmenes *History of the Expansion of Christianity* (Historia de la propagación del cristianismo). Se refiere en términos muy favorables a las consecuencias de la vida de Cristo por medio de sus seguidores:

> Ninguna vida en este planeta ha tenido tanta influencia sobre los asuntos de los hombres ... De aquella breve vida y de su aparente frustración ha surgido una fuerza más poderosa que ninguna otra fuerza conocida por la raza humana para librar la prolongada batalla del hombre ... Por medio de ella millones de personas han sido rescatadas del analfabetismo y la ignorancia para transitar el camino de una creciente libertad intelectual y del control de su medio ambiente. Ha contribuido más que cualquier otra fuerza conocida por el hombre a aliviar los males de la enfermedad y el hambre. Ha liberado de la esclavitud a millones de personas y del vicio a otras tantas. Ha defendido a decenas de millones de la explotación. Ha sido la mayor fuente de movimientos a favor de la reducción de los horrores de la guerra y del establecimiento de las relaciones de los hombres y de las naciones sobre la base de la paz y la justicia.[2]

De modo que el pesimismo cristiano carece de fundamento histórico. Además es teológicamente inadmisible. Hemos visto que la mente cristiana reúne los acontecimientos bíblicos de la Creación, la Caída, la Redención y la Consumación. Los cristianos pesimistas se concentran en la Caída («los seres humanos son incorregibles») y la Consumación («Cristo volverá para poner todo en orden») y toman estas verdades como una justificación para la desesperanza social. Pero no toman en cuenta la Creación y la Redención. La imagen divina en el ser humano no se ha desvanecido. Aunque hay maldad en los seres humanos, todavía pueden hacer el bien, como Jesús lo enseñó claramente (Mt. 7.11). Y las evidencias que están a la vista lo confirman. Hay personas no cristianas que forman buenos matrimonios, padres no cristianos que educan bien a sus hijos, industriales no cristianos que administran sus fábricas con justicia, y médicos no cristianos que toman el juramento hipocrático como norma y cuidan de sus pacientes a conciencia. Ello se debe en parte a que la verdad de la ley de Dios está escrita sobre los corazones de todos los hombres, y en parte a que cuando la comunidad cristiana encarna los valores del Reino de Dios, las demás personas los reconocen y en cierta medida los imitan. Así es como el evangelio ha dado frutos en la sociedad occidental a lo largo de muchas generaciones. Además, Jesucristo redime a las personas y las hace nuevas. ¿Queremos decir que las personas regeneradas y renovadas no pueden hacer nada para moderar o reformar la sociedad? Esta opinión es monstruosa. El testimonio conjunto de la historia y las Escrituras es que los cristianos han ejercido gran influencia sobre la sociedad. No somos impotentes. Existe la posibilidad de cambio. Nikolai Berdyaev acierta en resumir la situación así:

> La pecaminosidad de la naturaleza humana no implica que las reformas y las mejoras sociales sean imposibles. Sólo implica que no puede existir un orden social absoluto y perfecto ... antes de la transfiguración del mundo.[3]

Sal y luz

De la historia y las Escrituras pasamos a las expectativas de Jesús para sus seguidores. Su expresión más vívida se halla en el Sermón del Monte, en especial en las metáforas de la sal y la luz:

> Vosotros sois la sal de la tierra; pero si la sal se desvaneciere, ¿con qué será salada? No sirve más para nada, sino para ser echada fuera y hollada por los hombres. Vosotros sois la luz del mundo; una ciudad asentada sobre un monte no se puede esconder. Ni se enciende una luz y se pone debajo de un almud, sino sobre el candelero, y alumbra a todos los que están en casa. Así alumbre vuestra luz delante de los hombres, para que vean vuestras buenas obras, y glorifiquen a vuestro Padre que está en los cielos (Mt. 5.13-16).

Todos estamos familiarizados con la sal y la luz. De hecho se las encuentra en todos los hogares del mundo. Jesús mismo, de niño en su hogar de Nazaret, a menudo habrá observado a su madre usar sal en la cocina y encender las lámparas al caer el sol. Conocía su utilidad.

Esas imágenes fueron las que luego utilizó para ilustrar la influencia que él esperaba que ejercieran sus discípulos en la sociedad humana. En aquel tiempo eran sólo unos pocos, el núcleo inicial de la nueva sociedad; sin embargo debían ser sal y luz para el mundo entero. ¿Qué quiso decir? Esto encierra por lo menos cuatro verdades que no pueden pasarse por alto:

1) *Los cristianos son fundamentalmente distintos de los no cristianos*, o deberían serlo. Ambas imágenes establecen la separación entre ambas comunidades. El mundo está en oscuridad, dice Jesús, pero ustedes han de ser su luz. El mundo está en descomposición, pero ustedes han de ser la sal que detenga ese proceso. En español diríamos que son «como del día a la noche» o «como de lo vivo a lo pintado»; Jesús dijo que diferían

como la luz de la oscuridad y la sal de la descomposición. Este es un tema importante en toda la Biblia. Dios está llamando del mundo a un pueblo para sí, y la vocación de su pueblo es la de ser «santo» o «diferente». Una y otra vez les dice: «Sed santos porque yo soy santo.»

2) *Los cristianos deben permear la sociedad no cristiana*. Si bien los cristianos son (o deben ser) moral y espiritualmente distintos de los no cristianos, no deben segregarse socialmente. Por el contrario, su luz debe brillar en la oscuridad, y su sal debe penetrar en la carne en descomposición. Una lámpara no sirve de nada si se la pone debajo de la cama, y la sal no sirve de nada si permanece en el salero. Asimismo, los cristianos no deben mantenerse al margen de la sociedad, donde no pueden influir, sino que deben sumirse en ella. Han de permitir que su luz brille, para que se vean sus buenas obras.

3) *Los cristianos pueden influir en la sociedad no cristiana*. Antes de conocerse la refrigeración, la sal era el mejor preservativo. Se la frotaba sobre la carne o el pescado para que se impregnara, o se dejaba la carne sumergida en sal. De esta forma se retardaba el proceso de descomposición, aunque no se interrumpía por completo. La eficacia de la luz es aun más evidente: cuando se enciende la luz, la oscuridad se disipa efectivamente. Jesús parece señalar que del mismo modo los cristianos pueden detener la decadencia social y disipar la oscuridad del mal. William Temple se refiere al «profundo sabor que infunden a la vida y a las relaciones humanas quienes tienen algo de la mente de Cristo».[4]

Surge la pregunta inevitable de por qué no ha sido mucho más amplia la influencia de los cristianos en el mundo no cristiano. Espero me disculpen mis amigos norteamericanos por tomar como ejemplo los Estados Unidos, aunque en Europa, en principio, la situación es la misma. Las estadísticas del cristianismo norteamericano son desconcertantes. A fines de 1979 la revista *Christianity Today* resume la situación así:

> Sesenta y nueve millones de norteamericanos profesan la fe en Jesucristo. El sesenta y siete por ciento de los norteamericanos actualmente es miembro de alguna iglesia. Según un reciente estudio Gallup, el cuarenta y cuatro por ciento de la población asiste asiduamente a la iglesia, y cuarenta y cinco millones de norteamericanos mayores de catorce años se consideran «muy religiosos».[5]

¿Por qué es que este gran ejército de soldados cristianos no ha logrado un éxito mayor en repeler las fuerzas del mal? El futurólogo norteamericano Tom Sine ofrece esta explicación:

> Hemos logrado con gran eficacia diluir sus (de Cristo) enseñanzas extremistas y truncar su evangelio radical. Eso explica por qué podemos tener una nación con 200

millones de habitantes, 60 millones de los cuales profesa el cristianismo y que, sin embargo, tengan una influencia vergonzosamente insignificante sobre la moralidad de nuestra sociedad.[6]

Más importante que las meras cifras de los discípulos profesantes es la calidad de su discipulado (que guarden los valores de Cristo sin claudicaciones) y su ubicación estratégica (que ocupen posiciones de influencia para Cristo).

Como cristianos solemos lamentar la decadencia de las normas del mundo con un aire de consternación farisaica. Criticamos la violencia, la deshonestidad, la inmoralidad, la codicia materialista y la falta de respeto por la vida. «El mundo se está desmoronando», decimos encogiendo los hombros. ¿Quién tiene la culpa? Permítanme expresarlo en estos términos: Si la casa está a oscuras cuando cae la noche, no tiene sentido culpar a la casa, pues eso es lo que sucede cuando baja el sol. La pregunta que se debe hacer es «¿dónde está la luz?» Si la carne se echa a perder y se vuelve incomible, no tiene sentido culpar a la carne, pues eso es lo que sucede cuando se deja que las bacterias se reproduzcan. La pregunta que se debe hacer es «¿dónde está la sal?» Análogamente, si hay un deterioro de la sociedad y una decadencia de valores, hasta parecerse a la oscuridad de la noche o a un pescado pestilente, no tiene sentido culpar a la sociedad, pues eso es lo que sucede cuando se abandona a su propia suerte a hombres y mujeres caídos y cuando no se pone freno al egoísmo humano. La pregunta que se debe hacer es «¿dónde está la Iglesia? ¿Por qué la sal y la luz de Jesucristo no están permeando y cambiando la sociedad?» Sería absolutamente hipócrita de nuestra parte que frunzamos el entrecejo y sacudamos la cabeza. El Señor Jesucristo nos mandó a *nosotros* ser sal y luz del mundo. Por lo tanto, si la oscuridad y la corrupción abundan, es nuestra culpa y debemos reconocerla.

4) *los cristianos deben mantener su diferenciación cristiana*. Si la sal pierde su sabor, no sirve para nada. Si la luz pierde su luminosidad, deja de ser útil. De manera que nosotros que nos declaramos seguidores de Cristo debemos cumplir dos condiciones si es que hemos de hacer algún bien para él. Por un lado, debemos permear la sociedad no cristiana y sumergirnos en la vida del mundo. Por otro lado, al estar inmersos, debemos evitar la asimilación al mundo. Debemos mantener las convicciones, los valores, las normas y el estilo de vida cristianos. Volvemos a la «doble identidad» de la Iglesia («santidad» y «mundanalidad») que mencionamos en el primer capítulo. Luego, si se pregunta qué son el «sabor» y la «luminosidad» de la santidad cristiana, el resto del Sermón

del Monte nos da la respuesta. Pues Jesús nos dice que no seamos como quienes nos rodean: «No os hagáis, pues, semejantes a ellos» (Mt. 6.8). En cambio, nos llama a una justicia mayor (del corazón), un amor más amplio (que abarca incluso a los enemigos), una devoción más profunda (la de hijos que acuden a su Padre) y una ambición más noble (la búsqueda del Reino de Dios y su justicia).[7] Sólo cuando elijamos su camino y lo sigamos, nuestra sal conservará su sabor, nuestra luz brillará, seremos testigos y siervos eficaces, y ejerceremos una influencia sana en la sociedad.

Este propósito y esta expectativa de Cristo deben bastarnos para superar la sensación de alienación. Tal vez algunos nos aíslen en nuestro trabajo o en la comunidad local. La sociedad secular puede intentar por todos los medios empujarnos a la periferia de sus asuntos. No obstante, debemos rechazar la marginación e intentar alcanzar esferas de influencia para Cristo. La ambición es el deseo de éxito en el logro de objetivos. No tiene nada de malo cuando se encuentra auténticamente subordinada a la voluntad y la gloria de Dios. Es cierto, el poder puede llevar a la corrupción. También es cierto que el poder de Cristo se manifiesta mejor en nuestra debilidad. Y efectivamente seguiremos sintiendo nuestra propia inadecuación. No obstante, por su gracia debemos decidirnos a infiltrarnos en algún segmento secular de la sociedad para alzar allí la bandera de Cristo y sostener sin claudicaciones los valores del amor, la verdad y el bien.

Pero ¿cómo podemos ejercer influencia para Cristo? ¿Qué significa en la práctica ser la sal y la luz del mundo? ¿Qué podemos hacer por el cambio social? Intentaré desarrollar tres caminos, agrupados en tres pares: la oración y la evangelización, el testimonio y la protesta y el ejemplo y los grupos.

La oración y la evangelización

En primer lugar, está el poder de la oración. Ruego que no se deseche esta verdad como si se tratara de un argumento piadoso ya trillado o de una concesión a la tradición cristiana. No lo es. No podemos leer la Biblia sin que nos llame la atención la manera en que se enfatiza constantemente la eficacia de la oración. «La oración eficaz del justo puede mucho», dice Santiago (5.16). En palabras de Jesús: «Otra vez os digo, que si dos de vosotros se pusieren de acuerdo en la tierra acerca de cualquiera cosa que pidieren, les será hecho por mi Padre que está en los cielos» (Mt. 18.19). No afirmamos comprender el principio fundamental de la intercesión. Pero de alguna manera nos permite ingresar en el campo de batalla espiritual y adherirnos a los buenos propósitos de Dios, para que su poder sea liberado y los principados del mal queden sujetos.

La oración es una parte indispensable de la vida del cristiano como individuo. También es indispensable para la vida de la iglesia local. Pablo la consideraba prioritaria: «Exhorto ante todo, a que se hagan rogativas, oraciones, peticiones y acciones de gracias, por todos los hombres; por los reyes y por todos los que están en eminencia, para que vivamos quieta y reposadamente en toda piedad y honestidad. Porque esto es bueno y agradable delante de Dios nuestro Salvador, el cual quiere que todos los hombres sean salvos y vengan al conocimiento de la verdad» (1 Ti. 2.1-4). Aquí se menciona la oración por los líderes nacionales, para que puedan cumplir con su responsabilidad de preservar la paz, y así la Iglesia conserve la libertad para obedecer a Dios y predicar el evangelio. En teoría estamos convencidos del deber de orar. Pero algunos activistas sociales cristianos rara vez se detienen a orar. Y hay iglesias que no parecen tomar en serio la oración. Si en la comunidad (de hecho, en el mundo) hay más violencia que paz, más opresión que justicia, más secularismo que santidad, ¿no será que los cristianos y las iglesias no están orando como deberían?

En el informe de la Consulta internacional sobre la relación entre la evangelización y la responsabilidad social (1982) se hace referencia a la obligación de la Iglesia al respecto en estos términos:

> Nos decidimos y apelamos a nuestras iglesias a darle mayor importancia al período de intercesión en el culto público; a pensar en términos de diez o quince minutos en vez de cinco; a invitar a los laicos a dirigir las oraciones, puesto que a menudo ellos tienen un discernimiento profundo de las necesidades del mundo; y a centrar nuestras oraciones en la evangelización del mundo (territorios cerrados, pueblos que se resisten, misioneros, iglesias nacionales, etc.) y en la búsqueda de la paz y la justicia en el mundo (zonas de tensión y conflicto, liberación del horror nuclear, dirigentes y gobiernos, los pobres y necesitados, etc.). Anhelamos ver a cada congregación cristiana inclinarse delante del Soberano Señor con una fe humilde y expectante.[8]

También nos regocijamos al ver el crecimiento de movimientos paraeclesiásticos cuyo objetivo es estimular las oraciones del pueblo de Dios.

Pasaremos del poder de la oración al poder del evangelio, pues nuestro segundo deber cristiano es la evangelización. Este libro es acerca de la responsabilidad social cristiana, no de la evangelización. Sin embargo, las dos van unidas. Si bien los cristianos tienen diferentes dones y vocaciones, y si bien en determinadas situaciones es perfectamente adecuado concentrarse ya sea en la evangelización o en la acción social por separado, no obstante en general y en la teoría no se las puede separar. Nuestro amor al prójimo se traducirá en una preocupación integral por todas sus necesidades: físicas, espirituales y comunitarias. Es por eso que en el ministerio de Cristo las palabras y las obras eran inseparables. Como lo expresa el Informe de Grand Rapids, la evangelización y la acción social son «como las dos cuchillas de una tijera o las dos alas de un ave».[9]

Sin embargo, existen dos razones por las que la evangelización debe verse como el preludio necesario y el fundamento de la acción social. La primera es que el evangelio transforma a las personas. Todo cristiano debería ser capaz de repetir con convicción las palabras de Pablo: «no me avergüenzo del evangelio, porque es poder de Dios para salvación a todo aquel que cree» (Ro. 1.16). Lo sabemos por nuestra propia experiencia y lo hemos visto en la vida de otros. Si el pecado es en esencia egocentrismo, luego la transformación de «ego» a «no ego» es un ingrediente fundamental de la salvación. La fe conduce al amor, y el amor al servicio. De modo que la acción social, que es el servicio en amor a los necesitados, debería ser el resultado inevitable de la fe salvadora, aunque debemos reconocer que esto no siempre es cierto.

Existen otras situaciones en las que el cambio social positivo se produce sin relación con iniciativas expresamente cristianas. De modo que no debemos unir la evangelización y la acción social tan indisolublemente como para afirmar que la primera *siempre* da como resultado la segunda y que la segunda *nunca* existe independientemente de la primera. De todos modos, existen excepciones que confirman la regla. Seguimos insistiendo en que la evangelización es el principal instrumento de cambio social. Hemos visto que la sociedad necesita sal y luz; pero sólo el evangelio puede generarlas. Esta es una de las maneras en las que podemos declarar sin avergonzarnos que la evangelización tiene primacía sobre la acción social. Por lógica, «la responsabilidad social cristiana presupone cristianos socialmente responsables», y es el evangelio quien los produce.[10]

Cuando John V. Taylor, Obispo de Winchester, era aún secretario general de la Sociedad Misionera de la Iglesia, describió en la circular de la SMI (mayo 1972) su reacción al libro *Calcutta* de Geoffrey Moorhouse y a la aparente desesperanza para los problemas de esa ciudad. «Pero, invariablemente, quien hace que la balanza se incline de la desesperación a la fe es la persona que mantiene la entereza a pesar de las circunstancias.» Dichas personas no están «atrapadas» en la ciudad ni se han «escapado» de ella. «Han *trascendido* la situación ... Salvación no significa solución, pero la precede y la hace posible ... La salvación personal (salvación de primer orden) sigue siendo la entrada. Es la llave para abrir la puerta del determinismo y hacer posible la 'salvación' de organismos e instituciones sociales (salvación de segundo orden) pues permite a las personas trascender la situación.» Hay otra forma en que la evangelización favorece el mejoramiento social. Cuando el evangelio se predica amplia y fielmente, no sólo trae una renovación radical a los individuos, sino también lo que Raymond Johnston ha denominado «un ambiente antiséptico», en el que es más difícil que prosperen la blasfemia, el egoísmo, la codicia, la deshonestidad, la inmoralidad, la crueldad y la injusticia. Una nación que ha sido permeada por el evangelio no constituye un suelo en el que estas malezas venenosas puedan echar raíces y menos aun crecer frondosas.

Es más, el evangelio que transforma personas también transforma culturas. Uno de los mayores obstáculos para el cambio social es el conservadurismo de la cultura. El desarrollo de las leyes, instituciones y costumbres de una nación lleva siglos; por lo tanto, poseen una intrínseca resistencia a toda reforma. En algunos casos el obstáculo está dado por la ambigüedad moral de la cultura. Todo programa político, sistema económico o plan de desarrollo depende de valores que lo impulsen y lo sustenten. No puede funcionar sin honestidad y cierto grado de altruismo. De manera que, cuando la cultura de una nación (y la religión o ideología que la determina) consiente la corrupción y el egoísmo y no ofrece ningún incentivo al autocontrol y al sacrificio, el progreso resulta completamente trunco. En ese caso la cultura constituye un impedimento para el desarrollo.

El profesor Brian Griffiths hizo una brillante aplicación de este principio al capitalismo y al comunismo en las conferencias sobre cristianismo contemporáneo realizadas en Londres en 1980 bajo el título de «Moralidad y mercado». En su opinión el capitalismo ha perdido su legitimidad y el comunismo es irremediablemente defectuoso. «El capitalismo adolece de una falta de límites adecuados para el ejercicio de la libertad», mientras que el comunismo «adolece de la incapacidad de restringir el impulso al control». Pero esta «incapacidad de resolver la tensión entre la libertad y el control» es la crisis del humanismo secular. En efecto, el capitalismo y el marxismo surgieron de la Ilustración en el siglo XVIII; lo que les falta son valores cristianos.[11]

El último capítulo de la obra de Griffiths se titula «La pobreza del Tercer Mundo y la responsabilidad del Primer Mundo». Presenta su objeción a la expresión clave empleada por Herr Willy Brandt en la

Introducción al Informe de la Comisión Brandt que dice así: «Damos por sentado que todas las culturas merecen igual respeto, protección y fomento.»[12] A lo que Brian Griffiths replica: «Pero no es así. Las culturas son la expresión de valores que configuran las instituciones y mueven a las personas, algunas de las cuales ... fomentan la riqueza, la justicia y la libertad, mientras que otras no lo hacen.»[13]

Es absolutamente lógico, pues, que un libro de economía y en particular sobre «La moralidad y el mercado» concluya con un fervoroso llamado a la evangelización del mundo:

> El cristianismo comienza con la fe en Cristo y culmina con el servicio en el mundo ... Por esto considero que la evangelización tiene un papel indispensable que desempeñar en el establecimiento de un orden económico más justo. La obediencia a Cristo demanda cambio; pues el mundo se convierte en su mundo; los pobres, los débiles y los que sufren son hombres, mujeres y niños creados a su imagen; la injusticia es una afrenta a su creación. La desesperación, la indiferencia y el sinsentido son reemplazados por la esperanza, la responsabilidad y el propósito; y por sobre todo, el egoísmo es transformado por el amor.[14]

Así pues, el evangelio cambia a las personas y las culturas. Esto no significa que el desarrollo sea imposible sin la evangelización, sino que la ausencia de aquellos cambios culturales que trae el evangelio resulta un obstáculo para el desarrollo, mientras que la existencia de estos cambios lo favorece. Aun un grupo reducido de cristianos que participen en la vida pública puede iniciar un cambio social. Pero es más probable que su influencia sea mucho mayor si cuenta con el apoyo popular, como fue el caso de los reformadores evangélicos británicos del siglo XIX. Los cristianos de todos los países deben orar por la amplia aceptación del evangelio. Tal como lo comprendieron los evangélicos norteamericanos del siglo XIX, el avivamiento y la reforma van unidas.

El testimonio y la protesta

Hemos visto que el evangelio es poder de Dios para salvación. Pero, de hecho, toda verdad es poderosa. La verdad de Dios es mucho más poderosa que las maliciosas mentiras del diablo. Nunca deberíamos temer a la verdad. Ni necesitamos temer por la verdad, como si su supervivencia fuese incierta. Pues Dios vela por ella y nunca permitirá que sea suprimida por completo. En palabras de Pablo: «Porque nada podemos contra la verdad, sino por la verdad» (2 Co. 13.8). Y en palabras de Juan: «La luz en las tinieblas resplandece, y las tinieblas no prevalecieron contra ella» (Jn. 1.5). Solzhenitsyn es un pensador cristiano contemporáneo que está convencido de esto. Su discurso de aceptación del Premio Nobel de Literatura (1970) se tituló «Una palabra de verdad». En él admite que los escritores carecen de armas materiales como cohetes o tanques. Y se pregunta: «¿Qué puede hacer la literatura frente a la cruel arremetida de la violencia?» En primer lugar, puede negarse «a tomar parte en la mentira». En segundo lugar, los escritores y artistas pueden «derrotar a la mentira». Pues *«una palabra de verdad tiene más peso que el resto del mundo*. Y sobre este extraordinario quebrantamiento de la ley de conservación de la masa y de la energía se basan mi propia actividad y mi apelación a los escritores del mundo».[15]

Todos los cristianos, como su Maestro, son llamados a «dar testimonio a la verdad». Para eso había nacido, según sigue diciendo, y para eso había venido al mundo (Jn. 18.37). La verdad suprema de la que damos testimonio es, por supuesto, Jesucristo mismo, pues él es la verdad (Jn. 14.6). Pero toda verdad (científica, bíblica, teológica, moral) es suya y debemos defenderla, afirmarla y abogar por ella con valentía. Aquí es donde cabe la elaboración de una apologética ética, así como la participación en el debate público de la problemática contemporánea. Como cristianos somos llamados a dar testimonio de la ley y el evangelio de Dios sin temor y sin disculpas, desde el púlpito (una plataforma con mucha más influencia de lo que generalmente se cree, especialmente en la formación de la opinión pública), por medio de cartas o artículos en periódicos locales y nacionales, discusiones en el hogar y el trabajo, espacios de radio o televisión, por medio de la poesía y de canciones populares. Es más, lo que es cierto para Jesús lo es también para sus seguidores: el verdadero testigo (*mártus*) debe estar preparado para sufrir, y si fuera necesario, aun para morir por su testimonio. Este testimonio tan costoso es la principal arma de aquellos a quienes se les niega un juicio democrático por vivir bajo un régimen opresivo.

En un discurso muy difundido hace alrededor de diez años, Sir Keith Joseph se refirió a la decadencia moral de Gran Bretaña, a las posibilidades de «remoralizar» la nación, y al poder de las ideas, en estos términos: «¿Es que hemos de ser destruidos desde adentro?», se preguntaba, aunque habíamos repelido sucesivos intentos de invasión desde afuera por Felipe de España, Napoleón, el Kaiser y Hitler. «¿Es que nos han de destruir las ideas perversas, obcecadas y socavantes, pero seductoras por estar en boga y porque prometen mucho a un precio muy bajo?» Más adelante en su discurso respondió a sus propias preguntas y exhortó a los oyentes a tomar la ofensiva: «Debemos librar la batalla de las ideas en cada escuela, universidad, publicación, comisión, estudio de televisión, aunque tengamos que luchar en cada uno de estos medios por mantener nuestro punto de apoyo. Tenemos la verdad. Si no la hacemos resplandecer, seremos tan culpables como los explotadores, los casuistas y los 'comerciantes'.»[16]

Junto con el testimonio positivo de la verdad debe ir su contrapartida negativa: la protesta contra la insensatez, la falsedad y la iniquidad. Muchos parecen estar decepcionados del arma de la protesta racional, pero considero que no deberían estarlo. La movilización pública es un arma eficaz. Precisamente mientras escribo este capítulo en 1983, he sabido de varios ejemplos recientes.

En primer lugar, antes de las elecciones generales de este año, el ministro del Interior William Whitelaw dio a publicidad los detalles de la Ley de Evidencia Policial y Criminal que se proponía presentar en el Parlamento inglés. De inmediato se levantaron protestas contra el Artículo décimo, que habría otorgado a la policía el derecho de buscar y retener los registros confidenciales de religiosos, médicos y asistentes sociales. Abogados y médicos elevaron una enérgica protesta, y cincuenta y cinco obispos de la Iglesia Anglicana firmaron un recurso. Casi inmediatamente el ministro del Interior anunció la enmienda del artículo.

Mi segundo ejemplo proviene de Alemania Occidental. Cuando se publicaron los items del censo poblacional de 1983, y se supo que los inquiridos deberían revelar una importante cantidad de datos sobre su vida privada, se levantó una tempestad de protestas. Un estudiante de derecho y dos abogados hicieron uso del derecho de los ciudadanos alemanes según el cual, en caso de considerar que existe amenaza contra sus derechos individuales, pueden apelar a la suprema corte del país, la Corte Constitucional Federal de Karlsruhe. La Corte suspendió el censo mediante un interdicto provisional, con el fin de hacer un estudio profundo de su legalidad.

El tercer caso tuvo lugar en julio de 1983 cuando el Concejo Médico de Gran Bretaña, reflejando las políticas del Departamento de Salud y Seguridad Social, emitió una disposición según la cual los médicos debían «observar las normas del secreto profesional» si una joven menor de dieciséis años insistiera en que sus padres no fueran notificados de la prescripción de una píldora anticonceptiva o de un aborto. Los médicos que se negaran a acceder a los deseos de la joven probablemente serían sancionados e incluso corrían el riesgo de perder su matrícula profesional. Por cierto, existen circunstancias excepcionales (por ejemplo, una historia de violencia paterna) en que una joven debería tener la posibilidad de confiar en su médico. Pero la resolución general del Concejo Médico, que habría prescindido por completo del derecho al consentimiento de los padres, provocó un movimiento de presión descomunal por parte de médicos, padres y eclesiásticos indignados. En consecuencia el Concejo desistió.

Podríamos multiplicar los ejemplos. Por lo tanto, que nadie diga que la protesta es una pérdida de tiempo y esfuerzo.

El ejemplo y los grupos

La verdad es poderosa cuando se la defiende con argumentos; es más poderosa aun cuando se la exhibe. Porque la gente necesita no sólo comprender el argumento, sino ver la manifestación de sus beneficios. Una enfermera cristiana en un hospital, una maestra en una escuela, una secretaria en una oficina, un vendedor en un negocio, y un obrero en una fábrica, pueden ser de una influencia que supera toda proporción de números y porcentajes. Y ¿quién puede calcular la influencia para bien que puede tener en un vecindario un hogar cristiano, en el cual el marido y la mujer son fieles y encuentran plena satisfacción el uno en el otro, y sus hijos se forman en la seguridad y la disciplina del amor, y la familia no se encierra en sí misma sino que se brinda a la comunidad? Los cristianos somos personas señaladas tanto en el trabajo como en el hogar; el mundo nos observa.

Mayor aun que la influencia del ejemplo de individuos y familias cristianas es la de la iglesia local. Pues el propósito de Dios para la Iglesia es que sea su comunidad nueva y redimida, que encarne los valores del Reino. El doctor John Howard Yoder afirma que no debemos subestimar «el poderoso impacto ... que tiene la creación de un grupo social alternativo». Pues «la estructura social primaria por medio de la cual el evangelio obra para cambiar otras estructuras, es la de la comunidad cristiana».[17]

Pero ¿cómo transforma la comunidad nueva a la vieja? El Informe de Grand Rapids ofrece una buena respuesta:

> En primer término, la nueva comunidad debe constituir un desafío a la vieja. Sus valores e ideales, sus normas morales y relaciones, su estilo de vida sacrificial, su amor, alegría y paz: éstas son las señales del Reino ... y ofrecen a la sociedad una alternativa social radical ...
> En segundo término, como el mundo vive junto a la comunidad del Reino, algunos valores del Reino se derraman sobre la sociedad en su totalidad, de manera que la industria, el comercio, la legislación y las instituciones resultan imbuidos en cierta medida de los valores del Reino. La llamada sociedad «cristianizada» no es el Reino de Dios, pero tiene una deuda para con el Reino, que con frecuencia no se reconoce. Sin embargo, el modelo del «derramamiento» tiene sus limitaciones, porque concibe a las dos comunidades como mutuamente independientes, como dos recipien-

tes uno al lado del otro, el contenido de uno de los cuales se derrama y entra en el otro. Las metáforas de la sal, la luz y la levadura que emplea Jesús son más dinámicas, pues cada una implica la penetración de la vieja comunidad por la nueva.[18]

Los pequeños grupos de cristianos pueden ser la manifestación visible del evangelio. También pueden hacer uso de todos los medios que ya hemos mencionado para influir en la sociedad. Hay poder en la oración y en el evangelio; hay aun más poder si nos unimos para orar y evangelizar. Hay poder en el testimonio y la protesta; hay aun más poder si nos unimos para dar testimonio y actuar juntos. El grupo fue la modalidad que el Señor mismo eligió. El comenzó con los doce. Y en la historia de la Iglesia abundan los ejemplos de la influencia estratégica de los pequeños grupos. En el siglo XVI los primeros reformadores se reunían en Cambridge en la hostería White Horse para estudiar el Nuevo Testamento de Erasmo; en el siglo XVIII en Oxford, el Club Santo, al que pertenecían Whitefield y los Wesley, si bien se dedicaba a estériles buenas obras, constituyó el trasfondo para el primer avivamiento evangélico; y en el siglo XIX en Londres la Secta Clapham apoyó a Wilberforce en la campaña contra la esclavitud, y a muchas otras causas sociales y religiosas. Actualmente uno de los rasgos más prometedores de la vida de la Iglesia moderna es la búsqueda de la experiencia de los pequeños grupos. Miles de congregaciones se han dividido en pequeños grupos de comunión o grupos hogareños. Muchas iglesias además alientan la formación de grupos con intereses especiales: equipos de visitación, grupos de oración misionera, grupos de música, grupos interesados en la problemática contemporánea, grupos de lectura, grupos de estudio y acción social; las posibilidades son innumerables.

Luego existen las comunidades que experimentan nuevas formas de vivir, compartir y/o trabajar juntos, como la Comunidad Kairós en Buenos Aires (para la reflexión teológica sobre el discipulado en el mundo secular), la comunidad Sojourners en Washington DC (abocada a la publicación de la revista Sojourners, a promover el trabajo por la paz y la justicia, y a servir a las familias negras del lugar), y TRACI en Nueva Delhi (el Instituto de investigación y comunicación de pensadores y escritores jóvenes de la India). En Gran Bretaña existen grupos como el Proyecto Shaftesbury (que fomenta la investigación y la acción relacionada con la participación de los cristianos en la sociedad), CARE (Investigación y educación de la acción cristiana, que promueve valores morales en la sociedad), y podría mencionar el London Institute for Contemporary Christianity (que promueve la integración del discipulado bajo el señorío de Cristo y la penetración del mundo secular para él).

Dom Helder Camara, Arzobispo de Recife, al noreste de Brasil, es un líder católico muy respetado, que cree firmemente en el potencial de los pequeños grupos. Acusado de subversivo, se le prohibe el acceso a los medios de comunicación y vive constantemente amenazado de muerte; este «pacificador violento» (como se lo ha llamado) está comprometido con la justicia y la paz. Después de viajar durante varios años por el mundo, ahora tiene más fe en los grupos. Estimula la formación de «minorías abrahámicas» (así llamadas «porque al igual que Abraham esperamos aun cuando ya no hay esperanza»)[19] en el vecindario, la universidad y los gremios, en los medios masivos de comunicación, entre los empresarios, los políticos y las fuerzas armadas. Movidos por una sed común de justicia y paz, reúnen información; tratan de diagnosticar los problemas estructurales de desempleo, vivienda y explotación de los trabajadores; combinan las diferentes experiencias y emprenden la acción de «paz violenta» que consideran adecuada. Dom Helder está persuadido de que tales grupos minoritarios tienen «el poder del amor y la justicia que puede compararse a la energía nuclear encerrada durante millones de años en los átomos diminutos, esperando ser liberada».[20] «Todas estas minorías unidas podrían transformarse en una fuerza irresistible», agrega.[21] Algunos se burlan, pero él persevera. «Sé bien que mi plan puede traer a la memoria el combate contra Goliat. Pero la mano de Dios estaba con el joven pastor, y David venció al filisteo con su fe, una honda y cinco piedras.»[22] En otra parte nos exhorta: «Recuerden que a lo largo de los siglos la humanidad ha estado bajo la dirección de minorías.»[23]

Este contraste entre el gigante y el muchacho, la espada y la honda, la jactanciosa altivez y la humilde confianza es característico de la actividad de Dios en el mundo. Tom Sine lo ha captado bien en su libro *The Mustard Seed Conspiracy* (La conspiración de la semilla de mostaza), cuyo título alude a la diminuta semilla a partir de la cual crece un gran arbusto. El subtítulo de la obra es «Puedes influir sobre el agitado mundo de mañana». Sine escribe:

> Jesús nos ha revelado un secreto asombroso. Dios ha elegido cambiar el mundo por medio de los humildes, los que carecen de pretensiones y los que pasan inadvertidos ... Esa ha sido siempre la estrategia de Dios: cambiar el mundo por medio de la conspiración de los insignificantes. Eligió a un puñado de andrajosos esclavos semitas para que se convirtieran en los insurgentes del nuevo orden ... ¡Y quién habría soñado que Dios iba a escoger obrar por medio de un bebé en un establo para poner en orden el mundo! «Lo necio del mundo escogió Dios ... lo débil ... lo

vil ... lo menospreciado ... y lo que no es ... Dios aún mantiene la política de obrar por medio de lo vergonzosamente insignificante para cambiar el mundo y crear su futuro...[24]

«Lo vergonzosamente insignificante.» Siento la necesidad de subrayar este criterio aparentemente invertido que Dios ha adoptado. Al mismo tiempo, desearía fervientemente que comprendiésemos su realismo. Lo que a las minorías les falta en números lo compensan con convicción y compromiso. En apoyo de este argumento citaré a un conocido sociólogo norteamericano. Robert Bellah es un especialista en religión civil, y en la influencia de la religión y la ética en la política. Está al frente de una cátedra en el Departamento de Sociología de la Universidad de California, Berkeley, y también en el Centro de Estudios Japoneses y Coreanos. En una entrevista para la revista *Psychology Today* (enero 1976) realizada por Sam Keen dijo:

Pienso que no deberíamos subestimar la importancia de los pequeños grupos de personas que tienen una nueva visión de un mundo justo y pacífico. En Japón una minoría muy reducida de cristianos protestantes introdujo la ética en la política, y causó un impacto que no tiene relación con su número. Desempeñó un papel fundamental en la iniciación del movimiento por los derechos de la mujer, los gremios, los partidos socialistas, y virtualmente de todos los movimientos reformistas. La calidad de una cultura puede transformarse cuando el dos por ciento de su población tiene una nueva visión.

Los cristianos suman menos del dos por ciento en Japón, pero un porcentaje mucho más elevado en muchos otros países. Podríamos ejercer una poderosa influencia en la sociedad, en términos de evangelización y acción social, para la gloria de Dios. Por lo tanto, no existe ninguna razón para que el sentido de alienación persista.

Notas

1. Del discurso a los estudiantes, con motivo de su asunción al cargo de rector de la Universidad de Glasgow, abril de 1972.
2. K. S. Latourette, *History of the Expansion of Christianity*, en siete volúmenes, Eyre & Spottiswoode, 1945, Vol. 7, pp. 503-504.
3. Nikolai Berdyaev, *The Destiny of Man*, Geoffrey Bles, 1937, p. 281.
4. William Temple, *Christianity and the Social Order*, Penguin, 1942, p. 27.
5. *Christianity Today*, 21 de diciembre, 1979.
6. Tom Sine, *The Mustard Seed Conspiracy*, Word, 1981, p. 113.

7. Mateo 5-7. Ver mi exposición del Sermón del Monte, titulada *Contracultura Cristiana*, Certeza, 1984.
8. *Evangelism and Social Responsibility: An Evangelical Commitment*, Informe de Grand Rapids, Paternoster Press, 1982, p. 49.
9. *Ibid.*, p. 23.
10. *Ibid.*, p. 24.
11. Brian Griffiths, *Morality and the Market Place*, «Christian Alternatives to Capitalism and Socialism», Hodder & Stoughton, 1982, p. 69.
12. *North-South*, «A Programme for Survival», Informe de la Comisión Independiente para el Desarrollo Internacional, presidida por Willy Brandt, Pan Books, 1980, p. 25.
13. *Morality and the Market Place*, pp. 148-9.
14. *Ibid.*, pp. 154-155.
15. Alexander Solzhenitzyn, *One Word of Truth*, Bodley Head, 1972, pp. 22-27.
16. Discurso de Sir Keith Joseph, pronunciado en Birmingham, Octubre, 1974.
17. John Howard Yoder, *Jesús y la realidad política*, Certeza, 1985, pp. 82 y 116.
18. *Evangelism and Social Responsibility: An Evangelical Commitment*, 1982, p. 34.
19. Dom Helder Camara, *Spiral of Violence*, Sheed & Ward, 1971, p. 69.
20. Dom Helder Camara, *The Desert is Fertile*, Sheed & Ward, 1974, p. 3.
21. *Spiral of Violence*, p. 43.
22. Dom Helder Camara, *Race Against Time*, Sheed & Ward, 1971, pp. vii-viii.
23. *Ibid.*, p. 17.
24. Tom Sine, *The Mustard Seed Conspiracy*, Word, 1981, pp. 11-12.

II. PROBLEMAS INTERNACIONALES

1

La amenaza nuclear

De todos los problemas mundiales que hoy enfrenta la humanidad ninguno es tan grave como la amenaza de un holocausto nuclear. La guerra siempre ha sido terrible, ya sea que se peleara con piedras y palos, arcos y flechas, espadas y lanzas, mosquetes y rifles, o con bayonetas y bombas. Pero en el caso de aquellas armas «convencionales» existe la posibilidad de establecer controles y límites, y la guerra involucra dos ejércitos enfrentados en combate. Con la llegada de la era nuclear la mayor parte de las tradiciones militares se ha vuelto obsoleta. En palabras de Albert Enstein: «La liberación del poder del átomo ha cambiado todo salvo los patrones de pensamiento, de tal manera que nos encaminamos hacia una catástrofe sin par... Si la humanidad ha de sobrevivir es imprescindible una nueva manera de pensar.»[1] No exageraba. Hoy que tenemos la capacidad para destruir todo el legado de las civilizaciones pasadas, el delicado equilibrio ecológico de la bioesfera presente y, mediante la radiación, el potencial genético del futuro, lo que está en juego es nada menos que la supervivencia de la raza humana y de nuestro planeta.

Realidades contemporáneas

El pensamiento cristiano no opera en el vacío. Por más firmemente que nos aferremos a la revelación que Dios hizo de sí mismo de una vez y para siempre en Jesucristo y en las Escrituras, debemos luchar por vincularla con las duras realidades del mundo contemporáneo. Así, en la búsqueda de discernimiento de la voluntad de Dios la revelación y la realidad van juntas.

a. La carrera armamentista

Los países de la OTAN y del Pacto de Varsovia en conjunto cuentan con más de doce millones de efectivos militares. Se estima que las dos superpotencias poseen entre ambas por lo menos quince mil armas nucleares «estratégicas» (intercontinentales) y veintisiete mil «tácticas» (de corto alcance). Se considera que estas casi cincuenta mil cabezas nucleares (que algunos estiman en sesenta mil) tienen un poder destructivo más de un millón de veces superior al de la bomba de Hiroshima. Cada submarino Trident II, que reemplaza al Poseidón y al Polaris, tiene la capacidad de transportar veinticuatro misiles, cada uno con entre ocho y catorce cabezas nucleares (según el alcance) con objetivos independientes, cada una de las cuales es doce veces más poderosa que la bomba de Hiroshima, de modo que en total podrían alcanzar de ciento noventa y dos a trescientos treinta y seis objetivos independientes. Así pues, un solo submarino Trident II tiene la capacidad destructiva equivalente a entre dos mil trescientos cuatro y cuatro mil treinta y dos bombas de Hiroshima.[2] No obstante, se ha ordenado la fabricación de catorce Tridents. Por otra parte, aunque el acuerdo Salt II se hubiese ratificado, sólo habría fijado un techo a la cantidad y al tipo de misiles; la multiplicación de cabezas nucleares habría sido ilimitada. La horrenda capacidad destructiva de estos arsenales nucleares, superior a la necesaria para arrasar la población mundial, es lo que aterra a los críticos de la realidad actual. Por ejemplo George Kennan, el norteamericano experto en asuntos soviéticos, en el discurso que pronunció en Washington en mayo de 1981, en ocasión de aceptar el Premio de la Paz Albert Einstein, dijo que las naciones nucleares son «como víctimas de alguna clase de hipnotismo, como hombres en un sueño, como ratones de lemming que se encaminan directamente hacia el mar adonde hallarán su fin». Sostuvo luego que las reservas soviéticas y norteamericanas «son exageradamente superabundantes para el propósito en cuestión». Por lo tanto hizo un llamado a una iniciativa «audaz y radical», a una «reducción general inmediata del cincuenta por ciento de los arsenales nucleares que las dos superpotencias mantienen en la actualidad», con procedimientos de verificación adecuados. Pero su exhortación no fue escuchada.

b. Los gastos en armamentos

Para comprender la escala de la fabricación de armas, debemos tomar en cuenta no sólo la cantidad sino también el costo. El porcentaje del Producto Bruto Interno destinado a la defensa en 1982 era del cinco por ciento en el Reino Unido, del seis por ciento en los Estados Unidos, del nueve por ciento en la Unión Soviética (aunque algunas estimaciones occidentales llegan a duplicar esta cifra), y mucho más alto en algunos países del Tercer Mundo. En 1982 «las naciones del mundo en su conjunto destinaron alrededor de seiscientos cincuenta mil millones de dólares anuales a sus fuerzas armadas». Esto equivale a «más de una vigésima parte del total de los ingresos anuales».[3] Es decir, más de un millón de dólares por minuto. El presidente Eisenhower manifestó cierta vez: «Cada fusil que se fabrica, cada buque de guerra que se bota, cada cohete que se lanza significa ... un robo a quienes tienen hambre y no tienen qué comer, a quienes tienen frío y no tienen con qué abrigarse.»[4] Si bien este concepto de «robo» quizá respondía más a la retórica que a la realidad económica, expresaba la indignación de Eisenhower por la disparidad entre los gastos en armas y los gastos en desarrollo. ¿Qué hubiera dicho, entonces, de los arsenales nucleares de la actualidad? ¿Qué correlación estableceremos entre los miles de millones destinados a armamentos y los ochocientos millones de personas desposeídas en el mundo?

c. La proliferación nuclear

En el presente hay cinco naciones conocidas como poseedoras de armas nucleares y sistemas de descarga: los Estados Unidos, la Unión Soviética, Gran Bretaña, Francia y China. Nueve naciones más tienen la capacidad de desarrollarlas: Argentina, Alemania Occidental, Holanda, Japón, India, Israel, Sudáfrica, Pakistán y Egipto. Otros países expertos en asuntos nucleares, a veces llamados «países umbrales», son Brasil, Irak, Libia, Corea del Sur y Taiwán. En total suman diecinueve países. Existen innumerables advertencias de que pronto llegarán a ser treinta y cinco o cuarenta, mientras que en el año 2000 el «club nuclear» quizá duplique su número de socios nuevamente hasta cerca del centenar. Según algunas citas, en 1975 Fred C. Ikle, director de la Agencia de Control de Armas y Desarme, se refirió a la «inevitable expansión mundial de la tecnología nuclear».[5] El creciente empleo de energía nuclear aumenta este riesgo, así como el riesgo de accidentes nucleares.

d. Las consecuencias de la guerra nuclear

Quizá nada nos dé una idea más vívida de las funestas consecuencias de la explosión nuclear que los relatos de los testigos presenciales de Hiroshima y Nagasaki. Lord Mountbatten citó brevemente uno de estos testimonios poco tiempo antes de morir por un acto de violencia irracional: «De pronto un resplandor rosado blancuzco cubrió el cielo; simultáneamente se sintió un extraño temblor al que siguió, casi de inmediato, una ola de calor sofocante y un viento que arrastró todo lo que estaba en su camino. En unos segundos en las calles del centro de la ciudad miles de personas comenzaron a arder bajo una ola de calor abrazador. Muchos murieron instantáneamente, otros quedaron tendidos en el suelo retorciéndose y gritando en la agonía del intolerable dolor de sus quemaduras. Todo lo que se erigía en el camino de la explosión ... fue destruido ... Hiroshima había dejado de existir.»[6]

Ese fue el resultado de una sola explosión atómica menor. Es imposible predecir con exactitud las consecuencias de una guerra nuclear debido a los numerosos factores imponderables como la cantidad de cabezas nucleares que se empleen, la distribución de la población en la zona objetivo, el grado de defensa civil disponible y las condiciones climáticas del momento. Pero el documento del Congreso de los Estados Unidos titulado «Los efectos de la guerra nuclear» (1979) declara que «las consecuencias mínimas serían sumamente graves» y presenta cuatro casos hipotéticos ordenados por grado de gravedad. Si una gran ciudad como Detroit o Leningrado sufre un solo ataque de un arma con la capacidad explosiva de sólo un megatón, el saldo sería de dos millones de muertos y un millón de heridos. «Un ataque de gran magnitud contra una serie de objetivos militares y económicos» en el cual la URSS iniciara el ataque y los Estados Unidos respondieran, significaría la muerte de hasta un setenta y siete por ciento de la población norteamericana (ciento sesenta millones de personas) y hasta un cuarenta por ciento de la población rusa (pues está más dispersa en las zonas rurales). Este número de víctimas sería la consecuencia inmediata (dentro de los primeros treinta días) del calor, la explosión, el viento, el fuego y la radiación directa. Muchos millones más morirían a causa de las heridas (ya que los servicios médicos resultarían insuficientes) y de las epidemias (debido a las averías en el sistema de desagüe y la falta de agua potable), o se morirían de hambre o de frío durante el primer invierno (por el caos de los servicios públicos). Un manto de humo tóxico cargado de hollín suspendido sobre la zona desvastada no sólo causaría la intoxicación de muchos de los sobrevivientes sino que además ocultaría de tal forma el calor y la luz del sol que la tierra volvería a las condiciones de la era glacial. A la larga el cáncer cobraría muchas más víctimas y tanto las consecuencias genéticas como la devastación ecológica perdurarían por varias décadas y serían incalculables.[7]

Reflexiones teológicas y morales

Si bien no hay coincidencia entre los cristianos en cuanto a la perspectiva de Cristo sobre la guerra –y quizá nunca la hubo–, no debemos exagerar el desacuerdo que existe, ni minimizar el considerable terreno en el que en efecto hay unanimidad. Por ejemplo, todos los cristianos afirman que el Reino de Dios inaugurado por Jesús es el gobierno de Dios de justicia y paz; que Jesús mismo demostró perfectamente con su conducta los ideales del Reino que proclamó; que la comunidad del Reino ha de tener hambre de justicia, procurar la paz, renunciar a la venganza, amar a los enemigos; en otras palabras, ha de estar signada por la cruz; y que en el Reino consumado «volverán sus espadas en rejas de arado, y sus lanzas en hoces» pues «no alzará su espada nación contra nación, ni se adiestrarán más para la guerra» (Is. 2.4). Esto debe significar que como cristianos tenemos un compromiso primordial con la paz y la justicia. Es cierto que la búsqueda de la paz con justicia es mucho más costosa que el apaciguamiento con concesiones. Además admiramos la lealtad, el espíritu de sacrificio y el valor de los soldados en servicio. Pero no debemos idealizar o exaltar la guerra misma, por justa que la consideremos. Algunos cristianos creen que en algunas circunstancias puede ser defendida como el menor de dos males, pero según la perspectiva cristiana nunca puede ser más que una circunstancia forzosa que causa dolor en un mundo caído.

Aparte de esta base bíblica general existen tres posturas principales que los cristianos adoptan y defienden: el pacifismo absoluto, la teoría de la guerra justa y el pacifismo relativo (o nuclear).

a. El pacifismo absoluto[8]

Los pacifistas suelen partir del Sermón del Monte. Por lo menos de esta parte de las enseñanzas de Jesús muchos derivan su compromiso con la no violencia. No debemos ofrecer resistencia a una persona malvada, dijo Jesús. En cambio, si nos golpea la mejilla derecha hemos de ofrecerle también la otra. Debemos amar a nuestros enemigos, hacer bien a quienes nos odian y orar por quienes nos persiguen. Sólo así seremos aptos como hijos de nuestro Padre Celestial, pues su amor es indiscriminado y él bendice con la lluvia y el sol a malos y buenos por igual. Odiar a quienes nos aman es la manera de proceder del diablo; amar a quienes nos aman y odiar a quienes nos odian es la manera de proceder del mundo. Si deseamos seguir a Jesús y aceptamos los valores de su Reino debemos amar a quienes nos odian (Mt. 5.38-48; Lc. 6.27-36).

Por otra parte, Jesús practicó lo que predicaba. El mismo encarnó el llamado a la no resistencia. Pues no se resistió a la traición ni al arresto, al juicio ni a la sentencia, a la tortura ni a la crucifixión. Cuando lo insultaban, no respondía con insultos. Era el Siervo del Señor, inocente y sufriente; «como cordero fue llevado al matadero; y como oveja delante de sus trasquiladores, enmudeció, y no abrió su boca» (Is. 53.7). Amaba a quienes lo despreciaban y rechazaban. Aun oró pidiendo perdón para quienes lo clavaron en la cruz.

Por lo tanto, concluyen los pacifistas, las enseñanzas y el ejemplo de Jesucristo nos comprometen con el camino de la no resistencia y de la no violencia. Pues ése es el camino de la cruz. Y Cristo nos llama a tomar nuestra cruz y seguirlo. Es más, parecería estar comprobado históricamente que durante dos siglos, hasta la conversión de Constantino, la gran mayoría de los cristianos se negaban a servir como soldados. Hay pruebas claras de que su negativa estaba relacionada con las prácticas idolátricas identificadas con la vida en el ejército romano. Los pacifistas sostienen que esto se debía además a que los cristianos de entonces consideraban que la guerra es incompatible con la obediencia cristiana. Este hecho no está comprobado.

La postura pacifista fue adoptada por los llamados «Reformadores Radicales» del siglo XVI (los diversos grupos anabautistas), y en la actualidad la sostienen las «Iglesias de la Paz» (cuáqueros, menonitas, hermanos unidos, etc.) y minorías considerables de las iglesias «históricas» de la Reforma.

b. La tradición de la «guerra justa»[9]

El concepto de guerra justa es anterior a la era cristiana y sus orígenes se remontan a las «guerras santas» del Antiguo Testamento y a algunas enseñanzas éticas griegas y romanas. La noción fue cristianizada por Agustín en el siglo IV, sistematizada por Tomás de Aquino en el siglo XIII, desarrollada más plenamente por Francisco de Vitoria en el siglo XVI y adoptada por la mayoría de los reformadores. Actualmente la sustentan la mayor parte de las iglesias católicorromanas y protestantes.

Dicho concepto ha sido formulado de diversas maneras, aunque por lo general comprende siete condiciones, a saber: declaración formal, último recurso, causa justa, intención correcta, medios proporcionados, inmunidad de no combatientes y expectativas razonables. Sin embargo, existe cierta superposición entre estos siete criterios y considero más útil reducirlos a tres, relativos al comienzo, la conducción y el fin de una guerra. De modo que para que una guerra sea justa, en primer lugar, *su causa debe ser justa*. Debe ser una defensa y no una agresión. Los objetivos deben ser lograr la justicia o remediar la injusticia, la protección de los inocentes o la defensa de los derechos humanos. Debe ser emprendida únicamente como último recurso, luego de que todos los esfuerzos de negociación y reconciliación se hayan agotado, y sólo después de una declaración formal (precedida por un ultimatum) emitida por una autoridad legítima, no por grupos ni individuos. Asimismo, la intención debe ser tan justa como la causa. Las causas justas no se sirven con motivaciones injustas. Así pues, no debe existir odio, animosidad ni sed de venganza.

En segundo lugar, *los medios deben ser controlados*. No debe existir violencia desenfrenada o innecesaria. Para describir el uso legítimo de violencia en la guerra justa se emplean dos palabras claves. Una es «proporcionado» y la otra «discriminado». «Proporcionado» significa que la guerra se considera el menor de dos males, que la violencia causada es menor en proporción a la que intenta remediar, y que los beneficios últimos superarán las pérdidas. «Discriminado» implica que la guerra está dirigida contra combatientes y objetivos militares enemigos, y que los civiles deben permanecer inmunes. Debemos admitir que es imposible garantizar la absoluta inmunidad de los no combatientes. No obstante, en una «guerra justa» la diferenciación debe ser preservada y la matanza *intencional* de civiles, desterrada. El principio de inmunidad de los no combatientes estaba implícito en las Convenciones de la Haya (1899 y 1907), se hizo explícito en las Convenciones de Ginebra y en el Protocolo Adicional (1949 y 1977), y ha sido reafirmado enfáticamente por la Asamblea General de las Naciones Unidas (1970).

En tercer lugar, *el desenlace debe ser predecible*. Es decir, así como el rey de la breve parábola de Jesús «calcula los gastos» antes de ir a la guerra (Lc. 14.31, 32), debe existir una estimación y comprobación de la alta probabilidad de alcanzar la victoria, y por lo tanto, de lograr la causa justa por la cual se originó la guerra.

En suma, una «guerra justa» es aquélla en la cual se combate por una causa justa, con medios controlados y expectativas razonables de triunfo.

Sin embargo, la teoría de la «causa justa» no es más que una tradición. ¿Se la puede recomendar como bíblica? Algunos intentan hacerlo sobre la base de las guerras ordenadas y dirigidas por Jehová en el Antiguo Testamento. Pero éste es un procedimiento precario, pues esas guerras fueron expresamente ordenadas por Dios y ninguna nación en la actualidad puede atribuirse una posición privilegiada semejante a la de Israel como «nación santa», el pueblo especial del pacto de Dios, una teocracia única.

Un fundamento más sólido lo da la enseñanza de Pablo sobre el Estado en Romanos 13.1-7 y su contexto. De hecho se halla inserto en un pasaje sobre el amor al prójimo, pues está precedido por mandatos a amar y servir a nuestros enemigos (12.14-21) y seguido por afirmaciones en cuanto a que el amor nunca hace mal al prójimo (13.8-10). Así es que enfrentamos un problema exegético difícil. Especialmente el final de Romanos 12 y el principio de Romanos 13 al parecer son contradictorios. El primero, haciéndose eco del Sermón del Monte, nos prohibe devolver mal por mal a nadie; el segundo, haciéndose eco del Antiguo Testamento en este caso, describe al Estado como el agente de Dios para el castigo de los malhechores. El primer pasaje afirma que los malhechores han de ser servidos; el segundo, que han de ser castigados. ¿Cómo podemos reconciliar estas instrucciones?

Las Iglesias de la Paz suelen sostener que el mandato de amar a nuestro enemigo es primordial y que la función judicial del Estado es incompatible con esto y que, por lo tanto, la comunidad cristiana ha de mantenerse al margen del Estado y no participar en su labor. Dale Aukerman defiende elocuentemente este punto de vista en su libro *Darkening Valley* (Valle en sombras), «una perspectiva bíblica de la guerra nuclear». No acepta el hecho de que Dios ha «instituido» o «establecido» el Estado («Dios no consagra ni santifica a las autoridades civiles; esa santificación está reservada a la comunidad mesiánica»), [10] ni tampoco cree que el Estado pueda ser ministro de Dios, excepto en un sentido secundario. Aukerman emplea dos analogías. Así como en un matrimonio que está derrumbándose marido y mujer se acusan mutuamente y «cada uno es para el otro el agente del castigo de Dios», aunque Dios no es el autor del pleito entre ellos, y así como los imperios de Asiria y Babilonia fueron agentes del juicio de Dios, aunque Dios no era el autor de la arrogante crueldad de ellos, así también la violencia de las autoridades civiles no forma parte de la intención de Dios, y sin embargo «Dios les *asigna un lugar*..., un papel en el reino de su ira». Aukerman concluye:

> Las autoridades civiles al empuñar la espada, que representa el gobierno mediante la violencia por amenazas o de hecho, están en pecado, van en contra de los caminos del amor de Dios tal como se lo describe en los versículos que preceden y anteceden inmediatamente al paréntesis de Romanos 13.1-7 ... Pero en las dinámicas retributivas que surgen bajo el poder de Dios en oposición al pecado, las autoridades civiles tienen un lugar tal como Asiria y la mujer regañona. [11]

Sin embargo, esta exégesis da lugar a críticas serias. El apóstol Pablo afirma que las autoridades gobernantes han sido establecidas por Dios, que él les ha delegado su autoridad, que por esa razón al sometemos a ellas nos sometemos a él y al rebelarnos contra ellas nos rebelamos contra él. Es más, «la autoridad» (cualquier funcionario público) es «servidor de Dios» para recompensar al buen ciudadano y castigar al malhechor. En efecto, Pablo repite tres veces que la autoridad del Estado es la autoridad de Dios y tres veces que el «servicio» del Estado es servicio a Dios (vv. 4a, 4b y 6). No hay duda, a mi entender, de que éstas no son concesiones renuentes en cuanto a que Dios ha «asignado un lugar» al Estado, que al usar la fuerza para castigar el mal «peca»; más bien se trata de una genuina declaración del hecho de que Dios con su autoridad ha «establecido» el Estado y que cuando éste ejerce la autoridad para castigar el mal hace la voluntad de Dios. En ese caso, no comprendo por qué los cristianos han de permanecer aislados de la vida pública; en cambio, deberían participar en ella, con la certeza de que así están siendo «servidores de Dios» tanto como los pastores a quienes se aplica la misma expresión. No es ninguna anomalía que un cristiano sirva en las fuerzas policiales o en el servicio penitenciario, como político, magistrado o como intendente municipal. Los cristianos adoramos a un Dios que es justo y, por lo tanto, estamos comprometidos con la búsqueda de la justicia. La comunidad cristiana no debe permanecer al margen de la comunidad secular; más bien debe procurar penetrar en ella para Cristo.

Entre quienes aceptan la legitimidad de la participación cristiana en la labor de la autoridad secular se cuenta la mayor parte de los pacifistas que no pertenecen a las Iglesias de la Paz. Sin embargo, como todos los demás cristianos, asumen su participación de un modo crítico y condicional. Por ejemplo, se negarían a obedecer el llamado del Estado a tomar las armas.

¿Cómo, pues, resolveremos la aparente discrepancia entre Romanos 12.17-21 con su llamado a servir en amor a nuestros enemigos y Romanos 13.1-7 con su llamado a castigar a los malhechores? Comenzaremos a ver la respuesta al notar que el contraste entre perdón y castigo no sólo existe *entre* estos dos párrafos sino que además está contenido *dentro* del primero. Pues a la prohibición «No paguéis a nadie mal por mal» sigue la afirmación «yo pagaré, dice el Señor», y a la prohibición «No os venguéis vosotros mismos» sigue la afirmación «sino dejad lugar a la ira de Dios; porque escrito está: Mía es la venganza» (vv. 17, 19). De modo que la ira, la venganza y la retribución no nos están prohibidas por ser en sí mismas reacciones equivocadas al mal, sino porque son prerrogativa *de Dios* y no nuestra. Así es que Jesús mismo, «cuando lo maldecían» no sólo «no respondía con maldición» sino que en vez de eso «encomendaba la causa al que juzga justamente» (1 P. 2.23).

Entonces, es mejor ver el final de Romanos 12 y el principio de Romanos 13 como complementarios. Los miembros de la nueva comunidad de Dios pueden ser tanto ciudadanos comunes como funcionarios del Estado. En el primer rol, nunca debemos vengarnos por nosotros mismos ni pagar mal por mal, sino bendecir a los que nos persiguen (12.14), servir a nuestros enemigos (12.20) y procurar vencer con el bien el mal (12.21). Pero en el segundo rol, si fuimos llamados por Dios a servir en el servicio penitenciario o como policías o jueces, somos agentes de Dios para castigar a los malhechores. Es cierto que la «venganza» y la «ira» son de Dios, pero una de las formas en que hoy Dios materializa su juicio sobre los malhechores es por medio del Estado. Dejar «lugar a la ira de Dios» (12.9) significa permitir al Estado ser «vengador para castigar al que hace lo malo» (13.4). Esto no significa que la administración de la justicia no ha de ser atemperada con misericordia. Pues, en efecto, debe serlo. Y los funcionarios no sólo deben ocuparse de «castigar» el mal sino de «vencerlo», ya que la justicia retributiva y la reformadora deben ir de la mano. No obstante, lo que este pasaje subraya es que si el mal ha de ser castigado (tal como merece), el castigo debe ser administrado por el Estado y sus funcionarios y no por individuos que toman la ley en sus propias manos.[12]

Debe quedar bien sentado, entonces, que la función punitiva del Estado es rigurosamente limitada y controlada. No existe justificación posible en Romanos 13.1-7 para un régimen opresivo para el cual «el orden público» es sinónimo de tiranía. De ninguna manera. El Estado es agente de Dios para ejercer su ira sólo sobre los malhechores, es decir, sobre determinadas personas identificables que han cometido un mal y deben responder ante la justicia. Esto implica una triple restricción sobre los poderes del Estado. En primer lugar, las *personas* que el Estado castiga deben limitarse a los malhechores o infractores de la ley. En segundo lugar, la *fuerza* empleada para arrestarlos debe limitarse al mínimo indispensable para llevarlos ante la justicia. En tercer lugar, el *castigo* impuesto debe limitarse en proporción al mal que han hecho. Los tres aspectos —las personas, la fuerza y el castigo— deben ser cuidadosamente controlados.

El mismo principio aplicado a la policía se aplica al ejército y sus soldados. De hecho, la distinción entre las dos fuerzas es relativamente moderna. La función de hacer cumplir las leyes, mantener el orden y proteger a los inocentes, que en la actualidad es generalmente tarea de la policía, en tiempos de Pablo era responsabilidad de los soldados romanos. Aun en nuestro tiempo existen circunstancias de desorden civil en las que se requiere la intervención del ejército para apoyar a la policía

(p. ej. durante la rebelión en Kenya y actualmente en la violencia comunal en Irlanda del Norte). Cada vez que esto ocurre, la conducta de los soldados debe verse como una forma extendida de acción policial y debe regirse correspondientemente. El Ministerio de Defensa británico, por ejemplo, explica la ley vigente relativa a las operaciones de seguridad mediante el «útil eslogan 'la mínima fuerza necesaria'»: «No se permite el empleo de más fuerza que la necesaria y razonable según las circunstancias. El grado de fuerza nunca puede ser razonable si es mayor que el requerido para lograr el objetivo inmediato»; y el principal objetivo es la prevención del crimen y el arresto de los criminales.

¿Qué diremos si el perturbador de la paz no es un individuo ni un grupo sino otro país? El argumento propuesto en este caso es el siguiente: por legítima extrapolación, la autoridad que el Estado recibe de Dios para administrar justicia abarca el poder para resistir y controlar a los malhechores que son agresores y no criminales y, por lo tanto, la protección de los derechos de sus ciudadanos cuando sufren amenazas externas así como internas. Por cierto, la analogía es inexacta, ya que, por un lado, el Estado que va a la guerra actúa como juez en su propia causa y no como árbitro de terceros; y, por otro, la desapasionada serenidad de los procedimientos judiciales de las cortes no tiene paralelo en la declaración y conducción de una guerra. Estas diferencias se deben a que la justicia internacional aceptable (de arbitraje, intervención y pacificación) está aún en ciernes. No obstante, la elaboración de la teoría de la «guerra justa» «representó un intento sistemático de interpretar los actos de guerra por analogía con actos del gobierno civil», y así tomarlos como pertenecientes al «contexto de la administración de justicia» y como sujetos a «las normas restrictivas de la justicia ejecutiva».[13]

Sin embargo, la justicia ejecutiva ya sea ésta relativa al crimen, al desorden civil o a conflictos internacionales, siempre debe consistir en acción *discriminada* (limitada a los malhechores que deben comparecer ante la justicia) y acción *controlada* (que limita la fuerza empleada al mínimo necesario para lograr este fin).

Esto nos conduce a preguntarnos si tal justificación limitada del empleo de la fuerza puede aplicarse a una guerra en la cual se usan armas nucleares (ya que al parecer son indiscriminadas y descontroladas), y de allí, a la tercera actitud cristiana frente a la guerra.

c. El pacifismo relativo (o nuclear)

La invención de las armas nucleares ha introducido una dimensión completamente nueva al debate sobre la guerra. Las antiguas categorías de la sabiduría convencional resultan tan obsoletas como las antiguas armas convencionales. Tanto científicos como teólogos hoy hacen un llamado a asumir una forma de pensar renovada y valiente. Como afirmaron los obispos de la Iglesia Católica Romana en el Concilio Vaticano II: la Iglesia debe «examinar la guerra con mentalidad totalmente nueva».[14] Todos sabemos que si alguna vez se desatara una guerra nuclear, las víctimas se contarían por cientos de millones y no se limitarían a los ejércitos enfrentados (como sucedió en el pasado, aunque no tanto en este siglo).

El principio bíblico pertinente, que debemos evocar y aplicar, sería el del grave mal de «derramar sangre inocente». La importancia de la sangre en las Escrituras reside en que es portadora y, por lo tanto, símbolo de vida.[15] «Derramar sangre» es quitar la vida por medios violentos, en otras palabras, matar. Pero la vida humana, por ser la vida de seres humanos creados a imagen de Dios, es sagrada. En el Antiguo Testamento el derramamiento de sangre humana era permitido por Dios aparentemente sólo en una situación: la ejecución de un asesino. Es cierto que en la ley mosaica un número reducido de ofensas graves merecían el castigo de muerte (p. ej. el rapto, maldecir a los padres, la brujería, la brutalidad, la idolatría y la blasfemia; ver Ex. 21, 22 y Lv. 24). Pero este hecho no invalida el principio: «El que derramare sangre de hombre, por el hombre su sangre será derramada; porque a imagen de Dios es hecho el hombre» (Gn. 9.6). Es decir, el derramamiento de sangre por asesinato merece el derramamiento de sangre mediante la pena capital, por cuanto en este último caso la que se derrama es sangre culpable. En todos los demás casos, se comete el pecado de «derramar sangre inocente».

Esta concepción fue perpetuada en el Antiguo Testamento por el establecimiento de seis «ciudades de refugio», tres en cada margen del río Jordán, ubicadas cuidadosamente para abarcar toda la nación. Esto se basaba en la distinción entre asesinato (homicidio intencionado) y homicidio involuntario, y tenía por objetivo proteger al causante de una muerte accidental del «vengador de la sangre» y así prevenir el derramamiento de sangre inocente.

En el Antiguo Testamento no sólo existe la distinción entre asesinato y homicidio involuntario, sino también entre derramamiento de sangre durante la guerra (que estaba permitido) y derramamiento de sangre en tiempos de paz (que no lo estaba). De allí que cuando Joab mató a Abner y Amasa, los dos generales del ejército de Israel, David lo condenó por derramar «en tiempo de paz la sangre de guerra», y así hacer recaer sobre la casa de David la culpa del derramamiento de sangre inocente (1 R. 2.5, 31-34).

En el contexto de esta ley veterotestamentaria, los profetas pronunciaron graves denuncias contra Israel. Jeremías les advirtió acerca del juicio venidero de Dios, por cuanto lo habían abandonado y habían profanado Jerusalén. ¿Cómo? Pues «ofrecieron en él incienso a dioses ajenos ...» y «llenaron este lugar de sangre de inocentes» (19.4); se sumaban la idolatría y el derramamiento de sangre. Ningún pecado contra Dios era peor que la adoración de ídolos. Ningún pecado contra el hombre era peor que el derramamiento de sangre inocente. Asimismo, Ezequiel describe la manera en que Jerusalén acarreó para sí la destrucción por ser «derramadora de sangre en medio de sí» y porque «hizo ídolos» (22.1-4; cf. 36.18). Ambos profetas señalaron la adoración de ídolos y la matanza de inocentes como los dos pecados máximos.

En el Nuevo Testamento persiste el horror al derramamiento de sangre inocente. Judas confiesa que ha «pecado entregando sangre inocente» (Mt. 27.4). Y cuando Pilato declara «Inocente soy yo de la sangre de este justo», la gente respondió precipitadamente: «Su sangre sea sobre nosotros, y sobre nuestros hijos» (Mt. 27.24, 25).

Las evidencias bíblicas sobre este asunto forman un testimonio de asombrosa unidad desde el tiempo de los patriarcas, pasando por la ley y los profetas hasta llegar al Nuevo Testamento. La sangre humana es sagrada porque es la vida de seres humanos de semejanza divina. Por lo tanto, derramar sangre inocente es el pecado social más grave, ya sea que éste sea cometido personalmente por asesinato o judicialmente por un régimen opresivo. La razón por la cual el juicio de Dios recayó sobre Israel en el siglo VII a.C. fue que eran culpables del derramamiento de mucha sangre inocente, y en el I siglo d.C. que derramaron la sangre inocente de Jesucristo. «Las manos derramadoras de sangre inocente» se cuentan entre las cosas que Jehová aborrece (Pr. 6.16, 17).

Este mensaje bíblico no debe evadirse. La autoridad judicial que Dios ha otorgado al Estado, y que incluye el uso de «la espada» (Ro. 13.4), tiene límites estrictos. En el caso de la policía, ha de ser ejercida sólo para arrestar criminales y llevarlos ante la justicia; en el caso del ejército, sólo para combatir en una guerra justa con medios justos y con un objetivo justo. En ambos casos se ha de asegurar la inmunidad de los inocentes (de los ciudadanos que respetan las leyes en tiempos de paz y de los no combatientes en tiempos de guerra). Así pues, todo uso ilimitado, descontrolado o indiscriminado de la fuerza está prohibido. En especial, siempre se ha reconocido en la guerra la distinción entre combatientes y no combatientes, entre el ejército y la población civil. Es cierto que el ejército está formado por seres humanos creados a la imagen de Dios, que quizá han sido reclutados contra su voluntad y que tal vez son absolutamente inocentes de los crímenes cometidos por el gobierno. Sin embargo, si es legítimo resistir la agresión de otra nación, también lo es considerar el ejército como agente de la nación, a diferencia de la población civil. Esta diferenciación está sustentada tanto por las leyes internacionales («la protección de los civiles en tiempos de guerra») como por las enseñanzas bíblicas (la prohibición de derramar sangre inocente). Su aplicación es doble.

En primer término, el principio de la inmunidad de los no combatientes condena el uso indiscriminado de armas «convencionales» (no nucleares). Por ejemplo, la conciencia cristiana se rebela contra el bombardeo de «saturación» o «arrasamiento» de Hamburgo, Colonia y Berlín en 1942 y 1943, y especialmente el de Dresden en 1945. Los líderes británicos y norteamericanos (Churchill y Roosevelt sobre todo) habían denunciado previamente el bombardeo nazi de las ciudades declarándolo abominable y horroroso; el gobierno británico anunció públicamente que el bombardeo de objetivos no militares no formaba parte de su política, independientemente de cómo procedieran los nazis. Pero los aliados faltaron a su palabra, tal como se habían reservado el derecho si los alemanes no observaban las mismas restricciones. Las bombas de los aliados cayeron sobre Hamburgo en 1943 y sobre Dresden en 1945 creando una «tormenta de fuego» inimaginablemente pavorosa. Se estimó que alrededor de ciento treinta y cinco mil personas murieron en dos días de ataque aéreo sobre Dresden en febrero de 1945 (un número considerablemente mayor al de las víctimas inmediatas de las bombas atómicas de Hiroshima y Nagasaki juntas); esto incluía a miles de refugiados que huían ante la inminencia del avance ruso. Personalmente estoy agradecido de que el obispo George Bell de Chichester tuviera el valor de protestar en la Cámara de los Lores contra esa táctica. El bombardeo por arrasamiento «no es un acto de guerra justificable», dijo, y «justificar métodos inhumanos en sí mismos con argumentos de conveniencia huele a la filosofía nazi según la cual 'si se puede es justo' o 'el poder se justifica a sí mismo' ('Might is Right')». El informe de una comisión de la Iglesia Anglicana titulado *The Church and the Atom* (La iglesia y el átomo, 1948) coincidió con ese juicio y calificó los bombardeos aéreos sobre Dresden de «incongruentes con los fines limitados de una guerra justa, pues viola el principio de discriminación».[16]

En segundo término, el principio de inmunidad de los no combatientes condena el uso de armas indiscriminadas. Pensemos en las armas «químicas», es decir, el gas tóxico. Por su utilización en la Primera Guerra Mundial se violó la Convención de La Haya de 1907. El Protocolo de Ginebra de 1925 compromete a los signatarios (hoy ya casi todas las naciones del mundo) a no tomar la iniciativa en su utilización. Y en la Segunda Guerra Mundial ninguna nación signataria violó este juramento. Los relatos sobre «la lluvia amarilla», sin embargo, llevan a concluir que los soviéticos lo han usado en Afganistán, las fuerzas comunistas en Camboya y Laos, y los iraquíes en la guerra con Irán. Hoy en día los gases neurotóxicos son al químico lo que las armas nucleares son al físico. La máscara de gas no ofrece ninguna protección, pues estos gases penetran la piel. Si se los lanza desde el aire, se estima que morirían veinte civiles por cada combatiente, ya que sólo los combatientes contarían con la adecuada indumentaria protectora.

Asimismo se incluyeron las armas «biológicas» (a veces llamadas «bacteriológicas») entre las armas a las que se renunció en el Protocolo de Ginebra de 1925. Cada nación signataria se comprometió a no ser la primera en usar gas ni bacterias. La Convención de Armas Biológicas de 1971 fue aún más lejos e hizo un llamado a la destrucción de los depósitos, aunque no se fijaron procedimientos de verificación.

El tercer tipo de armas indiscriminadas lo constituyen las armas «atómicas» o «nucleares». A veces se hace referencia a estos tres tipos de armas (atómicas, biológicas y químicas) como las armas «ABC» (C de «chemical»); sin duda se trata del alfabeto más horrendo que se haya concebido jamás. La invención y el perfeccionamiento de las armas ABC, especialmente de los dispositivos nucleares, han modificado radicalmente el contexto de pensamiento sobre la moralidad de la guerra y desafían la pertinencia de la teoría de la guerra justa. Una guerra incluso puede tener una causa y un objetivo justos. Pero, por lo menos si se emplearan las macroarmas («estratégicas» o «tácticas»), no habría expectativas razonables de lograr el objetivo (ya que en la guerra nuclear no hay ganadores) y los medios no serían justos, pues las armas nucleares no son proporcionadas, discriminadas ni controladas. Millones de no combatientes morirían; en un holocausto nuclear se derramaría mucha sangre inocente. En consecuencia la conciencia cristiana debe denunciar la inmoralidad del uso de armas nucleares indiscriminadas, así como de armas químicas y bacteriológicas. Una guerra nuclear nunca podrá ser una guerra justa.

El consenso cristiano en este asunto está en constante aumento. El Concilio Vaticano II declaró: «Toda acción bélica que tienda indiscriminadamente a la destrucción de ciudades enteras o de extensas regiones junto con sus habitantes es un crimen contra Dios y la humanidad, que hay que condenar con firmeza y sin vacilaciones.»[17] El Consejo Británico de Iglesias en su Asamblea de noviembre de 1980 aprobó la siguiente resolución:

> El desarrollo y despliegue de armas nucleares ha planteado a los cristianos nuevos y graves problemas éticos. Puesto que ningún beneficio que se obtuviera con su uso podría justificar la aniquilación que provocaría, y puesto que sus efectos sobre las generaciones presente y futura sería completamente indiscriminados en cuanto a militares y civiles, se sigue que el uso de las armas nucleares estaría en franca oposición a los requisitos de la llamada guerra justa. La doctrina de la disuasión basada en la expectivas de segura destrucción mutua resulta sumamente ofensiva a la conciencia cristiana.[18]

En el mismo sentido, los autores del informe «The Church and the Bomb» (La iglesia y la bomba), subtitulado «Las armas nucleares y la conciencia cristiana», que si bien es un informe no oficial de la comisión de investigación de la Iglesia Anglicana y no fue suscrito por el Sínodo General, han obtenido la adhesión de muchos de sus lectores a sus conclusiones teológicas y morales: «Debemos concluir que el empleo de armas nucleares no puede justificarse. Dichas armas no pueden usarse sin causar daños a los no combatientes y nunca podrían ser proporcionales a la causa justa y al objetivo de una guerra justa.»[19] Luego: «En nuestra opinión está comprobado más allá de toda duda razonable que la teoría de la guerra justa ... excluye la posibilidad del uso de armamento nuclear. El daño a los no combatientes ..., los estragos provocados en el medio ambiente y los riesgos ocasionados a las generaciones por nacer son los factores por los cuales las armas nucleares son indiscriminadas y la guerra nuclear es inevitablemente desproporcionada. Los males causados por este método de hacer la guerra superan cualquier mal concebible que la guerra intente evitar; además afectan a personas que no tienen ninguna relación con el conflicto.»[20] Luego: «Nuestra exposición habrá sido un completo fracaso si no hemos logrado dejar bien sentado que según nuestro punto de vista la causa de la justicia jamás puede ser defendida mediante una guerra nuclear.»[21]

Los cristianos evangélicos han tardado mucho en ponerse al día con las perspectivas bíblicas de otros sectores de la Iglesia. En 1980, sin embargo, un grupo ecuménico (con una importante participación evangélica) se reunió en los Estados Unidos, trazó un paralelo entre el movimiento abolicionista del siglo XIX y la necesidad en el siglo XX de un movimiento por la abolición de las armas nucleares, y elaboró el documento «The New Abolitionist Covenant» (El nuevo pacto abolicionista). Estas oraciones forman parte de él: «Con su violencia ilimitada, las víctimas indiscriminadas, la devastación incontrolable, las armas nucleares han conducido a la humanidad a una encrucijada histórica. Más que en ningún otro momento de la historia, la alternativa es paz o destrucción. En la guerra nuclear no hay vencedores.»[22]

Sin embargo, esta convicción no es universalmente aceptada por los cristianos. Es importante considerar los interrogantes que se plantean sobre este asunto y las reservas que se sugieren.

Interrogantes y reservas

En primer término, algunos sostienen que *la distinción entre combatientes y no combatientes es obsoleta*. La guerra moderna es guerra total, y ya no existen los no combatientes. La población de un país en su totalidad es absorbida en el esfuerzo de la guerra. Todo los contribuyentes impositivos ayudan a financiarla. Hasta los empleados civiles están enviando a otros al servicio militar. Por lo tanto, como todos están involucrados, el uso de armas indiscriminadas es legítimo.

En respuesta, estamos de acuerdo con que la antigua distinción tajante entre la nación y el reducido ejército profesional ya no es pertinente, y que todo aquél que participe en la fabricación, despliegue o uso de armas puede ser considerado un combatiente. Sin embargo, existen aún ciertas categorías de personas como los ancianos, los niños y los enfermos físicos o mentales, a quienes se les debe garantizar inmunidad de no combatientes, pues matar a tales personas significaría claramente derramar sangre inocente.

No tiene sentido citar ejemplos del Antiguo Testamento de matanzas generales, porque en tales casos también se nos dice específicamente que la culpa también era general; por lo tanto, no se trataba de juicios «indiscriminados». Antes del diluvio «vio Jehová que la maldad de los hombres era mucha en la tierra, y que todo designio de los pensamientos del corazón de ellos era de continuo solamente el mal» (Gn. 6.5). Sodoma y Gomorra no habrían sido destruidas si se hubiera podido hallar allí diez personas justas (Gn. 18.32), mientras que las prácticas de los cananeos eran tan depravadas y abominables que se dice que la tierra misma «vomitó sus moradores» (Lv. 18.25). ¿Se puede sostener con alguna seriedad que una situación similar impera en la Unión Soviética, donde millones de campesinos son miembros sinceros de la Iglesia Ortodoxa Rusa, mientras que muchos otros son evangélicos protestantes? El Este dista mucho de ser absolutamente malo, y el Oeste de ser absolutamente bueno.

Si los juicios universales de Dios expresados en el Antiguo Testamento no ofrecen un precedente para la guerra indiscriminada, ¿qué diremos del principio veterotestamentario de la solidaridad y la responsabilidad colectivas? Dios se describe a sí mismo como quien «castiga la maldad de los padres que me odian, en sus hijos, nietos y bisnietos» (Ex. 20.5 VP);

y los sobrevivientes de la destrucción de Jerusalén en su humillación se quejaban así: «Nuestros padres pecaron ... y nosotros llevamos su castigo» (Lm. 5.7). Se pregunta, entonces, ¿no justifica esta acción divina la matanza de los inocentes junto con los culpables en la guerra? De ninguna manera. El principio fue ejemplificado en las relaciones de Dios con su pueblo como nación; no fue transferido a las cortes donde se debía determinar la culpabilidad. Si acertamos, pues, al sostener que la defensa moral de la «guerra justa» sólo es posible si se la puede considerar una extensión de la administración de justicia, entonces la distinción entre los inocentes y los culpables debe preservarse de alguna forma.

En segundo término, se señala que *no todas las armas nucleares son indiscriminadas*. Durante los primeros años de la posguerra y durante la era de Dulles de los años cincuenta, la política de los aliados era amenazar con una «represalia masiva». El presidente Eisenhower en un mensaje de 1958 se refirió a «las probabilidades de una virtual aniquilación» que le esperaban al agresor. Pero en la década del sesenta el tema nuclear se paralizó; y en 1962 el ministro de Defensa Robert McNamara desarrolló el concepto de «contra-fuerza», según el cual la represalia se limitaría a la destrucción de las instalaciones militares enemigas, y no de las ciudades. Las expresiones clave hoy son «respuesta flexible» y «respuesta graduada», que –según se afirma– permiten la contención. Por otra parte, en las dos últimas décadas tanto las armas «tácticas» (en oposición a las intercontinentales o «estratégicas») han alcanzado tal grado de sofisticación que tienen la capacidad de dirigirse a objetivos precisos con una increíble exactitud. Y el arma de radiación intensificada o «bomba de neutrones» puede inmovilizar un solo tanque matando a la tripulación. Así pues, a medida que avancen los procesos de miniaturización y precisión de objetivos, los efectos de las armas nucleares serán cada vez más discriminados, y ya no se podrá condenar su uso de manera generalizada. Ese es el argumento.

Existe cierta lógica en ese razonamiento. Cuanto menos indiscriminadas se vuelven las armas, tanto menos inaceptables. Podría quizá concebirse una situación en la que sería moralmente aceptable usar un arma nuclear muy limitada, aunque pudiera haber cierto grado de precipitación o lluvia radioactiva posterior, y consecuentemente algunos no combatientes podrían morir. Tendría que ser una situación de extrema emergencia, en la que la única alternativa sería el mal aún mayor del sometimiento a un régimen perverso.

Pero antes de que la conciencia cristiana pueda abandonar el absoluto repudio de las armas nucleares, debe mediar la convicción del alto grado de probabilidad de que el uso de un arma limitada sería eficaz y haría retroceder al enemigo. Pues la alternativa es el serio riesgo de la escalada de la parte derrotada. Es cierto que no todos los expertos consideran que la escalada es inevitable. Michael Quinlan sostiene que «la escalada no es un proceso científico inexorable; depende de la decisión humana».[23] Sin embargo, ésta es la especulación más peligrosa. Y Quinlan reconoce que no sabemos lo que pasaría, ya que (gracias a Dios) no hemos vivido esta situación. Considero que los obispos católicorromanos de los Estados Unidos fueron más sabios en la Carta Pastoral al expresar su «extremo escepticismo sobre la posibilidad de controlar un enfrentamiento nuclear, por limitado que sea el primer uso».[24] En el mismo sentido, en 1981 el informe de la Audiencia Pública sobre las Armas Nucleares y el Desarme del Consejo Mundial de Iglesias en Amsterdam decía: «El peso de la evidencia nos convence de que los riesgos son demasiado altos, y que no existe justificación moral para creer que una guerra nuclear limitada podría mantenerse limitada.»[25]

La mayoría de los expertos y comentaristas pronostican que una vez atravesado el umbral o abierto el fuego, es imposible detener la escalada. La política oficial y pública de la Unión Soviética es, por cierto, responder a cualquier empleo de armas nucleares por parte de la OTAN con una represalia nuclear masiva. El general Hugh Beach afirma:

> Hay coincidencia casi universal en cuanto a que en el momento en que una sola arma nuclear sea usada por cualquiera de las dos partes, se habrá atravesado una frontera incalculablemente peligrosa. Los autores del informe *The Church and the Bomb* tienen plena justificación para llamar la atención acerca de la importancia central de la «escalada». Es una metáfora referida a la escalera mecánica e implica que una vez montado el escalón inferior no se puede bajar ni retroceder, ni se puede accionar ningún botón de emergencia para detenerla.[26]

Tres meses antes de morir por la explosión de una bomba del IRA, Lord Mountbatten de Burma pronunció un elocuente discurso sobre los horrores de la guerra nuclear. «En una nueva guerra», dijo, «difícilmente falte el uso pleno de las armas nucleares.» De modo que «en caso que estalle una guerra nuclear no habrá ninguna oportunidad, no habrá sobrevivientes: todo será destruido».[27] En el estudio católicorromano titulado *Nuclear Deterrence - Right or Wrong?* (Disuasión nuclear: ¿bien o mal?) Roger Ruston cita al Lord Cameron quien coincide en que «en cualquier empleo de armas nucleares en el campo de batalla, sin duda, el riesgo de la escalada es sumamente alto» y también cita al ex ministro de Defensa, Harold Brown, quien declaró que «lo que puede comenzar como un ataque limitado y supuestamente controlado, en mi opinión, tiene grandes probabilidades de convertirse en una guerra nuclear total».

Roger Ruston mismo concluye que todo uso de armas nucleares «muy probablemente derivaría en la matanza en masa de personas inocentes».[28] El Informe Palme (1982) es aún más categórico: «Nosotros, los miembros de la Comisión, tenemos la firme convicción de que no existiría prácticamente la posibilidad de limitar una guerra nuclear una vez que comenzara.»[29] Luego, «una vez que se ha cruzado el umbral nuclear, la dinámica de la escalada inexorablemente impulsaría los acontecimientos hacia una catástrofe». Por lo tanto, exhortan a las naciones «a conservar un claro umbral nuclear, ... una clara distinción entre armas nucleares y armas convencionales» y «a abstenerse de desplegar las armas que desdibujan la distinción por parecer más 'usables'».[30]

Si el riesgo de la escalada es tan serio como lo indican estas citas, el único camino seguro es garantizar que el umbral nuclear no sea cruzado jamás.

La tercera pregunta que se plantea a los pacifistas nucleares es la siguiente: *si el uso de las armas nucleares es malo, ¿no debe ser declarada igualmente mala su retención como factor disuasivo?* Supuesto que coincidiéramos en que el uso de armas macronucleares es inmoral, por ser agentes de destrucción indiscriminada, y que el riesgo de la escalada es demasiado alto como para justificar el uso de microarmas, ¿no significa esto que todos los cristianos deberían estar empeñados en la búsqueda del desarme nuclear unilateral? No, no todos los pacifistas relativos (o nucleares) son unilateralistas. Pues existe una distinción moral entre la posesión, la amenaza y el uso de armas.[31] Quizá sea cierto que si una acción es inmoral, la amenaza activa de realizar esa acción también es inmoral. Pero la posesión de armas nucleares es más una advertencia condicional que una amenaza agresiva. De hecho, como el propósito de la posesión no es el uso sino la disuasión, la posesión no puede ser declarada tan inmoral como el uso.

¿Repudiaremos, pues, el uso de armas nucleares y defenderemos su posesión? Esta parece ser la conclusión a la que nos acercamos. Por supuesto, no es difícil notar su inconsistencia lógica. Pues la eficacia de un factor de disuasión depende de la capacidad (técnica) y de la voluntad (moral y política) para emplearlo si fuese necesario, y de la convicción del enemigo de que tenemos la intención de hacerlo. Un elemento de disuasión carece de credibilidad si el enemigo sabe que nunca lo usaríamos, y si carece de credibilidad, pierde su poder de disuasión. De manera que el argumento de «mantener la posesión, repudiar el uso», aunque moralmente defendible, al parecer es en sí mismo contradictorio. Nos vemos atrapados entre lo ineficaz y lo inmoral, o mejor dicho entre una posición moral que es ineficaz y un eficaz disuasivo que (si se emplea) sería inmoral, y por tanto, entre el principio y la prudencia, entre lo que está bien y lo que es realista. El profesor Wolfhart Pannenberg ha señalado esta tensión en su reciente obra. Allí escribe sobre «el conflicto ... entre dos actitudes éticas distintas: una ética de la convicción que se adhiere a la pureza de los principios morales, y una ética de la responsabilidad que se siente obligada a considerar las consecuencias que podrían surgir de la decisión que se tome».[32]

Sin embargo, personalmente no estoy dispuesto a verme obligado a optar entre el idealismo cristiano y el realismo cristiano, si se me permite cierta vaguedad en el uso de estos términos. Ciertamente los pacifistas nucleares son idealistas que comprenden claramente y se niegan a traicionar el principio de que el uso de armas de destrucción indiscriminada sería inmoral. Pero al mismo tiempo que mantenemos este principio, debemos enfrentar la realidad del mal en nuestro mundo caído y de las circunstancias actuales que lo reflejan. ¿Cómo reconciliaremos, pues, el ideal y la realidad? ¿Existe alguna solución al dilema que he caracterizado como «uso, inmoral; posesión, prudente»?

En primer lugar, debo reconocer que el desarme unilateral inmediato bien podría aumentar las probabilidades de guerra nuclear en vez de disminuirlas. Podría tentar a la Unión Soviética a explotar nuestra debilidad autoimpuesta. Podrían forzar nuestra rendición intimidándonos ya sea mediante el uso de misiles nucleares sin temor de represalias (en cuyo caso habremos precipitado el uso por parte de otros por renunciar al uso nosotros) o mediante el chantaje con la amenaza de usarlos (en cuyo caso nuestra renuncia habrá impulsado la toma del poder por parte del comunismo). El asunto es cómo evitar que *ambas* partes usen armas nucleares, y al mismo tiempo mantener nuestra libertad. Por lo tanto, parece ser más seguro y más consecuente con el ideal y la realidad, conservar el factor de disuasión mientras se emprende la búsqueda de un desarme mutuo, progresivo y verificable.

En segundo lugar, la retención de un factor de disuasión cuyas armas sería inmoral usar se justificaría moralmente sólo como un recurso provisional. Como declaró el Papa Juan Pablo II a la Segunda Sesión sobre Desarme de la ONU en junio de 1982, la disuasión nuclear «aún puede ser moralmente aceptable», pero sólo si se la considera «ciertamente no un fin en sí mismo, sino un paso en el camino del desarme progresivo». Esta consideración debería aumentar la urgencia en la búsqueda de propuestas efectivas para el desarme.

En tercer lugar, dentro del marco del desarme bilateral hay lugar para la creatividad en las iniciativas unilaterales, que el Papa Juan Pablo II ha denominado «audaces gestos de paz». Es verdad que algunas ya han sido tomadas por el Oeste sin que se lograra ninguna reciprocidad (p. ej. la remoción de un millar de cabezas nucleares estadounidenses de Europa en 1979). Pero sin duda aún pueden tomarse más iniciativas similares sin riesgos excesivos. El Oeste debe perseverar, y en especial tener el valor de declarar el compromiso a «no iniciar el uso».

En cuarto lugar, ya sea que nuestra conciencia pueda o no aceptar la distinción entre armas nucleares limitadas e ilimitadas, deberíamos poder coincidir en que éstas últimas han de ser repudiadas y abolidas cuanto antes. Por ejemplo, el profesor Keith Ward, quien con bases en el principio moral según el cual podemos «cometer un acto malo (que causa daño) con el fin de evitar un mal mucho mayor», piensa que el uso de un arma nuclear limitada en una situación extrema puede ser el menor de dos males; no obstante, declara que «la guerra nuclear total debe ... permanecer bajo inequívoca condena ... Es moralmente injustificable». Y agrega: «Por lo tanto, es una necesidad perentoria que se desmantele el aparato que hace posible la guerra total»[33] y conservar sólo «un disuasivo nuclear limitado», de hecho el mínimo necesario para disuadir. La «superioridad» nuclear es absolutamente innecesaria; la «suficiencia» nuclear basta. Es más, por la enorme capacidad destructiva excedente (*overkill*) de los actuales arsenales de las superpotencias, su reducción sustancial no entrañaría un riesgo inadmisible. Y esta reducción *podría* constituir el impulso necesario para que ambas partes inicien la curva descendente del desarme.

Entretanto, y en quinto lugar, el factor de disuasión debe mantener su credibilidad. Si el uso de armas nucleares es inmoral, no podemos alentar a la OTAN a que amenace con usarlas. Pero si pretendemos que el factor disuasivo disuada, tampoco podemos alentar a la OTAN a simular un poderío inexistente. Al parecer, la única alternativa es cultivar la incertidumbre. Los líderes de la OTAN podrían hacer el siguiente planteo a la URSS: «Creemos que el uso de armas de destrucción indiscriminada sería tanto disparatado como inmoral. Tenemos la firme determinación de no usarlas. Estamos seguros de que ustedes tampoco desean usarlas. No obstante, si ustedes nos atacan, podrían inducirnos a actuar contra nuestra razón y nuestra conciencia. Les rogamos que no nos coloquen en esa situación.»

Así llegamos a la cuarta pregunta que se formula a los pacifistas relativos (nucleares): *Si el comunismo toma el poder en Occidente, ¿no sería esto un mal aún mayor que la guerra nuclear?*

El cuadro que con frecuencia se imagina y se teme, es aquél en el cual los aliados, frente a la amenaza de una derrota en manos del ejército soviético invasor equipado con armas convencionales superiores, se verían tentados a recurrir, en defensa propia, a las armas nucleares, y así sumir al mundo en una guerra nuclear. «¿No se justificaría eso?», se pregunta. ¿Podemos imaginar seriamente la posibilidad de que las naciones de Occidente permitieran que su territorio fuese invadido y dominado? Pues, si consideramos lo peor que podría suceder, la libertad que hemos llegado a ver como indispensable para nuestra calidad de vida sería suprimida brutalmente. Se cerrarían las iglesias y habría persecución de cristianos. En las escuelas se enseñaría el ateísmo y se prohibiría la educación cristiana de los niños. Se arrestaría a los disidentes y sin un juicio justo se los confinaría en prisiones, campos de trabajo forzado u hospitales psiquiátricos. Se instauraría el detestable aparato del Gulag. Nos hallaríamos esclavizados. Millones de personas morirían. Sería el comienzo de la larga noche del mundo.

Un mal semejante, ¿no sería literalmente intolerable, aún más que el mal de la guerra nuclear? Es cierto: el mal de la subyugación sería perpetrado por el agresor ateo y no por nosotros. Sin embargo, si pudiese ser evitado por alguna acción moral de nuestra parte, y nosotros no actuamos, nos convertiríamos en cómplices. Si fuera posible hacer algo, dejar de hacerlo es hacer el mal. Por otro lado, si aquello que se podría hacer para evitar la toma del poder es recurrir a la guerra nuclear, volvemos a la pregunta original: ¿cuál es el peor de los dos males?

El dilema ético que se presenta a los cristianos no puede resumirse con ninguno de los dos ingenuos adagios ingleses: «más vale muerto que rojo» y «más vale rojo que muerto». El primero implica que vivir bajo el régimen comunista es la peor calamidad que le puede acaecer a la humanidad, y que aun el holocausto nuclear sería preferible. El opuesto, «mejor rojo que muerto», implica que la muerte nuclear sería tan terrible que aun la vida bajo un régimen comunista sería preferible. Pero ambas posiciones son subcristianas por ser amorales. La primera es derrotista; desconoce lo que la historia comprueba: que el espíritu humano no puede ser quebrantado ni siquiera por la más brutal de las tiranías. La segunda es materialista; se sustenta en la suposición secular según la cual el sufrimiento y la muerte son el fin de todo.

Pero el interés de los pacifistas nucleares se centra más en el principio moral que en el equilibrio prudente. Nuestra postura es la siguiente: iniciar una guerra nuclear (o ser copartícipe del inicio) sería un mal de tal magnitud que ninguna situación podría jamás justificarlo, ni siquiera el temor a ser rojos, a morir o ambas cosas. ¿Cómo preservaremos nuestros valores violándolos? ¿No sería mejor vivir bajo un régimen comunista opresivo, con todo el sufrimiento y la esclavitud que implicara, que ser responsables de la destrucción de toda la civilización humana? En efecto, sería horroroso permitir que millones de personas sean privadas de la libertad; pero ¿estaríamos dispuestos a incinerar a millones para evitar que esto suceda? ¿No sería preferible padecer la injusticia nosotros que infligirla a otros? Esto no es decir «mejor rojo que muerto», sino más bien «más vale soportar un régimen rojo nosotros, que ser la causa de millones de otras muertes».

En definitiva, debemos decidir cuál bendición valoramos más: la libertad social, aun al costo de perder la integridad moral por iniciar una guerra nuclear; o la integridad moral como nación, aun al costo de perder la libertad social por permitir la invasión de nuestro país. Si algún día ésta llega a ser la alternativa, espero que sepamos qué elegir. Sería mejor padecer la derrota física que la moral; perder la libertad de expresión, de reunión, y aun de culto, que perder la libertad de la conciencia delante de Dios. Pues desde el punto de vista divino la integridad es aún más valiosa que la libertad.

El trabajo cristiano por la paz

Jesús habló tanto de la guerra como de la paz. Por un lado, nos advirtió que oiríamos de «guerras y rumores de guerras»; por otro, al caracterizar a los ciudadanos del Reino de Dios incluyó el rol activo en el trabajo por la paz. A los hacedores de la paz los declaró bienaventurados e hijos de Dios (Mt. 5.9), ya que esta es una actividad divina. Dios ha hecho la paz con nosotros y entre nosotros por medio de Cristo. No podemos decir que somos auténticos hijos suyos si no tomamos parte activa en el trabajo por la paz.

¿Qué iniciativas prácticas podemos tomar?

a. Los hacedores de la paz cristianos deben cobrar ánimo

Actualmente en la iglesia existen dos tendencias que socavan la moral cristiana. Ambas deben ser firmemente repudiadas.

La primera es minimizar el horror nuclear, o acostumbrarse tanto a la intensificación del equilibrio del terror que se pierde el sentido de indignación. En abril de 1982 Roger Molander, ex estratega nuclear para el Consejo de Seguridad de la Casa Blanca, y actual Presidente Ejecutivo de *Ground Zero*, un proyecto educativo sobre la guerra nuclear, ilustró con ejemplos la facilidad con que aceptamos la idea de la guerra nuclear. Molander explica cómo solía clavar alfileres con cabezas de diferentes colores (que representaban armas de distintas dimensiones) en un mapa de la Unión Soviética. Por ejemplo, un alfiler rosado en Minsk significaba otros doscientos mil muertos. Una visita se horrorizó al verlo. Molander le explicó: «El asunto es que cuando el alfiler era para Minsk o Moscú, no pensé en personas que trabajaban ni en niños que jugaban. Supuse que algún superior mío en el sistema se ocupaba de esas cosas. Por mi parte, lo único que hice fue clavar los alfileres.» El segundo ejemplo de Roger Molander estaba relacionado con un capitán de la Marina quien en la reunión del Pentágono dijo que la gente se estaba alterando demasiado «como si la guerra nuclear significara el fin del mundo, cuando, en realidad, sólo morirían quinientos millones de personas». ¡Sólo quinientos millones de personas! El capitán de la Marina agregó que dentro de una generación «la ingeniería genética aseguraría la inmunidad a la radiación». Roger Molander concluye así: «Tomé mi sombrero y creí comprender cómo se sentía Woody Allen en 'Annie Hall' cuando se disculpó por abandonar una conversación diciendo que tenía 'una cita allá en el planeta Tierra'.»[34]

En ese mismo sentido, examinemos nuestro vocabulario. Robert W. Gardiner ha dado ejemplos de la «ingeniosa retórica» que empleamos para disminuir el horror de la guerra nuclear. Un proyectil que destruye a millones de personas pero deposita poca lluvia radioactiva se llama «bomba limpia»; las bombas de destrucción masiva reciben «sobrenombres afectuosos y diminutivos» como «*nukes*»; «Bambi» es el nombre de un misil (es decir, «no teman a los misiles nucleares; en realidad son objetos encantadores e inofensivos»); en cuanto al «paraguas nuclear», nada podría «simbolizar mejor la seguridad de la vida cotidiana que un paraguas».[35] Podríamos agregar el «club nuclear», ya que, en general, el «club» es un lugar cómodo, privilegiado y de agradable compañía, y no una asociación de países cuyo común denominador es la posesión de armas letales.

La segunda tendencia que socava la moral es el pesimismo con respecto al futuro, que nos lleva a sumirnos en el espíritu imperante de impotencia. Pero tanto la indiferencia como el pesimismo son impropios de los seguidores de Jesucristo. Debemos recuperar el sentido de indignación frente a la aceleración de la carrera armamentista y tomar la determinación de unirnos a otros para procurar que ésta se revierta. Como afirma el doctor David Owen en la introducción a *Common Security* (Seguridad Común), el informe de la Comisión Palme: «Los gobiernos ciertamente responden al sentir popular. Pueden ser influidos, especialmente si la presión proviene de una opinión pública de bases amplias.»[36]

b. Los hacedores de la paz cristianos deben orar

Ruego que no rechacen esta exhortación como si se tratara de una costumbre piadosa que no viene al caso. Para los creyentes cristianos no es nada por el estilo. Independientemente de la razón fundamental y de la eficacia de la oración, se nos ha ordenado que la practiquemos. Jesús nuestro Señor nos mandó específicamente orar por nuestros enemigos. Pablo sostuvo que cuando nos reunimos como congregación para la adoración, nuestro primer deber es orar por los gobernantes de nuestra nación, «para que vivamos quieta y reposadamente en toda piedad y honestidad» (1 Ti. 2.2). Pero en la actualidad «a menudo la oración pastoral en el culto público de adoración es breve y rutinaria; las peticiones, gastadas y faltas de imaginación, rayan en las 'vanas repeticiones'; y la gente dormita y sueña en vez de orar».[37] Existe la urgente necesidad de tomar en serio el período de intercesión en el culto público de adoración, y de orar por los gobiernos y los gobernantes, la paz y la justicia, los amigos y los enemigos, la libertad y la estabilidad, y por la liberación de una conflagración nuclear. El Dios vivo atiende y responde a las oraciones sinceras de su pueblo.

c. Los hacedores de paz cristianos deben dar ejemplo como comunidad de paz

Dios no sólo nos llama a «predicar la paz» y «hacer la paz» sino a encarnarla. Su propósito es crear, mediante la obra de su Hijo y de su Espíritu, una nueva sociedad reconciliada en la cual no se toleran cortinas, muros, ni barreras; y en la que la influencia divisoria de raza, nacionalidad, clase y sexo ha sido destruida. La intención de Dios es que su iglesia sea señal de su Reino, es decir, un modelo de cómo es la comunidad humana cuando se coloca bajo su gobierno de paz y justicia. Así pues, la auténtica comunidad del Reino desafiará el sistema de valores de la comunidad secular y ofrecerá una alternativa viable. Difícilmente podremos hacer un llamado a la paz del mundo mientras que la iglesia diste mucho de ser la comunidad reconciliada que Dios se propone. Si la caridad comienza por casa, la reconciliación también. Debemos desterrar todo enojo, malicia y rencor de la iglesia y del hogar, para transformarlos en comunidades de amor, gozo y paz. La influencia para la paz que pueden transmitir las comunidades de paz es inestimable.

d. Los hacedores de la paz cristianos deben contribuir a edificar la confianza

Se han estudiado ampliamente las posturas agresivas que adoptan los individuos cuando se sienten amenazados; hace falta una investigación semejante del comportamiento de los estados frente a la amenaza, es decir, de la psicología de la agresión nacional. Nos debemos preguntar si la conducta agresiva de la Unión Soviética, al aumentar sus arsenales, no tendrá su origen, en parte, en la inseguridad, además del imperialismo. Si fuera así, ¿se podrá hacer algo para superarla?

Algunos llaman la atención (y con debida razón) acerca de las evidencias objetivas de la ambición expansionista soviética, la cual, al parecer, algunos sectores del Movimiento Pacifista pasan por alto (tal como el Movimiento Pacifista de la década del treinta pasó por alto las evidencias de las intenciones fascistas): 1) Existe el compromiso declarado abiertamente de la Unión Soviética de asegurar el triunfo del marxismo-leninismo en todo el mundo. Sucesivos líderes soviéticos se han comprometido con «la consolidación y el florecimiento del sistema socialista mundial» (Yuri Andropov). 2) Tales promesas no son más que una confirmación pública de la llamada «doctrina Brezhnev», que condujo a las brutales intervenciones de Hungría (1956) y Checoslovaquia (1968), la invasión de Afganistán (1979) y la supresión de «Solidaridad» en Polonia (1981). Ha sido una repudiable serie de agresiones. 3) El aumento de la influencia soviética en Medio Oriente y Africa (p. ej. en Angola y Etiopía), a menudo por medio de la acción de las tropas cubanas y los especialistas militares de Alemania Oriental. 4) Aunque después de la Segunda Guerra Mundial el Reino Unido y luego los Estados Unidos destruyeron unilateralmente sus depósitos de gas tóxico y desmantelaron sus fábricas, la Unión Soviética no hizo lo mismo y se cree que en la actualidad cuenta con trescientas mil toneladas de armas químicas. 5) En 1968 el secretario de Defensa norteamericano Robert McNamara congeló en mil setecientos diez el número de misiles balísticos (de tierra y submarinos). Se mantuvo así hasta 1980. Pero la Unión Soviética superó esa cifra en 1970 y en 1978 ya contaba con dos mil cuatrocientos veintiocho (muy por encima del techo del acuerdo Salt I), y rápidamente se acerca al número total de cabezas nucleares estratégicas que poseen los Estados Unidos. En cuanto a los efectivos militares, los norteamericanos han ido reduciéndolos desde un tope máximo que superaba los tres millones y medio en 1968 a unos dos millones a principios de la década de los ochenta (mayormente por la retirada de Vietnam); la Unión Soviética, que después de la Segunda Guerra Mundial nunca se desmovilizó, ha ido aumentando sus fuerzas hasta superar ampliamente el máximo alcanzado por los Estados Unidos en 1968.

Entonces se pregunta, ¿puede este implacable crecimiento del poder soviético explicarse verdaderamente como una especie de paranoia nacional? Algunos piensan que sí. Creen que el camino escogido por la Unión Soviética para dominar el mundo es fundamentalmente ideológico y no militar, alentando la revolución y no haciendo la guerra. Y agregan que su principal preocupación es la seguridad de sus dilatadas fronteras, rodeadas por la OTAN en el oeste, y por China y Japón en el este. Además, dos veces durante este siglo el territorio ruso fue invadido por ejércitos alemanes, y en la Segunda Guerra la Unión Soviética perdió veinte millones de personas. «La historia y la geografía se combinan para dar como resultado una de las pautas fundamentales de la política militar soviética. La URSS tiene la determinación de no pelear más una guerra en su propio territorio ...»[38] Sin embargo, Vladimir Bukovsky, ex disidente quien ahora vive en los Estados Unidos, desdeña esta interpretación de la conducta soviética: «No es más que una combinación de obvias mentiras, malas interpretaciones y conocimientos muy superficiales.»[39]

Cualquiera sea la explicación correcta, pienso que tenemos que coincidir en que cada superpotencia *ve* a la otra como una amenaza, y que tendríamos que hacer todo lo que está a nuestro alcance para reducir esta confrontación de la sospecha y el temor mutuos. Una de las principales secciones del *Decreto Final* (1975) de la Conferencia de Helsinki sobre Seguridad y Cooperación en Europa es el «Documento de medidas para la edificación de la confianza», concebidas para eliminar el temor de un ataque repentino. Con el objeto de eliminar las causas de tensión, edificar la confianza y así contribuir al fortalecimiento de la paz y la seguridad en el mundo, los estados participantes acordaron: 1) avisarse unos a otros con por lo menos veintiún días de antelación en caso de maniobras y desplazamientos militares importantes, 2) intercambiar observadores en dichas maniobras, y 3) promover intercambios entre el personal militar. En las asambleas complementarias de Helsinki, realizadas en Madrid en 1981 y 1982, se acordó citar a una Conferencia sobre medidas para el desarme y la edificación de la confianza y la seguridad en Europa.

La razón para mencionar las reuniones de Helsinki y Madrid no es señalar los fracasos en la implementación, sino el valor del concepto de «medidas de edificación de la confianza». En cualquier situación en la cual las personas se sienten amenazadas, la respuesta cristiana ha de ser intentar que desaparezca el temor y crear la confianza. Y no existe ninguna razón por la cual estas medidas deban limitarse específicamente a los asuntos militares. Deberían abarcar la cooperación en el comercio, la industria, la cultura y la asistencia para el desarrollo del Tercer Mundo. También hay lugar para otras formas de iniciativas cristianas para la creación de confianza. Entiendo que el Comité Menonita Central y los cuáqueros organizan intercambios de estudiantes con países de Europa Oriental; este servicio podría ampliarse más aún. Podría haber agencias de turismo cristianas que aumentaran el número de grupos de visitantes a la Unión Soviética y a Europa Oriental. Los contactos personales acaban con las caricaturas y permiten el descubrimiento mutuo como seres humanos. Aún más importante es que se desarrolle la comunidad cristiana a través de la cortina de hierro, para que los hermanos y hermanas en Cristo se puedan encontrar.

e. Los hacedores de la paz cristianos deben promover el debate público

Los movimientos pacifistas de Occidente contribuirán a la reconciliación sólo en la medida en que logren incentivar la discusión informada. Ya es hora de un debate nuevo con preguntas nuevas. ¿Son aún los arsenales nucleares un factor disuasivo? ¿Es viable la postura de «posesión moral, uso inmoral» o es absolutamente contradictoria en sí misma? ¿Estamos atrapados en la disyuntiva de disuasión nuclear o unilateralismo, o existen «políticas alternativas de defensa»?[40] ¿Sería más segura la reducción de los arsenales nucleares si se fortalecieran los ejércitos «convencionales»? ¿Se podría justificar de algún modo el logro de la defensa nacional a costa de millones de vidas civiles? En definitiva, ¿qué es más importante, la integridad nacional o la seguridad nacional? Preguntas como éstas y muchas más deben ser planteadas y debatidas.

Uno de los aportes recientes más positivos para el debate público ha sido la publicación de *Common Security*, el informe de la Comisión Palme (que incluía entre sus miembros a un distinguido líder ruso, Georgi Arbatov, así como a un polaco). Representa la búsqueda de una alternativa tanto a la disuasión (que ofrece una «protección muy frágil» contra la guerra) como a la acción unilateral (que la comisión no recomienda). En cambio, sostiene que la seguridad («liberación del hecho y de la amenaza del ataque y la ocupación militar») «puede lograrse sólo en común, en cooperación mutua».[41] Tal como la Comisión Brandt abogaba por la cooperación Norte-Sur, no sobre bases morales sino por la ventaja común que suponía, asimismo la Comisión Palme aboga por la seguridad colectiva Este-Oeste. Los seis principios de seguridad común que desarrolla son los siguientes: 1) Todas las naciones tienen el derecho legítimo a la seguridad; 2) la fuerza militar no es un instrumento legítimo para resolver disputas entre las naciones; 3) es necesaria la restricción en las manifestaciones de la política nacional (la renuncia a las ventajas unilaterales); 4) la seguridad no se puede obtener mediante la superioridad militar; 5) la reducción y restricción cualitativa de armamentos es necesaria para la seguridad común; y 6) debe evitarse la vinculación entre las negociaciones sobre armamentos y los acontecimientos políticos.[42] Como aplicación de estos principios básicos, la comisión propone un amplio programa de progreso sustancial hacia la restricción de armas y el desarme común y verificable, que reafirme Salt II y luego lo supere con reducciones mayores que conduzcan a la paridad esencial a niveles mucho menores: el establecimiento en Europa de una zona libre de armas nucleares de corto alcance, a ciento cincuenta kilómetros al este y al oeste de la frontera; el mantenimiento de un claro umbral nuclear (sin anular la distinción entre armas convencionales y armas nucleares); una zona libre de armas químicas en Europa; un tratado negociado que prohiba las pruebas nucleares; un tratado de desarme químico; la adhesión universal al Tratado de No Proliferación, con verificación adecuada que contribuya a aumentar la confianza mutua y fortalezca el sistema de seguridad de las Naciones Unidas; conferencias regionales sobre seguridad y la creación de zonas de paz regionales. De todas estas recomendaciones (y muchas otras), la propuesta más atractiva al público ha sido la de desnuclearización de Europa: el retiro de todas las tropas y las armas nucleares de base terrestre de Europa Central, y luego de todo el continente.

Todo cristiano está llamado a ser un hacedor de la paz. Las Bienaventuranzas no forman una serie de siete opciones, de manera que algunos puedan elegir ser mansos, otros misericordiosos, y otros hacedores de la paz. En conjunto constituyen la descripción de los miembros del Reino. Por cierto no lograremos establecer la utopía sobre la tierra, ni el Reino de Cristo de paz y justicia llegará a ser universal dentro de nuestra historia, ni las espadas se convertirán en arados y las lanzas en hoces, hasta que Cristo vuelva. Sin embargo, este hecho no justifica la proliferación de fábricas para la manufactura de espadas y lanzas. Que Cristo profetizara la hambruna, ¿nos impide apuntar hacia una distribución más equitativa de los alimentos? Asimismo, la profecía de guerras no nos impide buscar la paz. Dios es un hacedor de la paz. Jesucristo es un hacedor de la paz. Así pues, si queremos ser hijos de Dios y discípulos de Cristo, también debemos serlo.

Notas

1. Albert Einstein, de un telegrama en el que solicita fondos a figuras destacadas para la Comisión de Emergencia de Científicos Atómicos, citada en el *New York Times*, 25 de mayo de 1946.
2. Estadísticas en *The Military Balance 1983-84*, International Institute for Strategic Studies, 1983, pp. 118, 125-126; *World Armaments and Disarmament*, Yearbook SIPRI, 1983.
3. *Common Security: A Programme for Disarmament*, the Palme Commission Report, Pan Books, 1982, p. 2; cf. también p. 71. Ver *The Military Balance 1983-84*, pp. 125-128.

4. De un discurso titulado «The Chance for Peace» y pronunciado el 16 de abril de 1953; *Public Papers of the Presidents of the United States: Dwight Eisenhower, 1953*, US Government Printing Office, Washington, 1960, p. 182.
5. Jim Wallis, ed., *Waging Peace, A Handbook for the Struggle to Abolish Nuclear Weapons*, Harper & Row, 1982, p. 44.
6. Del discurso de Lord Mountbatten «The Final Abyss?» pronunciado en mayo de 1979, publicado en *Apocalypse Now?*, Spokesman Books, 1980, p. 11.
7. Ver también *The Long-Term Biological Consequences of Nuclear War* (1983), el informe de una conferencia internacional auspiciada por treinta y un grupos. Dos imaginativas historias, escritas por hombres de armas, se publicaron en 1978. *World War 3*, editada por el Brigadier Shelford Bidwell, Hamlyn, 1978, «una proyección militar basada en los hechos actuales», pronosticaba que la tercera guerra mundial comenzaría en 1983 «como consecuencia de alguna provocación intolerable» (p. xiii), p. ej. la invasión de Alemania Occidental por tanques soviéticos para evitar que se convirtiese en una potencia nuclear. El último capítulo se titula «Doomsday» y describe la completa devastación final. *The Third World War* por el General Sir John Hackett, con la colaboración de destacados generales norteamericanos y alemanes (Sidgwick & Jackson, 1978), se autodenomina «una historia futura». También describe una invasión de Alemania Occidental por tanques soviéticos, pero en 1985, que prosigue con una firme escalada hasta que primero Birmingham y luego como represalia Minsk son destruidas por misiles nucleares. Sin embargo, en este caso, el holocausto final se evita por la sublevación de los satélites de la Unión Soviética contra ella.
   Las horrendas consecuencias de una explosión nuclear están descritas con objetividad en la obra de Donald B. Kraybill, *Facing Nuclear War*, Herald Press, 1982, y en *Common Security*, the Palme Commission report, 1982, pp. 49-70.
8. Ver afirmaciones recientes de la postura pacifista en *War and the Gospel* por Jean Lasserre, E. T. James Clarke, 1962; *Christ and Violence* por Ronald J. Sider, Herald Press, Canadá, 1979; y *Nuclear Holocaust and Christian Hope* por Ronald J. Sider y Richard K. Taylor, American IVP, 1982.
9. La teoría de la guerra justa está bien enunciada en dos libros de Paul Ramsey: *War and the Christian Conscience*, Duke University Press, 1961, y *The Just War*, Scribner, 1968. Ver enunciados más

recientes de la posición a favor de la guerra justa en Arthur F. Holmes, *War: Four Christian Views*, American IVP, 1981, pp. 120-1; *The Church and the Bomb*, Hodder & Stoughton, Londres, 1982, pp. 82-98; y *The Challenge of Peace: God's Promise and Our Response*, The U.S. Bishops' Pastoral Letter, CTS/SPCK, 1983, pp. 24-32. Para una posición similar basada en la justicia de Dios ver *Peace and Justice in the Nuclear Age* por Jerram Barrs, Garamond Press, 1983.

10. Dale Aukerman, *Darkening Valley*, «Una perspectiva bíblica de la guerra nuclear», Seabury, 1981, cap. 15, p. 95.
11. *Ibid.*, pp. 92-94.
12. Se debe agregar aquí que en algunas situaciones de emergencia cuando no hay policías presentes, puede corresponder que un ciudadano intervenga en una pelea, proteja a una persona inocente de una agresión o detenga a un ladrón. Pero en esos casos el ciudadano se constituye en brazo de la ley; no actúa como un particular, ni se justifica que tome venganza personal.
13. Oliver O'Donovan, *In Pursuit of a Christian View of War*, Grove Booklet on Ethics No. 15, Grove Books, 1977, pp. 13-14. Este cuaderno es un valioso examen de la legitimidad de la analogía entre la justicia interna y la guerra.
14. «Gaudium et spes, sobre la Iglesia en el mundo moderno», en *Documentos del Vaticano II*, BAC, Madrid, 8a. ed., 1969, párr. 80.
15. P. ej. Gn. 9.4; Lv. 17.11; Dt. 12.23.
16. *The Church and the Atom*, el informe de la Comisión de la Iglesia Anglicana (1948), p. 43. Ver el resumen de los hechos en los bombardeos de ciudades alemanas y japonesas en *The Almanac of World War II*, ed. Brigadier Peter Young, Hamlyn, 1981. El texto del discurso del obispo Bell en la Cámara de los Lores consta en *Hansard*, 9 de febrero de 1944, vol. 130, pp.738-746. También se lo cita en *George Bell, Bishop of Chichester* por Ronald C. D. Jasper, OUP, 1967, pp. 276-277.
17. *Op. cit.*, párr. 80.
18. Resolución del Concilio Británico de Iglesias.
19. *The Church and the Bomb*, «Las armas nucleares y la conciencia cristiana», un informe extraoficial de la comisión de investigación de la Iglesia Anglicana, Hodder & Stoughton, 1982, p. 97.
20. *Ibid.*, pp. 143-144.
21. *Ibid.*, p. 162.
22. «El nuevo pacto abolicionista» aparece en las pp. 17-21 de *Waging Peace*, Manual para la lucha por la abolición de las armas

nucleares, ed. Jim Wallis, Harper & Row, 1982. Ver *Peace-Makers*, «Voces cristianas del Nuevo Movimiento Abolicionista», ed. Jim Wallis, Harper & Row, 1983.

23. Michael Quinlan, «El significado de la disuasión» en *The Cross and the Bomb*, editado por Francis Bridger, Mowbray, 1983, p. 143.
24. *The Challenge of Peace*. Ver nota 9, pp. 43-46.
25. *Before It's Too Late*, «El desafío del desarme nuclear», ed. Paul Abrecht y Ninan Koshy, WCC, 1983, p. 10.
26. Hugh Beach, «¿A dónde lleva el camino nuclear libre?» en *The Cross and the Bomb*, *op. cit*. p. 126.
27. Conde Mountbatten de Burma en *Apocalypse Now?*, Spokesman, 1980, pp. 12 y 10.
28. Roger Ruston, OP, *Nuclear Deterrence - Right or Wrong?*, un estudio preparado por la Comisión Católica Romana para la Justicia y la Paz Internacional, Catholic Information Services, 1981, pp. 35-36, 58.
29. *Common Security*, el informe de la Comisión Palme, 1982, p. 105.
30. *Ibid.*, pp. 141, 149.
31. Ver p. ej. *Nuclear Weapons and Christian Conscience*, ed. Walter Stein, Merlin Press, 1961 y 1980, y *Ethics and Nuclear Deterrence*, ed. Geoffrey Goodwin, Croom Helm, 1982.
32. *The Apocalyptic Premise: Nuclear Arms Debated*, ed. Ernest Lefever y Stephen Hunt, Ethics and Public Policy Center, Washington DC, 1982, pp. 351-359.
33. *The Cross and the Bomb*, Etica cristiana y el debate nuclear, ed. Frances Bridger, Mowbray, 1983, pp. 50, 60, 64-65.
34. De un artículo en *The Guardian Weekly*, 4 de abril de 1982.
35. Robert W. Gardiner, *The Cool Arm of Destruction*, Westminster, 1974, citado por Robert G. Clouse en *War: Four Christian Views*, American IVP, 1981, pp. 193-194.
36. Dr. David Owen, Introducción al Informe de la Comisión Palme, 1982, p. xxi.
37. *Evangelism and Social Responsibility: An Evangelical Commitment*, Paternoster, 1982, p. 49.
38. *The Church and the Bomb*, p. 21.
39. De un artículo titulado «El movimiento pacifista y la Unión Soviética», 1982, y reproducido en *Who is For Peace* por Francis Schaeffer, Vladimir Bukovsky y James Hitchcock, Thomas Nelson, 1983, pp. 72-73.
40. Ver p. ej. *Defence Without the Bomb*, el informe de la Comisión de Defensa Alternativa, Taylor y Francis, 1983.

41. *Common Security*, el Informe de la Comisión Palme, pp. ix, 4 y 100.
42. *Ibid.*, pp. 8-10 y pp. 138-140.

2

El medio ambiente de la humanidad

El desarrollo de estudios ambientales es un hecho relativamente reciente. Recién en 1970 el gobierno británico creó un Departamento de Medio Ambiente a cargo de una Secretaría de Estado, cuyas responsabilidades abarcan además la vivienda, el transporte y la administración comunal. No hace mucho que palabras como «ecología», «habitat», «conservación» y «polución» se han incorporado a nuestro vocabulario cotidiano. Las causas de esta nueva preocupación son muy evidentes; son tres, especialmente en su relación una con otra: el crecimiento demográfico, el agotamiento de los recursos y la tecnología incontrolable.

Causas de preocupación

1) *El crecimiento demográfico*. Desde hace siglos se sabe ya que la población del mundo va en aumento. Pero sólo a partir de la Segunda Guerra Mundial se ha percibido con claridad la aceleración de la tasa de crecimiento, y se han pronosticado las desastrosas consecuencias de la explosión demográfica desenfrenada. Se dice que en el año 1800 d.C. la población de la tierra era de alrededor de mil millones de personas. En el año 1900 d.C. ésta se había duplicado a dos mil millones; hacia 1980 se había duplicado nuevamente a cuatro mil millones, mientras que para el año 2000 d.C. se estima que la cifra demográfica mundial habrá superado los seis mil millones. Si en la década de los ochenta, con cuatro mil millones de personas, una quinta parte (ochocientos millones) eran desposeídos, hoy se pregunta con ansiedad cómo será posible alimentar a más de seis mil millones de personas veinte años más tarde.

2) *El agotamiento de los recursos*. En 1972 el llamado «Club de Roma» llamó la atención del mundo acerca de la naturaleza finita de los recursos de la tierra. Hasta entonces los líderes occidentales habían pronosticado con mucha seguridad una tasa de crecimiento anual del cuatro por ciento. Pero en esa oportunidad se reconoció que la tasa de crecimiento constante y los recursos finitos son incompatibles. Y aquello fue aun un año antes de la primera caída de los precios internacionales del petróleo o «shock petrolero». En 1973 E. F. Schumacher popularizó esa desagradable verdad en su famoso libro *Lo pequeño es hermoso*, que lleva el subtítulo de «un estudio de economía que hace de cuenta que las personas importan». Escribe sobre «la incapacidad para distinguir lo que es renta y lo que es capital justo donde esta distinción importa más ..., a saber: allí donde se trata del capital irremplazable que el hombre no ha creado, sino simplemente descubierto ...». El primer ejemplo de «capital natural» que presenta son los combustibles fósiles: «los combustibles fósiles no están hechos por el hombre, no pueden ser reciclados. Cuando se terminen, ¡se terminaron para siempre!» El otro ejemplo es la «naturaleza viva» (el plancton de los océanos, la capa fértil de la tierra, el aire puro, etc.) gran parte de la cual está siendo destruida por la polución. Schumacher afirma: «Si despilfarramos nuestros combustibles fósiles amenazamos la civilización, pero si despilfarramos el capital representado por la vida natural que nos rodea, amenazamos la vida misma.» La insensatez del moderno sistema industrial es que «consume las bases mismas sobre las cuales se ha levantado. Para usar el lenguaje de los economistas, el sistema vive de un capital irreemplazable, al que alegremente se lo considera una renta».[1]

3) *La tecnología incontrolable*. Quizá la moderna revolución tecnológica, que Alvin Toffler ha llamado «La Tercera Ola» (las revoluciones agrícola e industrial serían las primeras dos) ha llegado a tiempo para rescatar a la humanidad de la difícil situación. Pero la tecnología moderna, aparte de conducir al desarrollo del chip de silicio y del microprocesador, es una voraz consumidora de combustible y, de hecho, ha creado la reciente crisis energética. Por otra parte, a veces se parece a un monstruo, que si queda fuera de control destruirá a su creador. Estamos descubriendo cuán delicado es el equilibrio de la naturaleza, y con cuánta facilidad se lo puede trastornar.

Al parecer estos tres factores, sumados a cuestiones de provisión de alimentos, inversión de capitales y polución, y la compleja interacción entre ellos, condujo al controvertido pronóstico de principios de la década de los setenta. Dos libros: *World Dynamics* (Dinámica mundial) de Jay W. Forrester (1971) y *The Limits to Growth* (Los límites del crecimiento) de Dennis Meadows y otros (1972), ambos del Instituto Tecnológico de Massachusetts (MIT), el segundo auspiciado por el «Club de Roma», y ambos realizados con computadoras, presentaron de diversas formas un modelo sumamente pesimista, casi alarmante, del mundo futuro, y propugnaron un «crecimiento cero» como única solución.

Sin embargo, en 1973 un equipo interdisciplinario en la Unidad de Investigación de Políticas Científicas de la Universidad de Sussex, presidida por el doctor Christopher Freeman, sometió estos dos modelos a un escrupuloso examen crítico. Los resultados se publicaron en el número especial de febrero de 1973 de la revista *Futures*, titulado «La controversia sobre los límites del crecimiento».[2] Estos estudiosos compartían con los investigadores del MIT la urgente preocupación por el futuro del mundo, pero cuestionaron sus conclusiones por considerar que se basaban en hipótesis muy discutibles. El argumento del MIT se fundaba sobre 1) conjeturas plausibles acerca del mundo futuro, y no en hechos precisos sobre el mundo real (imposibles de adquirir); 2) valores ideológicos que influyeron en la selección e interpretación de los datos «pertinentes» y la omisión de los «no pertinentes» (según el equipo de Sussex, es más probable que los límites del crecimiento estén determinados por factores políticos y sociales que por factores físicos); y 3) una subestimación de las posibilidades del progreso tecnológico. Un pronóstico realizado en 1970 no habría podido tomar en cuenta el petróleo ni la energía nuclear; asimismo, los pronósticos actuales no pueden predecir con precisión el futuro desarrollo de la energía solar y de la fusión nuclear.

A pesar de esta controversia académica, el «Informe Mundial 2000 al Presidente» fue solicitado por el Presidente Carter en 1977 y presentado al Presidente Reagan en 1980 (y algunos agregan que fue desatendido). Bajo el subtítulo de «ingreso en el siglo XXI», y basado en proyecciones estadísticas computarizadas (y en la suposición de que se mantendrán las tendencias actuales), declara no ser especulativo sino un informe autorizado. Enumera los principales problemas abierta y valientemente: una población mundial superior a los seis mil millones de habitantes, cinco sextas partes de la cual habitará en el Sur subdesarrollado; una desmesurada tala de bosques, con el consiguiente crecimiento de los desiertos y la disminución del agua; una urbanización inconcebible, como la de la gigantesca ciudad de Méjico, una megalópolis de treinta millones de habitantes.

¿Hay algún aporte que los cristianos puedan hacer a este inquietante debate?

La perspectiva bíblica

El enfoque bíblico del problema del medio ambiente comienza por el planteo de una pregunta básica: ¿a quién pertenece la tierra? En apariencia es elemental. Pues, ¿qué hemos de responder? La primera respuesta es directa. La hallamos en el Salmo 24.1: «De Jehová es la tierra y su plenitud». Dios es su Creador y, por lo tanto, por derecho de creación es también su dueño. Pero ésta es solamente una respuesta parcial. Observemos el Salmo 115.16: «Los cielos son los cielos de Jehová; Y ha dado la tierra a los hijos de los hombres.» De modo que la respuesta bíblica equilibrada es que la tierra pertenece a Dios y al hombre: a Dios porque él la creó y a nosotros porque él nos la dio. Naturalmente, no es que nos la haya cedido tan completamente como para no retener ningún derecho ni control sobre ella, sino que nos la ha entregado para gobernarla en su nombre. Por consiguiente, nuestra tenencia de la tierra es en arriendo; no somos propietarios absolutos. Nosotros somos arrendatarios; Dios mismo continúa siendo el propietario, el Señor de la tierra.

Esta doble verdad (que la tierra es de él y nuestra) se expone en mayor detalle en Génesis 1 y 2. En varios versículos de Génesis 1 aparece la palabra «tierra»:

10 Y llamó Dios a lo seco Tierra
11, 12 Después dijo Dios: Produzca la tierra hierba verde... Y fue así. Produjo, pues, la tierra hierba verde.
24 Luego dijo Dios: Produzca la tierra seres vivientes ... Y fue así.
26 Entonces dijo Dios: «Hagamos al hombre a nuestra imagen ..., y señoree ... en toda la tierra»
28 Y los bendijo Dios, y les dijo: « ... llenad la tierra y sojuzgadla»

A partir de este material bíblico podemos hacer tres afirmaciones legítimas:

1) *Dios dio al hombre dominio sobre la tierra*. En el v. 26 observamos las resoluciones tomadas por Dios: «Hagamos al hombre a nuestra imagen» y «señoree ... en toda la tierra». Asimismo advertimos que estas resoluciones se traducen en dos acciones: «Y creó Dios al hombre a su imagen» y «Dios ... les dijo: ... llenad la tierra y sojuzgadla» (vv. 27, 28). Así pues, desde el principio los seres humanos fuimos dotados con una doble unicidad: tenemos la imagen de Dios (que comprende cualidades racionales, morales, sociales y espirituales que hacen posible nuestro conocimiento de él) y ejercemos dominio sobre la tierra y sus criaturas.

De hecho, el carácter único de nuestro dominio sobre la tierra se debe al carácter único de nuestra relación con Dios. Dios estableció un orden, una jerarquía, en la creación. Colocó al hombre a mitad de camino entre él mismo como Creador y el resto de la creación, animada e inanimada. En ciertos aspectos somos uno con el resto de la creación, pues formamos parte de ella y tenemos rango de criatura. En otros aspectos somos distintos de la naturaleza, pues fuimos creados a imagen de Dios y tenemos dominio. Biológicamente, somos semejantes a los animales. Por ejemplo, respiramos como ellos (un «ser viviente» Gn. 1.21, 24 y 2.7), comemos como ellos (vv. 29 y 30) y nos reproducimos como ellos («Fructificad y multiplicaos», vv. 22 y 28). Pero además gozamos de un nivel superior de existencia, en el cual somos diferentes de los animales y semejantes a Dios: somos capaces de pensar, elegir, crear, amar, orar y ejercer dominio. Así es nuestra situación intermedia entre Dios y la naturaleza, entre el Creador y el resto de su creación. Conjugamos la dependencia de Dios con el dominio de la tierra. Gerhard von Rad dice: «así como los grandes reyes de la tierra hacen eregir una estatua suya ... en aquellas provincias de su reino a las que no van personalmente, así también el hombre ... ha sido puesto en la tierra como signo de la majestad divina.»[3]

En términos generales, el hombre ha obedecido el mandato de Dios de llenar la tierra y sojuzgarla. Al principio progresó lentamente, al pasar paulatinamente de la recolección de frutos a la agricultura. Aprendió a labrar la tierra, a proteger las áreas cultivadas de los animales merodeadores, y a aprovechar los frutos de la tierra en la alimentación, el abrigo y la vivienda para él y su familia. Luego, el hombre aprendió a domesticar animales y a emplearlos a su servicio, para aligerar sus tareas y también para disfrutar de ellos. Más adelante aprendió los secretos del poder que Dios había encerrado en el mundo creado: en el fuego, luego en el agua y el vapor, en el carbón, el gas y el petróleo, y recientemente en el uranio, el átomo y la poderosa plaqueta (o chip) de silicio.

En todo esto, en la investigación, el descubrimiento y la invención; en biología, química, física y otros campos; y en todos los triunfos de la tecnología, el hombre ha obedecido a Dios y ejercido el dominio que recibió de él. No se trata (por lo menos en principio) de que el hombre se haya comportado como Prometeo quien robó el fuego a los dioses. En su progresivo control de la tierra, el hombre no ha invadido la esfera privada de Dios para arrebatarle el poder; ni mucho menos ha creído llenar los espacios en los cuales Dios se solía esconder, de manera de poder ahora prescindir de él. Sería necio llegar a estas conclusiones. Quizá el hombre no lo haya sabido, ni lo haya reconocido humildemente, pero en toda su investigación e ingenio, lejos de usurpar las prerrogativas o el poder de

Dios, ha ejercido el dominio que Dios le dio. El desarrollo de herramientas y tecnología, el cultivo de la tierra, las excavaciones en busca de minerales, la extracción de combustibles, las represas hidroeléctricas, el aprovechamiento de la energía atómica, son todos casos de cumplimiento del mandato prístino de Dios. Dios ha provisto en la tierra todos los recursos de alimento, agua, vestimenta, abrigo, energía y calor que necesitamos, y él nos ha dado dominio sobre la tierra en la cual éstos recursos han sido depositados.

2) *Nuestro dominio es un dominio cooperativo*. Al ejercer nuestro dominio recibido de Dios, no *creamos* los procesos de la naturaleza, sino que cooperamos con ellos. Se desprende claramente de Génesis 1 que la tierra fue creada fértil antes de que el hombre recibiera el mandato de llenarla y sojuzgarla. Es cierto que el hombre puede hacerla más fructífera. Puede limpiar, arar, regar y abonar el suelo. Puede colocar las plantas bajo vidrio para aprovechar mejor el sol. Puede hacer manejo de suelos con rotación de cultivos. Puede mejorar el ganado mediante la cría selectiva. Puede obtener cereales híbridos con muy buenos rendimientos. Puede mecanizar la cosecha y la trilla con la utilización de la segadora trilladora. Pero en todas estas actividades simplemente está cooperando con las leyes de fertilidad que Dios ya había establecido. Es más, el penoso trabajo que el hombre experimenta en la agricultura, por causa de la maldición de Dios sobre la tierra (Gn. 3.17), sólo modifica pero no anula su constante cuidado del suelo con la «bendición» de Dios (Sal. 65.9ss.).

También es cierto que el hombre controla y aun acelera los procesos artificialmente. Pero es un control *artificial* de procesos esencialmente *naturales*. Es la cooperación del hombre con Dios. Es el reconocimiento de que lo que Dios da es la «naturaleza», mientras que lo que nosotros hacemos es «cultura» o «cultivo».

Por cierto, Dios se ha humillado para necesitar nuestra cooperación (a saber, para sojuzgar la tierra y labrar el suelo). Pero también nosotros debemos humillarnos y reconocer que nuestro dominio de la naturaleza sería completamente infructuoso si Dios al crearla no hubiera dado fertilidad a la tierra, y si no continuara dando el crecimiento.

Esta combinación de naturaleza y cultura, de impotencia y capacidad humanas, de recursos y labor, de fe y trabajo, echa luz sobre la nueva moda de declarar que el hombre ha «alcanzado la mayoría de edad» y que (en su flamante adultez) puede prescindir de Dios. Lo cierto es que la humanidad ha alcanzado la adultez en lo tecnológico. Ha desarrollado una extraordinaria destreza en el dominio, control y uso de la naturaleza. En este sentido es un *señor*, de acuerdo con el propósito de Dios y su mandato. Pero también es un *niño* en su dependencia última de la providencia paterna de Dios quien le da la luz del sol, la lluvia y las estaciones fructíferas del año. E. F. Schumacher cita a Tom Dale y Vernon Gill Carter al respecto: «El hombre, sea civilizado o salvaje, es una criatura de la naturaleza (no es el señor de la naturaleza). Debe conformar sus acciones dentro de ciertas leyes naturales si es que desea mantener su dominio sobre el medio ambiente.»[4]

3) *Nuestro dominio es delegado y por lo tanto responsable*. El dominio que ejercemos sobre la tierra no nos pertenece por derecho, sino sólo por favor. La tierra nos «pertenece» no porque la hayamos creado ni porque seamos sus propietarios, sino porque su Creador nos ha confiado su cuidado.

Esto tiene importantes consecuencias. Si pensamos en la tierra como en un reino, entonces no somos reyes que gobiernan su propio territorio, sino virreyes que gobiernan en nombre del rey, pues el rey no ha abdicado al trono. O si comparamos la tierra con una finca, en ese caso no seríamos los terratenientes, sino los administradores que la trabajan en nombre del dueño. Dios nos hace «cuidadores» (en el sentido más literal de la palabra) de su propiedad.

La permanente propiedad y atenta supervisión de la tierra (de hecho de todo el universo) por parte de Dios se afirma con frecuencia en las Escrituras. Ya hemos considerado la declaración del Salmo 24.1 en el sentido de que «de Jehová es la tierra». Esto incluye a todos los seres vivientes que la habitan: «Porque mía es toda bestia del bosque. Y los millares de animales en los collados. Conozco a todas las aves de los montes, y todo lo que se mueve en los campos me pertenece» (Sal. 50.10, 11). En el Sermón del Monte Jesús extiende el dominio divino aún más: desde la mayor criatura hasta la más pequeña. Por un lado, Dios hace salir «su sol» (le pertenece) y, por el otro, da de comer a las aves y viste a los lirios y hierbas del campo (Mt. 5.45; 6.26, 28, 30). Sustenta, pues, a toda su creación; al encomendárnosla a nosotros, no ha renunciado a su responsabilidad por ella.

Esta debe ser la razón por la cual ni siquiera Canaán, «la tierra de Israel», no pertenecía a Israel. Ciertamente era «la tierra prometida», pues Dios había prometido dársela a los descendientes de Abraham, y en efecto eso hizo. Sin embargo, los individuos poseían la tierra sólo en representación de su tribu. Nadie podía transferir la tierra fuera de la tribu (Nm. 36.5ss.), ni venderla a nadie a perpetuidad. Cada cincuenta años, en el Año del Jubileo, toda la tierra debía regresar a su dueño original. Dios enseñó así que la tierra aún le pertenecía, que ningún ser humano tenía derechos absolutos de propiedad. Por cierto, se reconocían los derechos de propiedad, ya que no sólo el robo sino también la codicia estaban prohibidos por la ley. No obstante, los propietarios debían recordar dos verdades. En primer lugar, sólo eran residentes transitorios: «La tierra no se venderá a perpetuidad, porque la tierra mía es; pues vosotros forasteros y extranjeros sois para conmigo» (Lv. 25.23).

En segundo lugar, no debían conservar todo el fruto de la tierra para sí mismos, sino también proveer a su prójimo necesitado. Como ha dicho el profesor Martin Hengel: «el derecho a la propiedad estaba subordinado en principio a la obligación de cuidar de los miembros más débiles de la sociedad».[5] Es interesante cómo el Papa Juan Pablo II ha resumido la tradición cristiana sobre este asunto en términos similares. En la Encíclica Papal sobre el Trabajo Humano (1981) se distanció tanto del «colectivismo» marxista como del «capitalismo» liberal. En este último caso, explicaba, el asunto es *cómo* se entiende «el derecho a la propiedad». Continúa diciendo: «La tradición cristiana nunca ha sostenido este derecho como absoluto e intocable. Por el contrario, siempre ha comprendido este derecho dentro del contexto más amplio del derecho común a todos de usar los bienes de la creación: *el derecho a la propiedad privada está subordinado al derecho al uso común*, al hecho de que los bienes fueron hechos para todos.»[6]

Por lo tanto, si el dominio de la tierra nos ha sido delegado por Dios, con miras a que cooperemos con él y compartamos sus frutos con los demás, somos responsables delante de él por nuestra mayordomía. No tenemos derecho a hacer lo que queramos con el medio ambiente natural; no es nuestro para que lo tratemos a nuestro antojo. «Dominio» no es sinónimo de «destrucción». Ya que ha sido puesto a nuestro cargo, debemos administrarlo responsable y productivamente por nuestro propio bien y el de las generaciones subsiguientes.

El debate sobre la conservación del medio ambiente

La mayordomía comprende la conservación del medio ambiente. Quizá se llegue a comprobar que la mayor amenaza para la humanidad no es la guerra nuclear sino un peligro de tiempos de paz: la devastación de los recursos naturales de la tierra por necedad o ambición humanas. Toda la vida sobre la tierra depende de la bioesfera, la delgada capa de agua, tierra y aire que habitamos. Sin embargo, el historial sobre la manera en que la conservamos es bastante negativo, especialmente en este siglo.

Amplias extensiones de América, Africa y Asia, que una vez fueron suelos fértiles para la agricultura, son hoy, por mal manejo, desiertos irrecuperables y terrenos áridos asolados por vendavales de polvo. En todo el mundo los desiertos han aumentado en un ciento cincuenta por ciento durante los últimos cien años, de modo que actualmente casi un cincuenta por ciento de la superficie de la tierra es desértica o semidesértica. Las reservas de carbón quizá alcancen para doscientos años más, pero el gas natural y el petróleo no llegarán mucho más allá de principios del siglo XXI. La eliminación de residuos nucleares radioactivos está causando una seria preocupación en la opinión pública. En la década del sesenta el Lago Erie (que en los años cincuenta producía unas tres mil toneladas anuales del pez lucio) llegó a estar tan contaminado por desechos tóxicos industriales y domésticos que todos los seres vivos murieron; sólo recientemente se lo ha comenzado a recuperar. Muchos ríos han corrido la misma suerte que los lagos. El doctor Ron Elsdon escribe: «El río más notoriamente contaminado es el Rin», pues «los residuos químicos vertidos en el río por las industrias alemanas llegaban en 1973 a unas sesenta y dos mil toneladas *diarias* (mayormente cloruro, sulfato, calcio, magnesio y nitrato)»[7]. Luego están los océanos. El efecto de los insecticidas sobre las algas y el plancton, de los cuales dependemos para la generación de oxígeno, es incalculable. En los Estados Unidos solamente, se descargan a la atmósfera alrededor de ciento cuarenta y dos millones de toneladas de humo y gases nocivos por año. Cada diez minutos un avión jet tetramotor emite dos y dos tercios de toneladas de anhídrido carbónico. En cuanto al derroche de pulpa de madera en la industria papelera, una sola edición dominical del *New York Times* consume unas sesenta hectáreas de bosques. De hecho, he leído que en el mundo se destruyen cinco hectáreas de bosques por minuto,[8] y el profesor Rowland Moss sugiere que «si cada ser humano comprara un periódico por día, todos los bosques del mundo se habrían destruido al cabo de treinta años».[9] Parte de la destrucción del medio ambiente sin duda se produce por ignorancia. No obstante, el Consejo para la Responsabilidad Social de la Iglesia Anglicana no exageró al declarar que «devastar la tierra es una blasfemia, y no solamente un error de criterio, una equivocación».[10] Es un pecado contra el hombre y contra Dios.

Al mismo tiempo, no todos los cristianos han asumido la responsabilidad que las Escrituras nos asignan; algunos incluso usan la historia de Génesis para justificar su irresponsabilidad. Gavin Maxwell, autor de varios libros sobre nutrias, relata cómo perdió dos hermosos cachorros de nutria que había traído de Nigeria: «Un pastor de la Iglesia Anglicana, que caminaba por la playa con un rifle, los encontró jugando junto al mar y les disparó. Uno murió instantáneamente, y el otro murió luego en el agua por las heridas. El ministro se disculpó, pero luego le recordó a un periodista: 'Dios dio al hombre control sobre las bestias del campo...'».[11] Al decir del profesor C. F. D. Moule: «un crimen contra el sentido común y la sensibilidad no puede ser defendido con la simple apelación a un texto».[12]

¿Qué diremos sobre estos textos de Génesis? ¿Estamos seguros de haberlos interpretado bien? ¿O tienen razón los críticos del cristianismo que atribuyen la culpa de la irresponsabilidad ecológica contemporánea a esos versículos? Por ejemplo, la historiadora norteamericana Lynn White de la Universidad de California en Berkeley ha escrito: «El cristianismo ... no sólo estableció el dualismo del hombre y la naturaleza, sino que también insistió en que es la voluntad de Dios que el hombre explote la naturaleza para sus propios fines ... El cristianismo carga una enorme culpa».[13] Más osado en sus afirmaciones fue Ian L. McHarg, escocés que vivió su infancia entre la fealdad de Glasgow y la belleza del estuario del Clyde, de las tierras altas e islas del oeste de Escocia. Llegó a ser urbanista, ecologista y fundador y presidente del Departamento de Arquitectura Paisajística y Planeamiento Regional de la Universidad de Pensilvania. En 1969 afirmó que la historia de Génesis «por su insistencia en el deber de dominar y sojuzgar la naturaleza, estimula los instintos de la destrucción y explotación en el hombre, en vez de los del respeto y la creatividad. En efecto, si alguien busca justificación para aquéllos que aumentarían la radioactividad, crearían canales y puertos con bombas atómicas, emplearían venenos sin restricciones, o aprobarían la mentalidad de topadora, no hallarían mejor precepto que el de este texto». Se refería a Génesis 1.26, 28. Prosigue: «Cuando se comprende esto, se comprende entonces la conquista, la depredación y la devastación.»[14] Pues la afirmación de Dios sobre el dominio del hombre fue «también una declaración de guerra contra la naturaleza». Concluye diciendo: «el dominio y el sojuzgamiento deben ser erradicados como precepto bíblico para la relación del hombre con la naturaleza».[15]

En las conferencias de la Fundación Dunning de 1972-1973 Ian McHarg amplió aún más su ataque. Atribuye el origen de la actitud del hombre hacia el mundo natural a «las tres horrorosas frases» de Génesis 1 sobre el dominio que Dios dio al hombre. «El dominio es una relación de no negociación.»

> Si quieren encontrar un texto de extremo horror, que garantice que las relaciones del hombre con la naturaleza sólo podrán ser destructivas, que atrofie toda capacidad creativa, ... que explique toda la destrucción y devastación realizada por

el hombre occidental en los últimos dos mil años, no necesitan más que buscar este funesto y calamitoso texto.[16]

El doctor McHarg emplea un lenguaje desmedido para exponer su argumento. Algunos malaconsejados (como por ejemplo el pastor del relato de Gavin Maxwell) pueden haber tratado de defender su actitud irresponsable hacia la naturaleza mediante el uso irresponsable de Génesis 1. Pero resulta absurdo calificar este texto de «horroroso», «funesto» y «calamitoso», y luego atribuirle dos milenios de explotación del medio ambiente por parte del hombre occidental. Por tanto, examinemos el texto una vez más.

Es cierto que las dos palabras hebreas que se usan en Génesis 1.26 y 28 son fuertes. El verbo que se traduce como «señorear» significa «pisar» o «pisotear». Por esto el Salmo 8 la parafrasea así: «todo lo pusiste debajo de sus pies». A menudo se la emplea en el Antiguo Testamento con referencia al poder de los reyes. El otro verbo, «sojuzgar», se usaba con referencia al dominio sobre los enemigos durante la guerra y al sometimiento o cautiverio de esclavos. De modo que el hombre recibió el mandato de gobernar sobre las criaturas del cielo, la tierra y el mar (v. 26) y de esclavizar la tierra, sometiéndola (v. 28). Entonces, ¿está en lo cierto Ian McHarg? No lo está. Un principio elemental de la interpretación bíblica sostiene que no se debe determinar el significado de las palabras sólo por su etimología, sino también y en particular por su uso en el contexto. Lo que ya hemos señalado acerca de este mandato bíblico viene al caso en la interpretación de estos textos. Hemos notado que el dominio que Dios dio al hombre es delegado, responsable y en cooperación; que tiene como propósito manifestar un sustento y cuidado del medio ambiente como el del Creador; y que, lejos de explotar la tierra y sus criaturas, el hombre ha de usarlos de tal forma que pueda responder ante Dios y que sirva a los demás. No hay justificación para plantear una oposición entre Génesis 1 y 2 (tal como lo hizo Ian McHarg en una de sus conferencias), alegando que la enseñanza de Génesis 2 es «el cultivo» y la de Génesis 1 «la destrucción». Por el contrario, ambos pasajes se interpretan mutuamente. El señorío que Dios otorgó al hombre es una mayordomía responsable que comprende la administración de los recursos de la tierra. El Creador no alienta la destrucción de lo que ha hecho.

La conciencia contemporánea

Ciertamente, nuestra generación comienza a tomar en serio esta responsabilidad. Los científicos hacen hincapié en el delicado equilibrio de la naturaleza. Dios ha establecido en la naturaleza poderes casi increíbles de recuperación y regeneración, y en particular un ciclo para la renovación de energía (del sol a la tierra por medio de las plantas y bacterias, y así sucesivamente). Es un ejemplo de lo que Barbara Ward ha llamado «la unidad más maravillosa» de nuestro planeta. Se basa en leyes naturales que producen «un equilibrio dinámico de fuerzas biológicas que se mantienen por un sistema de verificación y control sumamente delicado».[17] El doctor John Klotz, conservacionista norteamericano, comenta: «Son tan intrincados que no pueden haberse desarrollado por casualidad.»[18] Pero si devastamos la superficie fértil de la tierra, o destruimos el plancton de los océanos, rápidamente llegaremos a un punto irreversible del proceso de reciclaje. Barbara Ward afirma que los vastos conocimientos científicos modernos nos enseñan «ante todo, una cosa: la necesidad de una extrema cautela, un sentido de la asombrosa inmensidad y complejidad de las fuerzas que pueden ser liberadas, y de la extrema delicadeza de los agentes que pueden ser trastornados».[19]

En los últimos años ha habido una serie de signos alentadores. En Gran Bretaña las Leyes para el Aire Puro de 1956 y 1968 libraron a Londres de las letales neblinas de comienzos de la década del cincuenta, las espesas nieblas que recuerdo de mi infancia. El smog de 1952 tuvo cuatro mil víctimas fatales, en su mayoría personas mayores.[20] En contraste, el smog es tan denso en Tokio que policías y peatones pueden inspirar oxígeno en expendedores automáticos a los costados del camino; y la actual preocupación en Europa se centra en la «lluvia ácida», la peligrosa acidificación del aire por la quema de combustibles fósiles. También está la labor de la Comisión Real sobre Polución, que ha publicado ocho o nueve informes en los últimos quince años, relacionados con la polución del aire, el poder nuclear, la agricultura y el petróleo en el mar. Desde la Conferencia de las Naciones Unidas sobre Medio Ambiente realizada en Estocolmo en junio de 1972, conmemorada diez años después con un simposio en la misma ciudad, la preocupación por la «calidad de vida» ha reemplazado la preocupación por la simple supervivencia. Los partidos ecologistas del movimiento «verde» mantienen a la opinión pública atenta a los problemas ambientales. Ha habido, asimismo, varios experimentos de reciclaje de residuos. Por ejemplo, se vuelve a emplear todo el metal y el plástico de los vehículos ya en desuso. Algunos incineradores municipales (por ejemplo en Alemania, Japón y Estados Unidos) queman la basura sin producir polución en el aire y, en cambio, generan luz y calor con el vapor. Según dicen los bromistas, la industria de conservas de carne aprovecha todo excepto el gruñido de los cerdos.

Naturalmente, aún se puede hacer muchas innovaciones más. Sólo el uno por ciento de la superficie seca de la tierra está bajo cultivo. Si tan sólo se pudiera idear un método económico y efectivo de desalinización del agua, podría haber riego en los desiertos del mundo para que florecieran como la rosa. El mar, que cubre dos tercios de la superficie del planeta, tiene inmensas riquezas en proteína ictícola (sin mencionar los depósitos de petróleo, gas y minerales). Sin embargo, no hemos aprendido a cultivar los océanos; aún estamos en la etapa de la caza primitiva y además somos responsables de la sobrepesca. Se han invertido enormes sumas de dinero en proyectos espaciales; pero, personalmente no estoy demasiado convencido de que tuviéramos el mandato claro de llevar al hombre a la *luna* antes de completar la tarea encomendada por Dios de llenar y sojuzgar la *tierra*.

* * * * *

¿Tienen los cristianos un aporte distintivo que hacer al debate ecológico? En efecto, creemos que Dios creó la tierra y le encomendó su cuidado al hombre, y que un día la recreará, cuando cree «un cielo nuevo y una tierra nueva». Pues «toda la creación gime a una, y a una está con dolores de parto hasta ahora». Sus gemidos se deben a la «esclavitud de corrupción» y la consiguiente frustración. No obstante, cuando llegue el fin compartirá «la libertad gloriosa de los hijos de Dios». Es decir, la esclavitud será reemplazada por libertad, la corrupción por gloria, y su dolor por el gozo del nacimiento de un nuevo mundo (Ro. 8.19-22). Estas dos doctrinas relativas al principio y al fin de la historia, la creación y la consumación, tienen profundas consecuencias para nuestro pensamiento. Nos hacen respetuosos de la tierra, de toda la creación material, puesto que Dios la ha creado y la recreará.

Por consiguiente, aprendemos a pensar y actuar con sentido ecológico. Nos arrepentimos del derroche, la polución y la destrucción desenfrenada. Reconocemos que al hombre le resulta más fácil someter la tierra que someterse a sí mismo. Al respecto, el libro de Ronald Higgins *The Seventh Enemy* (El séptimo enemigo) es muy significativo. Los primeros seis «enemigos» son la explosión demográfica, la crisis de alimentos, la escasez de recursos, la degradación ambiental, el abuso nuclear y la tecnología científica. Pero el séptimo enemigo es el hombre mismo, su ceguera personal e inercia política frente a los desafíos ecológicos presentes. A esto se debe el subtítulo del libro de Ronald Higgins: «El factor humano en la crisis mundial». El hombre necesita una nueva conciencia de sí mismo, una renovada visión, un nuevo despertar a su potencial moral y religioso.[21] Pero ¿es posible? Efectivamente, los cristianos estamos convencidos de esto. Uno de los principales méritos del cuadernillo del profesor Klaus Bockmühl *Conservation and Lifestyle* (Conservación y estilo de vida) es que va más allá de los «criterios cristianos» para señalar los «motivos cristianos». A manera de conclusión, insiste en recalcar el desafío: «Lo que se requiere de los cristianos es la motivación para el servicio desinteresado que una vez distinguió la herencia cristiana. Debemos ser pioneros en el cuidado de la humanidad ... Debemos mostrar de dónde provienen el poder y la perspectiva para dicha contribución. Tenemos la responsabilidad de dar el ejemplo.» Debemos «reanimar el corazón de la ética del evangelio».[22]

En la raíz de la crisis ecológica se encuentra la ambición humana, lo que se ha llamado «la ganancia económica mediante la pérdida ambiental». A menudo es una cuestión de intereses comerciales en competencia (aunque actualmente algunas corporaciones multinacionales cuentan con un departamento de medio ambiente). Lógicamente los consumidores deberán pagar el costo de la producción sin polución, ya sea en aumentos de precios o de impuestos (mediante un subsidio gubernamental a los industriales). Los cristianos no deben oponerse a estas medidas, si ése es el costo de una mayordomía ecológica responsable.

Asimismo, aún mientras continúa la controversia sobre los límites del crecimiento, los cristianos debemos dar testimonio del hecho, ya evidente por sí mismo, de que los recursos de la naturaleza no son infinitos. Diez años atrás el doctor John Klotz afirmó que «la ciencia no puede hallar una forma de extender el nivel de vida del hombre occidental moderno a todo el mundo».[23] Quizá el chip de silicio acerque un poco la posibilidad. Pero mientras se mantenga la amplia disparidad entre la riqueza y la pobreza, seguramente el cristiano seguirá con la conciencia intranquila. Debemos esforzarnos por evitar todo derroche, no sólo por solidaridad con los pobres sino también por respeto al medio ambiente vivo.

Notas

1. E. F. Schumacher, *Lo pequeño es hermoso*, H. Blume, Madrid, 1978, pp. 14-19. El original en inglés salió en 1973.
2. *Futures*, vol. v, No. 1, feb. 1973, publicado por I. P. C. Business Press.

3. Gerhard von Rad, *El libro del Génesis*, Sígueme, Salamanca, 1982, p. 71.
4. Tom Dale y Vernon Gill Carter, *Topsoil and Civilization*, 1955, citado por E. F. Schumacher en *Lo pequeño es hermoso*, p. 87.
5. Martin Hengel, *Property and Riches in the Early Church*, 1973; Fortress and SCM, 1974, p. 12.
6. *Laborem Exercens*, Carta Encíclica del Papa Juan Pablo II sobre «El Trabajo Humano», Catholic Truth Society, 1981, pp. 50-51. Hay traducción castellana, Ediciones Paulinas, Buenos Aires, 1981.
7. Ron Elsdon, *Bent World*, La ciencia, la Biblia y el medio ambiente, IVP, 1981, pp. 20-21.
8. Datos y cifras obtenidos de diversas fuentes, p. ej. *The Question Mark*, «El fin del homo Sapiens», por Hugh Montefiore, Collins, 1969, pp. 15-40, y *Ecology Crisis*, «La creación de Dios y la polución del hombre», por John W. Klotz, Concordia, 1972, p. 9-43.
9. Rowland Moss, *The Earth in Our Hands*, IVP, 1982, p. 109.
10. *Man In His Living Environment*, «Una valoración ética», un informe del Consejo para la Responsabilidad Social, Church Information Office, 1970, p. 61.
11. El artículo de Gavin Maxwell apareció en *The Observer* el 13 de Octubre de 1963.
12. C. F. D. Moule, *Man and Nature in the New Testament*, «Reflexiones sobre la ecología bíblica», Athlone, 1964; Fortress, 1967, p. 1.
13. Del artículo «Las raíces históricas de nuestra crisis ecológica», publicado en *Science* 155, 1967, pp. 1203-1207. Se originó como una carta a la American Association for the Advancement of Science y fue reproducido (entre otros) por Francis Schaeffer en *Polución y la muerte del hombre*, Casa Bautista de Publicaciones, El Paso, 1973.
14. Ian L. McHarg, *Design with Nature*, Doubleday, 1969, p. 26.
15. *Ibid.*, p. 197.
16. Estos fragmentos de las Conferencias de Dunning Trust se citan en *Ontario Naturalist*, Marzo 1973.
17. Barbara Ward y René Dubos, *Only One Earth*, «El cuidado y el mantenimiento de un planeta pequeño», Penguin, 1972, p. 83.
18. *Op. cit.*, p. 45.
19. *Op. cit.*, p. 85.
20. *Man in His Living Environment*, p. 36.
21. Ronald Higgins, *The Seventh Enemy*, 1978.

22. Klaus Bockmühl, *Conservation and Lifestyle*, 1975; traducido por Bruce N. Kaye, Grove Books, 1977, pp. 23-24.
23. Ronald Higgins, *Ibid.*, p. 5.

3

Desigualdad económica norte-sur

Hace poco más de diez años que oímos hablar por primera vez de la necesidad de crear un «Nuevo Orden Económico Internacional» (NOEI). El concepto fue formulado en el encuentro de los países no alineados, en Argel en 1973. Ya una década antes, en 1964, en la primera UNCTAD (Conferencia de las Naciones Unidas sobre Comercio y Desarrollo), los representantes de los países del Tercer Mundo conformaron el «Grupo de los 77» (que ya cuenta con más de cien miembros) con el fin de promover sus propios intereses económicos. Pero en Argel la demanda de justicia económica por parte del Tercer Mundo fue más fuerte, y más específica en términos de un NOEI o reestructuración radical de la economía mundial en beneficio de los países en vías de desarrollo. Sin duda, esta demanda respondía a la posición del Tercer Mundo inmediatamente después de que los países de la OPEC cuadruplicaran el precio del petróleo. Asimismo expresaba la determinación de los países que recientemente habían obtenido la independencia *política* de lograr, a su vez, la independencia *económica*.

Al año siguiente, para júbilo de algunos y disgusto de otros, la Asamblea General de las Naciones Unidas respaldó el llamado a un NOEI, y unos meses más tarde publicó una «Carta de Derechos y Deberes Económicos de los Estados». Reconocía la conveniencia de las demandas de un NOEI, por ejemplo, de asistencia más directa y mejores términos de crédito, del derecho a reglamentar (y hasta nacionalizar) las corporaciones multinacionales, de suprimir las barreras comerciales para crear términos más favorables de comercio y de una representación más adecuada en las estructuras internacionales de decisión como el FMI. Sin embargo se avanzó muy poco en la instrumentación de estas propuestas. Las dos UNCTADs siguientes —Nairobi (1976) y Manila (1979)—

reiteraron las peticiones de aumento de crédito, asistencia, comercio, poder y estabilidad de los precios de los productos, pero los delegados del Tercer Mundo estaban decepcionados porque hasta aquel momento se había logrado poco y nada. Luego en 1980, en el umbral de la tercera «década del desarrollo», el informe de la Comisión Brandt irrumpió en la escena bajo el título de *Norte-Sur: un programa para la supervivencia*.

Los documentos de la Comisión Brandt

Desde todo punto de vista *Norte-Sur* es una obra admirable. Aun sus críticos (a quienes me referiré más adelante) reconocen que fue un gran logro elaborar un informe unánime de dieciocho distinguidos líderes independientes de cinco continentes y de distintas extracciones políticas al cabo de dos años de labor, que valientemente señala al mundo la necesidad de una acción radical a escala mundial, y que presenta el desafío con una inusual combinación de razón y pasión. En la introducción Herr Willy Brandt, ex canciller de Alemania Occidental, define las relaciones Norte-Sur como «el mayor desafío de la humanidad para lo que resta del siglo», y expresa su convicción de «que las dos décadas que tenemos por delante pueden ser determinantes del destino de la humanidad».[1]

Es imposible hacer justicia en dos o tres párrafos a un amplio informe de unas trescientas páginas. Sólo puedo delinear el trasfondo, las propuestas básicas y los argumentos fundamentales. Surge en el marco de un mundo cuya población llegará a los seis mil millones de personas en el año 2000, y en el que «las nueve décimas partes de aumento se producirá en el Tercer Mundo»[2]; en el cual, si bien durante las primeras dos «décadas de desarrollo» en el Tercer Mundo hubo cierto progreso en el crecimiento económico, la salud pública, las expectativas de vida y la alfabetización, no obstante, ochocientos millones de personas son desposeídas, es decir que «casi un cuarenta por ciento de la gente en el Sur ... apenas sobrevive»;[3] en el cual «el Norte, Europa Oriental inclusive, tiene un cuarto de la población y cuatro quintos de los ingresos», mientras que «el Sur, China inclusive, tiene tres mil millones de personas –las tres cuartas partes de la población mundial– pero vive de una quinta parte de los ingresos del mundo», y «más del noventa por ciento de la industria manufacturera está en el Norte»;[4] y en el cual cada dos segundos un niño muere de hambre o enfermedad.[5] Conocer estas estadísticas básicas es esencial; nuestro pensamiento cristiano ha de estar vinculado con la realidad.

Luego, la Comisión entendió que su función se relacionaba con «asuntos de desarrollo internacional». Por lo tanto, es importante tener en cuenta su concepción de «desarrollo». El Informe recalca que «el objetivo primordial del desarrollo es conducir a la autorrealización y a la cooperación creativa en el uso de las fuerzas productivas de una nación y de su potencial humano pleno».[6]

No deberíamos tener problemas para coincidir con esto. El «desarrollo» es mucho más que «auxilio» y «asistencia». El auxilio es necesario en situaciones de emergencia. La asistencia a menudo también hace falta, especialmente como una política de inversión para fomentar la expansión, aunque puede rebajar a la gente (si se la ofrece de un modo paternalista) y puede aumentar su dependencia en vez de disminuirla. El desarrollo, en cambio, no fomenta la dependencia sino que apunta a acabar con ella. Asimismo, el verdadero desarrollo es más que el simple crecimiento económico; comprende dimensiones de la experiencia humana que son de gran interés para los cristianos. Por esa razón, la Conferencia de la Comunidad Mundial Evangélica «Wheaton '83» prefirió «transformación» a «desarrollo», pues la transformación que los cristianos anhelan promover abarca tanto a los individuos como a las comunidades, y tanto las esferas materiales como las espirituales de la vida humana.

El Informe de la Comisión Brandt hizo el mismo énfasis, por lo menos en principio. «Desarrollo es más que el pasaje de la pobreza a la riqueza, de una economía rural tradicional a una urbana sofisticada. Supone no sólo la idea de progreso económico, sino también de un mayor grado de dignidad humana, seguridad, justicia y equidad.»[7]

Con la meta del desarrollo como fin último, los miembros de la Comisión hicieron un llamado a las «iniciativas audaces», y a los «cambios profundos ... en las relaciones económicas internacionales». El «Programa de Emergencia: 1980-1985» era el siguiente (éste es sólo su esquema básico):

1) transferencia de recursos en gran escala a los países en desarrollo;

2) estrategia energética internacional;

3) programa alimentario mundial;

4) inicio de algunas reformas sustanciales del sistema económico internacional. Esto comprendería la creación de un nuevo «Fondo Mundial de Desarrollo»; una mayor participación del Tercer Mundo en las instituciones económicas internacionales existentes; la estabilización

de las tasas de cambio y de los precios de los productos; un mayor acceso a los mercados mundiales con términos más favorables; y una mayor reglamentación de las corporaciones trasnacionales.[8]

¿Cómo pensaron los miembros de la Comisión que se podía persuadir a las naciones del Norte de compartir sus recursos, capacidades y poder en tan magna escala? Ciertamente hicieron referencia al sentido de «solidaridad humana y al compromiso con la justicia social internacional».[9] Pero éste no fue su principal punto de apoyo. En cambio, sostuvieron que «el principio del interés mutuo ha sido central en nuestras discusiones».[10] Es decir, «el Norte y el Sur dependen uno de otro en una economía mundial única» y ahora que «son cada vez más conscientes de su interdependencia, deben revitalizar el diálogo para alcanzar metas específicas, en un espíritu de cooperación y de interés mutuo y no de desigualdad y caridad».[11]

Los críticos no han cuestionado la evidente sinceridad de los comisionados, si bien han calificado el Informe de «visionario» y «romántico», y han señalado que no toma suficientemente en cuenta el egoísmo humano. Desde el punto de vista político, han lamentado la ausencia de un representante ruso en la Comisión (de modo que el diálogo ha sido más Oeste-Sur que Norte-Sur). Y desde el punto de vista económico, los críticos han comentado acerca del énfasis que el Informe pone en la distribución de la riqueza, sin una preocupación por su creación, que sería lógicamente primordial.

El profesor Brian Griffiths en las Conferencias de 1980, publicadas bajo el título «Morality and the Market Place» (La moralidad y el mercado), desarrolla una crítica más de fondo. El es un crítico renuente pues también está profundamente preocupado porque «cientos de millones de seres humanos que como nosotros han sido creados a la imagen de Dios ... viven en condiciones de extrema pobreza».[12] Sin embargo no acepta el análisis del Informe ni las medidas propuestas para remediar la situación, bien que seguramente aprueba la reducción del proteccionismo. Mayormente dirige sus críticas a las omisiones del Informe. ¿Por qué cayeron los miembros de la comisión en la trampa de generalizar acerca del «Sur» y del «Tercer Mundo»? ¿Por qué no hicieron la incómoda indagación acerca de la razón por la cuál algunos países del Tercer Mundo han ido desarrollándose mucho más velozmente que otros? La diferencia en el ritmo de crecimiento no se debe sólo a la disparidad de recursos naturales disponibles. La razón es más profunda. Pues, sostiene el profesor Brian Griffiths, las causas de la pobreza del Tercer Mundo se relacionan con personas y su comportamiento político, económico y cultural. Los factores políticos incluyen la mala administración, la expulsión de minorías étnicas, y el derroche y la corrupción por parte de gobiernos y líderes. A esto se suma el sistema económico que eligen y operan. Pero por sobre todo se encuentra el factor cultural, el efecto profundo que el trasfondo cultural de una persona tiene sobre sus motivaciones, pensamientos, aspiraciones y acciones.

A decir verdad, la Comisión Brandt no dejó completamente de lado el factor cultural. Me pregunto si Brian Griffiths tomó en cuenta esta parte de las declaraciones:

> Por brillantes que sean los planes para la mejora de las condiciones económicas y sociales de la gente, los logros serán escasos a menos que paralelamente se luche al mismo tiempo tanto en el Norte como en el Sur para liberar a las personas de ideas gastadas, de la garra de intereses nacionales concebidos estrechamente, y de las pasiones y prejuicios heredados del pasado. Un nuevo orden económico internacional requerirá hombres y mujeres con una nueva mentalidad y una visión más amplia para hacerlo funcionar, y un proceso de desarrollo en el cual sus capacidades prosperen plenamente.[13]

Esos son buenos deseos, si bien algo vagos y generales. Pero Brian Griffiths tuvo razón al tomar las propias palabras de Willy Brandt en nombre de la Comisión: «Damos por sentado que todas las culturas merecen el mismo respeto, protección y promoción.»[14]

«Si bien todas las culturas merecen el mismo respeto –comenta Griffiths– no todas merecen ser igualmente protegidas y promovidas.» Por el contrario, ¿cómo podemos pensar en «proteger y promover» culturas que entorpecen activamente el desarrollo, por ejemplo, inculcando un espíritu de fatalismo y apatía? Sigue diciendo:

> Si en verdad queremos comprender los orígenes de la pobreza en los países del Tercer Mundo, en mi opinión nos vemos obligados a realizar un análisis de la cultura de los diferentes países y a hacer preguntas básicas. ¿Por qué es que en algunas sociedades los individuos tienen la visión del mundo físico, de la importancia del trabajo, y el sentido de autodisciplina que tienen? ¿Y por qué en otras sociedades no? ... Personalmente, me resulta imposible responder a estas preguntas en términos puramente económicos. Es aquí donde el análisis económico necesita una dimensión religiosa ... En la medida en que toda cultura contiene valores judeo-cristianos, aquellas facetas de la cultura merecen especial protección y promoción.[15]

De manera que la principal crítica que Brian Griffiths hace a las recomendaciones de la Comisión Brandt es que «tienen un dejo de utopía. Prestan poca atención a las raíces espirituales de nuestros problemas económicos. No toman en cuenta en absoluto la relación entre las estructuras económicas y la filosofía económica ... Las culturas expresan valores que dan forma a las instituciones y motivan a las personas;

algunas de las cuales ... promueven la riqueza, la justicia y la libertad, y otras no.»[16]

Las Conferencias de 1981 realizadas al año siguiente de aquéllas de Brian Griffiths, tomaron la forma de un simposio publicado con el título *The Year 2000 AD* (El año 2000 d.C.). Una de las contribuciones correspondió a Donald Hay de la Universidad de Oxford y se tituló *North and South: The Economic Debate* (Norte y Sur: el debate económico).[17] En su mayor parte el ensayo se refiere al informe de la Comisión Brandt. Señala que los delegados intentaron inducir al Norte a la acción 1) mediante «argumentos fatalistas» (planteando que de lo contrario la guerra mundial, el desastre ecológico o el derrumbe económico serían inevitables) y 2) mediante «argumentos relativos al interés económico mutuo». En su opinión, ninguno de los dos grupos de argumentos son convincentes ni plenamente cristianos. En su reemplazo hace una reformulación del «argumento moral cristiano», que no es compasión sino justicia: «el principio cristiano fundamental que ha de aplicarse al acceso a los recursos es la justicia»,[18] es decir a los recursos de educación, tecnología, tierra y «una cultura basada en la esperanza y no en la desesperación en cuanto a las posibilidades de desarrollo económico».[19] En contraste, el Norte ha «usado su poder para determinar las relaciones económicas Norte-Sur en beneficio propio».[20]

A pesar de las críticas, el Informe de la Comisión Brandt infundió grandes esperanzas de que al fin se tomara alguna acción para reparar el desequilibrio económico Norte-Sur. La Comisión propuso específicamente que el proceso se iniciara mediante «una cumbre reducida de jefes de estado del Norte y del Sur, y que se esperaba incluyera al Este y a la China».[21] Como resultado directo de esta sugerencia, en octubre de 1981 se realizó la reunión cumbre de veintidós líderes en Cancun, Méjico. Pero lamentablemente resultó ser demasiado numerosa (pues cada líder asistió con una comitiva) y demasiado estructurada (la mitad del tiempo estuvo dedicada a discursos preparados de antemano). Además, antes de la reunión, el presidente Reagan se anticipó con un discurso en el cual subrayó que la solución a los problemas del Tercer Mundo residiría en la «magia del mercado», y no en la asistencia para el desarrollo, y declaró asimismo que la cumbre era completamente informal, pues no se proponía tomar decisiones ni resoluciones. Los resultados fueron minúsculos. Al parecer, las naciones del Norte sólo están preocupadas por sus propios problemas económicos.

Así fue que en 1983 la Comisión Brandt publicó su segundo documento, un memorandum titulado *Common Crisis* (Crisis Común).[22] En la introducción Herr Willy Brandt se manifiesta aún más apasionadamente que antes. Sostiene que transcurrieron tres años desde la publicación de *Norte-Sur*. Mientras tanto, algunos de los temores más serios de los miembros de la Comisión se han confirmado. Las perspectivas de recuperación económica se han deteriorado rápidamente. Un empeoramiento en la situación podría «causar la desintegración de las sociedades y crear condiciones de anarquía en muchas partes del mundo». La cumbre de Cancun no llegó a satisfacer las expectativas de la Comisión. No existen señales de cooperación mundial. De modo que Willy Brandt y sus colegas sintieron la necesidad «de presentar una versión urgente y actualizada del Programa de Emergencia original»,[23] con la esperanza de romper con el estancamiento y prevenir el derrumbe económico.

La Comisión resume sus propuestas bajo cinco encabezamientos:

1) finanzas (más dinero disponible para la recuperación),

2) comercio (incremento del comercio mundial, mediante la resistencia a las presiones proteccionistas),

3) alimentos (aumento de la producción agrícola y de alimentos, para lograr el autoabastecimiento de los países),

4) energía (creación de un nuevo órgano de energía para aumentar la producción energética), y

5) negociación (mejora del proceso de negociaciones entre el Norte y el Sur).

No creo que Brandt II contenga ninguna propuesta sustancial que no estuviera ya en Brandt I. Es el mismo remedio, aunque tal vez la mezcla sea más fuerte, y el llamado de atención del médico es, sin duda, más urgente.

Como no soy economista, no tengo los elementos para comentar sobre la forma que debería adoptar un «Nuevo Orden Económico Internacional» ni sobre las propuestas específicas de los dos documentos de la Comisión Brandt (el Informe de 1980 y el Memorandum de 1983). Pero en cambio, lo que creo poder hacer es respaldar el concepto de cooperación económica mundial y ofrecer algunas reflexiones bíblicas que justifican que se prosiga intentando. Nuevamente nos esforzaremos por aclarar los principios subyacentes, mientras que dejamos la elaboración de políticas a quienes cuentan con la capacitación, la influencia y los conocimientos necesarios. A mi entender, hay dos principios bíblicos fundamentales en juego.

El principio de la unidad

El primero es el principio de la unidad: el planeta tierra es uno, y la raza humana también es una. Algunos atribuyen a Buckminster Fuller, el famoso inventor de la cúpula geodésica, el haber acuñado la expresión «nave tierra». Otros sostienen que el Embajador Adlai Stevenson fue el primero en emplearla. Es verdad que durante el último discurso que pronunciara ante el Consejo Económico y Social en Ginebra el 9 de junio de 1965, se refirió a la tierra como a una pequeña nave espacial en la que todos viajamos juntos, «y dependemos de sus vulnerables provisiones de aire y tierra». Al año siguiente la economista Barbara Ward retomó el motivo en su libro *Spaceship Earth* (La nave tierra), y unos años más tarde lo desarrolló en profundidad en colaboración con René Dubos en *Only One Earth* (Sólo una tierra).[24] La obra, subtitulada «cuidado y mantenimiento de un pequeño planeta» y publicada en forma preliminar a la Conferencia de las Naciones Unidas sobre el Medio Ambiente de 1972 en Estocolmo, se propone responder al interrogante acerca de cómo puede la creciente humanidad administrar los limitados recursos del planeta para el bien común, sin explotarlos, derrocharlos ni destruirlos. El último capítulo «Estrategias para la supervivencia» se cierra con una nota de desconsuelo. Los gobiernos han apoyado de la boca para afuera el concepto de interdependencia planetaria, al establecer toda una gama de organismos de Naciones Unidas para desarrollar estrategias mundiales. Pero estas instituciones internacionales «no cuentan con el respaldo de un sentido de comunidad y compromiso planetarios ... El planeta no es aún un centro de lealtad racional para toda la humanidad».Pero una reorientación de la lealtad es posible y puede comenzar en nosotros mediante «la profundización del sentido de una bioesfera compartida e interdependiente». Después de todo, la raza humana ha ido ampliando constantemente el objeto de su lealtad: «de la familia al clan, del clan a la nación, de la nación a la federación». ¿Qué le impide, pues, dar el último paso lógico? «Actualmente, la sociedad humana quizá pueda tener esperanzas de sobrevivir en su tan preciada diversidad, con tal que pueda alcanzar una lealtad última a su único, hermoso y vulnerable Planeta Tierra.»[25]

Esta es una clara visión bíblica. «De Jehová es la tierra y su plenitud; el mundo, y los que en él habitan» (Sal. 24.1). Ya he citado este versículo con referencia al medio ambiente: la tierra es de Dios. Observemos que quienes la habitan también le pertenecen. Pues Dios ha creado un solo pueblo (la raza humana) y lo ha colocado en un único habitat (el planeta tierra). Somos un pueblo que habita un planeta. Es más, estas dos unidades (planeta y humanidad) están en íntima relación. Pues Dios dijo: «Fructificad y multiplicaos; llenad la tierra, y sojuzgadla» (Gn. 1.28). De manera que esta única humanidad debía poblar y dominar esta única tierra, con el fin de emplear los recursos. Ni se insinuaba al principio la división de la tierra ni la rivalidad entre naciones. De ninguna manera; toda la tierra debía ser desarrollada por toda la humanidad para el bien común. Todos debían participar de las riquezas recibidas de Dios. El principio de «justicia distributiva» aún es aplicable en la actualidad.

Pero ese propósito divino se ha frustrado por el surgimiento de naciones competitivas que se han repartido la superficie de la tierra y ahora custodian celosamente los depósitos minerales y de combustibles fósiles para sí mismas. Naturalmente, la Biblia (que es un libro muy realista) reconoce la existencia de naciones, señala que el desarrollo de sus historias y las fronteras territoriales están bajo el control soberano último de Dios, celebra la diversidad cultural que han creado (aunque no todas las prácticas culturales), y nos advierte que «se levantará nación contra nación» hasta que llegue el fin. Pero no aprueba esta rivalidad internacional. Por el contrario, nos dice que la multiplicidad de naciones mutuamente hostiles con idiomas mutuamente incomprensibles es una consecuencia del juicio de Dios sobre la desobediencia y el orgullo del hombre (Gn. 11). La Biblia también señala que uno de los principales propósitos de Dios en la redención será superar la enemistad que separa a las naciones, y reunir a la raza humana en Cristo. Así pues, inmediatamente después del episodio de la torre de Babel, Dios prometió bendecir a todas las naciones de la tierra por medio de la posteridad de Abraham (Gn. 12.1-3); predijo por medio de los profetas que un día todas las naciones «correrán» como ríos hacia Jerusalén (p.ej. Is. 2.2); el Cristo resucitado mandó a sus seguidores ir y hacer discípulos en todas las naciones (Mt. 28.19); el Espíritu Santo fue derramado sobre «toda carne»; las diecinueve nacionalidades que menciona Lucas representan el mundo conocido (Hch. 2.5-11, 17); Pablo describe el logro de la cruz de Cristo en términos de la abolición del muro divisorio de hostilidad entre judíos y gentiles y, a su vez, de la creación a partir de los dos de «un solo hombre» o una sola nueva humanidad (Ef. 2.14, 15); y la visión de los redimidos ante el trono de Dios es de una multitud incontable «de todas naciones y tribus y pueblos y lenguas» (Ap. 7.9). Es imposible pasar por alto la hebra de internacionalismo que aparece a lo largo de toda la trama de la revelación bíblica.

Así pues, no podemos evadir nuestra responsabilidad para con los pobres del mundo argumentando que ellos son de otras naciones y no nos conciernen a nosotros. Los ingleses tenemos la tendencia a exhibir una clase de orgullo nacional particularmente desagradable. Cuando viajamos por el continente europeo, nos asombra que otros no sepan hablar nuestro idioma y hasta nos molesta que pretendan que nosotros aprendamos el suyo. Asimismo tenemos la repugnante costumbre de usar apodos despectivos para referirnos a los extranjeros. Basta llamar a alguien «wog», «hun», «dago», «frog», «chink» o «yank»[26] para colocarlo al margen de nuestro respeto. De más está decir que los cristianos debemos arrepentirnos de tal engreimiento, pues hay un solo mundo, y tanto ellos como nosotros somos ciudadanos de él. El aspecto central de la parábola del buen samaritano es el giro racial. El asunto no es sólo que el amor al prójimo no tome en cuenta las barreras raciales y nacionales, sino que en la historia de Jesús un samaritano hizo por un judío lo que ningún judío jamás habría soñado hacer por un samaritano.

El «patriotismo» es bueno y justo. Es el legítimo amor a la patria a la cual pertenecemos por providencia divina. Pero Sir Alfred Duff Cooper cometió un serio error al comentar (creo que a principios de la década del cincuenta) que «el amor al propio país debe ser como todo amor verdadero: ciego, prejuicioso y apasionado». Espero que haya estado bromeando, pues lo que describió no es «patriotismo» sino «nacionalismo», una lealtad ciega y exagerada «a mi nación, tenga o no razón». Es el nacionalismo y no el patriotismo lo que nos lleva a elaborar políticas comerciales que nos benefician a nosotros a costa de los países en vías de desarrollo. El nacionalismo es incompatible con la perspectiva bíblica y con la mente de Cristo. Todo cristiano debe esforzarse por llegar a ser un internacionalista más comprometido, y leer acerca de otros países, visitarlos si fuera posible, recibir visitas extranjeras en su casa, aprender otro idioma y hacerse amigo de personas de otras culturas. Así nuestras vidas se verán enriquecidas. Esto será además un símbolo de nuestra decisión de afirmar el principio bíblico de la unidad (un planeta, una humanidad), de desarrollar una perspectiva mundial y de reconocer la inevitable interdependencia de todos. ¿Es éste un concepto ingenuo? Quizá los cristianos puedan convertirse en internacionalistas por gracia de Dios, ya que la visión bíblica de la unidad humana es muy clara. Pero, ¿podemos esperarlo de personas que no profesan fe en Jesucristo? ¿No tienen los gobiernos la obligación de pensar primero en el interés nacional? De lo contrario, no serán reelectos. En la útil introducción a los problemas de la asistencia y el comercio internacional, *Trade, Justice and the Wealth of Nations* (Comercio, justicia y la riqueza de las naciones), Duncan Munro señala que la expresión «familia de naciones», aunque útil, es engañosa, pues «existe una armonía de intereses en la vida familiar, que las naciones no pueden tener ... La familia, en virtud de los profundos lazos de unión entre sus miembros, ... es capaz de una considerable abnegación ... Pero una nación no tiene la capacidad de amar». Las relaciones internacionales deben basarse, pues, en la justicia. Y prosigue: «Pero los filósofos morales tienen razón al sostener que no existe una necesidad lógica por la cual los hombres deban elegir actuar con justicia sobre la sola base de la naturaleza.» Sólo el evangelio cristiano puede dar la motivación necesaria.[27]

Se justifica que Duncan Monro subraye la diferencia entre la familia nuclear (o extendida) y la familia de naciones. Sin embargo, no debemos apresurarnos a aceptar la diferenciación. Las personas reconocen que pertenecen a la familia humana mundial. Y en todos los seres humanos, aun después de la caída, existe un sentido básico de compasión y justicia, que puede influir sobre la conducta individual y colectiva. Ciertamente en el Oeste hay un amplio interés por ayudar a las naciones en desarrollo y por erradicar la pobreza. Citaré nuevamente a Barbara Ward, esta vez de su libro *Progress for a Small Planet* (Progreso para un planeta pequeño). Su visión del mundo contemporáneo es que transita por un «inestable interregno entre eras imperiales que quizá estén por desaparecer y una sociedad planetaria que lucha por nacer». Declara que la «principal percepción nueva de nuestro siglo» es la «ineludible interdependencia física» de todos los seres humanos.[28] ¿Puede esto conducir a una verdadera cooperación para la supervivencia? Propone la teoría de «un convenio mundial basado en la aplicación a la comunidad planetaria de algunos de los principios básicos que gobiernan y dan armonía a una sociedad nacional»:[29] la redistribución de la riqueza mediante un sistema tributario y no la caridad. ¿No se puede aplicar este modelo nacional al planeta? El primer paso sería el compromiso de las naciones ricas a dar el 0,7 por ciento de su PBI al Tercer Mundo, y llegar al uno por ciento sumando esto a una gravación indirecta a los viajes internacionales. Pero sólo Holanda se aproximó a esta meta en 1980, cuando el fondo de «Asistencia Oficial al Desarrollo» (ODA) llegó a un 0,99 por ciento. Otros países desarrollados están muy por debajo de estos porcentajes, y algunos han reducido el ODA en la última década. Así Gran Bretaña redujo el ODA de un 0,36 por ciento en 1970 a un 0,34 por ciento en 1980, y en el mismo período los Estados Unidos lo redujo de un 0,31 a un 0,27 por ciento.[30] Barbara Ward plantea un desafío: estamos dispuestos a pagar impuestos en nuestro propio país porque somos *una nación*; ¿no deberíamos también estar dispuestos a pagar un impuesto internacional porque somos *un mundo*?

El principio de la equidad

Pasemos, pues, del primer principio bíblico (unidad) al segundo (equidad). Observemos la siguiente enseñanza del apóstol Pablo:

> 8 No hablo como quien manda, sino para poner a prueba, por medio de la diligencia de otros, también la sinceridad del amor vuestro. 9 Porque ya conocéis la gracia de nuestro Señor Jesucristo, que por amor a vosotros se hizo pobre, siendo rico, para que vosotros con su pobreza fueseis enriquecidos.
> 10 Y en esto doy mi consejo; porque esto os conviene a vosotros, que comenzasteis antes, no sólo a hacerlo, sino también a quererlo, desde el año pasado. 11 Ahora, pues, llevad también a cabo el hacerlo, para que como estuvisteis prontos a querer, así también lo estéis en cumplir conforme a lo que tengáis. 12 Porque si primero hay la voluntad dispuesta, será acepta según lo que uno tiene, no según lo que no tiene.
> 13 Porque no digo esto para que haya para otros holgura, y para vosotros estrechez, 14 sino para que en este tiempo, *con igualdad*, la abundancia vuestra supla la escasez de ellos, para que también la abundancia de ellos supla la necesidad vuestra, *para que haya igualdad*, 15 como está escrito: El que recogió mucho, no tuvo más, y el que poco, no tuvo menos (2 Co. 8.8-15).

Hemos empleado bastardillas para las referencias a la igualdad como meta, a fin de que no las pasemos por alto. Sin embargo, debemos considerarlas dentro del contexto de la instrucción de Pablo sobre la ofrenda que él estaba organizando en las iglesias griegas para los judíos cristianos pobres. Comienza por asegurarles que su enseñanza no es un mandato sino una prueba y busca evidencias de la autenticidad del amor de ellos (v. 8). Por esa razón sus ofrendas han de ser voluntarias. No quiere decir que esto sea optativo (pues tienen la obligación de compartir con sus hermanas y hermanos cristianos más necesitados), sino que han de dar de manera libre y espontánea (como expresión de su amor hacia los pobres, y no por mera obediencia al apóstol).

Así Pablo pasa directamente a Cristo y a una sublime declaración de su gracia espontánea (v. 9). Funda el llamado terrenal a favor de los necesitados en la teología de la Encarnación, y en la gracia de la renuncia que entraña. Hace dos referencias a la riqueza y dos a la pobreza. Cristo era rico, y se hizo pobre, no como un gesto de ascetismo sin sentido, sino «por amor a vosotros», para que por medio de su pobreza fueran enriquecidos. Es decir que por causa de *nuestra* pobreza él renunció a sus riquezas, para que por medio de *su* pobreza nosotros pudiéramos compartirlas. Fue una renuncia con miras a cierta igualdad.

Además, tanto su interés por acabar con nuestra pobreza como su decisión de renunciar a sus riquezas eran expresiones de su «gracia» (v. 9), así como una acción similar por nuestra parte serían expresiones de amor (v. 8). Pues la gracia es amor espontáneo e inmerecido.

A la exhortación a que demuestren su amor, Pablo agrega algunos consejos prácticos sobre la manera de hacerlo. Era tiempo de completar aquello que habían deseado hacer e iniciado un año antes. Pues el querer y el hacer deben ir juntos, de acuerdo con los medios disponibles (vv. 10-12). La ofrenda cristiana es proporcional, y es aceptable según lo que uno tenga, con tal que exista voluntad de dar. Pablo no pretende que satisfagan las necesidades de otros dejándolos a ellos con carencias, pues eso no sería más que revertir la situación, resolviendo un problema y provocando a la vez otro. Al contrario, su deseo es «que haya igualdad» (v. 14). Compara la abundancia de unos con la necesidad de otros, y demanda que se haga un ajuste, es decir, que la abundancia de unos alivie la necesidad de otros (v. 14). Dos veces repite que el propósito es *isotes*, que generalmente significa «igualdad», pero también puede significar «equidad» o «justicia». Finalmente, cita un pasaje del Antiguo Testamento referido al maná (v. 15). Dios proveyó suficiente para todos. Las familias más numerosas recogían mucho, pero no demasiado, pues no les sobraba; las familias más pequeñas recogían sólo un poco, pero no demasiado poco, pues no les faltaba. Cada familia tenía suficiente, pues recogían según la necesidad y no la codicia.

Resumiré estas instrucciones en el orden inverso, y en su aplicación a la situación mundial contemporánea: 1)Dios ha provisto lo suficiente para satisfacer las necesidades de todos (recursos suficientes: sol y lluvia, tierra, aire y agua); 2) toda marcada disparidad entre abundancia y carencia, riqueza y pobreza le es inaceptable; 3) cuando surge una situación de seria disparidad se la debe corregir mediante un ajuste con el fin de lograr la «igualdad» o la «justicia»; 4) la motivación cristiana del deseo de «justicia» es la «gracia», el amor generoso; como Jesucristo, quien aunque era rico, se hizo pobre, para que por su pobreza pudiéramos ser enriquecidos; 5) hemos de seguir su ejemplo en esto, y probar así que nuestro amor es genuino. Específicamente cómo se puede lograr una igualación a nivel mundial ya es otro tema. Los economistas tienen diferentes opiniones. Una transferencia masiva asistencial no es necesariamente la solución a largo plazo. Sin embargo, cualquiera sea el método, la motivación para buscar la igualdad o la equidad es el amor.

Algunos pueden objetar que las instrucciones de Pablo se referían a la equiparación dentro de la familia de Dios —los cristianos gentiles de Grecia debían ayudar a los cristianos judíos de Judea— y que no tenemos derecho de extender su aplicación de la iglesia al mundo. Pero no puedo aceptar esa restricción. Los «pobres» por cuya causa el Cristo rico se hizo pobre eran pecadores no creyentes como nosotros. Además, el principio según el cual la grave disparidad debe ser allanada se parece más a una verdad universal. Y cuando Pablo escribió «según tengamos oportunidad, hagamos bien a todos, y mayormente a los de la familia de la fe» (Gá. 6.10), el propósito de «mayormente» no era excluir a los no creyentes, sino recordarnos que nuestra primera responsabilidad es hacia nuestros hermanos y hermanas cristianos.

En la interpretación de la enseñanza de Pablo debemos hacer una importante salvedad: la «igualdad» que nos presenta como meta es relativa y no absoluta. Lo que recomienda no es un «igualitarismo» por el cual todas las personas se vuelven exactamente iguales, tienen ingresos idénticos, viven en casas idénticas con idénticos muebles, visten ropa idéntica y desarrollan un estilo de vida idéntico. Pues el Dios vivo no es el Señor de la gris uniformidad sino de colorida diversidad. Es cierto que nos ha hecho iguales en cuanto a dignidad y valor (pues todos compartimos su vida y su semejanza). También es cierto que él bendice a todos por igual con el sol y la lluvia (Mt. 5.45). Pero no nos ha hecho a todos iguales en nuestras capacidades. Por el contrario, por creación somos diferentes unos de otros: intelectualmente (tenemos distinto CI), psicológicamente (tenemos diferentes temperamentos), físicamente (algunos atractivos, otros no tanto; algunos fuertes, otros más débiles). Y la nueva creación amplía esta disparidad. Pues aunque todos somos «uno en Cristo» (Gá. 3.28), todos hijos de Dios, justificados por su gracia por medio de la fe, y si bien todos hemos recibido el mismo Espíritu Santo que habita en nosotros, Cristo nos da diferentes dones espirituales, cuyo valor difiere según el grado en que contribuyen a edificar la iglesia.[31]

Consecuencias económicas personales y sociales

¿Cómo integraremos, pues, lo que encontramos en la Biblia: la unidad y la diversidad, la igualdad y la desigualdad? Pueden ofrecerse dos respuestas. La primera está relacionada con *el estilo de vida económico personal*. ¿Existe algún criterio según el cual podamos decidir el nivel en el que elegiremos vivir y cuánta diferencia deberíamos permitir que exista entre nosotros y los demás en nuestro vecindario? Es un cuestionamiento que todo misionero debe enfrentar, especialmente si va de un país rico a un país subdesarrollado. El informe Willowbank es de utilidad en este punto: «No creemos que haya que 'convertirse en nativo', especialmente porque tal intento por parte de un extranjero puede no parecer genuino, sino fingido. Pero tampoco creemos que deba existir una conspicua disparidad entre nuestro estilo de vida y el de las personas que nos rodean. Entre estos extremos vemos la posibilidad de desarrollar un nivel de vida que sea la expresión de la clase de amor que se interesa y comparte, para el cual es natural el intercambio de hospitalidad con otros sobre la base de la reciprocidad, sin necesidad de avergonzarse.»[32] Esta me parece una buena regla práctica. En cuanto me avergüenzo de ir a visitar a alguien a su casa o de invitarlo a la mía, por la desigualdad en nuestro estilo de vida, algo anda mal. La desigualdad ha quebrado la comunión. Hace falta una igualación en una u otra dirección, o en ambas. El presidente Nyerere aplicó este desafío a la construcción de la nación de Tanzania en el cual «ningún hombre se avergüenza de su pobreza a la luz de la riqueza de otro, ni nadie se avergüenza de su riqueza a la luz de la pobreza de otro».[33]

En segundo lugar, este principio nos puede ayudar al pensar sobre *la desigualdad económica Norte-Sur*. Como todos tenemos el mismo valor (independientemente de las diferencias de capacidad), correspondería garantizar a cada persona iguales oportunidades para que desarrolle el potencial que recibió de Dios para el bien común. No podemos suprimir todas las diferencias, ni deberíamos intentarlo (debido a la diversidad de la creación). Lo que debemos suprimir es la diferencia de privilegios, con el fin de crear la igualdad de oportunidades, pues millones de personas se ven imposibilitadas de desarrollar su potencial humano. Los cristianos consideramos que éste es el verdadero escándalo. No es sólo una ofensa contra los seres humanos, porque están frustrados y no se han realizado, sino contra su Creador quien les ha concedido dones para que los desarrollen y usen en el servicio, y no para que los desaprovechen. Permítanme hacer un breve comentario sobre la igualdad de oportunidades en la educación, la responsabilidad y el comercio.

La educación debe ser primera prioridad. Según datos de las Naciones Unidas, «aún hay treinta y cuatro países ... en que más del ochenta por ciento de la población es analfabeta».[34] Por lo tanto, debemos respaldar todo programa que apunte a lograr la igualdad de oportunidades educativas. La educación generalizada es probablemente el camino más corto hacia la justicia social, pues desarrolla en las personas la conciencia social, y así les da la preparación y el valor para tomar su destino en sus propias manos. En esto consiste el proceso de «concientización», concepto popularizado por Pablo Freire de Brasil.

En segundo término, los países en desarrollo deben tener igualdad en la responsabilidad internacional. El Fondo Monetario Internacional, el Banco Mundial y el Convenio General de Comercio y Tarifas fueron establecidos como resultado de la conferencia de Breton Woods en 1944, más de veinte años antes de la primera reunión de UNCTAD en la cual por primera vez los representantes de los países del Tercer Mundo tuvieron un foro propio. No sería más que una cuestión de justicia elemental que los países en desarrollo pudieran tener más voz en las instituciones internacionales que controlan en gran medida su vida económica (el Informe Brandt lo demanda). Aquéllos a quienes afectan las decisiones tomadas deben poder participar en la toma de decisiones.

En tercer término, llegamos a la controvertida área del comercio internacional. Actualmente, muchos reclaman «comercio sí, asistencia no». Los ha defraudado el hecho de que gran parte de los fondos de asistencia se hayan destinado a fines errados (p. ej. a construcciones sofisticadas y no a un genuino desarrollo que cree empleos, aumente las exportaciones y ayude a los pobres) o bien haya sido derrochado por ineptitud o corrupción. También los frustra el hecho de que por lo general se considera inaceptable imponer condiciones para el otorgamiento de préstamos. Sin embargo Brandt I y II aún demandan una transferencia masiva de recursos, y en mi opinión los dadores o prestamistas deben asegurarse de que los fondos se empleen para los fines de desarrollo que fueron concedidos (tanto más en el caso de un gobierno o un banco, pues el dinero transferido no les pertenece).

El presidente Nyerere ha demandado igualdad en el acceso a los mercados mundiales, para acabar con la obligación de los países en desarrollo de «vender barato y comprar caro». Asimismo Brandt aboga por menos proteccionismo y términos de intercambio más favorables. En principio el hecho de que la justicia lo exige tiene amplio reconocimiento. No obstante, también se advierte que una genuina igualdad en el comercio es difícil de lograr, ya que los países en desarrollo acuden a la mesa de negociaciones y al mercado en desigualdad de condiciones, con menor poder de negociación. Esto se debe en parte a que los productos (no industrializados) que pueden ofrecer se ven limitados por su geografía y, en parte, a que carecen de recursos (capital, tecnología y capacitación) para poder diversificar las exportaciones. Unas dos terceras partes del mundo llegan a los mercados internacionales con estas y otras desventajas.

Probablemente, la igualdad de oportunidades en estas tres áreas (educación, responsabilidad en la toma de decisiones y comercio) garantizaría más que cualquier otra cosa una distribución más justa de la riqueza del mundo.

La situación actual de desigualdad Norte-Sur («una brecha tan grande que parecería que en los dos extremos las personas habitaran mundos distintos»)[35] no es culpa de Dios (pues él ha provisto recursos de tierra y mar), ni es culpa de los pobres (pues la mayoría de ellos nació sumido en ella, si bien algunos líderes gubernamentales son responsables por la corrupción y la incompetencia), ni es necesariamente nuestra la culpa (si bien nuestros antepasados colonialistas quizá hayan colaborado para que se inicie). Nos hacemos responsables personalmente sólo si consentimos su continuidad. En la historia de Jesús sobre el rico y Lázaro, no hay indicio de que el rico fuera responsable de la condición del pobre. Sin embargo, el rico se hizo culpable por no prestar atención al mendigo en su portal, por no hacer nada por su pobreza, por no usar de su abundancia para aliviar la necesidad del pobre, y por conformarse a la situación de burda desigualdad económica que había deshumanizado a Lázaro y que él podría haber remediado. Aun los perros callejeros que lamían las heridas del pobre le manifestaban más compasión que el rico. El hombre rico fue al infierno no por haber explotado a Lázaro, sino por su escandalosa indiferencia y apatía.

* * * * *

La tentación es usar la complejidad de la macroeconomía como excusa para no hacer nada. Debemos orar pidiendo a Dios que llame a más de sus hijos a elaborar nuevas políticas de economía internacional, a trabajar por soluciones políticas y entregar su vida al campo del desarrollo del Tercer Mundo, de la filantropía práctica y la evangelización. Pero estos son sólo algunos llamados.

Todos podemos sentir lo que Jesús sintió: el dolor de los hambrientos, la alienación de los pobres, la falta de dignidad de los «desdichados de la tierra». En esencia, la desigualdad entre el Norte y el Sur no es un problema político ni económico, sino moral. Si no sentimos indignación moral por la injusticia social mundial y compasión por el sufrimiento humano en todo el mundo, no es probable que actuemos. ¿Qué podemos hacer? Podemos comenzar por informarnos. Así como Lázaro estaba a la puerta del rico, así también el Tercer Mundo está a nuestra puerta. El rico no pudo alegar ignorancia; nosotros tampoco. Debemos asegurarnos de leer un diario que se ocupe adecuadamente del Tercer Mundo y quizá suscribirnos a una revista dedicada a sus necesidades. Podemos hacernos amigos de alguna persona de un país en vías de desarrollo y tal vez ofrecernos para un período de servicio voluntario en algún lugar del Tercer Mundo. Esta clase de investigación personal puede conducir a la movilización política. Sin duda también afectará nuestro bolsillo.

Quienes leen este libro deben ser relativamente ricos; de lo contrario, no podrían comprarlo. Debemos estar agradecidos por las cosas buenas que Dios nos ha dado, pero también debemos recordar los principios bíblicos de la unidad y la igualdad. Luego contribuiremos generosamente tanto al desarrollo mundial como a la evangelización mundial. Naturalmente, nuestro compromiso personal con un estilo de vida más sencillo no resolverá los problemas económicos del mundo. Pero será un importante símbolo de nuestra obediencia cristiana y de nuestra participación de la gracia de Jesucristo que lo llevó a vaciarse a sí mismo y tomar forma de siervo.

Notas

1. *North-South: A Programme for Survival*, el Informe de la Comisión Independiente sobre Problemas del Desarrollo Internacional presidida por Willy Brandt, Pan Books, 1980, pp. 7, 8.
2. *Ibid.*, p. 105.
3. *Ibid.*, p. 50.
4. *Ibid.*, p. 32.
5. Comisión Brandt, *Common Crisis, North-South*, Cooperación para la recuperación del mundo, Pan Books, 1983, pp. 9-10.
6. *Ibid.*, p. 23.
7. *Ibid.*, p. 49.
8. *Ibid.*, pp. 276-280.
9. *Ibid.*, p. 64.
10. *Ibid.*, p. 64.
11. *Ibid.*, p. 30.
12. Brian Griffiths, *Morality and the Market Place*, «Alternativas cristianas al capitalismo y al socialismo», Hodder & Stoughton, 1982, p. 127.
13. *North-South*, *op. cit.* p. 63.
14. *Ibid.*, p. 25.
15. *Morality and the Market Place*, p. 143.
16. *Ibid.*, pp. 148-149.
17. *The Year 2000 AD*, ed. John Stott; Marshall, Morgan & Scott, 1983, pp. 72-102.
18. *Ibid.*, pp. 92-93.
19. *Ibid.*, p. 94.
20. *Ibid.*, p. 95.
21. *North-South*, p. 265.

22. Brandt Commission, *Common Crisis, North-South*, Cooperación para la recuperación del mundo, Pan Books, 1983.
23. *Ibid.*, p. 1.
24. Barbara Ward y René Dubos, *Only One Earth*, el cuidado y mantenimiento de un planeta pequeño, un informe extraoficial encargado por la Secretaría General de la Conferencia de las Naciones Unidas sobre Medio Ambiente, preparado con la asistencia de una Comisión de Consultores formada por 152 miembros de 58 países, Penguin, 1972.
25. *op. cit.*, p. 298.
26. Apodos despectivos referidos a personas de Lejano Oriente u Oriente Medio, los alemanes, los españoles o italianos, los franceses, los chinos y los norteamericanos, respectivamente. (N. del T.)
27. Duncan Monro, *Trade, Justice and the Wealth of Nations*, Grove Books, 1976, pp. 11 y 24.
28. Barbara Ward, *Progress for a Small Planet*, Penguin, 1979, p. 277.
29. *Ibid.*, p. 257.
30. Roger D. Hansen y otros autores, US Foreign Policy and the Third World: Agenda 1982, Praeger, 1982, p. 234.
31. En relación con un mismo Espíritu ver p. ej. Ro. 8.9, 1 Co. 12.13. Con referencia a los diferentes dones ver p. ej. Ro. 12.3-8 y 1 Co. 12.4-31.
32. *Gospel and Culture*, Informe Willowbank, Lausanne Occasional Paper No. 2, Scripture Union, 1978, p. 29.
33. De un discurso sobre la Declaración de Arusha de 1967, publicado en *Freedom and Socialism, uhuru na ujamaa*, una selección de los escritos y discursos de Julius Nyerere 1965-1967, OUP, Dar-es-Salaam, 1968, p. 326.
34. Informe de la Comisión Brandt, p. 58.
35. *Ibid.*, p. 30.

4

Los derechos humanos

Las siguientes palabras se atribuyen a Leon Trotsky: «Quien quiera vivir una vida tranquila, no debería haber nacido en el siglo XX.» En esto al menos tenía razón.

Violaciones de los derechos humanos

Este siglo se ha caracterizado tanto por la violencia como por la violación de los derechos humanos.[1] En las dos guerras mundiales murieron alrededor de sesenta millones de personas. Seis millones de judíos fueron exterminados en el «holocausto» de los campos de concentración y las cámaras de gas de Hitler. Millones de disidentes también fueron liquidados por Stalin en los campos de trabajo forzado en Siberia. Según Solzhenitsyn, sesenta y cinco millones de rusos han muerto a manos de sus líderes desde 1923. Y aunque la nueva constitución de la Unión Soviética, introducida por Brezhnev en 1977 en reemplazo de la de Stalin, prometía nuevos derechos, no los otorgó y silencia a todo disidente, de tal modo que en la actualidad en la Unión Soviética hay diez mil personas declaradas en prisión por motivos religiosos. El imperio del terror de Idi Amin entre 1971-1979 costó la vida de entre quinientos y setecientos mil ugandeses. Las crueles matanzas de los Khmer Rouge (nacionalistas camboyanos) entre 1975 y 1979 constituyeron nada menos que un genocidio; pues tres millones de camboyanos murieron ejecutados, por enfermedad o inanición, cifra que representa casi la mitad de la población.

América Latina es un continente en que la represión y la revolución se han extendido ampliamente. En la Argentina desaparecieron alrededor de treinta mil personas entre 1976 y 1982, sumados a miles de personas que murieron o fueron exiliados. En 1976 Uruguay tenía la proporción más alta de prisioneros políticos con respecto a la población que se haya conocido: se cree que uno de cada cinco ciudadanos fue arrestado o encarcelado. En Chile el caso de Charles Horman ha escandalizado a todo el que haya leído el libro o visto la película. Horman fue uno de los dos norteamericanos (cuyo vínculo con el experimento socialista chileno parece haber sido más sentimental que ideológico) que desaparecieron durante el golpe militar de derecha encabezado por el general Pinochet que derrocó al régimen marxista de Salvador Allende en 1973. Ed Horman, el padre, demandó a los funcionarios del Departamento de Estado desde Henry Kissinger hasta los miembros de la Embajada en Santiago por complicidad en la muerte de su hijo; y retiró la demanda recién en 1981, mientras el gobierno todavía se negaba a responder a ella en nombre de la «seguridad nacional». Su abogado, Thomas Hauser, publicó el libro *The Execution of Charles Horman* (La ejecución de Charles Horman), subtitulado «Un sacrificio norteamericano», que implica al gobierno estadounidense y que provocó una inmediata refutación de tres páginas por parte del Departamento de Estado. Luego, Costa Gavras, el director cinematográfico griego que había filmado «Z» (documental sobre el régimen de los coroneles griegos), entrevistó a los Horman y a Hauser, hizo investigaciones entre los chilenos exiliados y filmó la conmovedora película Missing (Desaparecido) en la ciudad de Méjico durante el año 1981. Allí observamos a Ed Horman, un científico cristiano sincero, que busca a su hijo desaparecido por las calles, en el estadio, en los hospitales y, finalmente, en la morgue. Pero la evidente hipocresía de los funcionarios de la Embajada de los Estados Unidos le hace pasar de la incredulidad al desengaño, y luego del cinismo al convencimiento absoluto de que el gobierno de los Estados Unidos estaba involucrado no sólo en la «ejecución» de su hijo sino también en el golpe de estado mismo. La película termina con la declaración de los siguientes hechos reales: aunque los Estados Unidos habían prometido enviar el cuerpo de Charles inmediatamente, de hecho fue enviado varios meses después, es decir, demasiado tarde para poder establecer la causa de la muerte.

En Sudáfrica el aparato del apartheid segrega por la fuerza a los negros en «Homelands», zonas designadas arbitrariamente para ellos. Además de esta política inhumana de gobierno, hacia 1979 ciento sesenta y tres personas habían muerto mientras permanecían bajo custodia policial, en su mayor parte en circunstancias misteriosas, entre las cuales el más conocido fue Steve Biko, líder del movimiento «Black Consciousness» (Conciencia negra), quien murió en 1977.

En tales listas de atrocidades corremos el riesgo de la indignación selectiva, como si las violaciones de los derechos humanos fueran sólo perpetuados por esos rusos crueles, esos sudafricanos racistas, las oligarquías o juntas militares latinoamericanas (según sostienen algunos, en algunos casos con el apoyo de los Estados Unidos). Por lo tanto, los británicos debemos recordar con vergüenza que en 1978 la Corte Europea de Derechos Humanos en Estrasburgo falló que los métodos empleados por la policía de Irlanda del Norte en 1971 para interrogar a catorce supuestos terroristas del IRA violaban el Artículo 3 de la Convención Europea sobre Derechos Humanos. Si bien la Corte absolvió a Gran Bretaña de los cargos del gobierno irlandés según los cuales las técnicas equivalían a la «tortura», no obstante, las definió como «trato degradante e inhumano». El gobierno británico aceptó el fallo de la Corte, estableció una comisión investigadora, e instrumentó las recomendaciones de la comisión.

Los seres humanos sufren la opresión de muchas otras formas. La Comisión sobre Derechos Humanos de las Naciones Unidas recibe alrededor de veinte mil quejas por año. Ha existido, y en algunos caso aún existe, el trato injusto de las minorías, por ejemplo, de asiáticos en Africa Oriental, de indios en el Brasil, de aborígenes en Australia, de intocables en la India, de curdos en Turquía, Irán e Irak, de palestinos en Oriente Medio, de indios en Norteamérica, de los «inuit» (esquimales) en Canadá y, quizá debemos agregar, de católicorromanos en Irlanda del Norte. También está la grave situación de los refugiados y la degradación humana causada por el analfabetismo, el racismo, la pobreza, el hambre y la enfermedad. En la actualidad existe en Occidente el nuevo problema de la violación de la privacidad y el almacenamiento de información en bancos de datos. Y peor aun que todos estos males es que persista el uso de la tortura, a pesar de la censura universal contra ella. El doctor Emilio Castro ha afirmado con razón: «La tortura mata la humanidad del torturador y aplasta la personalidad del torturado.»[2]

Interés por los derechos humanos

Paralelamente a la violación de los derechos humanos, aun mientras los abusos y los atropellos han aumentado, al parecer se ha producido un crecimiento proporcional del reconocimiento de los derechos y del interés por defenderlos. En cierto sentido esto no es novedoso. El hombre, un ser con conciencia de sí mismo, sin duda ha reflexionado acerca de sí mismo y de su identidad, sus derechos y deberes, desde el principio. De modo que el concepto tiene una larga historia. Platón y

Aristóteles lucharon con las ideas de libertad y justicia, mientras que Tomás de Aquino y otros teólogos medievales cristianizaron el pensamiento de los griegos en términos de «derechos naturales». Gran Bretaña rememora con gratitud la *Magna Carta*, la cual el rey Juan se vio inducido a firmar en 1215, y que el rey Enrique III reinstauró diez años más tarde. Entre sus disposiciones se contaban las garantías de libertad a la Iglesia y de juicio justo por parte de pares. Otro hito de la historia británica es la Ley Fundamental («Bill of Rights», 1688-1689) que estableció la sujeción de la corona al Parlamento.

Los Estados Unidos y Francia rememoran las revoluciones de fines del siglo XVIII como la época en que se garantizaron los derechos constitucionales a los ciudadanos de cada una de estas dos naciones. La «Declaración de la Independencia» norteamericana (1776), redactada por Thomas Jefferson, sostenía que era «evidente por sí mismo» que «todos los hombres fueron creados iguales y que han sido dotados por el Creador con ciertos derechos inalienables», en especial el derecho a «la vida, la libertad y la búsqueda de la felicidad». Un lenguaje similar se emplea en la «Declaración de los derechos del hombre y del ciudadano» de Francia, que fue promulgada en la Asamblea Nacional de 1789. Habla de los «derechos naturales, imprescriptibles e inalienables del hombre» o «los derechos naturales, inalienables y sagrados del hombre». Esta Declaración fue defendida con elocuencia por Thomas Paine en el famoso libro *The Rights of Man* (Los derechos del hombre, 1791). En breve lo citaré.

Fue la Segunda Guerra Mundial, con el horroroso salvajismo de Hitler y la brutalidad de Japón, que centró la atención del mundo en los derechos humanos. En junio de 1941 el presidente Roosevelt pronunció el famoso discurso del «Estado de la Unión», en el cual declaró su anhelo de ver el surgimiento de «un mundo fundado sobre la base de cuatro libertades esenciales»: la libertad de expresión, la libertad de culto, la liberación de la pobreza y la liberación del temor; después de cada una de las cuales agregó «en todas partes del mundo».[3]

La Organización de las Naciones Unidas fue establecida en 1945. El preámbulo a la Carta dice así: «Nosotros, los pueblos de las Naciones Unidas» declaramos nuestra resolución «de reafirmar la fe en los derechos fundamentales del hombre, en la dignidad y el valor de la persona humana y en la igualdad de derechos de hombres y mujeres y de naciones grandes y pequeñas». El Artículo 1 habla de la cooperación internacional para promover y alentar el respeto de los derechos humanos y las libertades fundamentales de todos sin distinción de raza, sexo, lengua o religión. El Artículo 55 va más allá y declara que las Naciones

Unidas promoverán «el respeto universal y la práctica de los derechos y las libertades fundamentales del hombre de todos sin distinción de raza, sexo, lengua ni religión».

Al año siguiente las Naciones Unidas establecieron la «Comisión de Derechos Humanos» —bajo la presidencia de la viuda del presidente Roosevelt, Eleanor— a la cual se encomendó la redacción de la «Declaración universal de los derechos humanos» como primer elemento de la «Ley de Derechos Fundamentales» que debía elaborar. El preámbulo subraya que «la libertad, la justicia y la paz en el mundo tienen por base el reconocimiento de la dignidad intrínseca y de los derechos iguales e inalienables de todos los miembros de la familia humana». El Artículo 1 declara que «todos los seres humanos nacen libres e iguales en dignidad y derechos». El Artículo 2 agrega que «toda persona tiene todos los derechos y libertades proclamados en esta Declaración, sin distinción alguna de raza, color, sexo, idioma, religión, opinión política o de cualquier otra índole, origen nacional o social, posición económica, nacimiento o cualquier otra condición». La primera parte de la Declaración trata de los derechos civiles y políticos y la segunda de los derechos económicos, sociales y culturales. Fue adoptada por la Asamblea General de las Naciones Unidas en París el 10 de diciembre de 1948, aunque no fue ratificada por todas las naciones.

El doctor Charles H. Malik, de la comunidad cristiana del Líbano, quien luego sería presidente de la Asamblea General de las Naciones Unidas, escribe refiriéndose al tiempo en que se elaboraba el texto de la Declaración, hacia fines de la década del cuarenta: «Creíamos que nada se hacía más necesario en un mundo que emergía de una guerra devastadora —no sólo física, económica y políticamente, sino sobre todo moral, espiritual y humanamente devastadora— que recuperar y reafirmar la integridad plena del hombre. Amábamos al hombre y lo considerábamos maravilloso, y deseábamos que alcanzara la plenitud de su ser, disfrutara de su libertad y dignidad inherentes; sin embargo, al mirar a nuestro alrededor, sólo veíamos caricaturas de la humanidad: hombres con necesidades materiales, oprimidos por ideas por medio de las cuales interpretaban el mundo y a sí mismos, deformados por las leyes arbitrarias de los gobiernos y por las costumbres y convicciones de sus sociedades, disminuidos y desfigurados en su estatura humana ... Así fue que nos propusimos averiguar en qué medida ... podíamos definir y defender aquello que pertenecía a la esencia del hombre. Nunca trabajé con tanto ahínco, nunca tuve un sentido tan claro de confianza en mí mismo, nunca palpité con una felicidad existencial tan profunda, como en aquellos días memorables».[4]

La aprobación de la Declaración Universal fue sólo el principio. A la Convención Europea para la Protección de los Derechos Humanos (1950) siguió la creación de la Comisión Europea sobre Derechos Humanos (1953) y de la Corte Europea de Derechos Humanos en 1958. En 1961 se fundó Amnesty International. En 1966 se publicaron los dos Pactos Internacionales (uno sobre derechos económicos, sociales y culturales, y el otro sobre derechos civiles y políticos). 1968 fue declarado el Año Internacional de los Derechos Humanos. En 1973 se llevó a cabo la Conferencia de Helsinki sobre Seguridad y Cooperación en Europa, cuya declaración final (1975) incluye una sección sobre «El respeto de los derechos y libertades fundamentales del hombre». Al año siguiente (1976) entraron en vigencia los dos Pactos Internacionales y así se hizo realidad la largamente soñada Ley de Derechos Fundamentales.

Esta es, entonces, la paradójica situación —la existencia de una Declaración Universal de Derechos Humanos y la amplia violación de los mismos derechos— en la cual los cristianos debemos plantearnos algunas preguntas básicas: ¿Por qué es que los hombres tienen derechos? ¿De dónde los adquirieron? ¿Los cristianos tenemos algo en particular que contribuir al debate y a la acción relativa a los derechos humanos?

Quizá haremos bien en comenzar con Thomas Paine. Si bien fue un deísta y, por tanto, distaba mucho de ser un cristiano ortodoxo, su padre era cuáquero y su madre anglicana, de modo que su visión tenía suficiente influencia cristiana como para reconocer que los derechos del hombre se retrotraen a la creación del hombre. En 1791 Paine escribe:

> El error de quienes basan su razonamiento respecto a los derechos humanos en precedentes tomados de la antigüedad es que no retroceden lo suficiente en el tiempo. No llegan al principio. Se detienen en alguna etapa intermedia de cierto siglo o milenio ... Pero si seguimos retrocediendo, finalmente daremos con la respuesta correcta; llegaremos al tiempo en que el hombre vino de la mano de su Creador. ¿Qué era entonces? Hombre. El título de hombre era el más alto y el único título que tenía, y no existe otro título mayor que pueda recibir.[5]

Tom Paine tenía razón. El origen de los derechos humanos es la creación. El hombre no los ha «adquirido», ni se los ha conferido ningún gobierno u otra autoridad. El hombre los tuvo desde el principio. Los recibió de la mano de su Creador junto con la vida. Son inherentes a su creación. Le fueron concedidos por su Creador.

En otras palabras, los derechos humanos son los derechos de los seres humanos, y la naturaleza de los derechos humanos depende de la naturaleza de los seres humanos, a quienes pertenecen. Los derechos de los animales también son importantes, como hemos considerado en otra oportunidad, ya que también los ha creado Dios, si bien no ha honrado a éstos imprimiendo su imagen en ellos. De allí que la pregunta sobre qué significa ser humanos sea fundamental a los derechos humanos. Al centrarse en el propósito divino para los seres humanos, la Biblia tiene mucho que decir al respecto. Se resume en tres palabras: «dignidad», «igualdad» y «responsabilidad».

La dignidad humana

La dignidad humana se afirma en tres oraciones sucesivas de Génesis 1.27,28, las que ya hemos examinado en relación con el medio ambiente. 1) «Creó Dios al hombre a su imagen»; 2) «varón y hembra los creó»; 3) «los bendijo Dios y les dijo: ... llenad la tierra y sojuzgadla». Aquí se observa que la dignidad humana está dada por tres relaciones de carácter único que Dios estableció en la creación, que en conjunto constituyen gran parte de la naturaleza humana y que la caída distorsionó pero no destruyó.

La primera es *nuestra relación con Dios*. Los seres humanos son seres de semejanza divina, creados a imagen de Dios, según él se propuso. La imagen divina comprende aquellas cualidades racionales, morales y espirituales que nos separan de los animales y nos vinculan con Dios. En consecuencia, podemos aprender acerca de él por las enseñanzas de evangelistas y maestros (es un derecho humano básico oir el evangelio); llegar a conocerlo, amarlo y servirle; vivir en una consciente y humilde dependencia de él; comprender su voluntad y obedecer sus mandamientos. Así pues, los derechos humanos que llamamos libertad de profesar, practicar y propagar la religión, libertad de culto, de conciencia, de pensamiento y de palabra, corresponden a la primera clasificación de nuestra relación con Dios. Es asombroso que aun los líderes deístas de las revoluciones norteamericana y francesa supieran esto instintivamente y que hicieran referencia al «Ser Supremo», en quien se halla el origen último de los derechos humanos.

La segunda capacidad exclusiva de los seres humanos es *la relación de unos con otros*. El Dios que creó a la humanidad es un ser social, un Dios que comprende en sí mismo tres personas eternamente distintas. Dijo: «*Hagamos* al hombre a *nuestra* imagen» y «No es bueno que el hombre esté solo». Por lo tanto, Dios hizo al hombre varón y mujer, y les mandó que procrearan. La sexualidad fue creada por Dios, el matrimonio fue instituido por él y el compañerismo humano estaba en su propósito. De manera que todas las libertades humanas que llamamos la santidad del sexo, el matrimonio y la familia, el derecho de reunión y el derecho a ser respetado, sin distinción de edad, sexo, raza o condición, corresponden a la segunda categoría de nuestra relación los unos con los otros.

La tercera cualidad distintiva como seres humanos es *nuestra relación con la tierra* y sus criaturas. Dios nos ha dado dominio, con el mandato de sojuzgar y cultivar la tierra fértil y gobernar sobre sus criaturas. De modo que los derechos humanos que llamamos el derecho al trabajo y al descanso; el derecho a participar de los recursos de la tierra; el derecho a la alimentación, el vestido y la vivienda; el derecho a la vida y la salud y a su protección, así como la liberación de la pobreza, el hambre y la enfermedad, corresponden a la tercera clasificación de la relación con la tierra.

A pesar de la simplificación, podemos resumir el significado de la dignidad humana en estos tres aspectos: nuestra relación con Dios (o el derecho y la responsabilidad de la adoración), nuestra relación unos con otros (o el derecho y la responsabilidad de la comunión) y nuestra relación con la tierra (o el derecho y la responsabilidad de la mayordomía), naturalmente, junto con la oportunidad que dan la salud, la educación y los medios económicos para *desarrollar* este potencial humano único.

Así pues, todos los derechos humanos son básicamente el derecho a ser humanos y, por tanto, a gozar de la dignidad de haber sido creados a imagen de Dios y, consecuentemente, de tener una relación única con Dios mismo, con nuestros semejantes y con el mundo material. Los cristianos tenemos algo importante que agregar: que nuestro Creador también nos ha redimido o recreado, a un costo personal muy alto, mediante la Encarnación y expiación de su Hijo. Y el alto precio de la obra redentora de Dios refuerza el sentido del valor humano, que ya nos había dado su creación. William Temple expresa esta verdad con su habitual claridad:

> No puede haber derechos del hombre excepto sobre la base de la fe en Dios. Pero si Dios es real, y todos los hombres son hijos suyos, ése es el verdadero valor de cada uno de ellos. Mi valor es lo que valgo para Dios; y es muchísimo, pues Cristo murió por mí. Así pues, aquello que da más valor a cada uno de nosotros da el mismo valor a todos; en lo que más importa todos somos iguales.[6]

Nuestro valor depende, pues, de cómo nos ve Dios y de su relación con nosotros. Por consiguiente, los derechos humanos no son derechos ilimitados, como si fuésemos libres de ser y hacer absolutamente lo que queramos. Se limitan a aquello que sea compatible con ser la persona humana que Dios creó y que tenía como propósito para nosotros. La verdadera libertad la hallamos siendo nosotros mismos, auténticos seres humanos, no contradiciéndonos. Por esa razón es fundamental definir al «ser humano» antes de definir los «derechos humanos». Este principio ha sido útil también cuando tratamos el tema de la demanda de «derechos de la mujer» y de «derechos del homosexual». La pregunta que surge frente a estas demandas es hasta dónde las prácticas feministas y homosexuales son compatibles con la naturaleza humana que Dios ha creado y se propone proteger.

No existe ninguna situación en la cual sea permisible olvidar la dignidad que los seres humanos tienen por creación y el consiguiente derecho al respeto. Se puede privar de la libertad a criminales convictos por un determinado período de encarcelamiento, y esto puede ser justo. Pero el derecho al encarcelamiento no implica el derecho a aplicar al prisionero el confinamiento solitario o tratos inhumanos de otra clase. Me alegró saber que el obispo Kurt Scharf de Berlín-Brandenburgo visitó en prisión a Ulrike Meinhof y a otros miembros del notable grupo Baader-Meinhof, con el objeto de investigar el trato que recibían y escuchar sus quejas.[7] Asimismo estoy agradecido por la tarea de Prison Fellowship International, organización fundada por Charles Colson luego de su experiencia personal de los efectos brutalizantes del encarcelamiento. Los presos, que han sido privados de la libertad por la justicia, no deben ser privados de otros derechos. Jesús dijo: «estuve en la cárcel, y vinieron a verme».

La igualdad humana

La tragedia es que «derechos humanos» no siempre ha significado «derechos iguales». Los dones buenos del Creador se arruinan por el egoísmo humano. Los derechos que Dios dio a todos los seres humanos por igual, con facilidad degeneran en *mis* derechos, los cuales insisto en defender, independientemente de los derechos de otros o del bien común. Así es cómo la historia del mundo es la historia del conflicto entre mis derechos y los tuyos, entre el bien de cada uno y el bien de todos, entre el individuo y la comunidad. De hecho, cuando los derechos humanos entran en conflicto unos con otros, se nos presenta un difícil dilema ético. Puede ser la tensión entre los derechos de la madre y del hijo nonato cuando se está considerando el aborto; o el conflicto entre el derecho de un propietario individual a la propiedad y a la paz, por un lado, y la necesidad que tiene la comunidad de un nuevo aeropuerto o autopista, por el otro; o entre la libertad de expresión y de reunión que reclama un grupo defensor de los derechos civiles para sus manifestaciones callejeras y la libertad que reclaman los vecinos de que no se perturbe la tranquilidad ni se ponga a prueba su paciencia.

Pero el conflicto de derechos que a menudo aparece contemplado en la Biblia es de características diferentes. El énfasis es que ningún individuo poderoso puede imponer su voluntad a la comunidad y que ninguna comunidad puede violar los derechos de un individuo o de una minoría. La ley mosaica protegía con especial cuidado a los más débiles y vulnerables. Lejos de explotarlos, el pueblo de Dios debía ser la voz de los que no tenían voz y el defensor de los indefensos, lo que incluía a los enemigos. Paul Oestreicher lo expresa con lucidez:

> Cuando se conectan los electrodos, la víctima de la tortura sufre del mismo modo cuando la «seguridad» cree que salva a la libre empresa de la revolución que cuando cree que salva a la revolución de la reacción ... Mi propio compromiso no es con el liberalismo ni con el marxismo, sino con una singular idea propagada por un carpintero que fue predicador disidente en Palestina según la cual la prueba de nuestra humanidad se halla en la manera en que tratamos a nuestros enemigos ... La madurez y la humanidad de una sociedad se medirá de acuerdo con el grado de dignidad que dé a los desafectos y a los que no tienen poder.[8]

La igualdad de los seres humanos se expresa con claridad en las palabras «no hace acepción de personas». La expresión griega original significa literalmente «sin aceptación de caras». En otras palabras, debemos actuar sin hacer «ninguna diferencia entre unas personas y otras» (VP) y sin ninguna deferencia especial hacia algunos porque sean ricos, famosos o de influencia. Los autores bíblicos subrayan esto con insistencia. Por ejemplo, Moisés declaró: «Porque Jehová vuestro Dios es Dios de dioses, y Señor de señores, Dios grande, poderoso y temible, que no hace acepción de personas». Por consiguiente, los jueces israelitas debían juzgar con imparcialidad, sin hacer acepción de personas.[9]

Encontramos el mismo énfasis en el Nuevo Testamento. Dios es el Juez imparcial. No toma en cuenta la apariencia externa ni las posiciones. No tiene favoritismos, cualquiera sea nuestro trasfondo racial o social.[10] Una vez se describió a Jesús en estos términos (tal vez como adulación, pero con exactitud): «Maestro, sabemos que eres hombre veraz, y que no te cuidas de nadie; porque no miras la apariencia de los hombres» (Mr. 12.14). Es decir que ni trataba con deferencia a los ricos y poderosos, ni despreciaba a los pobres y débiles, sino que daba el mismo respeto a todos, cualquiera fuese su estrato social. Nosotros debemos hacer lo mismo.

Considero que la mejor ilustración de este principio la hallamos en el libro de Job. Específicamente, en la súplica final de Job por justicia, después de que los tres consoladores han concluido sus acusaciones falsas, injustas y crueles. Job se aferra a su propia inocencia, a la vez que reconoce que Dios es un Dios justo. Si ha quebrantado las leyes de Dios (por inmoralidad, idolatría u opresión), pues entonces que el juicio de Dios caiga sobre él. Sigue diciendo: «Si hubiera tenido en poco el derecho de mi siervo y de mi sierva, cuando ellos contendían conmigo, ¿qué haría yo cuando Dios se levantase? Y cuando él preguntara, ¿qué respondería yo? El que en el vientre me hizo a mí, ¿no lo hizo a él? ¿Y no nos puso uno mismo en la matriz?» (Job 31.13-15). Job continúa en el mismo tono y hace referencia a los pobres y necesitados, a las viudas y los huérfanos. Tenemos los mismos derechos porque tenemos un mismo Creador. En las Escrituras tanto la dignidad como la igualdad de los seres humanos hallan sus raíces en la creación.

Este principio tiene que hacerse aún más evidente en la comunidad neotestamentaria, ya que además tenemos un mismo Salvador. Pablo establece reglas para la conducta entre amos y siervos recordándoles a ambos que tienen un mismo amo celestial y que «para él no hay acepción de personas» (o favoritismos).[11] Santiago intenta hacer desaparecer las distinciones clasistas en el culto público de adoración exhortando a que no se haga diferencia entre ricos y pobres en la comunidad de creyentes en Cristo Jesús (2.1-9). La misma verdad es evidentemente aplicable entre los no creyentes. Nuestra común humanidad basta para suprimir favoritismos y privilegios, y establecer la igualdad de posiciones y derechos. Toda violación de los derechos humanos se opone a la igualdad que disfrutamos por creación. «El que oprime al pobre afrenta a su Hacedor» (Pr. 14.31). Si Dios manifiesta «parcialidad a favor de los pobres» y si nosotros también deberíamos manifestarla (como se declara a menudo), y si dicha parcialidad no quiebra la norma de la «no acepción», esto debe hallar justificación en que la sociedad en general muestra parcialidad en contra de ellos o que no tienen a nadie más que los defienda.

El hecho de que «para Dios no hay acepción de personas» es la base de la tradición bíblica de la protesta profética. Los profetas denunciaron con valor la tiranía de los líderes, en especial de los reyes de Israel y Judá. Ni su investidura como monarcas, ni el ser «ungidos del Señor» los hacía inmunes a la crítica y a la censura. Ciertamente se debía tratar a los gobernantes con el debido respeto, por su cargo, pero todo intento de su parte de convertir la autoridad en tiranía había de provocar la más enérgica resistencia. David fue el más famoso de todos los reyes de Israel, pero ello no le otorgaba el derecho de matar a Urías y robarle su esposa Betsabé. Dios envía al profeta Natán para amonestarlo. Cuando Acab era rey de Israel, Jezabel su esposa consideraba que él tenía poder absoluto.

«¿Eres tú ahora rey sobre Israel?», le preguntó ella, insultante, al verlo resentido porque Nabot se había negado a venderle su viña. Dios envía a Elías a denunciar a Acab por haber asesinado a Nabot y haberse incautado de sus posesiones. Joacim fue rey de Judá en el siglo VII a.C.; sin embargo no tenía derecho de construir un lujoso palacio mediante la imposición del trabajo forzado. Jeremías exclamó: «¡Ay del que edifica su casa sin justicia, y sus salas sin equidad...!»; y luego: «¿Reinarás, porque te rodeas de cedro?». Entonces el profeta lo exhorta a recordar a su padre Josías: «¿No comió y bebió tu padre, e hizo juicio y justicia, y entonces le fue bien? El juzgó la causa del afligido y del menesteroso, y entonces estuvo bien ... Mas tus ojos y tu corazón no son sino para tu avaricia, y para derramar sangre inocente, y para opresión y para hacer agravio». Jeremías agrega que nadie lamentaría la muerte de Joacim, y que su entierro sería como el de un asno, arrastrado y echado fuera de las puertas de Jerusalén.[12]

En nuestro tiempo los dictadores defienden el arresto y la detención, y aun el encarcelamiento o la ejecución sin juicio previo, sobre la base de la «seguridad nacional». Me pregunto cómo reaccionaría frente a esto un profeta bíblico. La protesta y la denuncia dentro del mismo país sin duda costaría la vida al profeta. Pero, al menos por lo que se puede observar, el tipo de tarea que realiza Amnesty International es coherente con el precedente bíblico y con el reconocimiento de que en Dios «no hay acepción de personas». Los derechos humanos son derechos igualitarios.

La responsabilidad humana

A menudo los cristianos nos retraemos cuando surge el tema de los derechos humanos, pues nos evoca la imagen de una persona reafirmando sus derechos en contra de otra, y por lo tanto de conflicto y egoísmo. Aquí se hace necesario aclarar la relación entre derechos y responsabilidades.

La Biblia habla mucho de la defensa de los derechos de los demás, pero poco de la defensa de los derechos propios. Por el contrario, cuando se dirige a nosotros, subraya nuestras responsabilidades y no nuestros derechos. Hemos de amar a Dios y a nuestro prójimo. Estas demandas primordiales comprenden nuestros deberes en su totalidad; pues «De estos dos mandamientos depende toda la ley y los profetas» (Mt. 22.40). En efecto, como ha afirmado el doctor Christopher Wright, lo que la Biblia contiene es una «declaración universal de las responsabilidades humanas» (especialmente en términos de amor a Dios y al prójimo), y no de derechos humanos.[13] De hecho, la Biblia va más allá de eso y los vincula. Pone énfasis en que nuestra responsabilidad es garantizar los derechos del otro. Hasta debemos abandonar nuestros propios derechos con ese fin.

El modelo supremo de esta renuncia responsable es Jesucristo. Aunque eternamente era de naturaleza divina, «no estimó el ser igual a Dios como cosa a que aferrarse, sino que se despojó a sí mismo, tomando forma de siervo, hecho semejante a los hombres» (Fil. 2.6,7). A lo largo de toda su vida fue víctima de abusos a los derechos humanos. Fue un bebé refugiado en Egipto, un profeta sin honor en su propia tierra y el Mesías rechazado por el «establishment» religioso de su propio pueblo al cual él vino. Fue falsamente acusado, injustamente condenado, brutalmente torturado y, finalmente, crucificado. Y en todo su sufrimiento se negó a defender o exigir sus derechos, para servir con el sacrificio de sí mismo a nuestros derechos.

Pablo escribió: «Haya, pues, en vosotros este sentir que hubo también en Cristo Jesús». Y Pablo puso en práctica lo que predicó. Tenía derechos como apóstol (el derecho a casarse, el derecho a recibir sostén financiero), pero renunció a ellos por causa del evangelio, con el objeto de volverse esclavo de todos y así ponerse al servicio de los derechos de los demás (ver p. ej. 1 Co. 9).

La renuncia a los derechos, por más idealista o antinatural que parezca, es una característica esencial de la nueva sociedad de Dios. En el mundo las personas reafirman sus propios derechos y ejercen autoridad. «Mas no así vosotros», dijo Jesús. Al contrario, en su comunidad los que aspiran a la grandeza deben hacerse siervos; el líder ha de ser siervo, y el primero, postrero. Pues el amor «no busca lo suyo», dice Pablo. Y esta actitud fundamental, aprendida de Jesús, es aplicable a toda situación. Por ejemplo, los creyentes no deben entablar juicios unos con otros, especialmente no en cortes seculares. Los litigios cristianos habían llegado a ser escandalosos en Corinto; lo son aún en India, Pakistán, Sri Lanka y en otros países. Los cristianos deberían por lo menos resolver sus propios pleitos. Mejor aún: «¿Por qué no sufrís más bien el agravio? ¿Por qué no sufrís más bien el ser defraudados?» ¿No es ésa la manera de Cristo? Otra aplicación en el siglo I era en el caso de esclavos con amos crueles. ¿Qué hacer si los castigaban injustamente? Debían soportarlo con paciencia, siguiendo las pisadas de Cristo, quien no pagaba mal por mal, sino que encomendaba su causa y a sí mismo al Juez de todos.[14] Este último punto, el hecho de que además de no pagar mal por mal, se encomendaba a sí mismo a Dios es significativo. Renunciar a los derechos no significa aprobar los agravios. La razón por la cual no juzgamos es que ésa es prerrogativa de Dios y no nuestra (Ro. 12.19). Además, Cristo vuelve, y entonces toda maldad será juzgada, y la justicia finalmente será reivindicada.

* * * * *

He aquí, pues, una perspectiva cristiana de los derechos humanos. En primer lugar, sostenemos la dignidad humana. Como los seres humanos fueron creados a imagen de Dios para poder conocerlo, servirse unos a otros y ser mayordomos de la tierra, deben ser respetados. En segundo lugar, sostenemos la igualdad humana. Como los seres humanos fuimos creados todos a la misma imagen por el mismo Creador, no debemos ser obsequiosos con algunos y desdeñosos con otros, sino conducirnos sin hacer diferencias entre unos y otros. En tercer lugar, sostenemos la responsabilidad humana. Como Dios nos ha mandado amar y servir a nuestro prójimo, debemos luchar por sus derechos, con la disposición a renunciar a los nuestros si fuese necesario.

Se desprenden de aquí dos conclusiones principales. La primera es que debemos aceptar que los derechos de otras personas son nuestra responsabilidad. *Somos* guardas de nuestro hermano, pues Dios nos ha colocado en la misma familia humana y así nos ha dado un vínculo y una responsabilidad unos por otros. La ley y los profetas, Jesús y los apóstoles, todos nos imponen en particular el deber de servir a los pobres y defender a los indefensos. No podemos evadirnos diciendo que no nos corresponde la responsabilidad por ellos. Como ha escrito Solzhenitsyn: «No quedan asuntos internos en este mundo nuestro. La humanidad sólo puede salvarse si todos se interesan en los asuntos de todos los demás.»[15] Por tanto, debemos sentir el dolor de aquéllos que sufren la opresión. «Acordaos de los presos, como si estuvierais presos juntamente con ellos; y de los maltratados, como que también vosotros mismos estáis en el cuerpo» (He. 13.3). Para poder hacerlo, quizá necesitemos informarnos más acerca de las violaciones de los derechos humanos en el mundo contemporáneo.[16] Luego, cualquiera sea la acción que consideramos adecuada, debemos asegurarnos de que los métodos que usemos no infrinjan los mismos derechos que nos proponemos defender.

La segunda conclusión es que debemos tomar más en serio la intención de Cristo de que la comunidad cristiana sea un ejemplo para otras comunidades. No me refiero solamente a la conducta cristiana en casa y el trabajo, donde como esposos y esposas, padres e hijos, empleadores y empleados, debemos someternos unos a otros por reverencia a Cristo

(Ef. 5.21). Pienso en especial en la vida de la iglesia local, cuyo propósito es ser una señal del reinado de Dios. La Iglesia debe ser en el mundo *la* comunidad en la que invariablemente se reconozcan la dignidad y la igualdad humanas, y se acepte la responsabilidad mutua; donde los derechos de los demás se defiendan y no se violen, mientras que a menudo se renuncie a los propios; donde se defienda a los pobres y los débiles, y los seres humanos sean libres para ser humanos tal como Dios los hizo y se propuso que fueran.

Notas

1. Es muy difícil obtener estadísticas precisas de las violaciones de los derechos humanos. Las que presento aquí fueron extraídas de diversas fuentes, entre otras: los informes anuales de Amnesty International y el libro de David Hayes, *Human Rights*, Wayland, 1980.
2. De un Editorial de Emilio Castro aparecido en *International Review of Mission*, Vol. LXVI, No. 263, dedicado a «Derechos Humanos», julio 1977, p. 218.
3. La colección de textos más accesible es *Basic Documents on Human Rights*, editado por Ian Brownlie, Clarendon, segunda edición, 1981.
4. Dr. Malik, Introducción a *Free and Equal*, Los derechos humanos en perpectiva ecuménica, por O. Frederick Nolde, WCC, 1968, p. 7.
5. Thomas Paine, *The Rights of Man*, 1791, octava edición, pp. 47-48.
6. William Temple, *Citizen and Churchman*, Eyre & Spottiswoode, 1941, pp. 74-75.
7. Ver «The Human Rights of the Malefactor» por el obispo Kurt Scharf en *International Review of Mission*, *op. cit.*, pp. 231-239.
8. Paul Oestreicher, *Thirty Years of Human Rights*, the British Churches' Advisory Forum on Human Rights, 1980.
9. Deut. 10.17; 1.16, 17; cf. 16.18,19.
10. P. ej. Hch. 10.34; Ro. 2.11; 1 P. 1.17.
11. Ef. 6.9; cf. Col. 3.25.
12. La protesta profética contra estos tres reyes se encuentra en 2 S. 11-12 (Natán y David), 1 R. 21 (Elías y Acab) y Jer. 22.13-19 (Jeremías y Joacim).
13. Christopher J. H. Wright, *Human Rights: A Study in Biblical Themes*, Cuaderno Grove sobre ética, No. 31, Grove Books, 1979, p. 16.

14. Sobre la renuncia a los derechos ver Mr. 10.42-45 («pero no será así entre vosotros»); 1 Co. 13.5 (amor); 1 Co 6.1-8 (litigios) y 1 P. 2.18-25 (esclavos).
15. Discurso de aceptación del Premio Nobel, 1970.
16. Se puede obtener información precisa y actualizada de la situación en la Unión Soviética y en Europa Oriental, basada en investigaciones serias, en el Keston College, Institute for the Study of Religion and Communism, Heathfield Road, Keston, Kent BR2 6BA, Inglaterra. Para solicitar información sobre violaciones de los derechos humanos en general, y sobre arresto y tortura en particular, escribir a Amnesty International, Tower House, Southampton Street, London WC2.

III. PROBLEMAS SOCIALES

1

Trabajo y desocupación

El trabajo ocupa un lugar tan importante en la vida de la mayoría de las personas que como cristianos debemos saber pensar acerca de él así como del trauma de la desocupación desde una perspectiva cristiana. Al fin y al cabo, para el trabajador medio el día se divide en tres períodos de aproximadamente la misma duración: ocho horas de sueño, ocho horas de trabajo y ocho horas libres. El trabajo ocupa la tercera parte del día, de hecho, la mitad de las horas de vigilia. Además, la costumbre de definir a las personas de acuerdo con su trabajo confirma esta importancia. Si bien el uso establece que preguntemos «*¿Cómo está* usted?», en realidad lo que nos interesa saber es «*¿Qué hace* usted?»

Permítanme adelantarme a su comentario: un pastor es el menos indicado para escribir acerca del trabajo. Porque, como es sabido, no ha dedicado ni un sólo día a trabajar como es debido. Un antiguo dicho inglés lo describe así: «Aquél que durante seis días es invisible y por un día es ininteligible». Hace unos años viajaba en tren por el sur de Gales cuando un minero comunista, que estaba bastante ebrio, entró en mi compartimiento. Al averiguar que yo era pastor me dio un sermón sobre el trabajo (en su tonada galesa): «Ya es hora de que empiece a producir; usted es un parásito para el Estado.»

Así pues, quizá a excepción de los pastores (y naturalmente de los desocupados), todos somos trabajadores. Por lo tanto, necesitamos una filosofía del trabajo que determine nuestra actitud hacia él.

Actitudes hacia el trabajo

Hay quienes tienen una visión muy negativa del trabajo y consideran que se lo debe evitar siempre que sea posible. Este verso burlesco capta bien esa actitud:

No me molesta trabajar
Mientras no haya alternativa;
Mas, debo reconocer la verdad:
A veces le tiendo a esquivar,
Más si es tarea latosa;
¿No le ocurre a usted tal cosa?
Sin embargo, en general,
Sería justo afirmar:
Siempre y cuando sea a mi modo
Y no necesite empezar ya,
¡Me gusta trabajar!

La misma actitud ligera hacia el trabajo se ve reflejada en la cómica nota de advertencia que el presidente de una compañía de Nueva York puso en la cartelera:

> En algún momento entre la hora de llegada y la de salida, sin abusar de la hora de almuerzo, ni de las pausas para el café, ni de los ratos de descanso, cuentos y venta de entradas, ni del tiempo de planificación de vacaciones y de análisis de la película de la noche anterior, pedimos a cada empleado que trate de encontrar algún tiempo para un intervalo de trabajo. Esto puede parecer drástico, pero podría contribuir a la estabilidad del empleo y a asegurar el pago regular del sueldo.

Hay otras personas que soportan su trabajo como un mal necesario, una manera de ganarse la vida y una tediosa consecuencia de la Caída. Me sorprendió recientemente descubrir este último concepto en un libro serio: «El concepto ortodoxo del trabajo, que ha sido aceptado por la mayoría de los gerentes y psicólogos industriales, es simple y fue la base de cincuenta años de psicología industrial y más de un siglo de práctica administrativa.» ¿Cuál es? «Acepta la creencia del Antiguo Testamento de que el trabajo físico es una maldición que le ha sido impuesta al hombre como castigo por sus pecados, y que el hombre sensato trabaja sólo con el fin de mantenerse a sí mismo y a su familia o ... para obtener los medios por los cuales luego podrá hacer aquello que realmente le agrada...»[1] Evidentemente, el autor sabe más de industria que de las Escrituras. Pues según las Escrituras, el trabajo es una bendición y no una maldición, y es por la Creación y no por la Caída que somos trabajadores.

Esta segunda actitud hacia el trabajo, que lo considera carente de significado en sí mismo, o bien, en el mejor de los casos, un medio necesario hacia un fin completamente distinto (por ejemplo, actividades recreativas) equivale en principio a la visión que algunos cristianos tienen del trabajo como un ámbito favorable para testificar. En efecto, el cristiano es un testigo de Cristo en toda situación; pero sería impropio pensar que el lugar de trabajo carece de significado cristiano en sí mismo, y verlo sólo como un lago con una promisoria riqueza pesquera.

Existe aun otro grupo de personas que no tiene ninguna opinión formada acerca de su trabajo. Nunca se han detenido a pensar sobre el asunto. Sencillamente lo aceptan. Se parecen en cierta medida a H. L. Mencken, con frecuencia llamado «el sabio de Baltimore», quien una vez dijo: «Sigo trabajando por la misma razón que la gallina sigue poniendo huevos.»[2] En otras palabras, el trabajo forma parte de la naturaleza humana. El hombre es un trabajador compulsivo, así como la gallina es una ponedora de huevos compulsiva.

En cambio, quienes buscan elaborar una perspectiva cristiana del trabajo se vuelven en primer lugar hacia la Creación. A raíz de la Caída algunos trabajos se volvieron agobiantes (la tierra fue maldita y su cultivo sólo fue posible con trabajo pesado y sudor), pero el trabajo mismo es consecuencia de nuestra creación a imagen de Dios. En Génesis 1 Dios mismo se presenta como trabajador. Día a día, o etapa por etapa, su plan creativo se fue cristalizando. Es más, cuando vio lo que había creado, lo declaró «bueno». Disfrutó de perfecta satisfacción por la tarea concluida. Su último acto creativo, antes de descansar el séptimo día, fue la creación de los seres humanos, y los hizo trabajadores como él. Les concedió algo de su propio señorío sobre la tierra y les mandó emplear sus facultades creativas para someterla. Así pues, desde el principio, hombres y mujeres han sido mayordomos privilegiados de Dios. En su nombre él les delegó la preservación y el desarrollo del medio ambiente.

Luego, en la segunda descripción de la creación, que se concentra en el hombre, leemos: «Y Jehová Dios plantó un huerto ... Tomó, pues, Jehová Dios al hombre, y lo puso en el huerto de Edén, para que lo labrara y lo guardase» (Gn. 2.8, 15). Así, Dios plantó el huerto y Dios creó al hombre. Luego puso al hombre que había creado en el jardín que había plantado y le mandó cultivarlo y cuidarlo. Así como había dejado la tierra en general a cargo del hombre, también le encomendó el huerto en particular. Más adelante (Gn. 4.17ss.) se describe a los descendientes de Adán edificando ciudades, criando ganado, fabricando y tocando instrumentos musicales, y forjando herramientas de bronce y hierro. Al parecer, la descripción corresponde a mediados de la Edad de Piedra.

Aquí pues están Dios el trabajador y el hombre trabajador y quien comparte la imagen y el señorío de Dios. Y los cristianos querrán agregar también a Jesús el trabajador, a la mesa del carpintero, demostrando la dignidad de los oficios manuales. A la luz de estas verdades reveladas acerca de Dios, Cristo y el hombre, ¿cuál es la visión cristiana del trabajo?

La realización personal

En primer término, el trabajo tiene como propósito la realización del trabajador. Según el propósito de Dios, en gran medida alcanzamos nuestra realización personal como seres humanos en el trabajo. Lo podemos afirmar con certeza en atención a la primera instrucción que Dios impartió al hombre y la mujer: «Fructificad y multiplicaos; llenad la tierra, y sojuzgadla» (Gn. 1.28). Aquí encontramos tres mandatos sucesivos, cada uno de los cuales conduce lógicamente al siguiente. No podían sojuzgar la tierra sin antes haberla llenado, y no podían llenarla sin antes haberse reproducido. En este mandamiento primitivo compuesto se expresa un aspecto de nuestra vocación humana fundamental.

Al considerar nuestra responsabilidad para con el medio ambiente hemos observado que nuestro señorío sobre la naturaleza se desprende de nuestra semejanza con Dios. En otras palabras, nuestro potencial para el trabajo creativo forma una parte esencial de la imagen de Dios en nosotros. Nuestro Creador nos ha hecho criaturas creativas. Dorothy Sayers tenía razón al decir en su epigrama: "El trabajo no es primordialmente algo que hacemos para vivir, sino algo para lo cual vivimos."[3] Puesto que el Creador nos ha dotado de dones, su intención es que los utilicemos. El espera que alcancemos la realización y no que nos sumamos en la frustración.

El papa Juan Pablo II se refiere de manera clara y directa al lugar fundamental que ocupa el trabajo en la vida humana. En su encíclica sobre el trabajo humano titulada *Laborem Exercens* escribe:

> *El trabajo es una de las características que distinguen* al hombre del resto de las criaturas, cuya actividad, relacionada con el mantenimiento de la vida, no puede llamarse trabajo».[4]

Y más adelante:

> «La Iglesia halla ya *en las primeras páginas del libro del Génesis* la fuente de su convicción según la cual el trabajo constituye una dimensión fundamental de la existencia humana sobre la tierra.»[5]

Por esta razón, sigue diciendo, «el trabajo humano *es una clave*, quizá *la clave esencial*, de toda la problemática social». Si esta última se resume en «hacer la vida humana más humana», tal como lo declaró el Segundo Concilio del Vaticano, «entonces la clave, que es el trabajo humano, adquiere una importancia fundamental y decisiva.»[6] Así pues:

> El trabajo es un bien del hombre —es un bien de su humanidad—, porque mediante el trabajo el hombre *no sólo transforma la naturaleza* adaptándola a las propias necesidades, sino que *se realiza a sí mismo* como hombre, es más, en cierto sentido 'se hace más hombre'.[7]

Es probable que sea una exageración afirmar que el trabajo nos es «indispensable» para ser humanos. Pero al menos podemos decir que cuando permanecemos ociosos (en vez de activos) o nos dedicamos a destruir (en vez de crear), negamos un aspecto fundamental de nuestra naturaleza humana, contradecimos el propósito de Dios para nuestra vida y, por consiguiente, abandonamos parte de nuestra propia realización. Naturalmente, esto no significa que un niño, un paciente internado en un hospital o una persona jubilada no sean seres humanos porque no pueden trabajar. No obstante, el niño quiere crecer y el enfermo sanar para estar en condiciones de servir. Asimismo, los jubilados actúan con sabiduría cuando buscan una ocupación que les dé la oportunidad de un servicio activo aunque no sea pago. Más adelante me referiré al particularmente penoso flagelo de la desocupación. Si bien el Predicador en Eclesiastés era muy pesimista en cuanto a la falta de sentido de la vida del hombre sin Dios y al «trabajo con que se fatiga debajo del sol», fue capaz de adoptar una actitud positiva hacia el trabajo diario: «No hay cosa mejor para el hombre sino que coma y beba, y que su alma se alegre en su trabajo.» Y nuevamente: «no hay cosa mejor para el hombre que alegrarse en su trabajo» (Ec. 2.24; 3.22).

Es cierto que el concepto de realización por medio del trabajo es mucho más difícil de comprender en relación con algunos tipos de trabajo y en algunos países (en que las opciones son sumamente limitadas). La explotación de las minas de carbón (así como las de cobre, estaño, oro y diamantes) supone suciedad, incomodidad y peligro, y los empleadores deberían tratar de reducir al máximo las condiciones de riesgo e insalubridad. Por otra parte, está la tediosa línea de montaje de las fábricas. E. F. Schumacher no exagera al referirse a la monotonía del trabajo en estos términos: «mecánico, artificial, divorciado de la naturaleza, emplea sólo una mínima proporción de las capacidades potenciales del hombre y condena a la mayoría de los trabajadores a pasar sus años de trabajo de un modo que no les ofrece ningún desafío importante, ningún estímulo a la superación, ninguna oportunidad de progresar, ningún elemento de belleza, verdad ni bien.»[8] Luego pone de relieve la anomalía de esta situación señalando que «en el mundo moderno se toman muchas precauciones para que el cuerpo de los trabajadores no se lesione accidentalmente o de otra manera», y en el caso de que llegara a lesionarse, se le asigna una indemnización. Pero ¿qué sucede con «su alma y su espíritu»? «Si el trabajo lo lesiona a *él* y lo reduce a un robot, es simplemente una verdadera lástima.»[9] Luego cita las siguientes palabras de Ananda Coomaraswamy: «la industria sin arte es brutalidad». ¿Por qué? Porque daña el alma y el espíritu del trabajador.[10] La solución de Schumacher se encuentra en la frase «lo pequeño es hermoso» con la cual siempre se asociará su nombre. Sin embargo, aun en grandes fábricas (por ejemplo, la de autos Volvo en Suecia) se están realizando pruebas para aliviar la monotonía y aumentar la responsabilidad mediante la formación de equipos para la rotación de tareas. Debemos apoyar todo intento de «enriquecer» y «humanizar» las condiciones laborales.

Otros oficios, aunque no tan tediosos como la línea de montaje, son considerados bajos o degradantes por algunos. Tomemos como ejemplo la recolección de residuos. Suele implicar la manipulación de basura inmunda y maloliente. Por supuesto, es un servicio vital para la higiene y la salud pública, y como tal debe causar cierto grado de satisfacción laboral. En 1970 leí acerca del señor Dennis Sibson, un recolector de residuos de Middleton, Lancashire, a quien se le había otorgado la beca Churchill para viajes, la cual empleaba para realizar estudios sobre la recolección y eliminación de residuos en el continente europeo. Anteriormente había trabajado como vendedor, minero, tornero y decorador. Pero consideraba que la tarea de recolectar residuos (a la cual había dedicado catorce años) era la «más gratificante personalmente y de mayor utilidad pública».[11]

El servicio a los hombres y a Dios

El trabajo no sólo tiene como propósito la realización personal del trabajador, sino también el beneficio de la comunidad. Se puede suponer que Adán no cultivaba el Jardín del Edén meramente para su deleite, sino para poder alimentar y vestir a su familia. A lo largo de la Biblia la productividad del suelo se vincula con las necesidades de la sociedad. Así, Dios dio a Israel una «tierra que fluye leche y miel» y al mismo tiempo ordenó compartir la cosecha con el pobre, el extranjero, la viuda y el huérfano. Asimismo, en el Nuevo Testamento se exhorta al que robaba no sólo a dejar de robar, ni tan sólo a comenzar a trabajar con sus propias manos, sino a hacerlo «para que tenga qué compartir con el que padece necesidad» (Ef. 4.28).

La conciencia de que nuestro trabajo es útil y valorado contribuye a aumentar la satisfacción laboral. Según entiendo, los estudios realizados en el período entre las dos guerras por Henri De Man en Alemania, y los experimentos Hawthorne realizados en la misma época en la planta de la Western Electric Company en Chicago fueron los primeros trabajos científicos en los que se investigó un hecho que ya goza de amplia aceptación. En especial los estudios Hawthorne revelaron que «el rendimiento de los obreros aumentaba aunque se redujera la iluminación hasta el nivel de penumbra, si creían que sus esfuerzos eran considerados importantes y significativos».[12]

Por cierto, el concepto bíblico del trabajo es el de un proyecto comunitario, emprendido por la comunidad para la comunidad. Todo trabajo debe verse como un servicio público, por lo menos en cierta medida. Este principio echa luz sobre el debate acerca del fin (o fines) que debe servir un negocio. Es un hecho reconocido que un negocio próspero debe dar ganancias; pagar salarios adecuados a sus empleados, ofrecerles perspectivas y condiciones de trabajo satisfactorias; invertir en investigación y desarrollo; declarar un dividendo para los accionistas; pagar los impuestos al gobierno y servir al público. El punto de controversia es el orden de prioridades de estos objetivos. La opinión de muchos empresarios es que las ganancias deben encabezar la lista, ya que de lo contrario se arruinaría el negocio. Todos coincidimos en que las ganancias constituyen un índice de eficiencia de una empresa y una condición indispensable para su supervivencia. Pero a los cristianos les resulta incómodo darle prioridad a las ganancias, pues podría parecer que el principal objetivo de una companía es el beneficio propio (si bien existe una diferenciación entre las utilidades incorporadas y las distribuidas). Más acorde con el énfasis cristiano en el «ministerio» sería dar prioridad a los servicios o bienes que la companía ofrece al público. Naturalmente, debemos añadir de inmediato que para que un negocio pueda servir al público, y mantenerse a flote o expandirse para poder hacerlo, no sólo deberá pagar los impuestos y a sus empleados, sino también producir ganancias para poder invertir parte en la investigación y el reequipamiento, y poder declarar dividendos. En otras palabras, las seis obligaciones de una empresa se entrelazan unas con otras. En vez de compararlas con los estratos de una pirámide, hay quienes prefieren emplear la imagen de los rayos de una rueda, y no darle prioridad a ninguna. Sin embargo, la mente cristiana insiste en que el servicio a la comunidad tenga primacía. En definitiva, no sólo es cierto que una empresa no puede servir al público si no produce ganancias, sino también (o más cierto aun) que no puede dar ganancias si no sirve al público adecuadamente.

Aun más importante que el servicio a la comunidad es el servicio a Dios, aunque uno y otro son inseparables. Los cristianos consideran que la tercera función del trabajo –y la suprema– es que Dios sea glorificado, es decir, que su propósito sea revelado y cumplido. E. F. Schumacher también sugiere tres propósitos para el trabajo humano, a saber:

> Primero, proveer bienes y servicios útiles y necesarios.
> Segundo, darle a cada uno la oportunidad de usar y así perfeccionar sus capacidades como buen administrador.
> Tercero, hacerlo en servicio a los demás y en cooperación con ellos, con el fin de liberarnos de nuestro egocentrismo innato.[13]

Al parecer, el primer propósito suyo coincide con el segundo mío, y el segundo suyo con el primero mío. El tercero es el punto de discrepancia. Schumacher ve la vida como una escuela, a Dios como el director, y el trabajo como uno de los principales medios por los cuales podemos reducir y aun erradicar nuestro egocentrismo crónico. Afirma que «cuando un trabajador hace un buen trabajo, su ego va desapareciendo».[14] No pretendo negar la sana influencia que el trabajo tiene sobre la persona al atenuar su ego. Pero considero que se obtiene una concepción aun más elevada del trabajo si se piensa en la gloria de Dios como fin último. ¿Cómo opera este principio?

Dios intencionalmente ha dispuesto la vida de tal manera que necesita de la cooperación de los seres humanos para que se cumplan sus propósitos. No creó el planeta tierra para que produzca frutos por sí mismo; los seres humanos tienen que someterlo y emprender su desarrollo. No plantó un huerto en el cual las flores y los frutos crecieran sin ayuda; designó un hortelano que cultivara la tierra. A esto llamamos el «mandato cultural» que Dios dio al hombre. Me gusta el cuento de aquel jardinero que mostraba a un predicador la belleza del jardín y la exuberancia de los canteros floridos. Debidamente impresionado, el pastor alabó a Dios. Pero al jardinero no le agradó demasiado que Dios se llevara todo el reconocimiento y respondió: «¡Usted no sabe lo que parecía el jardín éste cuando estaba todito en manos de Dios!»[15] Tenía razón. Su teología era perfecta. Sin un labrador humano, todo jardín degenera hasta convertirse en un matorral.

Por lo general, ponemos énfasis en que la parte *de Dios* es indispensable. En el culto de acción de gracias por la cosecha cantamos así:

Nosotros aramos los campos y esparcimos
La buena semilla en la tierra,
Pero la poderosa mano de Dios
La alimenta y la riega.

Sin embargo, lo opuesto sería igualmente cierto. Podríamos cantar así:

Dios planta el hermoso jardín
Y provee el suelo fértil,
Pero el hombre, con su esfuerzo y destreza,
Lo labra y lo mantiene.

No debemos tener recelo en afirmar esto. No es orgullo; es verdad. Ciertamente es Dios quien provee la tierra, la semilla, el sol y la lluvia, pero nosotros tenemos que arar, sembrar y cosechar. Dios da los árboles frutales, pero nosotros tenemos que cultivarlos, podarlos, y cosechar la fruta. Como comentó Lutero cierta vez: «Dios hasta ordeña las vacas por medio de ustedes.» ¿De qué le serviría a Dios proveer una ubre llena de leche, si no estuviéramos nosotros para extraerla?

De modo que es una relación de cooperación en la cual, efectivamente, dependemos de Dios, pero en la que también (lo decimos reverentemente) él depende de nosotros. Dios es el Creador; el hombre es el labrador. Cada uno necesita del otro. En el buen propósito de Dios van unidos creación y cultivo, «natura y nurtura», materia prima y labor humana.

Este concepto de la colaboración divino-humana se aplica a todo trabajo honroso. Dios se ha humillado a sí mismo y nos ha honrado a nosotros eligiendo depender él mismo de nuestra cooperación. Tomemos como ejemplo el bebé humano, tal vez la más impotente de todas las criaturas de Dios. De hecho, los niños son un «don de Dios», aunque en este caso también los padres deben cooperar. Después del nacimiento, es como si Dios dejara al recién nacido en brazos de la madre y le dijera: «De ahora en adelante te encargas tú». Confía a los seres humanos la manutención de cada niño. En los primeros tiempos el bebé casi sigue siendo parte de la madre, pues permanecen muy cerca el uno del otro. Y durante años los niños dependen de sus padres y maestros.

Aun en la vida adulta, si bien dependemos de Dios para la vida misma, dependemos los unos de los otros para satisfacer nuestras necesidades vitales. Estas abarcan no sólo las necesidades físicas básicas (alimentación, vestido, abrigo, calor, seguridad y atención sanitaria) sino también todo aquello que contribuye a enriquecer la vida (educación y recreación, deporte, viajes y cultura, música, literatura y las demás artes), sin mencionar el cuidado espiritual. De manera que cualquiera sea nuestra ocupación (como profesionales en educación, medicina, derecho, servicio social, arquitectura o construcción; en la política nacional o local, o la administración pública, la industria, el comercio, la agricultura o los medios de comunicación; dedicados a la investigación, la administración, o al arte; sirvamos en las fuerzas armadas, o trabajemos en el hogar), debemos verla como cooperación con Dios para atender a las necesidades de los seres humanos y así ayudarlos a cumplir su propósito y crecer hacia la madurez. En algunas tareas, la cooperación es directa y por lo tanto más evidente. El agricultor planta y siembra; Dios da el crecimiento. Así también en medicina. Las palabras de Ambroise Paré, el cirujano francés del siglo XVI, llamado a veces «el fundador de la cirujía», están grabadas en una pared de la Facultad de Medicina de París: «Yo vendé su herida, pero Dios lo sanó.»

En otros tipos de trabajo la cooperación es indirecta, y se necesita un discernimiento más aguzado para descubrirla. Cuando alguien le preguntó a Robert Newport si su trabajo de investigación doctoral de física era «útil», él respondió: «No se relaciona directamente con nada», pero agregó: «Espero que mis hallazgos y los de otros investigadores converjan, y que luego los resultados se apliquen a la industria.» Esa es una ilustración de lo que quiero decir.[16] Además, aunque he presentado un desarrollo específicamente cristiano del principio de trascender lo inmediato para mirar hacia el fin último, ciertamente este principio se aplica al trabajo realizado por muchos no cristianos.

Se cuenta la historia de un hombre que iba de caminata por el campo cuando llegó a una cantera y vio a los obreros que trabajaban cavando la piedra. Preguntó a varios qué hacían. El primero le respondió fastidiado: «¿No ve que estoy picando la piedra?» El segundo contestó sin levantar la mirada: «Estoy ganándome el pan». Pero cuando hizo la misma pregunta al tercero, éste se detuvo, apoyó la piqueta en el suelo, se puso de pie, sacó pecho y dijo: «Lo que yo estoy haciendo, para que usted lo sepa, es edificar una catedral.» El quid del asunto es el mayor o menor alcance de nuestra visión. El primer hombre no veía más allá de la piqueta, y el segundo más allá de la paga del viernes. Pero la visión del tercer hombre trascendía sus herramientas y el salario, hasta llegar al fin último al que servía. El estaba cooperando con el arquitecto. Por pequeña que fuera su contribución, él estaba ayudando a construir un edificio para la adoración de Dios.

Por lo tanto, *laborare orare*, el trabajo es alabanza, siempre que podamos comprender que nuestra tarea es una contribución, aunque sea pequeña e indirecta, a la realización del propósito de Dios para la humanidad. En este espíritu, cualquiera sea nuestra ocupación, podremos desarrollarla para la gloria de Dios (1 Co. 10.31).

Hace algunos años el secretario de Salud Pública del puerto y de la ciudad de Londres me dio la oportunidad de conocer parte de sus responsabilidades. Nos guió en el recorrido el señor T. L. Mackie, quien entonces se desempeñaba como inspector general de Salud del puerto. El entusiasmo con el que este hombre realizaba su trabajo era contagioso, y en una carta que me envió la semana siguiente me reveló el origen del mismo. Decía así:

> El trabajo abarca el amplio campo de la medicina preventiva y del control de la salud ambiental ... Trabajar por fines personales (el sueldo, las gratificaciones, la estabilidad laboral y la futura jubilación) para mí no basta. Yo prefiero pensar que soy responsable de una parte de la configuración mayor de la actividad humana, por medio de la cual todos aportamos lo mejor de nosotros mismos, de acuerdo con nuestros talentos, a los esfuerzos globales por el bien de la humanidad, y obedecemos la voluntad de nuestro maravilloso Creador... Es con esta perspectiva y esta motivación que diariamente enfrento la acción con alegría...

A la luz de los tres propósitos para el trabajo que hemos considerado, deberíamos estar en condiciones de intentar una definición:

El trabajo es el consumo de energía (física o mental, o ambas) en el servicio a los demás, que da como fruto la realización personal del trabajador, el beneficio de la comunidad y la gloria de Dios.

Realización, servicio y adoración (o cooperación con los planes de Dios) se entrelazan, tal como suele suceder con nuestros deberes para con Dios, los demás y nosotros mismos. Ciertamente, la realización personal no se puede separar del servicio. Pues la satisfacción laboral no se logra principalmente por medio de un salario justo, condiciones dignas, seguridad y cierto grado de participación, por importantes que sean estos aspectos; surge, en cambio, del trabajo mismo, y especialmente de esa escurridiza cualidad de ser «significativo». El ingrediente fundamental de esta cualidad en relación con el trabajo no es la destreza ni el esfuerzo que empleamos, sino el sentido de que por ese medio contribuimos al servicio de la comunidad y de Dios mismo. Experimentamos satisfacción por el servicio, por vernos ministrando a los demás. No sólo debemos desarrollar esta perspectiva de nuestro propio trabajo, sino también, si somos empleadores o gerentes, hacer todo lo posible para que nuestros empleados también la adquieran.

En 1981 recorrí el Centro Artesanal de Dacca, Bangladesh, auspiciado por el proyecto HEED (proyecto de Desarrollo Educativo, Económico y de la Salud). Allí los jóvenes de los campos de refugiados aprendían artesanías: fabricación de alfombras y tapices, tejido en telar y cestería. Lo que más me llamó la atención fue el grado de concentración de esos jóvenes. Casi no notaron nuestra presencia ni levantaron la mirada cuando pasamos a su lado. Estaban absortos en su labor. El trabajo les había dado sentido de dignidad y de valor personal por medio del servicio.

El trauma de la desocupación

Una vez que hemos comprendido la centralidad del trabajo en el propósito de Dios para el hombre y la mujer, entendemos de inmediato cuán grave atentado contra nuestra humanidad significa la desocupación. Refiriéndose a los desocupados del norte de Inglaterra durante los años de la Depresión, William Temple dijo:

> El perjuicio más serio y penoso de su situación no es el sufrimiento animal (físico) del hambre y el malestar, ni siquiera el sufrimiento mental por el vacío y el aburrimiento, sino el sufrimiento espiritual de no tener ninguna oportunidad de contribuir a la vida y al bien de la comunidad.[17]

La persona sufre una gran conmoción al ser declarada «prescindible» y una peor aun al pensar en sí misma en esos términos. Muchas personas viven con temor de que esto les ocurra.

En 1963 el total de desocupados en el Reino Unido (excluyendo a quienes acababan de dejar el colegio) era de quinientos mil. En 1977 esta cifra se había triplicado a un millón y medio. Luego, a partir de 1980 las cifras se elevaron abruptamente, y así, entre 1980 y 1982, las cifras de 1977 se duplicaron hasta tres millones, cifra que probablemente se mantenga por lo que resta del siglo (según los desalentadores informes de los expertos). Tres millones de personas representan alrededor del 13 por ciento de la mano de obra: una de cada ocho personas está sin trabajo. La cifra real puede ser más alta aun, debido en parte a la cantidad de desocupados no inscriptos y en parte a que algunas industrias y empresas todavía tienen excedente de personal. Algunos grupos en particular están severamente afectados. Más de un millón (el 37,5 por ciento) son jóvenes menores de veinticinco años. Los porcentajes también superan el promedio entre los grupos étnicos (especialmente de color), las personas discapacitadas y los obreros no calificados de regiones como Irlanda del Norte, el sur de Gales, y las grandes ciudades de Escocia y del norte de Inglaterra.

En el resto de Europa, las cifras varían considerablemente de país en país. Según las estadísticas publicadas por el Departamento de empleos, en septiembre de 1983 el porcentaje más alto de mano de obra desocupada se registraba en Bélgica (18,6%) y el más bajo en Suiza (0,9%). En Japón era del 2,5%, en los Estados Unidos del 9,2%, en Australia del 9,8% y en Canadá del 11,2%.

Al pasar de Occidente al Sur las estadísticas de desocupación son alarmantes. Se estima que por lo menos trescientos millones de personas (algunos afirman que llegan a quinientos millones) están desocupadas en los países en vías de desarrollo del Tercer Mundo, y que esto representa aproximadamente el 35% de la mano de obra, mientras que el promedio en Occidente (si bien la situación es mala) es de alrededor del 10%.

Es más, parecería ser que el problema se seguirá acentuando ineludiblemente, al menos en el futuro inmediato. Los países en desarrollo se industrializarán cada vez más y competirán en los mercados mundiales de acero, navíos y productos manufacturados. La microelectrónica completará la Revolución Industrial. Las computadoras asumirán la conducción de las fábricas, de la labranza de los campos (mediante tractores sin conductor) y aun del diagnóstico de enfermedades. No tendrá sentido intentar una resistencia a este desarrollo, como la que emprendieron los ludditas, quienes a partir de 1811, cuando se instalaron las primeras máquinas de tejer en las fábricas de Nottingham, recorrían las fábricas y las destruían. Debemos lograr una convivencia sana.

Pero la desocupación no es un problema de estadísticas, sino de personas. En el Tercer Mundo, donde no existe el subsidio por desempleo comparable a un salario, a menudo es un problema de supervivencia. En Occidente el sufrimiento es más psicológico que físico. Es una amarga tragedia personal y social. Los psicólogos industriales han comparado la desocupación con el luto, pues la pérdida del empleo en cierta manera se parece a la pérdida de un ser querido. Describen tres fases del trauma. La primera es la conmoción. Por ejemplo, un joven desocupado de nuestra congregación describía su humillación, y una señora desocupada hablaba de su «incredulidad», ya que en su empleo le habían dado la máxima garantía de estabilidad. Un concesionario de restaurante se sintió «inmediatamente degradado» y pensó: «Me he convertido en una estadística. Soy un desocupado.» Al recibir la noticia de su despido o de que han sido declaradas prescindibles, algunas personas se indignan y otras se sienten rechazadas y rebajadas. Es un duro golpe para la autoestima, especialmente para aquellos que tienen otras personas a su cargo a quienes ya no podrán mantener. La desocupación acarrea tensiones y conflictos a la vida familiar. Sin embargo, en esta etapa la actitud hacia el futuro todavía es optimista.

Depresión y pesimismo constituyen la segunda fase. Los ahorros se agotan y el panorama se vuelve cada vez más sombrío. Así es que caen en la inercia. Como bien lo resumió un hombre: «Me estanco». Luego, la tercera fase es el fatalismo. Después de varios meses de permanecer desocupados y de sufrir sucesivas decepciones al postularse para diferentes empleos, abandonan la lucha y la esperanza, se sumen en el desconsuelo y la aflicción, y se sienten profundamente desmoralizados y deshumanizados. Actualmente hay en Gran Bretaña más de un millón de personas que no tienen trabajo hace más de un año, y alrededor de una cuarta parte de ellos son menores de 25 años.

Soluciones y paliativos

¿Cómo deberían reaccionar los cristianos al problema de la desocupación? La solución de fondo pertenece al ámbito de la macroeconomía. Todos parecen estar de acuerdo en que la desocupación es el resultado de la actual recesión mundial, y que sólo se podrá superar con un crecimiento del comercio que aumente la demanda, y a su vez cree más empleos. Pero los expertos no coinciden en cuanto a la forma de alcanzar dicho crecimiento. En Gran Bretaña, la propuesta del gobierno, los empleadores y los gremios es «aumentar la competitividad de la industria». Con ese fin, algunos abogan por una reflación masiva de la economía mediante la inversión gubernamental y la creación de empleos. Otros esperan que se estimule una economía más dinámica en la inversión privada (aunque impulsada desde el gobierno). Otros aceptan el aforismo de E. F. Schumacher, «lo pequeño es hermoso», y creen que deberíamos volcarnos de las inmensas empresas de capital intensivo a modestos proyectos de trabajo intensivo. Y hay aun otros que consideran que la nueva tecnología del microprocesador nos impondrá esta descentralización de todos modos. A corto plazo, sin duda el chip de silicio provocará la reducción de empleos (y en todo caso, comentan, las tareas que pueden ser realizadas por robots no son adecuadas para seres humanos racionales); pero, agregan, a largo plazo, la Revolución del Microprocesador creará más empleos, tal como la Revolución Industrial de hace doscientos años. El informe de 1979 realizado por encargo del Departamento de empleos llamado *Consecuencias de la tecnología microelectrónica sobre la mano de obra* dio resultados tentativamente optimistas. Los autores señalan que «la historia de la economía de toda la era industrial prueba que el cambio tecnológico ha sido beneficioso para el panorama laboral» y que «los países industrializados de Occidente han experimentado un período casi continuo, desde 1945, de rápido avance tecnológico y de un incremento paralelo en el nivel de ocupación».[18] Sir Fred Catherwood en su contribución a las conferencias de 1981 del London Institute se mostró igualmente optimista y presentó una serie de ejemplos.[19]

Al pasar de los recursos a largo plazo a los de corto plazo, o de las soluciones a los paliativos, parece haber más acuerdo. Los sucesivos gobiernos han hecho mucho mediante políticas regionales, capacitación vocacional para jóvenes, programas de capacitación y mejoramiento, y proyectos para la creación de empleos. Existen posibilidades para otras iniciativas. En Gran Bretaña existe BURN (red de recursos para los desocupados), una organización que ampara tales iniciativas. Su actividad comprende centros para los desocupados auspiciados por la Asamblea General de Sindicatos y por las Uniones de Trabajadores locales, grupos independientes de personas desocupadas que buscan ayuda para sí mismas y para los demás, y proyectos cooperativos para iniciar pequeñas empresas. La Iglesia también puede emprender algunos programas. Ampliaremos este tema más adelante.

Se están realizando diversas propuestas, no tanto para aumentar la demanda laboral, sino para disminuir la oferta. El principio subyacente es el de la redistribución de la misma cantidad de trabajo entre más personas. Una de las medidas que está en estudio es la división o partición de empleos, por la cual el mismo empleo es compartido entre dos personas que trabajan alternándose por turno o por semana, lo que implica más tiempo libre pero a la vez menos paga. Otros reclaman una reducción del total de horas semanales de trabajo, una estricta restricción de las horas extra, la prohibición de los empleos de la «economía negra», una extensión de la licencia anual, un aumento de las licencias sabáticas (otorgadas en algunos países cada siete años a ciertos profesionales, como tiempo de descanso, viajes o investigación) y una jubilación voluntaria más temprana.

¿Tiene la Iglesia cristiana alguna contribución que hacer?

La lectura de dos libros de David Bleakley fue de gran estímulo para mí: *In Place of Work... The Sufficient Society*, un estudio de la tecnología desde la perspectiva de las personas, y *Work: The Shadow and the Substance*, una reevaluación de la vida y el trabajo. Ofrecen abundante material para la reflexión y estímulo para la acción. El autor no subestima el impacto de la nueva microtecnología, o la magnitud del cambio social que ya está comenzando a producirse. Por el contrario, escribe:

> En el año 2.000 d.C. nuestro mundo se habrá transformado de un modo irreconocible.[20]

Estamos en medio de una revolución que se contará entre las más importantes de la historia de la sociedad humana.[21]

A la luz de esto, su primera preocupación es que aprendamos de lo sucedido en la Revolución Industrial para no repetirlo. La introducción de la nueva tecnología no puede ser resistida, pero debería estar bien controlada para procurar que «siga siendo compatible con las necesidades humanas de la sociedad en la que se implanta».[22] Asimismo, esta vez debemos asegurarnos de alguna manera de que los beneficios de la revolución microelectrónica y la carga que la adaptación a ella acarrea se repartan equitativamente. De lo contrario, se repetirá la desastrosa situación de las «dos naciones»: la de los beneficiarios y la de las víctimas fatales.[23]

El papel de la Iglesia

David Bleakley sostiene que en el actual período de transición la Iglesia debe asumir un papel protagónico. Durante la Revolución Industrial perdió su oportunidad y, desde entonces, las masas populares de Gran Bretaña se han apartado de ella. Esto no debe volver a ocurrir. La Iglesia puede contribuir a la unión de Gran Bretaña durante los períodos de mayor peligro en la transformación industrial. Y como los desocupados (las principales víctimas) carecen de un gremio que los represente y que defienda su causa, la Iglesia podría constituirse en la voz de los que no tienen voz. Se encuentra en condiciones para hacerlo. «Al reunir en su seno todo el espectro de la comunidad, puede convertirse en un singular grupo de influencia, para articular la demanda social cristiana y alentar a sus miembros a descubrir y aplicar ... dichas demandas por medio de iniciativas de la Iglesia a nivel nacional y local.»[24]

Permítanme especificar por lo menos tres formas en que la Iglesia puede y debe colaborar.

En primer lugar, muchos de nosotros debemos modificar nuestra actitud hacia los desocupados y persuadir a la sociedad de que haga lo mismo. Quienes han sido formados según los valores de la llamada «ética protestante del trabajo» (diligencia, honestidad, inventiva, ahorro, etc.) tienen una tendencia a despreciar a quienes resultan perdedores en la lucha por sobrevivir, como si ellos tuvieran la culpa. Indudablemente, existen algunas personas perezosas que no quieren trabajar y prefieren vivir a costa de la comunidad. Pero seguramente constituyen una pequeñísima minoría. La gran mayoría de las personas desocupadas desean trabajar pero no consiguen empleo. Son víctimas de la recesión y de la nueva tecnología. Por lo tanto, necesitan más compasión cristiana y más cuidado pastoral. Debemos arrepentirnos de despreciar a los desocupados y de haber pensado alguna vez que «desocupado» era un sinónimo de «inservible». Me indignó saber que un miembro de nuestra congregación, después de estar desocupado durante dos años, había dejado de participar del culto público pues temía que le preguntaran qué hacía y que al descubrir que no tenía empleo lo hicieran sentirse un fracasado. Por lo menos en la comunidad cristiana no se debería estigmatizar a los desocupados. La afirmación de Pablo «Si alguno no quiere trabajar, tampoco coma» (2 Ts. 3.10) se dirige a los que voluntariamente están desocupados, a los vagos, y no a los declarados «prescindibles». Así que debemos recibir y apoyar a los desocupados en la iglesia local; de lo contrario nuestras palabras sobre ser «el cuerpo de Cristo» carecen de verdadero significado.

En segundo lugar, la Iglesia puede emprender iniciativas propias. Desde hace alrededor de veinticinco años cada vez más iglesias se han dado cuenta de que los edificios que heredaron son más grandes de lo que necesitan e inadecuados para cumplir las funciones necesarias. Muchas han elaborado planes imaginativos para conservar (y generalmente reformar) un lugar de reuniones y remodelar el resto del edificio para otros fines, en especial para ofrecer servicios adecuados a la comunidad local. En algunos casos, para reflejar el nuevo carácter polifacético del edificio (o complejo edilicio), se abandona el término «iglesia» y se lo denomina «centro cristiano». En algunos de estos centros funcionan talleres de recreación infantil, guarderías, clubes para madres y bebés, servicios para ancianos, grupos abiertos de jóvenes, cafeterías, etc. También están comenzando a ofrecer servicios a los desocupados.

CAWTU (Acción de la Iglesia para los desocupados),[25] fundada en 1982 y auspiciada por varias denominaciones, subraya tres áreas en las que la iglesia local puede tomar iniciativas. La primera es el cuidado pastoral (cómo enfrentar la desocupación). Se puede abrir un «centro de paso» o «centro recreativo» en las instalaciones de la iglesia, que ofrezca a las personas desocupadas la oportunidad de encontrar compañía, recreación, refrigerio o una biblioteca. La segunda área es la de «experiencia laboral» (mayores oportunidades de conseguir empleo). Se pueden auspiciar programas destinados a ofrecer experiencia laboral a los jóvenes desocupados o empleos temporarios a los adultos que han estado desocupados por largo tiempo. Estos programas pueden combinarse con proyectos gubernamentales existentes. La tercera área en que la Iglesia puede actuar es la «creación de empleos (empleos nuevos y trabajo permanente)». Esta área puede comprender la creación de empleos en la iglesia (en la administración o el mantenimiento), la iniciación de cooperativas barriales (para trabajos ocasionales) o la apertura de una nueva empresa.

A continuación presento ejemplos de algunas iniciativas emprendidas por iglesias locales:

El Taller Portrack de Teesside, en el norte de Inglaterra, que cuenta con el apoyo de una docena o más congregaciones, emplea a cuarenta y cinco personas discapacitadas en un taller para la fabricación de juguetes y la reparación de pupitres. El éxito que ha alcanzado se debe en parte a una buena administración, a cargo de jóvenes empresarios secundados temporariamente por firmas locales.[26]

En Northampton algunos cristianos han formado una cooperativa de trabajadores que compra productos alimenticios al por mayor, los almacena, los envasa y luego los distribuye a negocios minoristas.

En 1979 ocho empresarios cristianos fundaron «Traidcraft», una organización que se dedica a buscar mercados para los productos del Tercer Mundo. Ha creado cuarenta empleos en su oficina y depósito de Newcastle-upon-Tyne y alrededor de 2500 empleos más en algunos países en desarrollo.

La Iglesia Bautista de Westcliff, Essex, dirige un «programa de ocupación temporaria» cuyo objetivo es ofrecer a las personas desocupadas formas creativas de aprovechar el tiempo mientras buscan un empleo permanente. En 1983 setenta desocupados se reunían tres veces por semana para compartir actividades sociales y educativas, y para realizar servicio voluntario (por ejemplo, con los ancianos o los discapacitados). Asimismo, veinte desocupados reciben un subsidio de una organización estatal para realizar distintos tipos de trabajos comunitarios. Los proyectos están dirigidos por los mismos desocupados.

El Centro Mayflower para la familia en Londres paga a los desocupados por realizar servicios a la comunidad.

Una iglesia en Leeds redujo el área de reuniones de una capacidad de 3000 a una de 300, y en «el resto del edificio funciona un centro comunitario y de capacitación donde los jóvenes del vecindario reciben capacitación comercial e industrial».[27]

Varias diócesis de la Iglesia Anglicana han designado un secretario para la desocupación, encargado de informar a los jóvenes acerca de las organizaciones a las que pueden acudir en busca de ayuda.

El molino Moulsham en las cercanías de Chelmsford, Essex, dejó de funcionar como tal en 1979 (después de muchos siglos), y ha pasado a manos de «Interface», una sección de la división de asistencia social del departamento de Misión de la diócesis de Chelmsford. Se lo está reformando para transformarlo en un taller de capacitación; para llevar a cabo estas reformas se contratarán cuarenta y una personas de entre las que figuran en los registros de desocupados hace más tiempo.

El proyecto Bridge, con base en Bow, Londres, fue iniciado en 1982 por un grupo de organizaciones cristianas para la creación de empleos. A fines del mismo año ya estaba ayudando a treinta y seis empresas nuevas a salir a flote. Su función es ofrecer asesoramiento y ayuda administrativa a los empresarios.

En tercer lugar, al tratar de lograr la participación de los desocupados en actividades constructivas, la Iglesia también debería señalar la diferencia entre «empleo» y «trabajo», divulgarla y actuar sobre la base de esa distinción. Pues si bien todo empleo es un trabajo (no se nos paga por no hacer nada), no todo trabajo es un empleo (podemos trabajar sin que se nos pague). Lo que desmoraliza a las personas no es tanto la falta de empleo (no tener un trabajo pago) sino la falta de trabajo (no emplear las energías en el servicio creativo). A la inversa, lo que da a las personas sentido de dignidad es el trabajo significativo. A Adán no se le pagaba por cultivar el huerto del Edén. El ama de casa y el estudiante por lo general no reciben un sueldo por su trabajo (aunque algunos de ellos lo reclaman). Es cierto que el jornal o el salario es importante, y que quienes reciben un subsidio por desempleo suelen sentirse como parásitos (equivocadamente, pues ellos en algún momento han contribuido al Programa Nacional de Seguridad Social). De todos modos, el trabajo significativo es más importante para la autoestima que el salario o el jornal. Cavar pozos y volver a llenarlos puede ser una tarea paga pero no es significativa; el trabajo creativo voluntario es significativo si bien no es pago. De las personas desocupadas que he conocido varias se han dedicado a estudiar; una de ellas tenía una cámara y aprovechó ese tiempo para mejorar sus técnicas fotográficas con la esperanza de poder hacer audiovisuales cristianos en el futuro; otra joven dedicó muchas horas a visitar y apoyar a unas vecinas alcohólicas que vivían en el departamento de abajo.

La revolución social actual nos afectará a todos. Si la semana laboral media se reduce primero a treinta y cinco horas (como lo reclama el Congreso Sindical de Gran Bretaña) y luego a treinta, ¿en qué ocuparemos todas nuestras horas libres? No debería la Iglesia sugerir y ofrecer alternativas constructivas a la televisión y al video? Pues la actividad creativa durante el tiempo libre, aunque no sea paga, es una forma de trabajo. Las posibilidades son innumerables: reparaciones y redecoración de casas; mantenimiento del automóvil, la moto o la bicicleta; estudios en cursos nocturnos o de educación a distancia; cuidado del jardín, cultivo de hortalizas, cría de gallinas o cerdos; trabajo en madera o metal; corte y confección, tejido o bordado; música, pintura, cerámica, escultura; lectura y creación literaria. En lo posible estas actividades se realizarán en conjunto, pasando más tiempo en familia y con amigos. Luego existen todas las oportunidades de servicio comunitario por medio de la iglesia local o de una organización de servicio voluntario, y las iniciativas personales: visitar a enfermos, ancianos, o presos; redecorar la casa de un anciano; trabajar con discapacitados físicos o psíquicos; cuidar bebés; ir a buscar a los hijos de otras personas a la escuela; enseñar a leer y escribir a niños retardados o a familias extranjeras para quienes el español es su segunda lengua; ayudar en el hospital, la escuela o la iglesia local.

Sin duda, algunos lectores desecharán todas estas sugerencias por considerarlas típicas reacciones de clase media, absolutamente impracticables para la clase obrera desocupada. Y hasta cierto punto tienen razón. Mi insensatez no llega al punto de sugerir a los que alquilan una habitación en los barrios marginales que se dediquen a la cría de cerdos. Pero en principio apelo a las grandes verdades bíblicas sobre las cuales hemos reflexionado. Los seres humanos somos creativos a partir de la creación; no hay forma de descubrirnos a nosotros mismos sin servir a Dios y a nuestro prójimo; necesitamos canalizar nuestro potencial creativo. De modo que si los desocupados no tienen los medios para emprender las actividades que he mencionado, y la comunidad tampoco dispone de ellos, ¿no debería la iglesia proporcionarlos? ¿Será imposible para ella proveer un taller (con herramientas) o un estudio, donde las personas puedan adquirir y desarrollar nuevas habilidades? ¿Y no podrá elaborar un programa mucho más amplio de servicios a la comunidad local? Un número creciente de desocupados, semiocupados y jubilados requerirá estímulo para emplear el tiempo libre de un modo creativo. Como resultado de la automatización, escribía Marshall McLuhan veinte años atrás, «de pronto nos encontramos amenazados por una liberación que impone fuertes demandas sobre nuestros propios recursos para la ocupación y la participación imaginativa en la sociedad.»[28]

* * * * *

El concepto cristiano del trabajo como medio de realización personal por medio del servicio a Dios y al prójimo producirá numerosos frutos buenos. Valoraremos más nuestro propio trabajo; nos esforzaremos por que nuestros empleados también logren desarrollar tal valoración de su trabajo; tendremos compasión de los desocupados y nos ocuparemos de que aunque no tengan empleo no les falte trabajo. En suma, todos que aunque no tengan empleo no les falte trabajo. En suma, todos debemos considerarnos trabajadores de por vida y así, aun después de jubilarnos, emplear nuestras energías en alguna forma de servicio.

Notas

1. James A. C. Brown, *The Social Psychology of Industry*, Penguin, 1954, p. 186.
2. H. L. Mencken citado por David Weir en *Men and Work in Modern Britain*, Fontana, 1973, p. 75.
3. Dorothy Sayers, *Creed or Chaos?*, citado por Ted W. Engstrom y Alec Mackenzie en *Managing Your Time*, Zondervan, 1967, pp. 21-23.
4. *Laborem Exercens*, Carta Encíclica del Sumo Pontífice Juan Pablo II sobre «El Trabajo Humano», Ediciones Paulinas, Buenos Aires, 1981, p. 5.
5. *Ibid.*, p. 15.
6. *Ibid.*, p. 13.
7. *Ibid.*, p. 31.
8. E. F. Schumacher, *Good Work*, Abacus, 1980, p. 27.
9. *Ibid.*, pp. 119-120.
10. *Ibid.*, p. 121.
11. *Guardian Weekly*, 14 de febrero, 1970.
12. Henri de Man, *Joy in Work*, 1929, citado por Sherwood E. Wirt en *The Social Conscience of the Evangelical*, Scripture Union, 1968, p. 38.
13. *Good Work*, pp. 3-4.
14. *Ibid.* p. 122.
15. Basil Willey, *Religion Today*, A & C Black, 1969, p. 74.
16. David Field y Elspeth Stephenson, *Just the Job*, IVP, 1978, pp. 93-94.
17. Citado por F. A. Iremonger en *William Temple*, O.U.P., 1948, p. 440.
18. *The Manpower Implications of Micro-Electronic Technology*, un informe de Jonathan Sleigh, Brian Boatwright, Peter Irwin y Roger Stanyon, H.M.S.O., 1979, pp. 9 y 6.
19. Sir Fred Catherwood, «The New Technology: The Human Debate», en *The Year 2000 AD*, ed. John Stott, Marshall, Morgan & Scott, 1983, pp. 126-145.
20. David Bleakley, *In Place of Work ... The Sufficient Society*, «A Study of Technology from the Point of View of People», SCM, 1981, p. 89.

21. David Bleakley, *Work: The Shadow and the Substance*, «A Reappraisal of Life and Labour», SCM, 1983, p. 42.
22. *In Place of Work*, p. 6.
23. *In Place of Work*, pp. 2 y 51 y *Work*, pp. 20-33.
24. *Work*, p. 56. Ver *In Place of Work*, p. 3.
25. Church Action With the Unemployed, Campaign Office, P.O. Box 576, Aston, Birmingham B6 5QL. Han publicado un libro titulado *Action On Unemployment*, que describe 100 proyectos de las iglesias para y con los desocupados.
26. *Work or What?*, A Christian Examination of the Employment Crisis, CIO, 1977, pp. 28-29.
27. David Bleakley, *Work*, p. 61.
28. Marshall McLuhan, *Understanding Media*, 1964; Abacus, 1973, p. 381.

2

Relaciones Laborales

Una actitud adecuada hacia el trabajo es esencial para poder disfrutar de él; relaciones laborales adecuadas son igualmente importantes. Los obreros y los directivos pueden estar muy motivados a trabajar y sin embargo sentirse insatisfechos por la constante pugna entre ambas partes.

En Gran Bretaña las relaciones laborales tienen una historia adversa. Los conflictos llegaron a su punto culminante en el invierno de 1978-79, período que se denominó «guerra civil laboral». Hubo huelga de panaderos, recolectores de residuos, trabajadores del transporte de cargas y de ferrocarriles, empleados de hospitales y conductores de ambulancia, periodistas, docentes y asistentes sociales. Se dice que en 1978 se llegaron a perder 9.306.000 días de trabajo por la acción sindical. Probablemente fueron más, pues los registros no siempre son exactos. Sir Francis Boyd, entonces editor político del periódico *The Guardian*, comentó: «La agitación social de este horrendo invierno ha demostrado que entre los británicos existe más odio y rencor que el que se haya conocido desde la huelga general de 1926». La comunidad se ha resentido.

La situación preocupó a todas las personas reflexivas, pero especialmente a los cristianos. Pues a nosotros nos incumben especialmente las relaciones justas. John V. Taylor, Obispo de Winchester, ha llamado al Reino de Dios «el Reino de las relaciones justas».[1] La reconciliación es prioritaria para los cristianos porque está en el corazón mismo del evangelio. El pecado destruye los vínculos; la salvación los reconstruye. Jesús vino con la misión de la reconciliación. El es el Pacificador supremo y les dice a sus seguidores que también sean pacificadores.

Es más, las relaciones en el trabajo son de singular importancia. Pues la intención de Dios es que el trabajo sea un proyecto cooperativo, por medio del cual colaboremos con él y con los demás para el bien común.

Gran Bretaña y sus aliados experimentaron esta solidaridad durante la Segunda Guerra Mundial, cuando se unieron contra un mal común, pero esa unidad pronto se desmoronó y aún no ha vuelto a surgir una causa común que la restaure.

El principio bíblico de la reciprocidad

Al igual que con otros temas de este libro, no pretendo recomendar políticas específicas (que es tarea para quienes están involucrados en el gobierno, la industria y los sindicatos y en la cual no soy experto), sino exponer principios bíblicos para que podamos formarnos criterios para pensar y actuar, adecuados al lugar y la responsabilidad que tenemos.

Los invito, pues, a considerar la situación en Israel después de la muerte del rey Salomón. Reconozco que una industria o una empresa no son iguales a un reino, y que toda analogía inevitablemente será parcial. Sin embargo, se pueden trazar algunos paralelos. La monarquía unida (bajo Saúl, David y Salomón) no había sido uniformemente absolutista. En ciertos momentos se empleó la consulta, como cuando David «tomó consejo con» los oficiales y luego con toda la asamblea, acerca del traslado del arca a Jerusalén. El no deseaba tomar una decisión unilateral, sino actuar solamente «Si os parece bien y si es la voluntad de Jehová nuestro Dios». Luego de la consulta se nos dice que «dijo toda la asamblea que se hiciese así, porque la cosa parecía bien a todo el pueblo» (1 Cr. 13.1-4).

Pero el hijo y sucesor de David, Salomón, a pesar de su sabiduría y grandeza, fue un déspota. Su ambicioso plan de edificación se pudo cumplir sólo mediante el trabajo forzado. Las relaciones laborales (si se me permite esta expresión) estaban en su nivel más bajo. De manera que cuando murió, el pueblo describió su régimen opresivo como un «pesado yugo» y acudió a su hijo Roboam para que lo aligerara. Cuando Roboam consultó a los ancianos que habían asesorado a su padre, ellos le aconsejaron lo siguiente: «Si tú fueres hoy siervo de este pueblo y lo sirvieres, ... ellos te servirán para siempre» (1 R. 12.7). Roboam rechazó este principio brillante y, como consecuencia, el reino se dividió en dos. Pero sigue siendo la base fundamental de toda monarquía constitucional y, en efecto, de toda institución democrática.

En primer lugar, comprende el principio del *servicio mutuo*: «Si tú los sirves, ellos te servirán.» Jesús mismo fue más allá de un ajuste prudencial (servimos para que se nos sirva) y afirmó que el verdadero liderazgo debe ser entendido en términos de servicio («el que quiera hacerse grande entre vosotros será vuestro servidor»). Pablo expone el mismo principio («no mirando cada uno por lo suyo propio, sino cada cual también por lo de los otros») y lo ilustra con la encarnación y muerte de Jesús.[2]

En segundo lugar, se trata de un servicio mutuo basado en el *respeto mutuo*. En otras palabras, servicio basado en la justicia y no sólo en la conveniencia. Por cierto, la conveniencia está incluida («tú los sirves a ellos y ellos te servirán»), pero el verdadero fundamento del principio es la justicia, es decir, que la otra parte es un grupo de seres humanos con derechos humanos, creados a imagen de Dios como nosotros, y que, por lo tanto, merecen nuestro respeto, así como nosotros merecemos el suyo. Oprimir a los pobres es insultar a su Creador; servirlos es honrarlo.[3] Esta verdad es la base de todas las detalladas instrucciones sociales del Antiguo Testamento, como dar la paga a los siervos el mismo día, cuidar de los sordos y los ciegos, tener compasión de la viuda y el huérfano, dejar las espigas después de la cosecha para los pobres y los extranjeros, y administrar la justicia con imparcialidad en las cortes. Este mismo principio también es la base de las exhortaciones del Nuevo Testamento a los amos y siervos a respetarse mutuamente, pues servían a un mismo Señor y eran responsables ante el mismo Juez.

Al pasar del principio bíblico a la realidad contemporánea, existe un marcado contraste. Actualmente, prevalece el conflicto patrón-obrero, en el cual cada sector sospecha que el otro sólo protege sus propios intereses, y por lo tanto, hace lo mismo. Cada parte busca su propio bien y no el de la otra parte. En vez del servicio mutuo originado en el respeto y la confianza, existe un antagonismo originado en la sospecha y la rivalidad.

Además, no podemos negar el hecho de que el conflicto está profundamente arraigado en la sociedad estratificada de Gran Bretaña. El enfrentamiento entre el empresariado y los sindicatos a menudo es un reflejo de las divisiones de clase que permanentemente han socavado la unidad nacional. El presidente del Partido Liberal, David Steel, se refirió a este hecho antes de las elecciones generales de 1979: «El peor defecto de la sociedad británica ha sido y sigue siendo el imperio de la lucha de clases. La división de clases trastorna muchos aspectos de la vida de la nación, especialmente el de las relaciones laborales... Comparada con los Estados Unidos y otros países de Europa, Gran Bretaña mantiene profundas y lesivas divisiones de clase. Los dos partidos mayoritarios son el claro reflejo de los dos sectores de la industria, de tal manera que los conflictos laborales y de clase se perpetúan en nuestro sistema político. Muchas personas sufren la postergación y la privación de sus derechos fundamentales. No los mueve tanto la codicia como el perjuicio del que son objeto.»

Permítanme citar un ejemplo extremo: en 1953, A. J. M. Sykes describió las actitudes que tenían los peones de una obra de construcción hidroeléctrica en el norte de Escocia hacia su situación laboral.[4] En el campamento había 208 obreros: 108 irlandeses, 87 escoceses, 12 polacos y un español. Así dice: «todos los empleadores de la empresa eran considerados inhumanos, despreciaban a los obreros y no tenían ni el menor interes en su bienestar ... Los directivos y los miembros del personal entrevistados, en este campamento y en otros, no intentaron ocultar su desprecio; en más de una entrevista llamaron a los trabajadores 'bestias', y las opiniones más benévolas los ubicaban al margen de la sociedad. Ninguna de las partes esperaba alguna consideración de la otra, ni la tenía. Al hablar de la empresa, los obreros una y otra vez empleaban frases como 'Aquí cada uno defiende lo suyo', 'Hay que saber cuidarse' y 'En este partido uno no gana ningún tanto'...»[5] La actitud de estos hombres hacia los sindicatos era similar: «Consideraban ingenua la idea de que los dirigentes sindicales pudiesen preocuparse genuinamente por los intereses de los afiliados más que por intereses propios...» «En suma, los obreros consideraban que, en vez de ser la organización que los representaba, el sindicato era un organismo externo, y que su afiliación era incompatible con su independencia como individuos.»[6]

Es casi innecesario señalar que esta situación es absolutamente incompatible con la mente y el espíritu de Jesucristo, y que en su nombre debemos oponernos decididamente a ella. Pero ¿cómo? ¿Cómo se podrá reemplazar la sospecha con servicio mutuo, y la competencia con cooperación?

La experiencia de Wayne Alderson, industrial norteamericano, ilustra bien el efecto transformador que puede producir el respeto mutuo. Los Alderson han trabajado en las minas de carbón durante cuatro generaciones. Wayne recuerda que en su niñez, cuando su padre volvía de la mina, solía decir: «Si tan sólo me valoraran tanto como a la mula» (era más fácil sustituir a un minero que a una mula bien adiestrada). Y sus tres hermanos, empleados de la fábrica de acero, decían: «Si tan sólo nos valoraran como valoran las máquinas.» Así, pues, durante los años de su formación, se le inculcó la importancia de la *valoración* humana, que luego lo llevó a desarrollar el «concepto del valor de la persona». A principios de la década del setenta, Wayne Alderson fue nombrado vicepresidente de operaciones de la empresa Pittron, que controlaba una fundición de acero en Glassport, Pensilvania, cerca de Pittsburgh. La empresa estaba luchando por sobrevivir a una huelga que había durado cuarenta y cuatro días, y que había dejado secuelas de implacable rencor y recriminaciones entre directivos y obreros. El señor Alderson ideó un plan para mejorar la producción, la calidad, las relaciones y la moral, al que denominó «operación viraje completo». Decidido a acabar con el anterior estilo de dirección por confrontación, apeló a la cooperación. A diario recorría la fundición, saludaba a los obreros por nombre, les preguntaba por su trabajo y su familia, los visitaba cuando estaban enfermos; en otras palabras, los trataba como seres humanos. Por pedido de algunos empleados, comenzó un grupo de estudio bíblico, que luego llegó a ser un culto devocional diario en uno de los depósitos. Como resultado de la confianza mutua que se desarrolló, las quejas laborales y el ausentismo se acabaron, mientras que la productividad y las ganancias aumentaron sustancialmente. Los días de la confrontación estéril habían quedado atrás. La gente lo llamó «el milagro de Pittron». Dos años más tarde la compañía se vendió y Wayne Alderson perdió su empleo. Entonces comenzó su ministerio itinerante como conferencista, consultor y conciliador, con el propósito de divulgar su «concepto del valor de la persona». Los tres ingredientes fundamentales, dice Alderson, son el amor (una actitud positiva que diga «Yo estoy a tu disposición»), la dignidad (las personas importan) y el respeto (el reconocimiento en vez de la crítica). Continúa diciendo: «Cristo está en el centro de este enfoque. Pero hasta un ateo puede aceptar el valor de las personas.»[7]

En este mismo espíritu, Kenneth N. Hansen, presidente del directorio de Service Master Industries Inc., escribe: «Mi propósito es usar el trabajo para ayudar a las personas a desarrollarse, y no usar a las personas para llevar a cabo el trabajo como único fin.»

Una vez que exista la búsqueda del respeto y el servicio mutuos, habrá por lo menos tres consecuencias: la abolición de la discriminación, el aumento de la participación y el énfasis en la cooperación.

La abolición de la discriminación

La primera consecuencia es que se abolirá la discriminación, tanto las manifestaciones reales como los símbolos, que en conjunto perpetúan el pernicioso enfrentamiento «nosotros-ellos».

Por ejemplo, ¿existe alguna justificación para que a los obreros se les pague por hora o por semana, mientras que a los empleados de las categorías superiores se les paga un salario anual? ¿O para que los obreros tengan que marcar tarjeta de hora de entrada y salida y los demás empleados no? ¿O para que se confine a los obreros a la cantina de la fábrica, mientras que los demás disfrutan de un lujoso «restaurante para el personal»? En los últimos años muchas compañías han puesto fin a estas ofensivas formas de discriminación, pero hay muchas otras que aún las mantienen. Jock Gilmour, delegado gremial de la industria automotriz, comenta: «Sabemos que en otros continentes hay 'intocables'; de lo que no nos damos cuenta es que nuestra propia sociedad industrializada también puede tener intocables.»

Reconozco que estos tres ejemplos en sí mismos son triviales, pero son símbolos de status que, al parecer, confieren dignidad a algunos y se la niegan a otros. Detrás de esos símbolos de discriminación se encuentra la realidad de la injusticia social, específicamente, la excesiva disparidad entre quienes perciben sueldos altos y quienes perciben sueldos bajos.

No considero que la meta cristiana deba ser la igualdad absoluta, pues Dios mismo no nos ha hecho a todos idénticos en nuestros dones naturales y espirituales. Pero los cristianos debemos oponernos a la desigualdad de privilegio, y procurar que los índices diferenciales del escalafón se basen en el mérito y no en el privilegio. En efecto, resulta sano e inspira confianza el hecho de que la diferenciación se limite al salario y no incluya gratificaciones ocultas para los altos ejecutivos (por ejemplo, servicios de salud privados, planes jubilatorios preferenciales y abonos gratuitos para el teatro).

Los índices diferenciales de salarios han sido las principales causas de conflicto y descontento popular. Ya en 1962 Barbara Wootton escribía acerca de «la aparente irracionalidad, de acuerdo con *cualquier* criterio con el que se lo juzgue, de nuestra actual estructura de jornales y salarios. Es en vano tratar de buscar la justificación de las diferencias salariales en algún parámetro racional que tome en cuenta la capacidad, la responsabilidad, el esfuerzo y las condiciones de trabajo, pues ésta no existe.[8]

Sin embargo, los seres humanos tienen un sentido innato de lo que es justo, de modo que en todas las discusiones laborales hay demandas de «lo justo» y quejas contra «prácticas injustas». Este es el concepto central del libro *Social Values and Industrial Relations* (Los valores sociales y las relaciones laborales), que lleva el subtítulo «Un estudio sobre la justicia y la desigualdad».[9] Ya en 1881 Engels se refirió a la expresión «el jornal justo por el trabajo justo de un día» como «aquel antiguo lema de las relaciones laborales británicas».[10]

Así pues, debería ser posible evaluar, comparar y clasificar los empleos con vistas a una escala salarial graduada (los Países Bajos adoptaron una escala nacional de esta naturaleza en los años de la posguerra). ¿Será absolutamente imposible para los seres humanos concebir una escala que cuente con el acuerdo general, basado en algún tipo de sistema de puntaje que tome en cuenta nivel y tiempo de capacitación, idoneidad y destreza, esfuerzo mental y físico, riesgo y responsabilidad, logros, experiencia y años de servicio, condiciones de trabajo (por ejemplo, suciedad, incomodidad, peligro y tedio), oferta y demanda?

Evidentemente, es difícil, aunque no imposible, comparar los trabajos de oficina, los trabajos físicos y los oficios calificados. Esta estructura salarial debería ser elaborada conjuntamente por directivos y obreros. Idealmente debería comprender todas las categorías, desde los directores hasta los obreros, pasando por los gerentes; debería ser considerado justo (cada índice diferencial debería tener una justificación racional) y, así, acabar con los conflictos y el resentimiento, y con los constantes saltos en la carrera de los reclamos y las conciliaciones.

Confieso que he admirado el Scott Bader Commonwealth desde que leí acerca de él en el libro de E. F. Schumacher *Small is Beautiful* (1973), y posteriormente mantuve correspondencia con Ernest Bader. El señor Bader es cuáquero y llegó a Inglaterra desde Suiza antes de la Primera Guerra Mundial. La compañía que fundó es una de las principales productoras de plásticos. En 1951 la convirtió en un «commonwealth» en el que «no hay dueños ni empleados» porque todos son «copropietarios y co-empleados». En 1979 E. F. Schumacher (quien era uno de los directores) escribía: «Hemos establecido la amplitud máxima en la escala de categorías entre los sueldos más altos y los más bajos. Quizá escandalice a muchos (debe de referirse a los partidarios de la igualdad) el hecho de que se haya llegado a una escala de uno a siete, a pesar de la buena voluntad. No existe presión de la comunidad para que se la reduzca, porque se la considera necesaria. Por supuesto esto comprende a todos, desde el empleado más joven de sueldo más bajo hasta el más antiguo y de categoría más alta.» «Una especie de parlamento de empleados» establece y revisa el escalafón.[11]

Los índices diferenciales deben existir. Pero se debe renunciar a la discriminación injustificada en los salarios, las condiciones y los ascensos; es decir, a la diferenciación basada en el privilegio y no en el mérito. Esta es incompatible con la justicia social y con el ideal cristiano del respeto mutuo.

El aumento de la participación

Cada vez tiene mayor aceptación la idea de que en toda empresa los obreros deberían participar tanto en las decisiones como en las ganancias, pues el éxito de la empresa depende en gran medida de su capacidad y su trabajo. Aunque algunos directores y gerentes se resisten a ello, y naturalmente lo consideran una amenaza, el principio concuerda con la justicia natural. Nos concentraremos en el concepto de la toma de decisiones, ya que el pensamiento cristiano halla en él un componente básico de la naturaleza humana.

Cualquiera sea nuestra definición de la «imagen de Dios» en el hombre, ciertamente incluirá la capacidad de elegir y decidir. En la historia del Génesis, Dios considera a Adán una persona con responsabilidad moral, y lo trata en conformidad con esto. Es cierto que el primer mandamiento que les da es idéntico al que le da a los seres vivientes del mar: «fructificad y multiplicaos» (Gn. 1.22, 28), y que el mandato no denota la libertad de elección. Sin embargo, lo que los animales hacen por instinto, los hombres lo hacen por decisión libre. El mandato divino a someter la tierra claramente involucra responsabilidad; y hay un grado mucho mayor de responsabilidad implícito en las palabras: «De todo árbol del huerto podrás comer; mas del árbol de la ciencia del bien y del mal no comerás; porque el día que de él comieres, ciertamente morirás» (2.17). Hay aquí, lado a lado, un amplio permiso y una prohibición particular. Se presupone que Adán era capaz de distinguir entre «podrás» y «no deberás», y de elegir entre ellos. Es más, Dios lo hizo responsable de su elección.

La tradición cristiana siempre ha enseñado esta verdad bíblica: que la libertad moral es un ingrediente esencial de la dignidad humana. William Temple escribe: «El principal rasgo distintivo de la persona es que ordena su vida por decisión propia y libre.»[12] Por lo tanto, sigue diciendo Temple, «la sociedad debe estar organizada de tal modo que ofrezca a cada ciudadano el máximo de oportunidades para tomar decisiones libremente, y la mejor capacitación posible para saber aprovechar bien dichas oportunidades. En otras palabras, uno de nuestros principales objetivos será extender al máximo las responsabilidades personales; pues el ejercicio responsable de la elección libre es la expresión más plena de la personalidad y el mejor merecedor del gran nombre de libertad.»[13] Las personas comprenden esto por intuición. Quieren que se las trate como a adultos libres de decidir por sí mismos; saben que cuando se les quita el derecho a decidir, se les está quitando parte de su dignidad humana. Se los rebaja del nivel de adultos al de niños, o del de personas al de robots.

La diferencia fundamental que existe entre una «comunidad» y una «institución» es que, en la primera, los miembros conservan la libertad de elección, mientras que, en la segunda, en cierta medida ésta se les quita. *Asylums* (Asilos), la interesante obra de Ervin Goffman, es en rigor un estudio de «la condición social de los pacientes psiquiátricos y otros internos».[14] Comienza con algunas observaciones generales. Llama «institución completa» a un lugar de residencia o de trabajo en el cual las personas «llevan una vida recluida y formalmente organizada.»[15] Esta categoría comprende hospitales, orfanatos, asilos de ancianos, cárceles, cuarteles militares, colegios de pupilos, monasterios y (en mi opinión, si bien no son lugares de residencia) muchas de las fábricas. Allí, las actividades diarias siguen un «horario estricto» y son «impuestas desde arriba mediante un sistema formal de reglamentación explícita y un cuerpo de funcionarios».[16] El factor clave es el control burocrático y la existencia de una «división fundamental entre el grupo mayoritario convenientemente llamado los 'internos' y un reducido personal de supervisión».[17] «Es característico que los internos no tengan conocimiento de las decisiones que se toman con relación a su vida.»[18] Por lo tanto, en las «instituciones completas» los internos dejan de ser «personas con la autodeterminación, autonomía y libertad de acción que corresponde a un adulto».[19]

Considero que éste es un punto esencial que los cristianos deben tomar en cuenta si han de colaborar en la creación de una vida comunitaria genuina, y en la protesta contra los efectos deshumanizantes de la vida en las instituciones. Lo considero tan importante que presentaré algunos ejemplos antes de retomar el tema de las relaciones laborales. Antes de observar la fábrica desde esta perspectiva, observaremos la escuela o la universidad, el hospital y la cárcel.

Los cristianos hacen una marcada distinción entre educación y adoctrinamiento. Adoctrinamiento es el proceso mediante el cual el profesor impone su punto de vista a la mente maleable de un niño; en cambio, en la verdadera educación, el profesor actúa como catalizador para que el niño desarrolle la capacidad de aprender por observación y razonamiento. El adoctrinamiento es opresivo, la educación es genuinamente liberadora. Ciertamente, el profesor no puede ni debe adoptar una postura absolutamente neutral, pues los niños necesitan una guía para crecer en discernimiento. No obstante, el asunto decisivo es cuál mente tendrá prioridad: la del profesor que instruye, o la de los niños que aprenden a usar su mente, con el fin de llegar a sus propios juicios de valor y decisiones morales. Este proceso de autoeducación en interacción con los profesores debería ser aun más evidente en el nivel terciario y universitario, y también en las iglesias, donde el predicador nunca debería tratar a su congregación como si no fuera más que una esponja absorbente.[20] Asimismo, las demandas estudiantiles de los años sesenta parecen justas. Como era su educación la que estaba en juego, reclamaban tener voz en los asuntos académicos referentes a planes de estudio y exámenes, y que se les diera la oportunidad de evaluar el desempeño de sus profesores. En escuelas y universidades, debería ofrecerse a los alumnos, a medida que van creciendo y madurando, cada vez más oportunidades de tomar sus propias decisiones.

Naturalmente, la situación en las cárceles es muy distinta, pues, después de un juicio, los internos han sido privados de su libertad por la autoridad judicial de una corte. No sería justo tratar a los prisioneros como si fueran ciudadanos libres. No obstante, tampoco se los debería tratar como esclavos ni robots. Siguen siendo seres humanos adultos, personas creadas a imagen de Dios, aun cuando están bajo castigo por sus ofensas. Me impactaron los comentarios de Chuck Colson al respecto en la contribución que hizo a las conferencias del London Institute de 1979. En una reflexión sobre su experiencia en prisión, por haber estado involucrado en el encubrimiento del caso Watergate, dijo: «Uno no decide nada por sí mismo. La hora de las comidas, las tareas, todo está decidido. Uno se siente abrumado por la sensación de impotencia. La identidad individual se destruye.»[21]

En el campo de la medicina, existe un peligro constante de que la relación médico-paciente, que ya es poco natural por la gran admiración que se tiene por los médicos, se degenere aun más y pase del paternalismo al control. El paciente sigue siendo una persona, y cuando se deben tomar decisiones relativas a su salud e incluso su vida, él mismo debería poder tomarlas. Y aunque evidentemente es difícil para el médico emplear lenguaje común para describir complicados cuadros clínicos y tratamientos, sin embargo tiene la obligación de hacerlo de la mejor manera posible. De lo contrario, el concepto de «consentimiento informado» necesario para llevar a cabo tratamientos, intervenciones quirúrgicas y estudios clínicos perdería el sentido. Según el Código de Nuremberg de 1946-1949, «el consentimiento voluntario de la persona es absolutamente esencial». Esto no sólo significa que no habrá coacción, sino también que la persona «deberá tener suficiente conocimiento y comprensión de los elementos del problema en cuestión como para tomar una decisión sobre la base de un buen discernimiento...»[22] Asimismo, la Declaración de Helsinki de 1964 sobre los experimentos con humanos (elaborada por la Asociación Mundial de Medicina) contiene una cláusula por la cual «los estudios clínicos en un ser humano no se pueden realizar sin su libre consentimiento, que sólo dará una vez que ha sido debidamente informado».[23]

Sin embargo, a menudo los pacientes sienten que se los deja de lado, y que hasta se los manipula, porque se les oculta la verdad acerca de su enfermedad y del tratamiento, y en esa situación se sienten impotentes. Solzhenitzyn da un ejemplo conmovedor en Oleg Kostoglotov, el personaje principal de su novela *Cancer Ward* (Pabellón de cancerosos).[24] Al igual que Solzhenitsyn mismo, Oleg había estado en un campo de concentración antes de internarse en el pabellón de cancerosos. A lo largo de la obra, Solzhenitsyn traza un sutil paralelo entre la cárcel y el hospital, especialmente por el hecho de que ni a los presos ni a los pacientes se les permite tomar decisiones por sí mismos. A pesar de esto, Oleg tenía una profunda independencia mental y espiritual. «Todos los fracasos de mi vida», dice, «fueron por mi excesiva consagración a la democracia. Intenté difundir la democracia en el ejército, es decir, les contestaba a mis superiores.»[25] Ludmila Afanasyevna Dontsova, encargada del departamento de radioterapia, reacciona violentamente a lo que considera una actitud poco cooperativa. «Se irá cuando yo considere que debo interrumpir el tratamiento», dice ella enfáticamente. «¡Ludmila Afanasyevna!» responde indignado Oleg. «¿No podemos dejar de lado ese tono de voz? Parece el tono de un adulto hablándole a un niño. ¿Por qué no hablamos de adulto a adulto? ... Lo que pasa es que el punto de partida de ustedes es completamente falso. Apenas viene a ustedes un paciente, comienzan a tomar todas la decisiones en su lugar... Y otra vez me convierto en un grano de arena, tal como en el campo de concentración. Una vez más nada *depende* de mí.»[26] Más adelante, cuando escribe a sus amigos, y describe las ventanas enrejadas del pabellón, las literas, a los internos aterrorizados, enumerando todo como si estuviera en la cárcel, Oleg prosigue: «De acuerdo con algún derecho ...ellos (los médicos) han decidido, sin mi consentimiento y en mi nombre, emplear una forma de terapia terrible: la terapia hormonal.»[27]

Finalmente, vuelvo al asunto de la industria y las relaciones laborales. Es cierto que los hospitales de Occidente no se parecen a los hospitales de la Unión Soviética durante el régimen opresivo de Stalin, y que de todos modos existen diferencias entre una fábrica, por un lado, y una escuela, una universidad, una prisión o un hospital, por otro. No obstante, he intentado demostrar que la posibilidad de tomar decisiones es un derecho básico de los seres humanos y un componente esencial de la dignidad humana.

El clamor por una industria democrática, que permita una mayor participación de los trabajadores en su propia empresa, no convierte a la fábrica en un caso especial, sino que es la expresión dentro del ámbito de la industria del clamor universal por la humanización de la sociedad. En la actualidad, damos por sentada la democracia política, y estamos agradecidos por quienes lucharon por mucho tiempo para conseguir el sufragio universal, para que el ciudadano común pueda acceder al gobierno de su nación y a la elaboración de las leyes que luego deberá obedecer. ¿No es igualmente evidente la conveniencia de la democratización industrial? Cuarenta años atrás, William Temple ya escribía: «La causa de la libertad no logrará establecerse hasta que la libertad política no se traduzca en libertad económica.»[28] Temple observaba con horror los orígenes de la Revolución Industrial: «Los pioneros no respetaron la personalidad de quienes se ganaban la vida trabajando en molinos y fábricas. Con frecuencia los llamaban 'manos', y la mano es una 'herramienta viva', y ésta, a su vez, es la clásica definición de 'esclavo'.»[29] Efectivamente, en 1830, tres años antes de que Wilberforce y sus amigos consiguieran la abolición de la esclavitud en las colonias británicas, en una histórica carta al periódico *Leeds Mercury*, Richard Oastler, un terrateniente cristiano, tuvo la valentía de trazar esta misma analogía. «Miles de nuestros semejantes, varones y mujeres, viven en condiciones de esclavitud más horrendas que las que soportaban las víctimas de aquel infernal sistema de esclavitud colonial.» Luego se refirió especialmente a los niños de siete a catorce años que trabajaban en las fábricas trece horas diarias, con sólo media hora de descanso.[30]

Gracias a Dios, en ciento cincuenta años hemos avanzado mucho. Pero todavía nos queda un largo trecho por recorrer. William Temple continúa diciendo: «Los peores males de las primeras fábricas se han abolido, pero a los obreros todavía no se los reconoce plenamente como personas, pues ... los 'trabajadores' generalmente no tienen voz en el manejo de la industria, las exigencias de la cual determinan una gran parte de sus vidas.»[31] Formula el principio con claridad: «Cada ciudadano debería tener voz en la conducción del negocio o la industria que se lleva adelante por medio de su trabajo».[32]

Según entiendo por lo que he leído, en el centro de muchos de los conflictos laborales se encuentra el problema de las reglas y la reglamentación; no sólo en lo relativo a *qué* exigen y qué prohiben, sino también a *quién* las establece y *por qué*. Con frecuencia, la gerencia dicta y modifica las normas de una manera dictatorial, considerándolo parte de la «prerrogativa de la gerencia». Por otra parte, los trabajadores por lo general se rigen por las costumbres y prácticas, los usos convencionales del lugar. El Informe Donovan[33] subraya la tensión entre estos dos sistemas: el «formal» (los convenios oficiales), y el informal (los procedimientos tradicionales); y se pronuncia en desacuerdo con esta situación. Se trata de la diferencia entre las reglas establecidas desde arriba y las que surgen desde abajo; entre dos tipos de autoridad: el poder ejercido desde arriba, y el sentido común o el uso originado desde abajo.

Cada parte cree en la necesidad de legitimar sus propias reglas. Esta necesidad constituye el principal énfasis del libro *Ideology and Shopfloor*

Industrial Relations (1981) (Ideología y bases para las relaciones laborales en la industria).[34] En él se expone el proceso de legitimación en las relaciones laborales, los argumentos que emplea cada sector para justificar o para desafiar las reglas, y la ideología, la cosmovisión o el sistema de valores en el cual se basa este proceso. Pero las relaciones laborales abarcan más que las reglas y su elaboración. También entran en juego los planes globales y las políticas de la compañía. Hay que reconocer que en muchas compañías los empleados no tienen sentido de su propia dignidad porque carecen de responsabilidades. Se sienten oprimidos e impotentes. La mentalidad de «nosotros y ellos» es la preponderante, pues todas las decisiones las toman otras personas (distantes y anónimas), mientras que a ellos sólo les toca responder y en rigor, obedecer. La analogía con la esclavitud, si bien es inexacta, resulta útil en este punto. Los cristianos se opusieron a la esclavitud porque es deshumanizante para una persona ser propiedad de otra. Asimismo, los cristianos deberían oponerse a toda forma de trabajo en la cual se usa a las personas. Es cierto, el mal es mucho menor porque el trabajo se asume voluntariamente y está reglamentado por contrato. Sin embargo, el contrato puede ser degradante para la dignidad humana, si implica la renuncia a la responsabilidad personal y el compromiso a obedecer sin ser consultado.

Seguramente, los cristianos coincidirán en que por lo menos debe existir un mecanismo de consulta, y lo que es más importante, que éste no sea sólo una pantomima sino que comprenda un genuino debate en las primeras etapas del proceso de planificación, y que sus resultados se reflejen en la decisión final. En definitiva, si la *producción* es un trabajo en equipo, en el cual la contribución de los obreros es indispensable, ¿no deberían también las *decisiones* ser un trabajo en equipo, en el cual la contribución de los obreros sea igualmente indispensable? Sin duda, detrás de cada una de las posturas se hallan los intereses sectoriales. Los planteos de los directores suelen partir de las ganancias, de las cuales depende la supervivencia de la empresa. Los obreros, en cambio, suelen partir del aumento de los precios y por consiguiente, del salario, del cual depende su propia supervivencia. Los puntos de partida de una y otra parte son comprensibles. Pero el debate abre la posibilidad de que cada sector llegue a entender los intereses legítimos del otro sector, y luego pueda comprender que ambos, lejos de ser incompatibles, son interdependientes.

Una vez que se reconoce el principio de la participación de los trabajadores, puede existir una legítima diferencia de opinión acerca de las mejores vías y medios para ponerla en práctica. En efecto, se han propuesto y ensayado las estructuras más diversas, desde la consulta plena a todos los niveles, hasta la elección de empleados-directores. Sería valioso realizar nuevos experimentos.[35]

El informe de la mayoría de la *Comisión Bullock sobre la Democracia Industrial* (1979) recomienda la cooperación de ejecutivos y obreros en la elaboración de una estrategia conjunta para la compañía, y en la toma de decisiones y su ejecución. Se declara a favor de que las empresas nombren directores elegidos de entre sus empleados.

En mayo de 1978 el gobierno laborista inglés emitió un informe oficial sobre «Democracia Industrial», en el cual se aceptaba el principio de participación. Si ese gobierno hubiera tenido la oportunidad de sancionar leyes basadas en tal principio, las consecuencias habrían sido diversas: 1) se habría obligado a los empleadores de compañías con un personal superior a los quinientos empleados a discutir con los representantes de los trabajadores las decisiones de mayor envergadura que los afectaran, incluso los planes de inversión, fusión, expansión o reducción; 2) se habría estimulado a las compañías a desarrollar una estructura directiva con dos niveles (uno constituido por la junta de elaboración de políticas y otro por la junta administrativa); 3) a los empleados de firmas con más de dos mil empleados se les habría dado un derecho estatutario de tener representación en la junta de elaboración de políticas de la empresa, a la par de los representantes de los accionistas. Un informe de la minoría se opuso, sobre la base de la falta de evidencia y de la magnitud del riesgo.

Estas propuestas generaron reacciones dispares, aunque en general adversas. La Confederación Industrial Británica, que representa a los empleadores, sostuvo que la comisión Bullock había recibido informes tendenciosos, y que su verdadero interés no era darle participación a los empleados en las compañías sino que éstos obtuviesen el control de las mismas. Los sindicatos se opusieron porque consideraron que la representación en la dirección y la negociación colectiva eran esencialmente incompatibles. Históricamente, ha sido por medio de la negociación colectiva que los sindicatos han socavado el poder incontestable de los empleadores, y ha sido así como han obtenido cierto poder sobre los salarios y las condiciones de trabajo. En otras palabras, cada parte quería conservar el poder que ya tenía, aun cuando esto significara mantener cierto grado de enfrentamiento.

Pienso que la mayoría de los cristianos coincidirá con las palabras de Robin Woods, entonces Obispo de Worcester y Presidente de la Junta para la Responsabilidad Social, quien en una carta al periódico *The Times* resume la situación así: «Es coherente con la visión cristiana que la sociedad se debería organizar de tal manera que cada persona pueda ejercer la capacidad que recibe de Dios de elegir, asumir responsabilidades y participar en la configuración de su propio ámbito. Creemos que los intereses de los empleados de una compañía son por lo menos tan importantes como los de los accionistas.»[36]

La segunda clase de participación es en las ganancias. Esta se basa en otro principio bíblico claro, a saber: «Digno es el obrero de su salario» (1 Ti. 5.18). Es de suponer, pues, que exista alguna correlación entre el trabajo y el salario. Si una compañía prospera, el poder compartido (responsabilidad) debe ir acompañado de ganancias compartidas. Así como los accionistas se benefician con las utilidades, también deberían beneficiarse los empleados, ya sea con acciones de la compañía o con beneficios diferidos (jubilación, por ejemplo). Por el «pacto» entre los partidos liberal y laborista británicos de fines de la década del setenta se introdujo la idea de incentivos impositivos para aquellas empresas que desarrollaran proyectos de distribución de las ganancias.

La empresa pionera en el campo de la distribución de las ganancias fue la Sociedad John Lewis, de la calle Oxford en Londres. En 1864, a los veintiocho años, John Lewis abrió una pequeña sedería. A principios de este siglo su hijo Spedan comenzó a tener la conciencia intranquila porque él, su padre y su hermano, por ser socios, obtenían del negocio sustancialmente más que todos los empleados juntos. Por lo tanto, se propuso idear una distribución más equitativa de las utilidades, y en 1920 se llevó a cabo la primera distribución del «Beneficio de la Sociedad», que consistía en el equivalente al pago por siete semanas extra. Spedan Lewis tomó dos resoluciones irrevocables en la administración del negocio, a beneficio de los empleados. De 1928 a 1970 la «Bonificación de la Sociedad» (como se la denomina ahora) era en acciones, pero a partir de 1970 se paga en efectivo. La política de la compañía es la siguiente: «Después de pagar los dividendos preferenciales y el interés, de cumplir con los beneficios sociales, las jubilaciones y de asegurar una adecuada provisión de fondos, las ganancias restantes de cualquier año se distribuyen entre los socios de la empresa de manera proporcional a los sueldos. De este modo, las ganancias se dividen entre todas las personas que trabajan en la empresa.» El porcentaje de las ganancias totales aplicado a la Bonificación aumentó de un 12% en 1967 a un 20% en 1980, y desde entonces ha aumentado aun más.

Una organización de esa clase era revolucionaria en la década del veinte. En la actualidad, en Gran Bretaña, en el resto de Europa y en Norteamérica proliferan similares proyectos de ganancias compartidas y planes de distribución de acuerdo con las ganancias.[37]

La mente cristiana valora ambos aspectos de la participación (en las decisiones y en las ganancias) no sólo porque su aplicación resulta efectiva (mejoran las relaciones laborales y aumenta la productividad) sino también porque es justa (los empleados tienen derecho a compartir el poder y participar en las ganancias).

Enfasis en la cooperación

El concepto fundamental del respeto y el servicio mutuos, cuyos alcances en la industria estamos analizando, debería conducir no sólo a la abolición de la discriminación sino también al aumento de la participación y por ende de la cooperación.

Los gremios se crearon en el siglo diecinueve para proteger a los obreros de la explotación por parte de sus patrones. Como en ese tiempo bajo la ley laboral británica los obreros no tenían derechos, se vieron obligados a organizarse por su cuenta. A lo largo de los años, los gremios han obtenido importantes beneficios para los trabajadores en las condiciones salariales y laborales. Estas organizaciones eran absolutamente necesarias, pues sin su sentido de responsabilidad colectiva y sus constantes luchas, los trabajadores serían explotados aún hoy. Es cierto que algunos gremios pierden el apoyo popular por tener intereses políticos en vez de laborales, porque no todas las demandas son razonables ni todas las huelgas justificadas, o por la violencia ejercida por los piquetes de huelga. Pero también es cierto que muchos gremialistas realizan un trabajo arduo y prolongado para obtener soluciones a los conflictos, frente a la incompetencia y a la intransigencia de los directores, por el cual no siempre obtienen reconocimiento. Lo lamentable es que los trabajadores consideren que se deben primeramente al gremio y luego a la compañía, y que por lo tanto este enfrentamiento forme parte de la estructura misma de la industria. ¿Por qué debemos dar por sentado que este enfrentamiento estructural es inevitable y por lo tanto eterno? ¿Por qué debe perpetuarse el lenguaje de «ganar» y «perder», cada vez que hay un conflicto laboral? ¿Por qué no podemos esperar y trabajar en pos del día en que se desarrollen nuevas y mejores estructuras que sean expresión de la cooperación? El informe oficial del gobierno laborista, «Democracia Industrial», al que ya nos hemos referido, define el objetivo como «la cooperación positiva de directivos y obreros, en vez de la coexistencia defensiva». Cuando los directivos y los empleados están enfrentados, el público también se perjudica; en cambio, cuando trabajan en cooperación al servicio del público, sus relaciones mutuas mejoran.

Como ilustración de algunos de los principios que hemos considerado, observemos un ejemplo de cómo pueden cambiar las actitudes y el clima de toda una compañía.

Hacia fines de la década del sesenta, Gerald Snider, empresario norteamericano, trabajaba para una compañía multinacional, cuya identidad no hace falta revelar. Lo nombraron vicepresidente y gerente general de un grupo de compañías europeas. De hecho era presidente interino, porque la responsabilidad última era suya.

Me contó la historia de una de las compañías en particular, cuya situación era pésima cuando él se hizo cargo de ella. Su producción era inferior en calidad y diseño. El establecimiento estaba sucio, la maquinaria era anticuada y el ambiente desagradable. Aunque los sueldos eran buenos, los obreros ponían muy poco interés en su trabajo, y sentían desconfianza y hasta hostilidad hacia los directivos. El nivel de ausentismo era muy elevado. Alrededor del 20% de los obreros faltaban los lunes. En consecuencia, para contrarrestar el ausentismo, había exceso de personal. En efecto, una de las primeras medidas de Gerald Snider fue declarar prescindibles a cuatrocientos de los mil ochocientos empleados. Fue una tarea sumamente desagradable, pero la única alternativa habría sido cerrar la fábrica.

Después de reflexionar sobre la situación general, pudo comprender con claridad que la causa principal del malestar en la fábrica era la mala relación entre los obreros y los supervisores. Por cierto, cada empleado mantenía el contacto necesario con quienes estaban por encima y por debajo de él. Pero se trataba más de un rito que de una relación. La fábrica estaba organizada jerárquicamente en varios niveles desde el director, gerente de planta, gerente de personal, supervisor, capataz y hasta los obreros de planta. No existía la consulta ni la cooperación inteligente y voluntaria. De hecho no existía ninguna relación genuina.

Gerald Snider comprendió que para que la fábrica sobreviviese era necesario no sólo que mejorara la calidad de la producción, de modo que fuese aceptable para el mercado, sino también que los empleados en todos los niveles comprendiesen los objetivos de la compañía y cooperaran para alcanzarlos. Así, pues, decidió dar un paso sin precedentes: convocar a todo el personal y explicarles la situación. De inmediato, la medida suscitó las objeciones más enérgicas. Le dijeron: «Eso no se estila. Tal vez en Estados Unidos puedan hacerlo, pero aquí las cosas no se hacen así.» El debate se prolongó por una semana, durante la cual los gerentes y supervisores (quienes temían que su autoridad fuese socavada) expusieron todos los argumentos en contra que podían concebir. No obstante, el gerente general se mantuvo firme en su propósito.

Así pues, cierto día a las once y cuarenta y cinco, durante quince minutos, en horas de trabajo, todos se reunieron en el auditorio de la fábrica. El señor Snider planteó la grave situación que se presentaba debido a las deficiencias en la calidad de la producción y en el rendimiento del personal. Efectivamente, de todas las compañías que estaban bajo su responsabilidad en Europa, ésta presentaba los niveles más bajos de producción y los niveles más altos de ausentismo. A continuación, expuso su plan de supervivencia. Por un lado, la empresa estaba dispuesta a invertir importantes sumas de dinero en la modernización de la maquinaria y en la mejora del ambiente de trabajo. Por otro lado, les pidó su plena cooperación. El ausentismo debía acabar. También debían suprimirse las horas extras de los sábados; todo el trabajo debía realizarse durante los días hábiles.

Sobre todo, agregó, deseaba mejorar las relaciones y facilitar la comunicación entre todos los niveles. Les ofreció así un informe de los problemas, las necesidades y los objetivos de la fábrica. Su propósito era que de esa misma forma pudieran acceder directamente a la gerencia y a él personalmente. Pues estaba convencido de que el desarrollo del entendimiento mutuo traería el crecimiento de la responsabilidad mutua. De manera que cuando abriera la fábrica al día siguiente, él estaría allí, a su disposición.

Ante su propia sorpresa y la perplejidad del departamento de personal (ya que habían anticipado que los obreros rechazarían una apelación directa del gerente general), los empleados recibieron su discurso con efusivos aplausos. Y cuando recorrió la planta al día siguiente, el tedio que antes imperaba en el ambiente ya había desaparecido. Los hombres le sonreían cuando pasaba a su lado. Algunos le daban sugerencias, especialmente los capataces, quienes ocupan un lugar clave entre la gerencia y los obreros. Se fijó una reunión diaria con los capataces, de la cual surgirían numerosas sugerencias prácticas. Otra decisión importante fue la de cerrar los dos comedores exclusivos para ejecutivos y supervisores. A partir de entonces todos comerían en el mismo restaurante y compartirían las mismas condiciones y la misma comida, lo cual además daría lugar al encuentro, el conocimiento y la confianza mutua.

Las demás promesas del gerente general se fueron cumpliendo gradualmente: se instaló maquinaria moderna, se redecoró el establecimiento, se limpiaron los baños y se siguieron fomentando los nuevos mecanismos de comunicación. Y a medida que se hizo evidente la buena fe de la dirección, aumentó la buena fe de los trabajadores. La producción creció significativamente. El ausentismo se redujo de un 20%

a un 5%. La calidad de la producción mejoró. La crisis había sido superada.

Gerald Snider nació en un hogar cristiano y sigue siendo un cristiano practicante. Si bien él niega haber aplicado conscientemente principios cristianos en su trabajo, y a pesar de que al proponer su plan de supervivencia para la fábrica no lo presentó como una solución específicamente «cristiana», su acción refleja las enseñanzas de la Biblia. Por un lado, estaba convencido de la dignidad del trabajo humano en los propósitos de Dios («Si no puedes disfrutar de tu trabajo, no deberías estar allí», me dijo). Por otro lado, reconocía el valor de los seres humanos como creación suprema de Dios a su propia imagen. Por lo tanto, en el proceso de producción no se debe tratar a los hombres como si fueran «objetos», que reciben órdenes desde arriba sin explicaciones ni consultas, sino que se los debe tratar como a «sujetos», a quienes se les da la oportunidad de comprender cuál es su propia contribución a la empresa total, de modo que participen en ella con buena voluntad.

La cooperación no surge de la nada, sino que es el fruto de una visión y un objetivo en común. Este hecho tiene cada vez más reconocimiento entre quienes persiguen ese escurridizo ideal de la «buena dirección». En su libro *In Search of Excellence* (En busca de la excelencia), Thomas J. Peters y Robert H. Waterman subrayan como principal requisito para el éxito de una compañía la existencia de «valores compartidos», que resulten en la unidad y la motivación de todos los empleados. Después de estudiar las técnicas empleadas en la dirección de las sesenta y dos compañías mejor administradas de los Estados Unidos, elaboraron el Sistema McKinsey, con siete componentes, el cual presentan como la molécula de la administración. Los seis satélites externos son estrategia, estructura, sistemas, estilo, personal y capacidades, pero el núcleo central, en torno del cual giran todos los demás, lo constituyen los «valores compartidos», también llamados «objetivos superiores».[38] Entre ellos es vital el respeto por las personas, tanto por los empleados como por los clientes. Es de capital importancia «considerar que el recurso natural lo constituyen las personas (y no el dinero, las máquinas, ni las mentes)»(p. 39).

La administración de empresas en Japón se ha desarrollado principalmente sobre estos principios norteamericanos. ¿Por qué es que a menudo la industria japonesa supera en producción a la norteamericana? ¿Cuál es el secreto de la pericia japonesa en los negocios? Richard Tanner Pascale y Anthony G. Athos se propusieron responder estas preguntas en su libro *The Art of Japanese Management* (El arte de la administración japonesa). Su investigación se centró especialmente en la Matsushita

Electric Company. Descubrieron que esta gran corporación emplea todos los principios norteamericanos de administración de empresas. Pero descubrieron algo más: la empresa tiene un «credo de los empleados» (en el cual se hace referencia a «los esfuerzos mancomunados y la cooperación de cada uno de los miembros de nuestra compañía») y siete «valores espirituales» (uno de los cuales es la «armonía y cooperación»), y tanto al credo como a los siete valores les han puesto música. «Matsushita fue la primera compañía de Japón que tuvo su propio himno y código de valores. Uno de los ejecutivos de la compañía comentó: 'A los occidentales les parece una tontería, pero todas los días a las ocho de la mañana, ochenta y siete mil personas en todo Japón cantan y recitan juntos el código de valores. Es como si todos formáramos parte de una comunidad.'»[39] Pascale y Athos reconocen que este énfasis en la cooperación tiene un marcado origen cultural. Los norteamericanos valoran la «independencia», mientras que los japoneses valoran la «interdependencia». Cuando hablan de alguien que tiene dificultades para relacionarse con los demás, los norteamericanos dicen «todavía no se conoce a sí mismo», mientras que los japoneses dicen «no tiene sentido de pertenencia» (p. 122). Cada empleado integra un «grupo de trabajo» formado por unas diez personas, al cual debe su lealtad. Por medio de la participación en los grupos se va desarrollando la armonía. Los autores no sugieren que esa clase de organización, con rasgos netamente culturales, se pueda tomar y adoptar en Europa o Norteamérica. Pero, sin duda, el contraste señalado entre el individualismo competitivo de Occidente y la cooperación productiva de Oriente es significativo. El espíritu de cooperación basado en los valores compartidos se desarrolla con mayor facilidad en una pequeña empresa; para que se pueda dar en una gran corporación, se la deberá dividir en sectores menores autónomos.

Inevitablemente, uno de los valores compartidos de una compañía debe ser el reconocimiento de sus múltiples responsabilidades. En sus libros *The Future of Private Enterprise* (El futuro de la empresa privada, 1951) y *The Responsible Company* (La compañía responsable, 1961), George Goyder, pionero en este campo, considera las alternativas de «una variedad de iniciativa privada basada en las ganancias» y «una clase de iniciativa pública llamada nacionalización», y propone «una nueva y mejor opción: la creación de empresas industriales responsables, que no sean ni enteramente privadas ni enteramente públicas».[40] Su propósito era que las compañías no sólo respondieran ante los accionistas (lo cual era la única obligación según la ley británica de esa época), sino también ante los empleados, los consumidores y la comunidad en general. Luego,

George Goyder propone formas legales de instituirlo. En particular, señala que se debe agregar una cláusula al memorándum de asociación, en la que se definan los objetivos generales. Con el fin de someter la empresa al control social, sin que ésta pierda su libertad, el autor sugiere que cada firma instituya además del balance general anual, un «balance social» trienal de las políticas de precios (que afectan a los consumidores), de las relaciones laborales (que afectan a los empleados) y de los intereses locales (que afectan a la comunidad). Goyder afirma: «El balance social es la consecuencia natural de la aceptación plena de sus responsabilidades por parte de la empresa.»[41] Una empresa de estas características, con participación pública y privada, podría llamarse «compañía participativa».[42]

De manera que cada compañía debería definir sus objetivos y fijar un orden de prioridades. En 1975 la Confederación Industrial Británica aprobó un informe de su comisión para asuntos empresariales titulado «La responsabilidad de las empresas públicas británicas». En el párrafo 22 dice: «Aunque la ley establece las pautas *mínimas* que las compañías deben observar en la administración ..., se debe considerar que una compañía, al igual que una persona, tiene funciones, deberes y obligaciones morales que trascienden la búsqueda de ganancias y las demandas específicas de la ley.» Así, pues, diversas organizaciones y algunas compañías individualmente han elaborado su propio «código de procedimiento» que resume los objetivos e ideales que persiguen. Por ejemplo, la Asociación Cristiana de Ejecutivos ha elaborado un minucioso «código de etica comercial».[43]

Naturalmente, toda empresa debe obtener ganancias, pero su principal interés debe ser el público para cuyo servicio existe la compañía (los directivos, los accionistas y los empleados en conjunto). Así como la primera prioridad de los empleados de un hospital son los pacientes, de los profesores sus alumnos, y de los abogados y los asistentes sociales sus clientes, de la misma manera la primera prioridad de todo negocio e industria son sus clientes, no sólo porque su supervivencia depende de que se complazca al público, sino porque el público es su razón de ser. Asimismo, la compañía misma se beneficia cuando los ejecutivos, los empleados y los accionistas se unen para servir al público. «Si les sirves, ellos te servirán.»

La iglesia debe ser la primera comunidad en la cual se superan las divisiones de clase y la mentalidad de «ellos y nosotros». Si los seguidores de Jesucristo no somos capaces de desarrollar vínculos de respeto y confianza atravesando las barreras sociales, no podemos criticar el fracaso del mundo. Debemos trabajar con esperanza para que aumenten el respeto y la cooperación en cada segmento de la sociedad. No deberíamos conformarnos al conflicto laboral, ni negar la posibilidad de que se resuelva. Pues, a pesar de la naturaleza caída y el egoísmo, todos los seres humanos tienen un sentido innato de dignidad y justicia. Por lo tanto, una mejora en las relaciones laborales es posible.

Notas

1. John V. Taylor, *Enough is Enough*, SCM, 1975, p. 102.
2. Mr. 10.43; Fil. 2.4 y 5-8.
3. Ver Pr. 14.31; 17.5; 22.2.
4. Informe de A. J. M. Sykes, publicado en *Sociology*, vol. III, 1969, pp. 21-34.
5. *Ibid.*, p. 206.
6. *Ibid.*, p. 211-12.
7. *Christianity Today*, 1979; R. C. Sproul, *Stronger than Steel*, «The Wayne Alderson Story», Harper & Row, 1980.
8. *The Social Foundations of Wage Policy*, Allen & Unwin, 1955; ed. 1962, p. 146.
9. Richard Hyman and Ian Brough, *Social Values and Industrial Relations*, a study of fairness and inequality, Blackwell, 1975.
10. *Ibid.*, p. 11.
11. E. F. Schumacher, *Good Work*, 1979; Abacus, 1980, p. 79.
12. William Temple, *Christianity and the Social Order*, Penguin, 1942, p. 87.
13. *Ibid.*, p. 61.
14. Erving Goffman, *Asylums*, «Essays on the Social Situation of Mental Patients and other Inmates», Anchor Books, Doubleday, 1961.
15. *Ibid.*, p. xiii.
16. *Ibid.*, p. 6.
17. *Ibid.*, p. 7.
18. *Ibid.*, p. 9.
19. *Ibid.*, p. 43.
20. Ver John Stott, *I Believe in Preaching*, Hodder & Stoughton, 1981, pp 174-178.
21. Charles Colson, «The Rehabilitation of Prisoners», publicado en *Crime and the Responsible Community*, Hodder & Stoughton, 1980, p. 156.
22. The Nuremberg Code, 1947, en *Dictionary of Medical Ethics*, DLT, 1981, pp. 130-132.

23. «Declaration of Helsinki», 1964; revisión 1975; en *Dictionary of Medical Ethics, op. cit.*, pp. 132-135.
24. Alexander Solzhenitsyn, *Cancer Ward*, 1968, Penguin, 1971.
25. *Ibid.*, p. 240.
26. *Ibid.*, pp. 85-86.
27. *Ibid.*, p. 320.
28. *Christianity and the Social Order*, p. 96.
29. *Ibid.*, p. 96.
30. Citado por David Bleakley en *In Place of Work ... The Sufficient Society*, SCM, 1981, pp. 16, 17.
31. *Christianity and the Social Order*, p. 87.
32. *Ibid.*, p. 99.
33. *The Donovan Report*, 1968, elaborado por la quinta Comisión Real sobre Sindicatos y Asociaciones de Empleadores.
34. P. J. Armstrong, J. F. B. Goodman y J. D. Hyman, *Ideology and Shop-Floor Industrial Relations*, Croom Helm, 1981.
35. El principio de «co-determinación», desarrollado en la década del treinta, fue aplicado en Alemania Occidental después de la Primera Guerra Mundial. Básicamente, propugnaba (1) un «comité de trabajadores», que representara a los obreros, (2) una «junta de supervisores» (integrada en sus dos terceras partes por los dueños y en una tercera parte por representantes de los trabajadores), que a su vez designara (3) la junta directiva de la compañía. El progreso económico de Alemania Occidental y la mejora en las relaciones laborales se atribuye en gran medida a esta clase de organización. Ver H. F. R. Catherwood, *A Better Way*, The case for a Christian social order, IVP, 1975, p. 121.
36. Obispo de Worcester, Robin Woods, carta a *The Times*, 16 de febrero, 1977.
37. Ver *Employee Share Schemes*, publicado en 1979 por Wider Share Ownership Council, Juxon House, St. Paul's Courtyard, London EC4M 8EH.
38. Thomas J. Peters y Robert H. Waterman, *In Search of Excellence*, Harper & Row, 1982.
39. Richard Tanner Pascale y Anthony G. Athos, en *The Art of Japanese Management*, Simon & Schuster, 1981; Penguin, 1982, p.50.
40. George Goyder, *The Responsible Company*, Basil Blackwell, 1961, p. ix.
41. *Ibid.*, pp. 109-111.

42. *Ibid.*, pp. 118, 126.
43. The Christian Association of Business Executives, 114 Mount Street, London W1Y 6AH.

3

El sueño multirracial

El 28 de agosto de 1963, Martin Luther King, hombre comprometido en la lucha contra la discriminación y la violencia, es decir a favor de la justicia y la paz, encabezó una marcha sobre Washington de 250.000 personas, tres cuartas partes de las cuales eran negras y una cuarta parte blancas. Allí proclamó su sueño de una Norteamérica multirracial:

> Sueño que algún día en las rojizas montañas de Georgia, los hijos de ex esclavos puedan sentarse con los hijos de ex propietarios de esclavos, a la mesa de la hermandad.
> Sueño que algún día aun el estado de Misisipi, un estado sofocante por la injusticia y la opresión, se transforme en un oasis de justicia y libertad.
> Sueño que mis cuatro hijos vivan algún día en una nación en la que no se los juzgue por el color de su piel sino por la cualidad de su carácter ...
> Sueño que un día en Alabama, estado donde el racismo es feroz ... los niños negros puedan darse la mano con los niños blancos como hermanos y hermanas ...
> Con esta esperanza podremos transformar los discordantes sonidos de nuestra nación en una armoniosa sinfonía de hermandad.
> Con esta esperanza podremos trabajar juntos y defender juntos la libertad, confiando que un día seremos libres ...[1]

Corresponde que los cristianos tengamos este sueño. Pues Dios nos ha dado en las Escrituras una visión de los redimidos como «una gran multitud, la cual nadie podía contar, de todas naciones y tribus y pueblos y lenguas, que estaban delante del trono» (Ap. 7.9). Sabemos que ese sueño se hará realidad. Entretanto, inspirados por él, debemos procurar en la tierra por lo menos una aproximación, una sociedad caracterizada por la justicia racial (ausencia de discriminación) y la armonía racial (ausencia de conflicto). Quizá el término «multirracial» no sea lo suficientemente específico; tal vez «interracial» sea mejor, ya que el gobierno nacionalista de Sudáfrica llama «desarrollo multirracial» a su política de división de territorios, y ése no debería ser en absoluto el significado de la palabra. No he conocido una definición de integración racial más precisa que la propuesta por Roy Jenkins, entonces ministro de Gobierno de Inglaterra:

> Yo defino la integración no como un proceso nivelador de asimilación, sino como la igualdad de oportunidades, acompañada de diversidad cultural y en una atmósfera de tolerancia mutua.[2]

Antes de considerar el fundamento bíblico de la integración racial, creo que debemos observar algunos ejemplos históricos y contemporáneos de racismo, para descubrir las bases falsas sobre las que se funda.

La esclavitud y el racismo en los Estados Unidos

No podemos enfocar directamente el problema contemporáneo del racismo en Europa y Norteamérica sin antes detenernos en las lacras sociales de la esclavitud y el tráfico de esclavos, que en gran medida le dieron origen. Si bien la esclavitud en las colonias británicas fue abolida hace 150 años, ningún británico medianamente sensible puede encontrarse con un habitante de las Antillas o del Africa Occidental sin verlo como probable descendiente de esclavos, ni visitar sus países y dejar de recordar el pavoroso tráfico de seres humanos del que nuestra nación participó durante por lo menos doscientos años. Asimismo, ningún norteamericano medianamente sensible puede enfrentar el problema racial que hoy existe en los Estados Unidos sin remontarse, más allá de la Guerra Civil, a la crueldad y la degradación de la vida en las plantaciones.

El concepto más ampliamente aceptado es el siguiente: «Tres características definen al esclavo: su persona es propiedad de otro hombre, su voluntad está sujeta a la autoridad de su dueño, y su trabajo y servicios se obtienen por medio de la coacción».[3] Como se consideraba que los esclavos no eran más que bienes muebles sustituibles, generalmente se los privaba de los derechos humanos elementales, por ejemplo, del derecho a casarse, a tener o legar posesiones, o a ser testigo en una corte de justicia. Y aunque la esclavitud, de diferentes clases y en diferentes grados, haya sido universal en la antigüedad, es injustificable que las naciones supuestamente cristianas de Europa (España y Portugal, Holanda, Francia y Gran Bretaña) hayan utilizado esta práctica inhumana para suplir la falta de mano de obra en las colonias del Nuevo Mundo. Y peor aun, que los cristianos practicantes elaboraran una apología de la esclavitud sobre la base de la necesidad socioeconómica (no había otra manera de obtener mano de obra para las colonias, y así proveer de materia prima a Europa durante la Revolución Industrial), la superioridad racial (los negros no merecían nada mejor), la autorización bíblica (las Escrituras reglamentan la esclavitud, pero no la condenan), el beneficio para los esclavos (gracias al tráfico de esclavos, los negros pasaban del salvajismo de Africa a la civilización de América), y hasta de la oportunidad misionera (en el Nuevo Mundo los infieles africanos conocerían el cristianismo). Aún hoy nos avergonzamos al pensar en las flagrantes racionalizaciones de los propietarios de esclavos.

El mal inherente a la esclavitud (que en principio coincide con el mal del racismo) es que se trata de una afrenta a la dignidad de los hombres creados a imagen de Dios; en rigor, no sólo de una afrenta sino de una negación. Como los consideraban de su propiedad, los dueños exhibían a sus esclavos para la venta junto a las herramientas agrarias, los cereales, el ganado, los caballos, las mulas y los cerdos. Una vez que se los había capturado, encadenado, transportado y marcado a fuego, se los subastaba y luego se los forzaba a trabajar, a menudo separados de su mujer e hijos. Si se resistían, los azotaban; si huían, los perseguían con sabuesos, y cuando los atrapaban, los mataban.

Algunos autores justificaban el hecho de que se los tratara como propiedad argumentando que eran animales. En su obra *The History of Jamaica* (La historia de Jamaica, 1774), Edward Long desarrolló el atroz argumento según el cual en la «serie o progresión desde el terrón de barro hasta el hombre perfecto», el Creador hizo al negro africano inferior a los seres humanos. «Al reflexionar sobre sus diferencias con el resto de la humanidad, ¿no debemos concluir, pues, que constituyen una especie distinta dentro del mismo género?»[4] En su obra *The Natural History of the Negro Race* (Historia de la naturaleza de la raza negra, 1837), J. H. Guenebault fue aun más lejos. Luego de dar su opinión acerca de la constitución física y la inferioridad mental de los negros, concluye: «Por lo tanto, no cabe duda de que conforman no sólo una raza, sino una verdadera especie, distinta de toda raza humana conocida sobre la tierra.» Afirma asimismo que pertenecen al «género de los simios», y los ubica entre el orangután y el hombre blanco, en una categoría intermedia.[5]

La tercera teoría de la inferioridad de los negros, difundida por Ulrich B. Phillips en *American Negro Slavery* (La esclavitud del negro norteamericano, 1819), sostenía que los negros eran niños. Evidentemente tenía un aprecio paternalista hacia sus esclavos, pero no los podía tomar en serio como adultos. En su libro *Slavery* (Esclavitud, 1959), Stanley M. Elkins examina la imagen familiar del esclavo de la plantación, «Sambo». Era «dócil pero irresponsable, fiel pero perezoso, humilde pero con una crónica inclinación a la mentira y al robo ... La relación con su amo era de dependencia absoluta y de apego infantil; de hecho, el carácter infantil era la clave de su ser».[6] El estereotipo representado por Sambo era el del «eterno niño incapaz de madurar».[7] El profesor Elkins desarrolla a continuación la tesis según la cual el «infantilismo» negro no se debe a la raza, ni a la cultura, ni siquiera a la esclavitud en general, sino a la estructura absolutista del sistema de las plantaciones norteamericanas. Traza una sorprendente analogía entre las víctimas de la esclavitud norteamericana y las de los campos de concentración nazi. Estas últimas (si sobrevivían) «eran reducidas a la más absoluta e infantil dependencia de sus amos», a saber, los guardias de la SS.[8] Así, pues, en los campos de concentración nazi y en las plantaciones negras funcionaba el mismo mecanismo, ya que ambas eran formas horrendas de esclavitud y en ambos casos las víctimas eran sometidas al infantilismo.[9]

La mayor aberración de la esclavitud en el siglo XVIII radicaba en que se consideraba a hombres y mujeres como herramientas, animales o niños. En consecuencia, se los consideraba de una inferioridad innata. Así, los cristianos que se opusieron a la esclavitud debieron demostrar que los esclavos negros eran seres humanos en nada inferiores a los demás. Con este fin, Wilson Armistead, un hombre de negocios cuáquero de Leeds, escribió el libro *A Tribute for the Negro* (Homenaje al negro, 1848), que llevaba el siguiente subtítulo: «Una reivindicación de las capacidades morales, intelectuales y religiosas del sector de color de la humanidad, con especial referencia a la raza africana». Lo dedicó a tres negros y «a muchos otros nobles ejemplos de elevada humanidad en el negro ... a la cual alude la hermosa frase 'la imagen de Dios plasmada en ébano'». Afirma que su propósito es demostrar «por medio de hechos y testimonios que los miembros de las razas humanas blanca y negra son igualmente criaturas del Padre Celestial y en todos los aspectos han sido dotados por igual», y para probar «que el negro tiene los mismos derechos que el resto de la humanidad, plenos e incuestionables».[10]

Esta breve digresión relativa a la esclavitud es absolutamente pertinente. El racista, si bien admite la humanidad de las personas negras, también sostiene que son seres innatamente inferiores. Quizá defienda su postura bajo el nombre de «una teoría científica de la raza» o simplemente tenga «una idea vaga acerca de una evolución lineal 'desde el mono hasta el hombre'» que le «hace pensar que en la 'escala' evolutiva tales 'razas' son 'inferiores' al grupo del cual él mismo forma parte, y que existe una jerarquía de 'razas'.»[11] Para derribar esta postura falsa, el doctor Ashley Montagu escribió un libro categórico titulado *Man's Most Dangerous Myth: The Fallacy of Race* (El mito más peligroso del hombre:

la falacia de la raza). Como antropólogo físico, naturalmente coincide con que la humanidad puede dividirse en cuatro «grupos principales» (caucásico, mongoloide, negroide y australiano) y en numerosos «grupos étnicos» menores (por nacionalidad, idioma, cultura, etc.). Pero insiste en que estas clasificaciones son arbitrarias, variables y que se superponen; que simplemente describen pueblos cuyas diferencias se deben en parte al desarrollo cultural (como consecuencia de la separación geográfica) y en parte a «combinaciones temporales del material genético común a toda la humanidad»;[12] y que las diferencias no se deben en absoluto a «rasgos físicos y mentales innatos», los cuales son indelebles.[13] De hecho ese concepto de «raza» es una superstición, «la brujería de nuestro tiempo»,[14] y una argucia concebida para justificar la discriminación.

El libro de Columbus Salley y Ronald Behm titulado *What Color is your God?* (¿De qué color es tu Dios?)[15] comienza con tres capítulos históricos que describen el desarrollo del problema racial en los Estados Unidos. El primero («Cristianismo y esclavitud») llega hasta la Guerra Civil (1863). El segundo («Cristianismo y segregación») abarca desde 1863 hasta 1914, el período que siguió a la Guerra Civil, durante el cual se dictaron «códigos negros» que otorgaban algunos derechos a los negros pero que los mantenían en una condición de inferioridad y debilidad. En esa época se formó el Ku Klux Klan, una sociedad de blancos racistas. Las iglesias blancas mantenían la segregación y el silencio al respecto, mientras que las iglesias negras se sumían en el conformismo y la «espiritualidad» desvinculada de la vida terrenal. El tercer período abarca desde 1914 hasta la actualidad («Cristianismo y ghettos»). Comenzó con la migración masiva de los negros a las ciudades del norte y del oeste, y el consiguiente éxodo de blancos de las mismas ciudades. El «racismo institucional» circunscribía a los negros a ciertas zonas y ciertos roles, y establecía para ellos condiciones inferiores de educación, vivienda y trabajo. En esa época hubo linchamientos y tumultos. En este período, al igual que en los anteriores, la Iglesia permaneció inmóvil y en silencio. En cambio, en la década del sesenta, la búsqueda de la identidad y el poder por parte de los negros condujo a la formación de un movimiento por los derechos civiles más organizado, y por este medio, a la legislación que puso fin a la segregación y la discriminación. Sin embargo, éste era sólo el principio. En 1968 la Comisión Nacional Asesora para los Problemas Civiles, nombrada por el presidente Lyndon B. Johnson, presentó un informe (el Informe Kerner). Su conclusión fue la siguiente: «Nuestra nación se encamina hacia el establecimiento de dos sociedades, una blanca y una negra, divididas y desiguales». Más adelante prosigue: «La segregación y la pobreza han creado en el ghetto negro un ambiente destructivo completamente desconocido para la mayoría de los norteamericanos blancos ... Las instituciones blancas lo crearon, las instituciones blancas lo mantienen y la sociedad blanca lo tolera.»

A los norteamericanos concienzudos les preocupa profundamente la persistencia de esta situación. «El racismo es la deficiencia más evidente de la sociedad norteamericana», escribe Ashley Montagu. «Es el mayor fracaso de los Estados Unidos en el ámbito local, y uno de sus peores impedimentos en el ámbito internacional.»[16]

El antisemitismo en Alemania y el apartheid en Sudáfrica

A primera vista el apartheid y el antisemitismo parecen tan diferentes que no correspondería su comparación. Existe una diferencia obvia entre los judíos y los negros, por ejemplo, en las leyes relativas a ellos. En particular, en Sudáfrica no existió el equivalente de la atrocidad innombrable del Holocausto. No obstante, aunque a algunos lectores los escandalice esta afirmación, la teoría de la «raza» en la que se basan ambos sistemas es casi idéntica. También lo es la apreciación que tantos alemanes y sudafricanos expresan de «estar destinados para gobernar» y de tener que preservar la «pureza» racial a cualquier precio.

En *Mi Lucha*, publicada ocho años antes de llegar al poder, Hitler ya hacía una exaltación del esplendor de la raza aria:

> Todo cuanto hoy admiramos —ciencia y arte, técnica e inventos— no es otra cosa que el producto de la actividad creadora de un número reducido de pueblos y quizás, en sus orígenes, de un solo pueblo ... Si se dividiese la Humanidad en tres categorías de hombres: creadores, conservadores y destructores de la cultura, tendríamos seguramente como representante del primer grupo sólo al elemento ario. Él estableció los fundamentos y las columnas de todas las creaciones humanas ...[17]

Tomando sus ideas del sueño de Wagner de la grandeza germana, del concepto de Nietzsche de la «raza gobernante audaz», y del concepto de Darwin de la inescrupulosa lucha necesaria para la supervivencia, desarrolló sus fantasías del destino ario y su insana fobia de los judíos, a quienes culpaba de la destrucción económica, política, cultural, religiosa y moral de la civilización.[18] El lenguaje ofensivo e irracional que usaba para referirse a ellos es irrepetible. Hasta se atrevió a declarar que, al encargarse de ellos, lo haría en el nombre del Creador Todopoderoso.[19] Para ello se sirvió de citas de teólogos cristianos que habían elaborado una «Teología de la Creación» como justificación del racismo. Paul Althaus, por ejemplo, luego de reconocer el matrimonio, la familia, la raza y el «Volk» como parte del orden de la creación de Dios, escribe: «Defendemos la causa de la preservación de la pureza del Volk y de nuestra raza.»[20] Al parecer, Hitler mismo sabía que la teoría del «Herrenvolk» ario (raza gobernante) no tenía fundamento científico. En privado lo admitió. Sin embargo, la siguió usando porque como político la necesitaba: «Con el concepto de raza, la revolución del nacionalsocialismo trascenderá nuestras fronteras y reconstruirá el mundo.»[21]

El sentido de predestinación divina de los africanders (sudafricanos blancos, especialmente de origen holandés) está ligado a la historia misma de ese pueblo. Cuando los holandeses llegaron al Cabo de Buena Esperanza (1652), se vieron a sí mismos como los herederos y portadores de la civilización europeo-cristiana. Y en 1835, cuando comenzó la gran migración y huyeron hacia el norte y el este en carretas tiradas por bueyes, escapando del gobierno británico, aumentó la convicción de que, como pueblo, tenían un destino especial. Trazaron un paralelo entre su propia situación y la del pueblo de Dios en el Antiguo Testamento. Su migración era un nuevo éxodo, la liberación divina de la opresión extranjera; y durante el arduo viaje fueron probados como Israel en el desierto. La hostilidad de los pueblos negros que debieron enfrentar era equivalente a la de los amalecitas y filisteos. Luego de la batalla de Blood River, en la que derrotaron a los zulus, los africanders hicieron un pacto solemne con Dios, y a su vez Dios los condujo a la tierra prometida: el Transvaal y el estado libre de Orange. Esta sacralización de los orígenes de su historia se ha grabado en la conciencia de los africanders. De allí que se consideren a sí mismos un pueblo escogido, una nación elegida. «El régimen africander no es obra de los hombres, sino creación de Dios», afirmó el doctor D. F. Malan, líder nacionalista que asumió como primer ministro en 1948.[22] Por lo tanto, la mayoría de los africanders considera que tienen una vocación mesiánica, que nacieron para gobernar, y que Dios los ha llamado a preservar la civilización cristiana en Africa.

A su historia (que les ha legado el sentido de predestinación) se suma su teología (que les ha legado la teoría de la raza). Esta combinación de historia y teología es la base de su firme determinación de asegurar su supervivencia como pueblo separado por medio del apartheid. La Iglesia Reformada Holandesa sostiene que «las Escrituras ... enseñan y defienden la diversidad étnica de la raza humana»; por lo tanto, la consideran un «propósito positivo» que debe preservarse. Por consiguiente, «un sistema político basado en el desarrollo separado o autógeno de varios grupos de la población puede justificarse a partir de la Biblia».[23] Por lo general se presenta el concepto de desarrollo separado en términos de igualdad, pues se expresa la preocupación por que *todas* las razas se preserven intactas. Sin embargo, siempre se trasluce que el principal interés del gobierno nacionalista es la preservación del pueblo blanco africander, y junto con esto, de su superioridad. Por cierto el doctor Verwoerd tuvo la suficiente franqueza para afirmar al Parlamento en 1963: «Que Sudáfrica siga siendo blanca puede tener un sólo significado, a saber: la dominación blanca; ni liderazgo, ni guía, sino la supremacía del 'control'.»

El paralelo, pues, entre el nacionalsocialismo alemán y el nacionalismo sudafricano, que resultará ofensivo para algunos pero que no puede refutarse, reside en la determinación de conservar la «pureza de la raza» a toda costa y en apoyar esta determinación por medio de leyes que prohiban los matrimonios mixtos. En *Mi Lucha* Hitler afirma que se debía combatir enérgicamente el mestizaje con el fin de conservar la pureza de la raza aria. Y sigue diciendo que los matrimonios entre miembros de diferentes razas traen aparejada, invariablemente, la degeneración física y mental. Afirma que se trata de un «pecado contra la voluntad del Eterno Creador».[24] En 1949 se promulgó en Sudáfrica la Ley de Prohibición de Matrimonios Mixtos, que declaraba ilegales los matrimonios entre «europeos y no europeos» (es decir, entre «blancos» y «no blancos»), y un decreto de 1968 hacía extensiva la prohibición a todo ciudadano sudafricano varón domiciliado fuera del país. El profesor Dupreez intentó dar una justificación teológica a esta legislación, por medio de una pregunta que llevaba implícita una respuesta negativa: «¿Será la voluntad de Dios que todas las naciones que él ha creado, tan ricas en su diversidad, ahora se asimilen por medio de los matrimonios mixtos para formar una raza mixta y uniforme?»[25]

Como respuesta al temor de los nazis y los sudafricanos a la «bastardización» debemos hacer dos afirmaciones. En primer lugar, no existe tal cosa como una raza de linaje puro. Todos somos mestizos. «Ninguno de los principales grupos humanos es puro y sin mezcla, y no existe ni un grupo étnico puro; en efecto, todos son mixtos y su descendencia es sumamente compleja.»[26] Por ejemplo, la «sangre británica pura» es un producto de la imaginación. Los británicos somos, por lo menos, una mezcla de jutes, celtas, godos, sajones, romanos y normandos. Y por cierto los africanders tienen un pequeño porcentaje de sangre negra (aprox. 6%). En segundo lugar, como lo afirma Ashley Montagu:

> una de las supersticiones populares más profundamente arraigadas es la creencia de que el cruzamiento de «razas» ... da como resultado una descendencia inferior

> ... La idea estereotipada común es que el mestizo hereda todos los rasgos negativos de las razas de los padres y no hereda ninguno de los rasgos positivos ... No hay ni un gramo de verdad en estas afirmaciones ... La verdad parece ser que, lejos de ser pernicioso para la descendencia y para las generaciones subsiguientes, el cruzamiento de distintos grupos étnicos es sumamente provechoso para la humanidad desde el punto de vista biológico y desde cualquier otro punto de vista ... Es por medio del cruzamiento que la naturaleza revela su poder creador en el sistema genético humano.[27]

Los cristianos objetarán la personificación de la naturaleza que hace el doctor Montagu y también su referencia al «cruzamiento» (término más apropiado para animales que para seres humanos); no obstante, estas expresiones no afectan el argumento. Más adelante cita a Lord Bryce, quien en 1902 afirmó que «todos los grandes pueblos del mundo son el resultado de una mezcla de razas»[28] y luego ofrece varios ejemplos: el mestizaje de mujeres tahitianas y los rebeldes ingleses del Bounty, de australianos aborígenes y blancos, de indios americanos y europeos, de norteamericanos blancos y negros, la mezcla étnica de Hawai, etc.[29]

La historia británica

No hace falta negar que el gobierno colonial británico trajo algunos beneficios a los países que colonizó, no tanto en lo material (caminos y ferrocarriles) como en educación, asistencia médica y normas de justicia. Pero estos beneficios han sido eclipsados por las actitudes de superioridad o la «mentalidad británica de rajá». Lamento decir que a veces ésta se manifestaba en términos de «raza», ominosamente evocativos de la concepción alemana y sudafricana que acabamos de analizar. Por ejemplo, Cecil Rhodes habló del «dominio de la raza anglosajona» y de la necesidad de preservarlo. Sucesivos secretarios de Estado para las colonias se expresaron de un modo similar, incluso empleando el lenguaje de la «predestinación», si bien esa fantasía afortunadamente nunca se plasmó en una política oficial. Sin embargo, el orgullo racial perduró. Por consiguiente, como lo demostró Margery Perham en 1961 en sus conferencias tituladas «Evaluación de la colonia», los africanos se sentían «humillados más que oprimidos», y el clamor por «uhuru» (libertad) en Africa oriental no era fundamentalmente por independencia política sino por dignidad humana.[30] Similarmente, para Jomo Kenyatta la lucha por la independencia de su país no apuntaba sólo a lograr que «los africanos se gobernaran a sí mismos, si bien ése debía ser el primer paso; también debía significar el fin del prejuicio racial, de la jerga racista de los clubes de colonos, de las actitudes paternalistas que los blancos habían adoptado desde hacía medio siglo o más».[31] En un discurso político que pronunció en Wundanyi en enero de 1962, Kenyatta expresó su propia actitud hacia los europeos: «No estoy en contra de nadie. Sólo me opongo al 'ubwana', la mentalidad de patrón.»[32]

La mentalidad de amos de los británicos quizá haya sido más evidente aun en la India. Paul Scott le ha dado vida en su serie de cuatro novelas sobre la decadencia y caída de la colonia británica en la India, especialmente en la primera, *The Jewel in the Crown* (La joya de la corona). El héroe, Hari Kumar (adaptado al inglés como «Harry Coomer»), fue enviado por un tiempo a una escuela privada en Gran Bretaña y a su regreso a la India sufrió la penosa tensión entre sus dos identidades. La élite británica lo ignoraba por completo. Se sentía como si se hubiera vuelto invisible a los ojos de los blancos, porque «en la India un indio y un inglés nunca podían relacionarse de igual a igual».[33] Sería difícil negar el veredicto de Arnold Toynbee cuando declaró que «el gobierno protestante inglés en la India se distinguió de todos los demás gobiernos contemporáneos occidentales sobre pueblos no occidentales por la rigurosidad con que sus miembros mantuvieron distancia de sus súbditos».[34]

La historia colonial británica es el trasfondo necesario para comprender las tensiones raciales de los últimos veinticinco años en Gran Bretaña. Estas comenzaron en 1958 cuando la violencia racial irrumpió en Notting Hill, un distrito de Londres, y en la ciudad de Nottingham. Luego en la década del sesenta se sancionaron las leyes inmigratorias del Commonwealth (1962, 1965, 1968 y 1971). Naturalmente, todos los países tienen el derecho y el deber de restringir el número de sus inmigrantes. Lo que avergonzó a muchos cristianos fue cómo estas leyes reducían a ciudadanos con pasaporte británico a la categoría de extranjeros y que estaban especialmente dirigidas contra los inmigrantes de color (por ejemplo, no se establecieron restricciones para los inmigrantes de la República de Irlanda). Para contrarrestar esto, estamos agradecidos porque en 1972 los ciudadanos de Uganda que fueron expulsados por Idi Amin fueron admitidos libremente en Gran Bretaña. Pero la ley de Nacionalidad Británica de 1981 ha creado tres clases de ciudadanía, es parcial en perjuicio de las personas de color, y por primera vez limita el derecho a la ciudadanía británica, que antes se otorgaba a todos los niños nacidos en territorio británico, a los niños de padres británicos o residentes en Gran Bretaña. A pesar del cabildeo por parte de las iglesias, la ley no logra reflejar el verdadero carácter multirracial de la sociedad británica.[35]

La década del sesenta fue también un período en el cual la tensión racial fue fomentada por los discursos encarnizados del entonces miembro del Parlamento inglés Enoch Powell. En ellos hacía referencia a la «locura» que significaba permitir la afluencia desmedida de inmigrantes de color, al «observar cómo la nación preparaba su propia hoguera», y «ver el río Tiber ponerse espumoso por tanta sangre» y «a los británicos convertirse en extraños en su propia tierra». Y como una cosa es el control de la inmigración, y otra muy distinta la integración racial, en 1968 y en 1976 se sancionaron las Leyes de Relaciones Raciales. La primera estableció la creación del Consejo para las Relaciones Raciales, para oir quejas e intentar la reconciliación; la segunda estableció la creación de la Comisión para la Igualdad Racial, a la que se le otorgó mayor poder para hacer cumplir la ley.

Pero en 1967 se formó el Frente Nacional, a partir de una coalición de la extrema derecha. Sus objetivos explícitos eran detener la inmigración, promover la repatriación de los inmigrantes de color, apoyar a Rhodesia Blanca y luchar contra el comunismo. Sus líderes (Colin Jordan, John Tyndall y Martin Webster) habían estado involucrados en actividades nazis y eran fervorosos admiradores de Hitler. Consideremos algunas de las declaraciones representativas de estos tres líderes. En 1959 Colin Jordan dijo: «Aborrezco a los negros; estamos librando una guerra para expulsarlos de Gran Bretaña.»[36] John Tyndall (presidente del Frente Nacional hasta 1974) escribió en 1966 un panfleto titulado «Seis principios del nacionalismo británico», el cuarto de los cuales se refería a la preservación de la «raza» británica en estos términos: «Por consiguiente, nos oponemos a la integración racial y defendemos la separación racial.»[37] Asimismo, Martin Webster escribió en 1975 que «la división racial es la única base lógica y científica para el nacionalismo ... nos proponemos preservar la identidad de la nación británica ... Si el pueblo británico se destruye por el entrecruzamiento racial, entonces la nación británica dejará de existir.»[38] Es fácil detectar en estas violentas declaraciones el mismo mito de la pureza racial y de la superioridad racial que cobró expresión en las políticas nazis, y que en la actualidad se perpetúa en la doctrina del apartheid. Me avergüenza tener que señalar que hay quienes sostienen este mito en Gran Bretaña. Afortunadamente, no se ha reflejado en ninguna ley británica, y el Frente Nacional representa sólo una ínfima minoría.

Con esto no queremos decir que en Gran Bretaña no exista la discriminación racial. La conclusión de David J. Smith, basada en la investigación realizada por «Planeamiento Político y Económico», fue que luego de la ley de Relaciones Raciales de 1968 (escribía antes de que se sancionara la de 1976) «la discriminación racial seguía siendo generalizada».[39] En los empleos, por ejemplo, «todavía hay una marcada discriminación contra los asiáticos y los antillanos» basada principalmente en un prejuicio de color».[40] En cuanto a la vivienda, el porcentaje de propietarios es mucho más elevado entre las minorías étnicas que en el resto de la población. Esto se debe en parte a que «aún existe una fuerte discriminación contra las personas de color que quieren alquilar», y en parte a que «comprar su propia casa ... es una manera de obtener vivienda barata», especialmente en una miserable zona marginal.[41]

El deterioro y las carencias de las zonas marginales (especialmente de vivienda, educación y empleo) fueron la causa de fondo de los alborotos callejeros que ocurrieron en Brixton (en el sur de Londres) en abril de 1981, y en Toxteth (Liverpool), Manchester, Nottingham, Leeds y otras ciudades poco tiempo después. Lord Scarman, designado por el secretario del Interior para hacer la investigación y el informe, concluyó que tales disturbios públicos no habían sido premeditados sino espontáneos, y que «en los desórdenes el factor racial era preponderante». En suma, «los alborotos fueron básicamente una explosión de ira y resentimiento de personas negras contra la policía».[42] Este resumen identifica la existencia de dos problemas principales: el primero, social y racial, y el segundo, relativo al comportamiento de la policía. Sobre el primero, Lord Scarman concluye: «El 'racismo institucional' no existe en Gran Bretaña; pero la desventaja racial y su repudiable aliada, la discriminación racial, aún no han sido eliminadas. Envenenan las mentes y las actitudes; son, y seguirán siendo mientras persistan, un factor potencial de desorden.»[43] Recomendó la discriminación temporaria a favor de las minorías étnicas con el fin de equilibrar la situación. En cuanto a la policía, agregó que «una de las causas fundamentales de la hostilidad de los jóvenes negros hacia la policía es la pérdida de confianza en ella por parte de numerosos sectores de la población, si bien no de todos».[44] Justificadamente o no, se habían lanzado a la policía frecuentes acusaciones de prejuicio racial y hostigamiento. Lord Scarman recomendó que se la obligara a rendir cuentas por sus actos y que se introdujera un elemento independiente de los procedimientos de presentación de quejas a la policía.

Hemos visto que existen dos clases de «racismo»: uno basado en un mito pseudocientífico y otro en el prejuicio personal. El mito que sirvió de fundamento al antisemitismo de Hitler, al apartheid en Sudáfrica y al Frente Nacional británico, fue definido por la UNESCO en 1967 como un «argumento falso sobre la existencia de un fundamento científico para ordenar los grupos jerárquicamente, sobre la base de características psicológicas y culturales inmutables e innatas». El prejuicio popular no se basa en ninguna teoría en particular, sino que es una reacción psicológica hacia personas de otros grupos étnicos que surge generalmente del resentimiento, el temor o el orgullo.

No puedo abandonar el asunto del fundamento del «racismo» sin hacer referencia al debate científico contemporáneo sobre los posibles orígenes genéticos de la inteligencia. El profesor H. J. Eysenck de la Universidad de Londres causó una gran conmoción en 1971 con la publicación de su libro *Race, Intelligence and Education* (Raza, inteligencia y educación). La controversia no fue sobre la declaración de que el promedio de los norteamericanos negros tiene un CI (coeficiente intelectual) inferior al de los norteamericanos blancos, pues éste es un hecho admitido, según tengo entendido, desde la Primera Guerra Mundial, durante la cual el ejército norteamericano utilizaba tests de CI. El problema surgió por la interpretación que se hizo de este hecho. El profesor Eysenck sostenía que la diferencia está determinada genéticamente, y por esa razón se lo acusó ampliamente (e injustamente) de prejuicio racial. Diez años más tarde se publicó un debate entre él y el profesor Leon Kamin de la Universidad de Princeton titulado «Inteligencia: la batalla por la mente». Nuevamente hubo coincidencia en el hecho de que «ciertos grupos nacionales, raciales y culturales son más inteligentes que otros». Por ejemplo, «por lo general se considera que los judíos, los chinos y los japoneses tienen una inteligencia singular, mientras que los norteamericanos negros y los de origen mejicano son de una capacidad inferior a la media». Pero «el segundo punto y el más difícil es el interrogante acerca de las causas de estas diferencias: si éstas se deben a perturbaciones introducidas por los tests empleados, a factores culturales y las carencias del medio, o bien a determinantes hereditarios y factores genéticos».[45] Eysenck resume la evidencia de numerosos estudios y sostiene que el 80% es hereditario: «se ha descubierto una base biológica concreta y mensurable para el CI» (p. 72). Así, prefiere hablar de «probabilidades» y no de «conclusiones». «Sin embargo, negar que estas probabilidades apuntan a una base genética para las diferencias raciales sería pasar por alto hechos comprobados» (p. 83). Por su parte, el profesor Kamin critica severamente la postura del profesor Eysenck: «La información sobre la herencia y el CI es ambigua, en el mejor de los casos» (p. 154). En su opinión, no existen evidencias precisas como para determinar porcentajes de heredabilidad. Por el contrario, «para la mayoría de los psicólogos y sociólogos la evidente discriminación educativa, social y económica a la que los negros se han visto sometidos es la explicación más adecuada de las diferencias en los tests de CI» (p. 140).

Evidentemente este debate todavía no ha terminado. Aun si se comprobara indiscutiblemente que ciertos grupos raciales tuvieran un CI inferior, esto no constituiría la base para la discriminación social. No valoramos a las personas según su nivel de inteligencia.

Ninguna otra cosa que he leído me ha ayudado tanto a comprender el daño que el racismo causa a las personas como *The Autobiography of Malcolm X* (La autobiografía de Malcolm X). El furor de su ira se debía en parte «al crimen más monstruoso del mundo»: la esclavitud, y en parte a la dependencia económica a la que se ve sometida la Norteamérica negra por la Norteamérica blanca, pero sobre todo a la humillación causada por el «pernicioso complejo de superioridad» del hombre blanco.[46] Continúa diciendo que el problema no son los «derechos civiles» sino los «derechos humanos»:

> ¡Derechos humanos! ¡El respeto como seres humanos! Eso es lo que quieren las masas de negros norteamericanos. Ese es el verdadero problema. Las masas negras quieren que no se huya de ellos como si padecieran una peste. No quieren que se los encierre detrás de los muros de los barrios bajos, en los ghettos, como animales. Quieren vivir en una sociedad abierta, libre, en la que puedan caminar con la frente alta, como hombres y mujeres.»[47]

El fundamento bíblico de la visión multirracial

Pasamos de la realidad de la mitología, el prejuicio y las tensiones raciales del mundo contemporáneo a la perspectiva bíblica de una sociedad multirracial. Pablo la elaboró cabalmente en su famoso sermón a los filósofos atenienses (Hch. 17.22-31). En la antigüedad, Atenas era un centro de pluralismo étnico, cultural y religioso. Desde el siglo V a. C. había sido la principal ciudad-estado de Grecia, y cuando fue incorporada al Imperio Romano, se convirtió en una de las principales ciudades cosmopolitas del mundo. En cuanto a la religión, es fácil comprender las palabras de Pablo cuando dice que los atenienses eran «muy religiosos», pues según un escritor satírico romano, allí era «más fácil encontrar un dios que un hombre». La ciudad estaba atestada de templos, santuarios, altares, imágenes y estatuas.

¿Cuál fue la actitud de Pablo hacia esa situación multirracial, multicultural y multirreligiosa? Hizo cuatro afirmaciones.

1) Proclamó *la unidad de la raza humana* o al *Dios de la Creación*. Dios es el Creador y Señor del mundo y de todo lo que hay en él, quien da vida, aliento y todo lo demás a los seres humanos. A partir de un hombre hizo todas las naciones, para que habitaran toda la tierra, para que los seres humanos lo buscaran y lo encontraran, aunque él no está lejos de nin-

guno de nosotros. «Porque en él vivimos, y nos movemos, y somos», y «linaje suyo somos.» Partiendo de esta descripción del Dios vivo como Creador, Sustentador y Padre de toda la humanidad, el apóstol deduce la necedad y el mal de la idolatría. De la misma manera podría haber deducido de ello la necedad y el mal del racismo. Pues si Dios es el Dios de todos los seres humanos, esto influirá en la actitud que tengamos hacia los demás así como en nuestra actitud hacia él.

Si bien es cierto que en términos de una relación personal e íntima, Dios es el Padre de aquéllos a quienes adopta por sola gracia y que pasan así a formar parte de una familia de hermanos y hermanas, también es cierto que en un sentido más amplio Dios es el Padre de toda la humanidad, ya que todos somos sus «descendientes» por la creación, y todo ser humano es nuestro hermano o hermana. Por haber sido creados todos por él y a su imagen, a sus ojos tenemos el mismo valor y dignidad, y por lo tanto el mismo derecho al respeto y la justicia. Pablo retrotrae nuestro origen hasta Adán, el hombre del cual Dios nos creó a todos. Esto se confirma por la comprobada homogeneidad de la raza humana, hecho sostenido aun por estudiosos que no creen en Adán. El antropólogo físico Ashley Montagu lo expresa así: «En cuanto al origen de la variedad de seres humanos sólo podemos afirmar que existen sobradas razones para creer que surgió a partir de una raza única. Todas las variedades humanas pertenecen a la misma especie y tienen la misma ascendencia remota. Esta es la conclusión a la que apunta toda la evidencia significativa que ofrecen la anatomía, la paleontología, la serología y la genética comparadas.»[48] En relación con la sangre humana, aparte de los cuatro grupos sanguíneos y el factor Rh (que se encuentran en todos los grupos étnicos), «la sangre de los seres humanos es igual en todo aspecto».[49] Esta unidad humana no se destruye por el mestizaje. Debemos rechazar el temor al mestizaje difundido por los africanders y el mito biológico de Hitler que está siendo resucitado por el Frente Nacional. En 1964 John Tyndall lanzó el «Movimiento por una Gran Bretaña Superior», cuyo programa oficial proponía lo siguiente: «Para la protección de la sangre británica se dictarán leyes que prohiban el matrimonio entre británicos y no arios ... Una raza británica pura, fuerte y sana será la principal garantía para el futuro de Gran Bretaña.»[50] Dicha sustancia, la llamada «sangre británica», no existe.

2) Pablo proclamó *la diversidad de culturas étnicas* o al *Dios de la Historia*. El Dios vivo no sólo hizo todas las naciones de un solo hombre, para que habitaran la tierra, sino que también «les ha prefijado el orden de los tiempos, y los límites de su habitación» (v. 26; cf. Dt. 32.8). De este modo, el tiempo y el lugar en que debe vivir cada nación están en manos

de Dios. No podemos usar esta verdad para justificar la conquista y anexión de territorios extranjeros, aunque estos eventos históricos no estén fuera del control soberano de Dios. Quizá Pablo se refiere al mandato original de multiplicarse y llenar la tierra, pues la dispersión bendecida por Dios resultó en el desarrollo de distintas culturas, lo cual no tiene relación con la posterior confusión de lenguas y la dispersión bajo el juicio de Dios en Babel.

La cultura es el complemento de la naturaleza. Lo «natural» es recibido de Dios y heredado; lo «cultural» es obra del hombre y se aprende. La cultura es una amalgama de creencias, valores, costumbres e instituciones desarrolladas por cada sociedad y transmitida de generación en generación. Las culturas humanas son ambiguas porque los seres humanos son ambiguos. «Como el hombre es criatura de Dios, parte de su cultura es rica en belleza y bondad. Como su naturaleza es caída, toda su cultura está corrompida por el pecado y es en parte demoníaca.»[51]

Las Escrituras celebran el colorido mosaico de culturas humanas. Declaran que la Nueva Jerusalén se enriquecerá con ellas, pues «los reyes de la tierra traerán su gloria y honor a ella» y «llevarán la gloria y la honra de las naciones a ella» (Ap. 21.24, 26). Si en el fin de los tiempos la diversidad cultural enriquecerá la vida humana y comunitaria, también puede comenzar a hacerlo en la actualidad. Pablo era fruto de tres culturas. Por descendencia y crianza era «hebreo de hebreos», tenía ciudadanía romana, y había asimilado la lengua y el pensamiento griegos. Nosotros también podemos enriquecer nuestra vida aprendiendo idiomas y descubriendo culturas diferentes. Debemos asegurarnos de que una sociedad multirracial no sea una sociedad monocultural. Debemos apoyar tanto la unidad de la raza humana como la diversidad de las culturas étnicas.

El Partido Nacionalista Sudafricano da gran importancia a esta diversidad. Sostiene que Sudáfrica nunca ha sido una sola nación sino un caleidoscopio de grupos raciales bien diferenciados, cada uno con su propia identidad nacional y cultural. Por lo tanto, deduce, lo que se necesita no es un único Estado integrado (el modelo del crisol de razas), sino el «desarrollo plurinacional» o de «las libertades separadas», es decir el apartheid, por el cual cada grupo racial preserva y fomenta el progreso de su propia unicidad. «No queremos la mezcla de los grupos raciales en Sudáfrica», escribió el Dr. J. C. G. Klotze. «De acuerdo con las Escrituras, la situación ideal sería que cada pueblo habitara su propio país» (Hch. 17.26).[52] Aparte del problema de si «naciones» y «grupos raciales» son una misma cosa, y de si en Hechos 17.26 hace referencia al segundo concepto, podemos señalar otros dos errores sobre los que se sustenta el apartheid sudafricano. El primero es la suposición de que las distintas culturas sólo se pueden preservar mediante la segregación de los grupos raciales entre sí. Pero, evidentemente, esto no es cierto, ya que en Gran Bretaña los irlandeses, galeses, escoceses e ingleses se mezclan, no obstante lo cual los rasgos distintivos de cada cultura se preservan. La separación no sólo resulta innecesaria para preservar nuestra propia cultura sino que además haría imposible disfrutar de las demás culturas, de acuerdo con el propósito de Dios. El segundo error de la política de segregar los grupos raciales para preservarlos es que presupone que integrarlas implicaría su inevitable destrucción. Pero integración no es sinónimo de asimilación, y no necesariamente conduce a ella. Por el contrario, si bien deberían estar plenamente permitidos los matrimonios mixtos, debido a las afinidades naturales y a las tensiones culturales es probable que de todos modos su número sea reducido.

3) Pablo proclamó *la finalidad de Jesucristo*, o al *Dios de la Revelación*. Concluyó su sermón con el llamado universal de Dios al arrepentimiento en vista del juicio universal venidero, para el cual Dios ya ha establecido un día y designado un juez (vv. 30, 31). Pablo se niega a consentir el pluralismo religioso de Atenas y a elogiarla por ser un museo viviente de creencias religiosas. En cambio, quizá haya sido la idolatría de aquella ciudad lo que lo indujo a un mayor celo por el honor del Dios vivo y verdadero (v. 16). Por lo tanto, llamó a los habitantes de la ciudad a abandonar sus ídolos y volverse a Dios.

Observamos, pues, que la aceptación respetuosa de la diversidad de *culturas* no implica la igual aceptación de la diversidad de *religiones*. Debería valorarse la riqueza de cada cultura en particular, pero no la idolatría que quizá se encuentra en su misma base. No podemos tolerar ningún rival de Jesucristo, pues creemos que Dios ha hablado de una manera plena y definitiva por medio de él, y que él es el único Salvador, quien murió y resucitó, y quien un día vendrá como Juez del mundo.

4) Pablo proclamó *la gloria de la Iglesia cristiana* o al *Dios de la Redención*. En algunas de las cartas del apóstol el hecho de que Cristo murió y resucitó para crear una nueva comunidad reconciliada, su Iglesia, está más claro que en el relato de Lucas de este sermón. Así pues, el curso de la historia se revierte. El Antiguo Testamento es la historia de la dispersión de la humanidad, de la manera en que las naciones se esparcieron, se dividieron y lucharon. Pero el Nuevo Testamento es la historia de la reunión de las naciones para formar una sociedad internacional única. Esto se insinúa en el versículo 34 en el que se dice que algunos hombres creyeron: Dionisio, una mujer llamada Damaris, y varios más. Allí estaba

el núcleo de la nueva comunidad, en la cual hombres y mujeres de todas las edades y de todos los trasfondos raciales, culturales y sociales hallarían su unidad en Cristo.

Puesto que Dios ha hecho a cada nación y ha fijado sus tiempos y lugares, evidentemente es bueno que cada uno de nosotros sea consciente de su nacionalidad y esté agradecido por ella. Pero dado que Dios nos ha llamado a formar parte de su nueva sociedad, nos llama a un nuevo internacionalismo. Todos los cristianos conocen esta tensión, y nadie más que Pablo, por ser a la vez un judío patriótico y apóstol a los gentiles. El «internacionalismo» cristiano no implica que al convertirnos en miembros de Cristo y de su Iglesia se anule nuestra nacionalidad, así como tampoco se anula nuestra masculinidad o femineidad. Significa, en cambio, que si bien mantenemos nuestras diferencias raciales, nacionales, sociales y sexuales, ellas ya no nos separan. Ya han sido trascendidas en la unidad de la familia de Dios (Gá. 3.28). Raymond Johnston afirma con razón que «una comprensión adecuada de la nacionalidad tomará nota de la necesidad humana de tener *raíces*, la seguridad y la identidad lograda por medio de la comunidad, sobre la base del sentido de 'pertenencia' de cada individuo...»[53] A esto debe agregarse que en Cristo hemos hallado raíces más profundas aun, y una mayor seguridad e identidad, pues por medio de él Dios nos ha llamado a participar de una unidad nueva y más amplia.

Por lo tanto, en la Iglesia debe manifestarse su naturaleza plurirracial, plurinacional y pluricultural. En los últimos años se ha debatido considerablemente si la homogeneidad cultural de la iglesia local debiera existir. Una consulta sobre el tema concluyó que ninguna iglesia puede conformarse a tal situación:

> Todos coincidimos en que en muchos casos una iglesia homogénea puede ser una iglesia legítima y auténtica. No obstante, también coincidimos en que nunca será completa en sí misma. En efecto, si se mantiene aislada, no puede reflejar la universalidad y la diversidad del cuerpo de Cristo, ni podrá crecer hacia la madurez. Por lo tanto, toda iglesia homogénea debe dar pasos concretos para ampliar su membresía con el fin de reflejar visiblemente la unidad y variedad de la Iglesia de Cristo.»[54]

El informe sugiere a continuación formas de hacerlo. Sólo una teología verdadera, es decir, la revelación bíblica de Dios, puede librarnos del orgullo y el prejuicio racial. Porque él es el Dios de la Creación, afirmamos la unidad de la raza humana. Porque él es el Dios de la Historia, sostenemos la diversidad étnico-cultural. Porque él es el Dios de la Revelación, sostenemos la finalidad de Jesucristo. Y porque él es el Dios de la Redención, sostenemos la gloria de la Iglesia cristiana.

Cualesquiera sean las políticas de integración racial que se empleen, deberían reflejar estas doctrinas. A causa de la unidad de la humanidad demandamos iguales derechos e igual respeto para las minorías raciales. A causa de la diversidad de grupos étnicos repudiamos el imperialismo cultural y defendemos la preservación de la riqueza de una cultura interracial, compatible con el señorío de Cristo. A causa de la finalidad de Cristo, sostenemos que la libertad religiosa abarca el derecho a difundir el evangelio. A causa de la gloria de la Iglesia, debemos librarnos de todo resabio de racismo y esforzarnos por que la Iglesia sea un modelo de armonía entre las razas, en el que se cumpla el sueño multirracial.

Notas

1. Martin Luther King, «I have a dream», citado en Coretta Scott King, *My Life with Martin Luther King, Jr.*, Hodder & Stoughton, 1969, p. 249.
2. Roy Jenkins, ministro de Gobierno, de un discurso de mayo de 1966.
3. David Brion Davies, *The Problem of Slavery in Western Cultures*, Cornell University Press, 1966, p. 31.
4. Edward Long, *The History of Jamaica*, Lowndes, London, 1774, pp. 351-356.
5. J. H. Guenebault, *The Natural History of the Negro Race*, Dowling, Charleston, South Carolina, 1837, pp. 1-19. Ver referencias en Wilson Armistead, *A Tribute for the Negro*, Manchester, 1848, p. 36.
6. Stanley M. Elkins, *Slavery*, a problem in American Institutional and Intellectual Life, 1959; 2a ed. University of Chicago Press, 1968, p. 82.
7. *Ibid.*, p. 84.
8. *Ibid.*, p. 113.
9. *Ibid.*, Capítulo III, «Slavery and Personality».
10. Wilson Armistead, *op. cit.*, p. 5.
11. M. F. Ashley Montagu, *Man's Most Dangerous Myth: the Fallacy of Race*, 1942; 5a ed. revisada y ampliada, Oxford University Press, 1974, p. 101.
12. *Ibid.*, p. 67.
13. *Ibid.*, p. 416.
14. *Ibid.*, p. 3.
15. Columbus Salley y Ronald Behm, *What Color is your God?*, IVP, ed. revisada 1981.

16. Ashley Montagu, *op. cit.*, p. 420.
17. Adolf Hitler, *Mi Lucha*, Alborada, Buenos Aires, 1925, pp. 128-129.
18. *Ibid*, p. 284.
19. Richard Gutteridge, *Open Thy Mouth for the Dumb*, The German Evangelical Church and the Jews 1879-1950, Basil Blackwell, 1976, p. 69.
20 *Ibid*, p. 48.
21. Citado por Ashley Montagu, *op. cit.*, p. 50.
22. Citado en *The Church Struggle in South Africa* por John W. de Gruchy, Eerdmans, 1979, pp. 30-31.
23. *Human Relations and the South African Scene in the Light of Scripture*, un informe de la Iglesia Reformada Holandesa, Dutch Reformed Publishers, 1976, pp. 14, 32, 71.
24. *Mi Lucha*, pp. 165 ss., 233, 259.
25. Doctor A. B. Dupreez, *Inside the South African Crucible*, H.A.U.M., Kaapstad-Pretoria, 1959, p. 63.
26. M. F. Ashley Montagu, *op. cit.*, p. 10.
27. *Ibid.*, pp. 190-193.
28. *Ibid.*, p. 202.
29. *Ibid.*, pp. 204-234.
30. Margery Perham, *The Colonial Reckoning*, the 1961 Reith Lectures, Collins, 1961, p. 39.
31. Jeremy Murray-Brown, *Kenyatta*, Allen & Unwin, 1972, p. 306.
32. Mzee Jomo Kenyatta, *Suffering without Bitterness*, East African Publishing House, 1968, p. 166.
33. Paul Scott, *The Jewel in the Crown*, 1966; Granada, 1973, p. 260.
34. Arnold Toynbee, *A Study of History*, Vol. I, p. 213, citado por el Arzobispo Cyril Garbett en *World Problems of Today*, Hodder & Stoughton, 1955, p. 135.
35. Ver *Sheep and Goats*, «British Nationality Law and its Effects», y *Families Divided*, Immigration Control and Family Life, de Anne Owers, CIO, 1984.
36. Martin Walker, *The National Front*, Collins, 1977, p. 34.
37. *Ibid.*, pp. 78-84.
38. *Ibid.*, p. 185.
39. David J. Smith, *Racial Disadvantage in Britain*, Penguin, 1977, p. 17.
40. *Ibid.*, Part 2, «Employment», pp. 109-110. Ver David Sheppard, *Bias to the Poor*, 1983, p. 69.
41. *Ibid.*, Part 3, «Housing», pp. 210-213, 222 y 288.

42. Lord Scarman, *The Scarman Report*, the Brixton Disorders 10-12 abril 1981, Penguin, 1981, pp. 77-78.
43. *Ibid.*, p. 209.
44. *Ibid.*, p. 196.
45. H. J. Eysenck versus Leon Kamin, *Intelligence: The Battle for the Mind*, Pan Books & Macmillan, 1981, p. 74.
46. *The Autobiography of Malcolm X*, Grove Press, 1964, pp. 175, 275.
47. *Ibid.*, pp. 179, 272.
48. Ashley Montagu, *op. cit.*, p. 74.
49. *Ibid.*, p. 307.
50. Citado por Martin Walker, *op. cit.*, p. 47.
51. *Pacto de Lausana*, párr. 10, «Evangelización y Cultura», publicado en *Misión*, Vol. 2, n. 2, abril-junio 1983.
52. J. C. G. Klotze, *Principle and Practice in Race Relations According to Scripture*, SCA Publications, Stellenbosch, 1962, p. 55.
53. O. R. Johnston, *Nationhood: towards a Christian Perspective*, Latimer Studies n. 7, 1980, p. 14.
54. *The Pasadena Report*, Lausanne Occasional Paper No. 1, 1977, p. 6.

4

Pobreza, riqueza y sencillez

La riqueza, en constante aumento, y sus beneficiarios, ricos en adquisiciones en cuotas, estupidizados por la televisión y el sexo, con una amplia formación académica, y adoctrinados por el Profesor Hoyle en cuanto al origen del mundo y por Bertrand Russell en cuanto al fin que tendrá, se aventuran por las amplias autopistas de tres carriles en cada dirección; ... con la emoción adicional de la sangre salpicada en el asfalto. El paraíso a su alcance en los supermercados, la fortuna asegurada en el salón de bingo más cercano, el ocio que se eleva en un sinnúmero de antenas empinadas hacia el cielo como torres de ensueño; ... una infinidad de mansiones, de luz y cromo, se alzan interminables. Este reino, sin duda, será para la posteridad sólo fuente de burla en caso de que exista una posteridad. En último término, en el fondo de todo se encuentra el hongo radiactivo; tal como la piara de Gadara, a los brincos y retozos se acercan cada vez más al borde del despeñadero.[1]

Así satiriza Malcolm Muggeridge la opulencia de Occidente, su materialismo, superficialidad y egoísmo. Esto en sí mismo ya es malo; pero cuando se lo compara con las barriadas y favelas latinoamericanas, con los ghettos y villas de emergencia de otras partes del mundo, se vuelve injustificable. No es que el contraste entre la riqueza y la pobreza corresponda exactamente a la división norte-sur, pues los países miembros de la OPEC son ricos, y la pobreza no se ha erradicado de Norteamérica ni de Europa. En Gran Bretaña, por ejemplo, «Todavía son más de seis millones las personas, incluidos adultos y niños, cuyos ingresos están al nivel de subsidio suplementario, o por debajo de él; este nivel constituye la definición que da el estado del límite entre la pobreza y la subsistencia.»[2] Y más de doce millones de personas viven en un nivel de relativa pobreza. De ahí el lanzamiento de «Acción de la Iglesia por la Pobreza» en julio de 1982 en Gran Bretaña. La verdad es que la seria disparidad entre la pobreza y la riqueza no sólo existe *entre* los países, sino también *dentro* de la mayoría de los países. Como lo expresaron los obispos católicos latinoamericanos reunidos en Puebla en 1979: «Los crueles contrastes de lujo y extrema pobreza, tan visibles a través del continente, agravados, además, por la corrupción que a menudo invade la vida pública y profesional, manifiestan hasta qué punto nuestros países se encuentran bajo el dominio del ídolo de la riqueza.»[3]

Tres enfoques de la pobreza

¿Cómo deben encarar los cristianos el crudo hecho de la pobreza en el mundo contemporáneo?

El primer enfoque que podemos emplear es el *racional*: mantenernos en la fría objetividad de las estadísticas. En efecto, es allí donde debemos comenzar. El planeta tierra tiene aproximadamente 4300 millones de habitantes, una quinta parte de los cuales vive en la indigencia. El Informe del Banco Mundial de 1978 admite que durante veinticinco años se había producido «un cambio y progreso sin precedentes en los países en desarrollo», y prosigue diciendo: «Sin embargo, a pesar de estos hechos notables, aún hay alrededor de ochocientos millones de personas sumidas en ... la pobreza absoluta: condición de vida caracterizada por la desnutrición, el analfabetismo, la enfermedad, la sordidez del ambiente, un alto nivel de mortalidad infantil y una baja expectativa de vida; tanto es así que no corresponde a ninguna definición razonable de dignidad humana.»[4] Una ilustración clara de esta situación es la provisión de agua potable. En Occidente llega a nuestros hogares por cañerías y basta abrir un grifo para tener acceso instantáneo a ella. A ninguno de nosotros se nos ocurriría considerarla un lujo; la damos por sentada. Pero el 50% de la población del Tercer Mundo carece de ella, y el 75% carece de servicios sanitarios, por lo cual mueren aproximadamente treinta mil personas por día de enfermedades transmitidas por el agua, y las víctimas de estas enfermedades ocupan la mitad de las camas de los hospitales del mundo. Esta es la razón por la que las Naciones Unidas han declarado a los años ochenta «la década del agua» y esperan haber suplido la falta de agua y recursos sanitarios de dos mil millones de personas en 1990.

Por otra parte, mientras que una quinta parte de la población mundial carece de los bienes de primera necesidad indispensables para la subsistencia, algo más de otra quinta parte vive en la abundancia y consume alrededor de las cuatro quintas partes de los recursos mundiales. Estos países ricos contribuyen una suma irrisoria al desarrollo del Tercer Mundo, mientras que gastan veintiuna veces esa suma en armamentos. La evidente disparidad entre la riqueza y la pobreza constituye una injusticia social con la cual la conciencia cristiana no puede estar en conformidad.

El segundo enfoque que podemos aplicar al fenómeno de la pobreza es el *emocional*: la reacción indignada a las percepciones, los sonidos y los olores de la necesidad humana. En mi última visita al aeropuerto de Calcuta, llegué al atardecer. Sobre la ciudad flotaba una maloliente nube de humo del estiércol quemado en las innumerables hogueras. Afuera del aeropuerto, una mujer demacrada con un bebé raquítico en brazos extendía la mano consumida pidiendo *baksheesh*. Un hombre, a quien le habían amputado ambas piernas por encima de la rodilla, se arrastraba por la vereda ayudándose con las manos. Luego supe que más de doscientas cincuenta mil personas desamparadas duermen en la calle por la noche y durante el día tienden una manta –a menudo su única pertenencia– en alguna cerca. La experiencia más conmovedora fue ver a hombres y mujeres escarbando en los basurales como si fueran perros. La pobreza extrema es degradante; rebaja a los seres humanos al nivel de animales. Sin duda, los cristianos deben ser desafiados por la *idolatría* de la ciudad hindú, tal como Pablo lo fue por los ídolos de Atenas, y ser motivados a la evangelización. Pero tal como Jesús al ver las multitudes hambrientas, nosotros debemos ser movidos a la compasión y alimentarlas.[5]

No sólo debe conmovernos la pobreza absoluta de los barrios bajos del Tercer Mundo, sino también la pobreza relativa (pero real) de las zonas marginales desposeídas y decadentes de Occidente que los ricos pocas veces ven. Este fue el énfasis de la conferencia de David Sheppard, Obispo de Liverpool, en 1984. Exhortaba a la «Gran Bretaña de la comodidad» a ponerse en los zapatos de «la otra Gran Bretaña». Habló con profundo sentimiento de los jóvenes y el desempleo prolongado, de las deficiencias de vivienda, de la limitación en las oportunidades educativas y del sentido de alienación, hasta de desolación. Estaba indignado porque la pobreza «aprisiona el espíritu», genera «relaciones humanas enfermas» y desperdicia el talento otorgado por Dios. Luego describía cinco «llaves» para abrir la prisión.[6]

La tercera manera de considerar el problema de la pobreza, que debería estimular tanto la razón como los sentimientos, es el enfoque *bíblico*. Al volver al libro en el cual Dios se ha revelado a sí mismo y ha manifestado su voluntad, preguntamos: de acuerdo con las Escrituras, ¿cuál debería ser nuestra forma de pensar acerca de la pobreza y la riqueza? ¿Dios está del lado de los pobres? ¿Deberíamos estarlo nosotros? ¿Qué dicen las Escrituras? Es más, al hacer estas preguntas debemos proponernos escuchar atentamente la Palabra de Dios y no manipularla. No tenemos derecho de evadir su desafío incómodo para poder conservar nuestros prejuicios, ni de aceptar las interpretaciones populares más recientes de manera acrítica.

El Salmo 113 parece un buen lugar para comenzar. Es una invitación a los siervos de Jehová, y de hecho a todos los pueblos «desde el nacimiento del sol hasta donde se pone», a alabar su nombre, pues él es «Excelso sobre todas las naciones» y «sobre los cielos su gloria». Y prosigue:

¿Quién como Jehová nuestro Dios,
Que se sienta en las alturas,
Que se humilla a mirar
En el cielo y en la tierra?
El levanta del polvo al pobre,
Y al menesteroso alza del muladar,
Para hacerlos sentar con los príncipes,
Con los príncipes de su pueblo.
El hace habitar en familia a la estéril,
Que se goza en ser madre de hijos.
(vv. 5-9)

El salmista afirma algo distintivo acerca de Jehová, de hecho algo único, que lo lleva a la pregunta retórica «¿Quién como Jehová nuestro Dios?» El no sólo reina en lo alto, exaltado por encima de las naciones y del cielo, ni sólo se digna desde aquellas alturas mirar mucho más abajo a los cielos y a la tierra; ni tan sólo mira con compasión la profunda miseria humana, a los pobres descartados como desechos de la vida y pisoteados en el polvo por sus opresores. Además de todo esto, él en verdad exalta a los más desdichados de la tierra, los levanta de las profundidades a las alturas; «él levanta del polvo al pobre ... para hacerlos sentar con los príncipes». Por ejemplo, se compadece de la mujer estéril (quien era despreciada y estigmatizada) y la convierte en una madre gozosa. Esa es la clase de Dios que es. No hay otro dios como él. Pues no es principalmente con los ricos y los famosos con quienes prefiere fraternizar. Lo característico en él es que defiende a los pobres, los rescata de la miseria y los transforma de mendigos en príncipes.

Esta afirmación se repite y ejemplifica numerosas veces en las Escrituras, a menudo con el corolario que afirma que el Dios que exalta a los humildes también humilla a los orgullosos. Esta constituía la esencia del cántico de Ana cuando luego de años de esterilidad nació su hijo Samuel:

El levanta del polvo al pobre,
Y del muladar exalta al menesteroso,
Para hacerle sentarse con príncipes

Y heredar un sitio de honor.
(1 S. 2.8)

Este también era el tema del Magnificat, que cantó la virgen María al saber que ella (y no una mujer famosa, noble o rica) había sido escogida para ser la madre del Mesías de Dios. Dios había mirado su condición humilde, dijo; el Poderoso había hecho grandes cosas con ella, por lo cual le dio gracias y lo adoró:

Hizo proezas con su brazo;
Esparció a los soberbios en el
pensamiento de sus corazones.
Quitó de los tronos a los poderosos,
Y exaltó a los humildes.
A los hambrientos colmó de bienes,
Y a los ricos envió vacíos.
(Lc. 1.51-53)

Tanto el Salmo 113 como las experiencias de Ana y de María describen el mismo contraste tajante, si bien varía el vocabulario empleado. A los orgullosos se los humilla y a los humildes se los exalta; a los ricos se los empobrece y a los pobres se los enriquece; a los bien alimentados se los envía vacíos, y a los hambrientos se los colma de bienes; a los gobernantes poderosos se los derroca, mientras que a los oprimidos y carentes de poder se los hace reinar como príncipes.

¿Quién como Jehová nuestro Dios? Sus pensamientos y sus caminos no son los nuestros. El invierte los criterios y valores del mundo.

Jesús mismo es el mayor ejemplo de esto. Uno de sus epigramas favoritos parece haber sido el que dice: «cualquiera que se enaltece, será humillado y el que se humilla será enaltecido» (Lc. 18.14). Pero no sólo enunció este principio, sino que lo demostró personalmente. Habiéndose vaciado de la gloria, se humilló para servir, y su obediencia lo llevó a la cruz. «Por lo cual Dios también le exaltó hasta lo sumo ...» (Fil. 2.5-11).

Este principio que promete la inversión de la fortuna humana es lo único que puede traer esperanza a los pobres. Pero ¿quiénes son los «pobres», de los cuales se dice que Dios los enaltece? Y ¿qué hace Dios cuando los «enaltece»? Estos términos exigen una definición.

¿Quiénes son los pobres? La paradoja de la pobreza

Se han realizado y publicado numerosos estudios del material bíblico.[7] Estos se concentran en el Antiguo Testamento, en que un grupo de sinónimos de pobreza, derivados de seis raíces hebreas principales, aparece más de doscientas veces. Estos pueden clasificarse de diversas maneras, pero la división fundamental parece ser en tres clases. En primer lugar, en términos económicos, se encuentran *los indigentes*, desprovistos de los bienes básicos para la vida. En segundo lugar, en términos sociológicos, se encuentran *los oprimidos*, víctimas impotentes de la injusticia humana. En tercer lugar, en términos espirituales, se encuentran *los humildes*, quienes reconocen su necesidad y recurren sólo a Dios en busca de salvación. En todos los casos Dios se presenta viniendo a ellos y haciendo suya la causa de ellos, en consonancia con su característica de levantar a los pobres del polvo.

El primer grupo, *los indigentes*, son desposeídos económicamente. Pueden carecer de alimentos, ropa o vivienda, o de las tres cosas. Los autores bíblicos admiten que a veces su pobreza se puede deber a su propio pecado, ya sea la pereza, el derroche o la glotonería. El libro de Proverbios tiene mucho que decir al respecto. Al perezoso se lo exhorta a observar a la hormiga para adquirir sabiduría. Pues las hormigas recogen y almacenan su comida en el verano, mientras que los perezosos se quedan en cama: «Un poco de sueño, un poco de dormitar, y cruzar por un poco las manos para reposo; así vendrá tu necesidad como caminante, y tu pobreza como hombre armado.»[8] Intimamente relacionadas con la pereza, como causas de la pobreza, se encuentran la codicia y la borrachera: «el bebedor y el comilón empobrecerán, y el sueño hará vestir vestidos rotos».[9] Sin embargo, no son sólo estos pecados en particular causa de la pobreza individual. La pobreza nacional también tenía raíces en el pecado. Pues durante la teocracia, cuando Dios gobernaba a su pueblo en Israel, prometió bendecir su obediencia fructificando sus campos y huertos, y castigar su desobediencia con la esterilidad de la tierra.[10]

No obstante, en general los autores del Antiguo Testamento consideraban la pobreza un mal social involuntario que debía ser abolido y no tolerado, y presentaban a los pobres (que abarcaban a las viudas, los huérfanos y los extranjeros) como personas que debían ser socorridas y no censuradas. Se los tiene no por pecadores sino por «víctimas del pecado» –expresión popularizada en 1980 en la Conferencia de Melbourne por Raymond Fung, pastor bautista que pasó once años sirviendo a obreros fabriles en Hong Kong.[11]

En la Ley, Dios ordena a su pueblo no endurecer su corazón ni cerrar las manos contra sus hermanos y hermanas pobres, sino ser generosos y mantener a quienes no podían mantenerse solos, albergándolos en sus hogares y dándoles de comer sin cobrarles. Los diezmos regulares también debían utilizarse para el sostén de los levitas, los extranjeros, los huérfanos y las viudas.[12] Si un israelita hacía un préstamo a algún necesitado, no debía cobrarle intereses. Si tomaba una prenda como garantía, no debía entrar en la casa para buscarla, sino esperar respetuosamente a que se la trajeran afuera de la casa. Si tomaba como prenda la capa de su prójimo, debía devolvérsela antes del atardecer porque el pobre la necesitaría para usarla como manta para dormir.[13] El apoyo y la asistencia de los pobres eran especialmente deber de la familia extendida hacia sus propios miembros.

Los empleadores debían pagarles el jornal a sus obreros inmediatamente al finalizar el día de trabajo. Los labradores no debían cosechar sus campos «hasta el último rincón» ni volver a recoger las gavillas olvidadas en el campo, ni vendimiar la viña completamente, ni recoger las uvas caídas, ni recorrer por segunda vez las ramas de los olivos. Pues las franjas de los bordes de los campos, las espigas y la fruta caída debían dejarse para los pobres, los extranjeros y los huérfanos. A ellos también se les debía permitir que participaran de las celebraciones de la cosecha. Cada tercer año, la décima parte de la producción agrícola se destinaba a los pobres. Y cada séptimo año se daba reposo a las tierras y se dejaban sin cosechar las viñas y los olivares, para beneficio de los pobres que podían recoger los frutos.[14]

Los libros de la sabiduría del Antiguo Testamento confirman esta enseñanza. Una de las características del hombre justo es que «tiene misericordia, y presta» y «reparte, da a los pobres»; mientras que «el que cierra su oído al clamor del pobre, también él clamará, y no será oído».[15] Los sabios maestros de Israel también fundamentaban estos deberes en la doctrina de que detrás de los pobres estaba Jehová mismo, su Creador y Señor, de modo que las actitudes de las personas hacia él se reflejaban en las actitudes hacia los pobres. Por un lado, «El que escarnece al pobre afrenta a su Hacedor» y por otro, «A Jehová presta el que da al pobre».[16] Jesús mismo heredó la riqueza de este legado del Antiguo Testamento acerca del cuidado de los pobres y lo llevó a la práctica. Era amigo de los necesitados y dio de comer a los hambrientos. Les dijo a sus discípulos que vendieran sus posesiones para darles una ofrenda a los pobres y cuando hicieran una fiesta se acordaran de invitar a los pobres, los lisiados, los cojos y los ciegos, quienes no podrían volver a invitarlos. Asimismo les explicó que cuando alimentaran a los hambrientos, vistieran a los desnudos, albergaran a los que no tienen techo y visitaran a los enfermos, estarían sirviéndole a él.[17]

El segundo grupo, *los oprimidos*, son los que viven bajo la opresión social o política. En el Antiguo Testamento se reconoce claramente que la pobreza no era algo que ocurría sin razón. Si bien a veces se debía al pecado personal o a la desobediencia nacional, y al juicio de Dios sobre ellos, generalmente se debía a los pecados ajenos, una situación de injusticia social que iba agravándose porque los pobres no tenían oportunidades de cambiarla. Sólo llegamos a comprender las enseñanzas del Antiguo Testamento referidas a este tema cuando observamos con cuánta frecuencia se asocian la pobreza y la impotencia. Asimismo, aunque a menudo los pobres no tenían ayuda humana, sabían que Dios era su Defensor. «Porque él se pondrá a la diestra del pobre». Y «Yo sé que Jehová tomará a su cargo la causa del afligido, y el derecho de los necesitados».[18]

La ley de Moisés subrayaba la necesidad de que hubiera justicia imparcial en las cortes, especialmente para los pobres y los débiles. «No pervertirás el derecho de tu mendigo en su pleito ... No recibirás presente; porque el presente ciega a los que ven, y pervierte las palabras de los justos.» «No harás injusticia en el juicio, ni favoreciendo al pobre ni complaciendo al grande; con justicia juzgarás a tu prójimo.» «No torcerás el derecho del extranjero ni del huérfano». Es más, el motivo que se menciona con frecuencia es que ellos mismos habían vivido bajo la opresión en Egipto, y el Señor los había liberado.[19]

Los libros de la sabiduría demandan justicia para los débiles tan explícitamente como los libros de la ley. En el Salmo 82 se exhorta a los jueces así: «Defended al débil y al huérfano» y «librad al afligido y al necesitado». En Proverbios 31 la madre del rey Lemuel lo exhortó diciendo: «Abre tu boca por el mudo en el juicio de todos los desvalidos. Abre tu boca, juzga con justicia, y defiende la causa del pobre y del menesteroso.»[20]

Es bien sabido que los profetas se refirieron al problema aun más directa y extensamente. No sólo apelaron al pueblo y a sus líderes diciéndoles: «buscad el juicio, restituid al agraviado, haced justicia al huérfano, amparad a la viuda» y por medio de las prohibiciones equivalentes: «no oprimáis a la viuda, al huérfano, al extranjero ni al pobre», sino que también condenaron severamente toda injusticia. Elías reprendió al rey Acab por haber asesinado a Nabat y por haberle robado el viñedo. Amós fulminó sentencias contra los gobernantes de Israel porque a cambio de sobornos pisoteaban la cabeza de los pobres, aplastaban a los necesitados, y negaban la justicia a los oprimidos, en vez de dejar que «corra el juicio como las aguas, y la justicia como impetuoso arroyo». Jeremías denunció al rey Joacim por valerse del trabajo forzado para la construcción de su lujoso palacio. Podrían darse numerosos ejemplos más. La vida nacional de Israel y Judá constantemente se vio empañada por la explotación de los pobres. En el Nuevo Testamento, Santiago, cuando vitupera a los ricos, nos recuerda a los profetas del Antiguo Testamento. No es la riqueza en sí lo que condena, ni siquiera el lujo autocomplaciente en primer lugar, sino la fraudulenta retención de los jornales de los obreros y su violenta opresión de los inocentes.[21]

En contraste con la sombría tradición de la diatriba de los profetas contra la injusticia, las profecías sobre el reino de justicia del Mesías resplandecen más aun: «juzgará con justicia a los pobres, y argüirá con equidad por los mansos de la tierra».[22]

Resulta evidente, pues, que los autores bíblicos consideraban que los pobres no sólo eran personas desposeídas, que necesitaban asistencia, sino también víctimas de la injusticia social, cuya causa debía ser defendida.

El tercer grupo, *los humildes*, son espiritualmente mansos y dependen de Dios. Como Dios socorre a los necesitados y defiende a los débiles, estas verdades inevitablemente afectan la actitud de ellos hacia él. Van a él en busca de misericordia. Oprimidos por los hombres e incapaces de liberarse a sí mismos, ponen su confianza en Dios. Es por esta razón que «los pobres» llegó a ser sinónimo de «los piadosos», y su condición social se convirtió en símbolo de su dependencia espiritual. Sofonías los describe como «un pueblo humilde y pobre, el cual confiará en el nombre de Jehová»; Isaías, como «aquel que es pobre y humilde de espíritu» y que tiembla por la Palabra de Dios.[23]

Sin embargo, especialmente en los Salmos el retrato del humilde cobra nitidez. Pues el salterio es el himnario de los desvalidos.[24] Allí descubrimos sus manifestaciones de dependencia de Dios y las promesas de Dios de venir en su ayuda. Los que están solos y afligidos claman a él por misericordia; los que encomiendan su camino al Señor guardan silencio delante de él, y esperan pacientemente que él actúe. Se les asegura que «comerán los humildes y serán saciados», que «los mansos heredarán la tierra», y que «hermoseará a los humildes con la salvación».[25]

Más asombrosas aún que estas referencias a los pobres y humildes como grupo resultan los testimonios individuales de la salvación. Por ejemplo, el Salmo 34: «Este pobre clamó, y le oyó Jehová, y lo libró de todas sus angustias.» Por lo tanto, está decidido a gloriarse en el Señor y confía que otros afligidos lo oirán y se alegrarán con él, y a su vez clamarán a Jehová. Pues, sigue diciendo: «Cercano está Jehová a los quebrantados de corazón; y salva a los contritos de espíritu.»[26] El Salmo 86 presenta otro ejemplo. El salmista se describe a sí mismo como siendo atacado por una banda de hombres soberbios, violentos y sin Dios. Su única esperanza está en Dios. Así clama: «Inclina, oh Jehová, tu oído, y escúchame, porque estoy afligido y menesteroso. Guarda mi alma, porque soy piadoso; salva tú, oh Dios mío, a tu siervo que en ti confía.» Luego expresa su confianza en que Dios lo rescatará porque él es «Dios misericordioso y clemente, lento para la ira, y grande en misericordia y verdad».[27]

Estas enseñanzas bíblicas nos permiten afirmar que Dios socorre al indigente, defiende la causa del oprimido y exalta al humilde. En cada caso, «él levanta del polvo al pobre», ya sea del polvo de la miseria, la opresión o la impotencia.

Buenas noticias para los pobres

A riesgo de una excesiva simplificación, será útil (especialmente si hemos de juzgar cuál debe ser la actitud del cristiano hacia la pobreza) reducir estas tres categorías a dos; a saber: la pobreza material de los desposeídos y oprimidos, y la pobreza espiritual de los humildes y mansos. Dios se ocupa de ambas. En ambos casos «levanta del polvo al pobre», pero lo hace de maneras diferentes. Pues el primer tipo de pobreza es un mal social al que Dios se opone, y el segundo es una virtud espiritual que aprueba. Es más, existe una sola comunidad en la cual se combinan ambas: la comunidad del reino, la sociedad nueva y redimida en la que Dios gobierna por medio de Cristo por su Espíritu.

Esto queda claro en la expectativa del Reino de Dios del Antiguo Testamento. Dios prometió la venida de su rey perfecto, quien juzgaría a los pobres con justicia y bendeciría con su gobierno a los de humilde condición. En los primeros dos capítulos del Evangelio de Lucas encontramos tales personas: Zacarías y Elisabet, José y María, Simeón, y Ana. Eran personas humildes, creyentes pobres. Estaban buscando y esperando el Reino de Dios, en el cual Dios quitaría de los tronos a los poderosos y exaltaría a los humildes y mansos.

Más claro aun fue el cumplimiento en Jesucristo. ¿Quiénes son los «pobres» de los que él habla, por causa de quienes fue ungido para darles las buenas noticias del Reino y quienes recibirían el Reino?[28] Por cierto no pueden ser sólo los materialmente pobres (pues la salvación de Cristo no se limita al proletariado), ni sólo los espiritualmente pobres (pues se dejaría de lado su ministerio a los necesitados). Debe de haberse referido a ambos grupos en conjunto. Los «pobres» son aquellos a quienes la llegada del Reino significa buenas noticias, en parte porque es el don gratuito e inmerecido de salvación a los pecadores, y en parte porque es la promesa de una sociedad caracterizada por la libertad y la justicia.

La Iglesia debería ser un ejemplo de ambas verdades. Por una parte, está integrada por los espiritualmente pobres, los «pobres en espíritu», que reconocen su miseria delante de Dios, no tienen justicia para ofrecer, ni mérito que alegar, ni poder para salvarse. Saben que la única forma de entrar en el Reino de Dios es humillándose como niños y recibiéndolo como un regalo. Así pues, vienen como mendigos, con las manos vacías, y en los labios, la oración del publicano: «Dios, sé propicio a mí, pecador.» A tales personas Jesús les dice: «Bienaventurados los pobres en espíritu, porque de ellos es el reino de los cielos». En contraste, a los ricos o presumidos, que creen tener algo para ofrecer, los envía vacíos.

Por otra parte, la Iglesia debe proclamar las buenas nuevas del Reino a los materialmente pobres, acogerlos en el seno de la comunidad y compartir sus luchas. De hecho, la preocupación especial por los pobres de los autores bíblicos, y más específicamente de Jesús mismo, ha llevado a algunos pensadores contemporáneos a hablar de la parcialidad de Dios a favor de ellos. Por ejemplo, el obispo David Sheppard en su libro *Bias to the Poor* (Parcialidad por los pobres) afirma: «Creo que existe una parcialidad de Dios a favor de los desposeídos, y que la Iglesia debe reflejarla más fielmente.»[29] Concluye su análisis de las carencias en Liverpool con estas palabras: «Si logramos ponernos en los zapatos de los pobres y desposeídos, veremos las cosas tal como aparecen a la conciencia de ellos ... Están relacionados con la justicia de Dios que tiene la continua tendencia de favorecer a los que están en desventaja. Están relacionados con Dios quien se hace carne en la persona de Jesús y vive en especial relación con los pobres.»[30]

Debo confesar que la palabra «parcialidad» no me satisface, ya que en su primera acepción significa «prejuicio», y no creo que Dios tenga ninguna parcialidad en ese sentido. Resulta menos engañoso el lenguaje empleado por los obispos latinoamericanos. En su Segunda Conferencia General en Medellín, 1970, se refirieron a una «predilección por los pobres» y a una «solidaridad para con ellos». En su Tercera Conferencia General, que se realizó en Puebla diez años más tarde, afirmaron «la necesidad de conversión de toda la Iglesia para una opción preferencial por los pobres».[31] El ministerio de Jesucristo hace que «los pobres merezcan una atención preferencial».[32] «Preferencial» no significa «exclusiva», pues el capítulo siguiente se titula «Opción preferencial por los jóvenes». No obstante, esta opción por los pobres la exige «la realidad escandalosa de los desequilibrios económicos en América Latina».[33]

En la Conferencia de Melbourne de 1980 se citaron las conclusiones de Puebla, y luego las reafirmaron al declarar que «Dios tiene una preferencia por los pobres».[34] Sin embargo, en mi opinión, más que de «parcialidad» o «preferencia» personal debería hablarse de una prioridad en la misión. Debido al cuidado que Dios mismo tiene de los pobres, y a la explotación que sufren por parte de los inescrupulosos y el abandono por parte de la Iglesia, ahora deberían ser objeto de una discriminación «positiva» o «a la inversa». El ministerio de la Iglesia debería concentrarse en los lugares en que la necesidad es mayor, moverse del centro «hacia la periferia»,[35] hacia las «víctimas del pecado», es decir hacia los pobres y oprimidos.

Es más, la Iglesia no debería tolerar la pobreza material en su propia comunidad. Cuando Jesús afirmó: «Siempre tendréis a los pobres con vosotros» (Mr.14.7), no estaba expresando su resignación a la permanencia de la pobreza. Estaba repitiendo la afirmación del Antiguo Testamento «no faltará menesteroso en medio de la tierra» (Dt. 15.11). Pero ésta no pretendía ser una justificación de la complacencia sino un incentivo a la generosidad, «para que así no haya en medio de ti mendigo» (Dt. 15.4). Si existe una comunidad en el mundo en la cual se asegura la justicia al oprimido, se libera a los pobres de las condiciones indignas de la pobreza, y en la que compartiendo voluntariamente los recursos se elimina la necesidad material, esa comunidad es la nueva sociedad de Jesucristo el Mesías. Así fue en Jerusalén después de Pentecostés, cuando «no había entre ellos ningún necesitado», tal como Lucas se esfuerza por mostrar, y puede (y debería) volver a ser así en la actualidad. ¿Cómo podemos permitir que nuestros propios hermanos y hermanas en la familia de Dios padezcan necesidad?

Así pues, la Iglesia, como comunidad que ha sido llamada a encarnar los ideales del Reino de Dios, debería dar testimonio de la paradoja bíblica de la pobreza, oponiéndose a una y estimulando la otra. Deberíamos esforzarnos por erradicar el mal de la pobreza material, por una parte, y cultivar el bien de la pobreza espiritual, por otra. Debemos aborrecer la injusticia y amar la humildad. Es en estas dos formas complementarias en que puede decirse que el evangelio es «buenas noticias para los pobres» y que Dios está de su lado.

No es que nuestra preocupación cristiana se deba limitar a aquellos pobres que son miembros de nuestra iglesia. Si bien tenemos una responsabilidad especial para con «la familia de la fe», también se nos manda hacer el bien a todos (Gá. 6.10). ¿Cómo se traducirá esto? Por cierto, en obras de filantropía personal, ayudando a individuos y familias necesitadas de nuestro vecindario y aun más distantes. Pero no podemos permitir que nuestro deber se detenga allí. Pues, como hemos observado, la Biblia misma señala que la mayor parte de la pobreza es culpa de la sociedad y no de los pobres. Por lo tanto, tenemos hacia ellos una responsabilidad social además de la personal, y para esto deberemos comenzar por una dolorosa evaluación de las causas de la pobreza. La llamo «dolorosa» porque la tendencia de los ricos es culpar a los pobres, o encontrar algún otro chivo expiatorio, mientras que el problema puede residir en la estructura misma de la sociedad en la cual nosotros mismos estamos involucrados inevitablemente.

Esa es la tesis del libro de Robert Holman, *Poverty: Explanation of Social Deprivation* (Pobreza: explicación de las privaciones sociales),[36] obra bien escrita y manifiestamente cristiana, que refleja un serio trabajo de investigación. El autor rechaza por incompletas tres explicaciones ofrecidas comunmente que se presentan como chivos expiatorios: la «individual» (deficiencias genéticas, económicas o psicológicas en los mismos pobres), la «cultural» («la transmisión de la pobreza de generación en generación», p. 134) y «el agente de la deficiencia» (la ineficacia de profesores, asistentes sociales y burócratas). En cambio, atribuye la mayor parte de la pobreza (por lo menos en Gran Bretaña) a la estructura estratificada de la sociedad misma, en la cual no hay equidad en la distribución de los recursos (en especial de los ingresos, la riqueza y el poder). Y afirma: «La pobreza existe para sustentar o mantener estas divisiones sociales» (p. 188). Se tolera y hasta se justifica la pobreza presentándola como algo merecido (por consiguiente, también lo es la riqueza), para asegurar así la existencia de mano de obra, formada por obreros que no pueden escoger otra cosa que dedicarse a las tareas más desagradables.

El enfoque de Bob Holman es de índole sociológica. Evita el debate económico polarizado entre quienes, por una parte, culpan al capitalismo por la pobreza, argumentando que por ser un sistema inherentemente codicioso explota al pobre, y quienes, por otra parte, culpan al socialismo, argumentando que perpetúa la dependencia de los pobres y socava la iniciativa de los creadores de riqueza. Ninguna de estas posturas tiene el monopolio de la verdad. Los cristianos deberían oponerse en ambos sistemas a aquello que es incompatible con la fe bíblica, la cual otorga igual importancia a la creatividad y a la compasión, y se niega a fomentar cualquiera de las dos a expensas de la otra.

Tres opciones para los cristianos ricos

Los cristianos concienzudos tienen aun más preguntas que plantearse. Una cosa es discernir cuál debe ser nuestra actitud hacia los pobres y otra, definir nuestra actitud hacia la pobreza en sí. Como hemos visto, la pobreza material involuntaria es una vergüenza, pero ¿qué diremos de la pobreza voluntaria? ¿Cuál es la actitud auténticamente cristiana hacia el dinero y la propiedad? ¿Qué deberían hacer los cristianos ricos?

En el contexto de la abundancia de Occidente se presentan tres opciones. La primera es volverse pobre; la segunda, permanecer rico; y la tercera, cultivar la generosidad, la sencillez y el contentamiento.

En primer término, ¿deberíamos *volvernos pobres*? Pablo escribe: «Porque ya conocéis la gracia de nuestro Señor Jesucristo, que por amor a vosotros se hizo pobre, siendo rico, para que vosotros con su pobreza fueseis enriquecidos» (2 Co. 8.9). El empobrecimiento voluntario de Jesucristo fue el argumento teológico sobre el cual el apóstol basó su apelación a los cristianos de Grecia a que contribuyeran para asistir a los cristianos de Judea. ¿Esperaba que ellos se desprendieran de todas sus posesiones por causa de sus hermanas y hermanos judíos? ¿Debemos nosotros hacer lo mismo? A primera vista, parecería ser así, y se han esgrimido argumentos en defensa de esta particular interpretación del ejemplo, las enseñanzas y la Iglesia primitiva de Jesucristo.

a. El ejemplo de Jesús

Jesús renunció a la riqueza del cielo, y ciertamente nació en un hogar humilde. Cuando José y María fueron al templo a presentar a su hijo al Señor, llevaron lo que la ley estipulaba para los pobres para el sacrificio: dos palomas, en vez de un cordero y una paloma. Durante su ministerio público como predicador itinerante, Jesús no tenía hogar ni más que unas pocas posesiones. A un candidato al discipulado una vez le dijo: «Las zorras tienen guaridas, y las aves de los cielos nidos; mas el Hijo del Hombre no tiene dónde recostar la cabeza.» Jesús enseñó parado en un barco ajeno, entró en Jerusalén montado en un burro ajeno, pasó las últimas noches en una habitación ajena, y fue enterrado en una tumba ajena. El y sus apóstoles compartían una bolsa con un fondo de dinero común, y dependían para su sostén de un grupo de mujeres que a veces los acompañaba.[37] Al parecer, la pobreza de Jesús es incuestionable.

No obstante, era carpintero, lo que significa que pertenecía a la clase de los artesanos. El profesor Martin Hengel afirma: «Jesús mismo no pertenecía al proletariado, los jornaleros y arrendatarios sin propiedades, sino a la clase media de Galilea, de los trabajadores calificados. Como su padre, Jesús era un artesano, un *tektōn*, término griego que significa albañil, carpintero, fabricante de carretas y ebanista, todo en uno ... Por lo que sabemos, los discípulos a quienes llamó provenían de un trasfondo social similar...»[38] Es más, las mujeres que lo mantenían evidentemente «le servían» adecuadamente (Mr. 15.41). Por lo tanto, no era un desposeído.

b. Las enseñanzas de Jesús

A quienes aspiraban a ser seguidores de Jesús, él les decía: «cualquiera de vosotros que no renuncia a todo lo que posee, no puede ser mi discípulo». Los doce apóstoles cumplieron estas palabras literalmente. Simón y Andrés, «dejando luego sus redes, le siguieron»; Jacobo y Juan, «dejando a su padre Zebedeo en la barca con los jornaleros, le siguieron»; y Leví-Mateo, «levantándose, le siguió», abandonando el banco de los tributos públicos y su trabajo. De un modo similar, Jesús le dijo al joven rico que vendiera todas sus posesiones, diera lo recaudado a los pobres y luego lo siguiera. Esto fue lo que llevó a Pedro a exclamar: «He aquí, nosotros lo hemos dejado todo y te hemos seguido.»[39]

¿Espera Jesucristo, que *todos* sus seguidores abandonen todo para seguirlo? Los apóstoles lo hicieron. Y el joven rico fue desafiado a hacerlo. ¿Pero es una regla universal? Al responder a este interrogante debemos tener cuidado de no cercenar las demandas radicales de Jesús y ser prudentes en la exégesis. El efectivamente dijo que debíamos hacernos tesoros en el cielo y no en la tierra, que dedicáramos nuestra devoción al reino de Dios y su justicia por encima de los bienes materiales, que debíamos guardarnos de la codicia, y que es imposible servir a Dios y al dinero a la vez.[40] Pero no mandó a todos sus seguidores a deshacerse de todas sus posesiones. De José de Arimatea se dice que era «un hombre rico» y asimismo «discípulo de Jesús». De modo que estos dos calificativos evidentemente no son incompatibles. Zaqueo, el adinerado cobrador de impuestos, prometió devolver a quienes había estafado el cuádruple de lo que había tomado y además dar la mitad de sus bienes a los pobres, de modo que al parecer se quedaría con la otra mitad, aparte de lo que devolvería. Y Jesús dice que fue salvo.[41] Así, pues, cuando decía que nadie podía ser su discípulo a menos que hubiese «dejado» todos sus bienes y «aborrecido» a sus padres y demás parientes, debemos interpretar ambos verbos como dramáticas figuras retóricas. No hemos de aborrecer literalmente a nuestros padres, ni tampoco dejar todas nuestras posesiones literalmente. La demanda es a dar el primer lugar a Jesucristo, por encima de nuestra familia y de nuestros bienes.

c. La Iglesia primitiva de Jesús

Lucas escribe acerca de la primera comunidad cristiana en Jerusalén que «tenían en común todas las cosas», que «ninguno decía ser suyo propio nada», que «vendían sus propiedades y sus bienes, y lo repartían a todos según la necesidad de cada uno», y que en consecuencia «no había entre ellos ningún necesitado».[42] ¿Nos presentará Lucas la vida en común de ellos como un ejemplo para que todas las iglesias la imiten? En cuanto al amor y al cuidado mutuo de los primeros cristianos llenos del Espíritu, sí. Pero ¿propugna Lucas la propiedad en común de todos los bienes? Entre los grupos esenios, especialmente en la comunidad principal en Qumrán, esto era obligatorio, y cada novicio, al ingresar a la orden, debía entregar sus posesiones.[43] Pero queda claro a partir de la narrativa de Lucas que la venta y participación de los bienes no era algo generalizado ni obligatorio. Pues algunos creyentes conservaban sus casas en las cuales se reunían. El pecado de Ananías y de Safira no fue el egoísmo de retener parte de su propiedad, sino el engaño de fingir que lo habían entregado todo. Pedro les dijo: «Reteniéndola, ¿no se te quedaba a ti? y vendida, ¿no estaba en tu poder?» (5.4). De manera que se afirma el derecho del cristiano a la propiedad y la naturaleza voluntaria de la donación cristiana.

El ejemplo, las enseñanzas y la Iglesia primitiva de Jesucristo nos desafían a abandonar la codica, el materialismo y el lujo, y a cuidar sacrificialmente de los pobres. Pero no establecen que todos los cristianos deban volverse pobres.

La segunda opción para el cristiano adinerado es la opuesta a volverse pobre, es decir, *permanecer rico*. Hay quienes intentan defender esta postura apelando a argumentos bíblicos. Sostienen, con razón, que en el principio se mandó a los seres humanos someter y desarrollar la tierra, es decir, extraer su riqueza animal, vegetal y mineral, para su aprovechamiento. Es más, la riqueza era una señal de la bendición de Dios, por lo cual defienden su derecho a poseerla y disfrutar de ella. «Jehová te enviará su bendición sobre tus graneros, y sobre todo aquello en que pusieres tu mano; y te bendecirá en la tierra que Jehová tu Dios te da ... Y prestarás a muchas naciones, y tú no pedirás prestado» (Dt. 28.8, 12). Preguntan, pues, «¿qué podría ser más claro?»

El ejemplo más desvergonzado de este razonamiento lo he encontrado en los escritos de cierto evangelista pentecostal. Estaba solicitando donaciones para enviar material cristiano al Tercer Mundo. En letras mayúsculas decía: «No existe mejor forma de asegurar su estabilidad financiera que sembrando algunas semillas de dinero en la obra de Dios. Su ley de siembra y siega le garantiza cosechar mucho más de lo que sembró ... ¿Ha limitado usted la provisión de Dios a sus ingresos, negocio, casa o automóvil actuales? ¡No hay límite para la abundancia de Dios! ... Anote en la papeleta adjunta lo que necesita recibir de Dios: la salvación de un ser querido, la sanidad, un aumento de sueldo, un empleo mejor, un automóvil o una casa mejor, la compra o venta de una propiedad, guía en los negocios o las inversiones ... *sea lo que necesite* ... Adjunte la papeleta con su semilla de dinero ... Espere la bendición de Dios a cambio ...»

Nuestra primera reacción es oponernos rotundamente a las afirmaciones de estos cristianos. Es cierto que cuando el pueblo de Dios constituía una nación Dios prometió recompensar su obediencia con bendiciones materiales, pero en Cristo nos ha bendecido «con toda bendición espiritual» (Ef. 1.3). Nuestra segunda reacción es llamar la atención sobre los puntos que omiten, pues hay otros principios bíblicos que ellos no toman en cuenta. El desarrollo de la tierra debía ser para el bien común, y las riquezas resultantes compartirse con toda la humanidad. La política económica del Antiguo Testamento que prometía abundancia, también ordenaba el cuidado de los pobres. Y el rico de la parábola de Jesús acabó en el infierno no por causa de su riqueza, sino por no haber cuidado del mendigo que estaba a su puerta. El rico se permitía el placer y el lujo de los banquetes mientras que Lázaro se moría de hambre.

A la luz de estas verdades bíblicas y de la carencia que sufren millones de personas en la actualidad, los cristianos no pueden «permanecer ricos», en el sentido de mantener su estilo de vida sin modificación alguna. No podemos seguir llevando una «buena vida» (de lujo desmedido) y quedarnos con la conciencia tranquila. Debemos sacrificar alguna de las dos. O bien conservamos nuestra conciencia tranquila y reducimos nuestra opulencia, o bien conservamos nuestra opulencia y acallamos nuestra conciencia. Debemos escoger entre Dios y mamón.

Observemos las enseñanzas de Pablo a Timoteo acerca de los ricos:

> A los ricos de este siglo manda que no sean altivos, ni pongan la esperanza en las riquezas, las cuales son inciertas, sino en el Dios vivo, que nos da todas las cosas en abundancia para que las disfrutemos. Que hagan bien, que sean ricos en buenas obras, dadivosos, generosos; atesorando buen fundamento para lo por venir, que echen mano de la vida eterna. (1 Ti. 6.17-19)

Notamos de inmediato que el apóstol no manda a «los ricos de este siglo» «volverse pobres». Pero tampoco les permite «permanecer ricos». En cambio, en primer lugar les advierte sobre los peligros espirituales de las riquezas (como dijo Jesús: no les es imposible pero sí difícil a los ricos entrar en el Reino de Dios), y luego los exhorta a ser generosos con su riqueza, lo cual los llevaría inevitablemente a disminuir su nivel de vida.

El primer peligro de las riquezas es el orgullo: «A los ricos ... manda que no sean altivos». Pues la riqueza hace que las personas se vuelvan engreídas y por lo tanto «desprecien a los demás» (J. B. Phillips). Los ricos se ven tentados a jactarse de su casa, auto, propiedades y artefactos. Es fácil que los pudientes se conviertan en snobs, muy conscientes de su «clase» social, y que desprecien a los demás. Santiago describe una situación en una reunión cristiana en la que en primer lugar entra un rico vestido con ropas finas, y luego entra un pobre harapiento. Si al rico no le escatimamos atenciones y lo guiamos al mejor asiento, mientras que al pobre con tono grosero le indicamos que se quede de pie a un lado o se siente en el piso, nos hacemos culpables de discriminación social, y por lo tanto, de la ruptura de la comunión. No resulta difícil descubrir si nuestra abundancia nos ha alienado de nuestros hermanos y hermanas menos acomodados; pues, si es así, unos y otros sentiremos cierta incomodidad al estar juntos.

El segundo peligro de las riquezas es el materialismo: «A los ricos ... manda que ... no pongan la esperanza en las riquezas, las cuales son inciertas, sino en el Dios vivo...». El «materialismo» no es la mera posesión de bienes materiales, sino la obsesión insana por tenerlos. Sólo hay un paso de la riqueza al materialismo, de tener bienes en abundancia a poner nuestra confianza en ellos, y muchas personas dan ese paso. Pero es una necedad, pues en las riquezas no existe seguridad. No es sin razón que Pablo habla de «riquezas inciertas». Los ladrones, las pestes, el moho y la inflación sacan su tributo. Hay muchos que de la noche a la mañana han pasado de la riqueza a la pobreza, o que como el rico necio de la parábola de Jesús no se han vuelto a despertar.

La confianza en las riquezas no es sólo una necedad sino que además es algo indigno de los seres humanos, ya que nuestra confianza no debe descansar en una cosa sino en una Persona, no en el dinero sino «en el Dios vivo, que nos da todas las cosas en abundancia para que las disfrutemos». Este es otro punto importante que agregar. El antídoto cristiano contra el materialismo no es el ascetismo; la austeridad como un fin en sí mismo implica un rechazo de los buenos dones del Creador.

Estos son, pues, los dos principales peligros a los que se exponen los ricos: el orgullo (el desprecio por los pobres) y el materialismo (disfrutar del don, olvidando al Dador). Las riquezas pueden arruinar las dos relaciones más nobles de las personas. Pueden hacernos olvidar a Dios y despreciar a los demás seres humanos. Estas advertencias negativas nos preparan para la enseñanza positiva.

Luego de considerar y rechazar las dos opciones opuestas, de volverse pobres y permanecer ricos, llegamos a la tercera: *cultivar la generosidad y el contentamiento*. El apóstol Pablo exhorta a los cristianos a adoptar ambas actitudes. No pretendemos que con esto sólo se resuelva el problema de la pobreza en el mundo, pero por lo menos será una expresión de solidaridad con los pobres.

Consideremos la generosidad. La estructura de los versículos 17 y 18 es asombrosa:

«A los ricos manda ... que sean ricos». Más exactamente, «A los ricos de este siglo manda ... que sean ricos en buenas obras». En otras palabras, que a una clase de riqueza agreguen la otra. Diles «que hagan el bien, que sean ricos en buenas obras, dadivosos, generosos». Así imitarán a nuestro Dios generoso «que nos da todas las cosas en abundancia para que las disfrutemos». Además se harán tesoros en el cielo (v. 19) tal como lo exhorta Jesús.

A la generosidad debe sumarse el contentamiento. Pues sería anormal que la donación generosa a otros nos causara insatisfacción por lo que nos queda. En 1 Timoteo 6.6-10 Pablo nos exhorta al contentamiento de la siguiente manera:

> Pero gran ganancia es la piedad acompañada de contentamiento; porque nada hemos traído a este mundo, y sin duda nada podremos sacar. Así que, teniendo sustento y abrigo, estemos contentos con esto. Porque los que quieren enriquecerse caen en tentación y lazo, y en muchas codicias necias y dañosas, que hunden a los hombres en destrucción y perdición; porque raíz de todos los males es el amor al dinero, el cual codiciando algunos, se extraviaron de la fe, y fueron traspasados de muchos dolores.

Observemos que mientras que el párrafo que anteriormente consideramos se refería a «los ricos» (v. 17), éste está dirigido a «los que quieren enriquecerse» (v. 9), es decir, a los codiciosos. Pablo presenta el contraste entre la codicia y el contentamiento. La codicia es una pasión autodestructiva, un anhelo que no se puede saciar, ni aun cuando se posee aquello que antes se anhelaba. Tal como lo afirma Schopenhauer: «el oro es como el agua de mar; cuanto más bebemos, más sed nos provoca».[44] «Guardaos de toda avaricia», nos advierte Jesús. La avaricia es idolatría, agrega Pablo.[45] Seduce al corazón a apartarse del amor a Dios para esclavizarse por el amor al dinero. Y acarrea muchos dolores y penas, pues «raíz de todos los males es el amor al dinero» (v. 10).

Por otra parte, el contentamiento es el secreto de la paz interior. Pues recuerda la verdad en cuanto a que «nada hemos traído a este mundo, y sin duda nada podremos sacar» (v. 7). En efecto, la vida es una peregrinación de un momento de desnudez a otro. Así pues, debemos viajar ligeros de carga, y vivir con sencillez. El obispo John V. Taylor acierta al afirmar: «El término 'pobreza' ha cobrado una connotación tan negativa y extrema que prefiero el término 'sencillez', pues pone el acento en los puntos precisos ... Nuestro enemigo no son las posesiones sino el exceso. Nuestro lema no es 'nada' sino 'lo suficiente'.»[46] La sencillez dice: «teniendo sustento y abrigo, estemos contentos con esto» (v. 8). Pues el contentamiento viene de la mano de la piedad cristiana, el conocimiento de Dios en Jesucristo, y «gran ganancia es la piedad acompañada de contentamiento» (v. 6).

* * * * *

Hemos considerado las tres opciones que se le presentan a los cristianos ricos. ¿Debemos volvernos pobres? No, no necesariamente. Si bien Jesucristo llama a algunos, como el joven rico, a una vida de pobreza voluntaria total, no es la vocación de todos los discípulos. ¿Debemos permanecer ricos? No, porque además de no ser sabio (por los peligros de la vanagloria y el materialismo) es imposible (porque debemos dar con generosidad, lo cual resultará en una reducción de nuestra riqueza). En cambio, debemos cultivar la generosidad, y la sencillez con contentamiento.

Llegado a este punto existe la tentación de establecer reglas y normas, ya sea para nosotros mismos o para los demás, y así caer en el fariseísmo. Este es otro «ismo» que hay que evitar: materialismo (obsesión con las cosas), ascetismo (austeridad que niega los buenos dones del Creador) y fariseísmo (atarnos unos a otros con reglas). En cambio, sería más sabio persistir en nuestros principios.

El principio de la sencillez es claro. Es pariente cercano del contentamiento. Se concentra en lo que necesitamos según lo que utilizamos. Se regocija en los dones del Creador, pero odia el derroche, la avaricia y el acaparamiento de cosas. Dice como el libro de Proverbios «no me des pobreza ni riquezas; manténme del pan necesario» pues tener demasiado o demasiado poco puede llevar a negar u ofender a Dios (30.8ss.). Quiere ser libre de todo aquello que distraiga del servicio en amor a Dios y a los demás.

Una de las secciones más controvertidas del Pacto de Lausana, adoptado al concluir el Congreso Internacional sobre Evangelización Mundial en 1974, es la relativa a la necesidad de adoptar un estilo de vida más sencillo. Dice así: «Todos nos sentimos sacudidos por la pobreza de millones de personas y perturbados por las injusticias que la causan. Los que vivimos en situaciones de riqueza aceptamos nuestro deber de desarrollar un estilo de vida simple a fin de contribuir más generosamente tanto a la ayuda material como a la evangelización.»[47] Con el fin de dilucidar lo que estas declaraciones entrañaban, se realizó en 1980 la Consulta Internacional sobre el Estilo de Vida Sencillo. En ella se elaboró el «Compromiso Evangélico a un Estilo de Vida Sencillo», cuyos nueve párrafos merecen un estudio detallado. El párrafo 5, titulado «Estilo de vida personal», desarrolla el concepto de «sencillez». Incluye una resolución general a «renunciar al derroche y oponerse al lujo en la vida, ropa y vivienda personal, viajes y edificación de iglesias». Pero no revela ningún indicio de ascetismo negativo. Al contrario, rescata del ensayo del doctor Ronald Sider «Living More Simply for Evangelism and Justice» (Una vida más sencilla por la evangelización y la justicia) una serie de importantes diferenciaciones: «Aceptamos además la diferencia entre artículos de necesidad y lujos, hobbies creativos y vacíos símbolos de status, modestia y vanidad, celebraciones ocasionales y la rutina normal, y entre el servicio a Dios y la esclavitud a la moda.»[48] El asunto es que la vida sencilla no es incompatible con la alegría y el deleite.

El principio de la generosidad también es claro. Juan lo expresa con estas palabras: «Pero el que tiene bienes de este mundo y ve a su hermano tener necesidad, y cierra contra él su corazón, ¿cómo mora el amor de Dios en él?» (1 Jn. 3.17). Nuestro Dios es un Dios generoso. Si su amor habita en nosotros, veremos la relación entre lo que «tenemos» (posesiones) y lo que «vemos» (necesidades) y actuaremos.

Que Dios nos ayude a desarrollar una mayor sencillez en nuestro estilo de vida, a crecer en generosidad y a vivir en contentamiento.

Notas

1. De un artículo de Malcolm Muggeridge, publicado en *The Observer*, 26 de Junio, 1966; vuelto a publicar en *Jesus Rediscovered*, Collins Fontana, 1969, p. 57.
2. *Poverty and the Churches*, Newsletter No. 112 of the Church of England General Synod's Board for Social Responsibility, enero 1983, p. 3. Ver *Church Action on Poverty*, the Christian Action Journal, 1982.
3. *Documento de Puebla*, «La Evangelización en el presente y en el futuro de América Latina», III Conferencia General del Episcopado Latinoamericano, Edición de la Conferencia Episcopal Argentina, 1979, p. 176, párr. 494.
4. *World Development Report*, World Bank, Washington DC, 1978, p. iii.

5. Cf. Hechos 17.16ss. y Marcos 8.1-3.
6. Obispo David Sheppard, Richard Dimbley Lecture, «The Poverty that Imprisons the Spirit», publicado en *The Listener*, 19 de abril, 1984. Ver Paul Harrison, *Inside the Inner City*, Penguin, 1983.
7. Ver Albert Gélin, *The Poor of Jahweh*, Liturgical Press, Minnesota, 1953; Julio de Santa Ana, *Good News to the Poor*, WCC, 1977; *Towards a Church of the Poor*, ed. Julio de Santa Ana, Orbis, 1979; C. Boerma, *Rich Man, Poor Man and the Bible*, 1978; SCM, 1979; Athol Gill, *Christians and the Poor*, Zadok Centre Series, Canberra, No. 9; *Christian Witness to the Urban Poor*, Lausanne Occasional Paper No. 22, 1980, informe de la Consulta sobre la Evangelizacion Mundial en Pattaya, Tailandia; *Your Kingdom Come*, informe de la Conferencia Mundial sobre Misión y Evangelización, Melbourne, 1980; Vinay Samuel y Chris Sugden, *Evangelism and the Poor*, Partnership in Mission, Asia, Bangalore, 1983; Redmond Mullin, *The Wealth of Christians*, Paternoster, 1983.
8. Pr. 6.6-11; cf. 24.30-34. Asimismo, «La mano negligente empobrece; mas la mano de los diligentes enriquece» (Pr. 10.4); cf. 19.15; 20.13; 28.19.
9. Pr. 23.20ss.; cf. 21.17.
10. Para bendiciones y maldiciones nacionales, ver Lv. 26; Dt. 8 y 28; Is. 1.19ss. y 5.8ss.
11. Raymond Fung, «Good News to the Poor», publicado en *Your Kingdom Come*, WCC, 1980, pp. 83-92.
12. Dt. 15.7ss.; Lv. 25.35ss.; Dt. 14.29; Lv. 26.12.
13. Ex. 22.25; Lv. 25.36ss.; Dt. 24.10ss.; Ex. 22.26ss.; Dt. 24.12.
14. Lv. 19.13; Dt. 24.14ss.; Lv. 19.9ss.; 23.22; Dt. 16.9ss.; 24.19ss.; 14.28ss.; 26.12ss.; Ex. 23.10ss.; Lv. 25.1ss.
15. Sal. 111.1-9; Pr. 21.13; cf. Pr. 14.20ss.; 19.7; 31.20; Job 31.16ss.; Ez. 16.49.
16. Pr. 17.5; 19.17.
17. Lc. 12.33; 14.12ss.; Mt. 25.35-40.
18. Sal. 109.31; 140.12.
19. Ex. 23.6,8; Lv. 19.15; Dt. 24.17; 27.19; 15.15.
20. Sal. 82.1-3; Pr. 31.8,9; cf. Job 29.11ss.; Pr. 22.22ss.; 29.7,14.
21. Is. 1.17; Zac. 7.8ss.; 1 R. 21; Am. 2.6ss.; 4.1ss.; 5.11ss.; 8.4ss.; 5.24; Jer. 22.13ss. Otros ejemplos del énfasis profético en la justicia: Is. 3.13ss.; 5.7ss.; 10.1ss.; Jer. 5.28ss.; Ez. 18.10ss.; Stg. 5.1ss.
22. Is. 11.1-5.
23. Sof. 2.3; 3.12; Is. 66.2; cf. 49.13.
24. Ver Sal. 22, 25, 37, 40, 69, 74 y 149.

25. Sal. 25.16; 37.5, 7; 40.1; 22.26; 37.11; 149.4.
26. Sal. 34.1-6; 15-18.
27. Sal. 86.1-4; 14-17.
28. Lc. 4.18ss.; Mt. 11.5, Lc. 7.22; Mt. 5.3, Lc. 6.20.
29. David Sheppard, *Bias to the Poor*, Hodder & Stoughton, 1983, p. 16.
30. *Ibid.*, p. 225.
31. *Documento de Puebla*, *op. cit.*, p. 311, párr. 1134.
32. *Ibid.*, párr. 1141-2.
33. *Ibid.*, párr. 1154.
34. *Your Kingdom Come*, p. 171.
35. Palabras del Profesor Kosuke Koyama en la Conferencia de Melbourne, *Your Kingdom Come*, p. 161.
36. Robert Holman, *Poverty: Explanation of Social Deprivation*, Martin Robertson, 1978.
37. Lc. 2.21ss. cf. Lv. 12.6ss.; Lc. 9.57ss.; Mr. 4.1; 11.1ss.; 14.12ss.; 15.42ss.; Jn. 12.6; Lc. 8.1ss.
38. Martin Hengel, *Property and Riches in the Early Church*, «Aspects of a Social History of the Early Church», SCM and Fortress, 1974, pp. 26 y 27.
39. Lc. 14.33; Mr. 1.16ss.; 2.13ss.; 10.21, 28.
40. Mt. 6.19 cf. Lc. 12.33ss.; Mt. 6.33; Lc. 12.15; Mt. 6.24.
41. Mt. 27.57; Lc. 19.8ss.
42. Hechos 2.44ss.; 4.32ss.
43. Martin Hengel, *op. cit.*, pp. 32-33.
44. Citado por el Obispo Otto Dibelius en su autobiografía, *In the Service of the Lord*, Holt, Rinehart & Winston, 1964, p. 31.
45. Lc. 12.15; Col. 3.15; cf. Ef. 5.5.
46. John V. Taylor, *Enough is Enough*, SCM, 1975, pp. 81, 82.
47. Ver John Stott, *The Lausanne Covenant - An Exposition and Commentary*, Lausanne Occasional papers, No. 3, pp. 21, 24-25.
48. *An Evangelical Commitment to Simple Lifestyle*, Exposición y Comentario por Alan Nichols, Lausanne Occasional Papers, No. 20, 1980. Los trabajos preparados para la «International Conference on Simple Lifestyle» se han publicado en *Lifestyle in the Eighties*, Paternoster, 1982.

IV. PROBLEMAS DE ETICA SEXUAL

1

La mujer, el hombre y Dios

Cierta vez una niña debía escribir una redacción acerca de la razón por la cual las mujeres superan en número a los hombres. Ella ofreció esta explicación:

> Dios creó a Adán primero. Una vez que hubo terminado, lo miró y pensó: «Creo que podría lograr algo mejor si lo intentara nuevamente.» Así fue que hizo a Eva. Y como Eva le satisfizo mucho más que Adán, desde entonces ha creado más mujeres que hombres.

La convicción feminista de esta niña contrasta notablemente con las actitudes predominantes a lo largo de los siglos. Pues, sin duda, en muchas culturas el hombre ha despreciado y rebajado a la mujer. A menudo se la trató como juguete y objeto sexual, como cocinera, ama de casa y niñera sin sueldo; como una bobalicona obtusa, incapaz de participar en el debate racional. Sus capacidades no fueron valoradas, su personalidad fue sofocada, su libertad cercenada, y su servicio explotado en algunas áreas y negado en otras.

El surgimiento del feminismo

La historia de la opresión de la mujer es tan antigua y tan mundialmente generalizada, que evidentemente hace falta una reparación del mal por parte de la sociedad dominada por el hombre. Pero al atreverme a incluir un capítulo sobre este tema, me encuentro en una posición desfavorable. En efecto, algunos dirán que por ser hombre no sólo parto con una desventaja inicial, sino que estoy descalificado de plano. Tal vez tengan razón. ¿En qué medida pueden los hombres entender a las mujeres, y, más aún, hacer declaraciones sobre ellas? Permítanme esgrimir dos argumentos en mi defensa. En primer término, he tratado de prestar suma atención a las afirmaciones del feminismo (tanto cristiano como secular), he leído algunos de sus libros, y me he esforzado por comprender su sufrimiento, su frustración e incluso su enojo. En segundo término, me importa sobremanera atender a lo que dicen las Escrituras con respecto a este tema y a todos los demás. Este doble esfuerzo por escuchar resulta penoso. Pero nos guardará, por un lado, de negar las enseñanzas de las Escrituras por tratar de ser modernos y, por otro, de afirmarlas desatendiendo los desafíos actuales y siendo insensibles a las personas que resultan más afectadas por ellos.

El desprecio por la mujer en el mundo antiguo es bien conocido. Platón —quien creía que el alma está presa en el cuerpo y que es liberada para luego reencarnarse— sugirió que el destino de un hombre malo sería la reencarnación en una mujer.[1] Aristóteles, respetado como el padre de la biología por sus obras sobre la historia y la generación de los animales, consideraba, sin embargo, que la mujer era «una especie de hombre mutilado». Esta es su exposición: «Las hembras son machos imperfectos, producidos accidentalmente por insuficiencia paterna o por la influencia nociva del viento húmedo del sur.»[2]

Lamentablemente, la crudeza de ese chauvinismo machista no se limitó al mundo pagano. Aun los escritores judíos, cuyo conocimiento del Antiguo Testamento debió haberles dado otra comprensión del tema, hacían comentarios despectivos sobre la mujer. Josefo expresó su opinión así: «la mujer es inferior al hombre en todos los aspectos».[3] William Barclay resume la imagen de la mujer reflejada en el Talmud con estas palabras:

> En la oración matinal judía ... todo hombre judío daba gracias a Dios cada día porque no lo había creado «un gentil, un esclavo, ni una mujer»... En la ley judía una mujer no era una persona sino una cosa. No tenía ningún derecho legal; era una posesión del marido y él podía hacer con ella su voluntad.[4]

Esta funesta historia se ve empañada aún más por el desprecio que también expresaron hacia la mujer algunos de los padres de la Iglesia, influidos por la perspectiva griega y talmúdica más que por las Escrituras. Por ejemplo, Tertuliano escribió:

> Eres el portal del diablo, quien deselló aquel árbol (prohibido); fuiste la primera en desertar de la ley divina; eres aquélla que persuadió a aquél a quien el diablo no se atrevió a atacar. Con cuánta facilidad destruiste la imagen de Dios, el hombre. A causa del castigo que te merecías —la muerte— hasta el Hijo de Dios tuvo que morir.[5]

Este lenguaje exagerado es incompatible con el discipulado de un seguidor de Jesucristo, a quien se debe en gran medida la liberación contemporánea de la mujer. Lo vergonzoso es que ésta no se haya alcanzado antes y que la iniciativa no se haya tomado más explícitamente en nombre de Cristo.

Al menos en este siglo, el lugar de la mujer en la sociedad ha ido cambiando rápidamente, especialmente en Occidente. La mujer se ha emancipado de la mayor parte de las restricciones que anteriormente se le habían impuesto. Ha obtenido el derecho al voto gracias a la valiente acción de las mujeres sufragistas. En muchos países (por lo menos en teoría), reciben igual sueldo por el mismo trabajo. En Gran Bretaña la Ley de (Eliminación de la) Descalificación Sexual de 1919 les permitió acceder a casi todas las profesiones, las funciones y los puestos públicos. En la década del sesenta sólo había dos ámbitos de los que se las excluía: la Bolsa de Valores de Londres y la ordenación al ministerio en las iglesias históricas. En 1973 la Bolsa de Valores capituló. Actualmente, sólo la ordenación en algunas iglesias está vedada a las mujeres.

Cuando el movimiento feminista cobró mayor ímpetu, especialmente en los años sesenta, las declaraciones de algunas de sus líderes aumentaron en estridencia. Tomemos por ejemplo a Germaine Greer, conferencista y escritora australiana. Ella considera que su libro *The Female Eunuch* (La mujer eunuca, al que la revista *Newsweek* describió como «una combinación deslumbrante de erudición, excentricidad y erotismo») forma parte de «la segunda ola feminista». La primera había sido la de las sufragistas, pero aquel movimiento fracasó porque no supieron aprovechar bien la libertad que ganaron. «La jaula se abrió pero el canario se negó a volar.»[6] Las sufragistas se contentaron con la reforma lograda con la participación en los sistemas políticos existentes; en cambio, Germaine Greer hacía un llamado a la revolución. Uno de los capítulos de su obra se titula «El mito de la clase media sobre el amor y el matrimonio», en el cual «insinúa que las mujeres no deberían contraer vínculos socialmente establecidos, como el matrimonio, y que si una vez contraído el vínculo son infelices, no deberían tener ningún escrúpulo de abandonarlo». Las mujeres «son el verdadero proletariado, la verdadera mayoría oprimida; deberían rebelarse y quitar su colaboración en el trabajo».[7]

Declaraciones extremas como ésta pueden ser contraproducentes y provocar el aislamiento de las mismas personas que reconocen la necesidad de que se oiga y examine la causa del feminismo, incluida Germaine Greer. Los cristianos suelen sentir rechazo por su tendencia a la vulgaridad de expresión. Aun el título de su primer libro los escandalizó.

Sin embargo, no cabe duda de que debía escandalizar para lograr que la escucharan. Pues ella se rebelaba contra «el eterno estereotipo femenino»: «el objeto sexual buscado por todos los hombres», cuyo valor no reside en sí mismo sino en el hecho de ser requerido por los demás. «No es una mujer... Es una muñeca... Es un ídolo.. Su cualidad esencial es su castración.»[8] En otras palabras, todo lo que se requiere de «la mujer eunuca» es la sumisión asexual a los deseos sexuales de los hombres. ¿No se justifica la rebelión contra esta degradación de la mujer?

La exposición más convincente que he leído es la obra de Janet Radcliffe Richards, *The Sceptical Feminist* (El feminista escéptico). La autora comienza por describir su libro como «una batalla en dos frentes», pues combate, por un lado, la postura de quienes sostienen que «la existencia de un movimiento feminista no se justifica» y, por otro, «una parte importante del dogma y la práctica feministas».[9] Se refiere a su tesis como «un estudio filosófico», como cabe a una profesora universitaria de filosofía, y desarrolla sus argumentos con una lógica incisiva. En su opinión el feminismo no es un movimiento irracional de las mujeres para las mujeres, en el cual las mujeres apoyan la postura de las mujeres en todos los temas (por más indefendible que sea). Más bien éste surge de la convicción de que «las mujeres padecen injusticia social sistemática por causa de su sexo», y por lo tanto es «un movimiento por la eliminación de la injusticia basada en el sexo».[10]

Toda denuncia de injusticia y toda demanda de justicia debe alertar a los cristianos, pues la justicia es uno de los derechos que vienen de Dios. Debemos hacernos varias preguntas: ¿Cuáles son los derechos de la mujer? ¿En qué reside la identidad esencial de la mujer y de qué manera se produce ya sea su descubrimiento o su destrucción? De acuerdo con las Escrituras, ¿cuál es la condición que Dios establece para la mujer y cuál es el trabajo al que la llama? En el resumen y síntesis de las enseñanzas bíblicas sobre estos delicados temas basaremos nuestra reflexión en cuatro conceptos centrales: igualdad, complementariedad, responsabilidad y ministerio.

La igualdad

Es fundamental comenzar por el principio, es decir, por el primer capítulo de Génesis:

> Entonces dijo Dios: Hagamos al hombre a nuestra imagen, conforme a nuestra semejanza; y señoree en los peces del mar, en las aves de los cielos, en las bestias, en toda la tierra, y en todo animal que se arrastra sobre la tierra.
> Y creó Dios al hombre a su imagen, a imagen de Dios lo creó; varón y hembra los

creó.
Y los bendijo Dios, y les dijo: Fructificad y multiplicaos; llenad la tierra, y sojuzgadla, y señoread en los peces del mar, en las aves de los cielos, y en todas las bestias que se mueven sobre la tierra.
(1.26-28)

Si se observan la resolución divina («Hagamos al hombre ... y señoree...»), la creación divina («Y creó Dios ...») y la bendición divina («Fructificad ...; llenad la tierra, y sojuzgadla ...»), al parecer, el énfasis recae sobre tres verdades fundamentales acerca de los seres humanos, a saber: que Dios los hizo (y los hace) a su propia imagen; que los creó (y los crea) varón y mujer, y les encomendó (y les encomienda) la agradable tarea de la reproducción; y que les dio (y les da) dominio sobre la tierra y los seres vivos. De manera que desde el principio el «hombre» fue «varón y hembra», y el hombre y la mujer por igual fueron beneficiarios de la imagen de Dios y del mandato de gobernar la tierra. En el texto no hay ninguna sugerencia de que uno de los dos sexos se asemeje más a Dios que el otro, ni de que uno de los dos sexos tenga mayor responsabilidad sobre la tierra que el otro. De ninguna manera. La imagen de Dios y la mayordomía de la tierra (las cuales no deben confundirse, si bien están íntimamente ligadas entre sí) fueron compartidas por igual, ya que ambos sexos fueron creados por Dios y a semejanza de Dios.

Es más, la triple afirmación de la creación de Dios en el versículo 27 no es sólo un caso de paralelismo estructural. Hay, por cierto, un énfasis particular que se espera que comprendamos. Se afirma dos veces que Dios creó al hombre a su imagen y la tercera vez se reemplaza la referencia a la imagen divina por las palabras «varón y hembra». Debemos tener cuidado de no hacer especulaciones más allá de lo que el texto justifica. Sin embargo, si ambos sexos son portadores de la imagen de Dios (tal como se afirma de modo concluyente), esto parecería incluir no sólo nuestra humanidad (la auténtica naturaleza humana que refleja la naturaleza divina), sino también nuestra pluralidad (nuestras relaciones de amor que reflejan la unión entre las personas de la Trinidad) y aun nuestra sexualidad (al menos en su sentido más amplio). ¿Será ir demasiado lejos pensar que, ya que Dios cuando hizo al hombre a su imagen lo hizo varón y mujer, deben existir en Dios mismo aspectos correspondientes a lo «femenino» y a lo «masculino» del género humano?

Si fuese cierto, ¿se justifica que el Consejo Nacional de Iglesias de Cristo (Estados Unidos) publique *An Inclusive Language Lectionary* (Leccionario del lenguaje inclusivo), del cual se ha eliminado todo el vocabulario «machista» o «exclusivo»? Sin duda, el deseo de «expresar la verdad acerca de Dios y acerca del amor de Dios hacia todas las personas» y de «transmitir al lector y al oyente el sentido de pertenencia a una comunidad de fe cristiana en la cual en verdad todos son uno en Cristo» es encomiable. Por lo tanto, hicieron bien en traducir «hermanas y hermanos» por «hermanos» y «ser humano» o «humanidad» por «hombre» en sentido genérico, pues así simplemente se aclara el significado que estas palabras siempre han tenido. Pero, por otra parte, pienso que no tienen derecho de alterar el texto bíblico argumentando que a veces el lenguaje refleja una parcialidad machista o bien es inadecuadamente exclusivo. Llamar a Dios «Padre (*y Madre*)» y a Jesucristo su «único descendiente» («only Child») significa dejar de lado la experiencia y las enseñanzas de Jesús, quien se dirigía a Dios llamándolo «Abba Padre», se reconocía a sí mismo como «el Hijo», y nos enseñó a decirle a Dios «Padre nuestro que estás en los cielos».[11]

No obstante, debemos dar especial importancia a aquellos pasajes que se refieren a Dios en términos femeninos, especialmente en términos maternales, pues esos textos echan luz sobre la naturaleza de su «paternidad». Por ejemplo, en el cántico de Moisés, Jehová no es sólo «tu padre y protector», sino también el «Dios que te dio la vida». Esta es una notable referencia a Dios a la vez como Padre y Madre de Israel. De modo que Israel puede confiar en la fiel protección de Dios. Pues aunque una madre humana sea capaz de olvidar al hijo que dio a luz y dejar de amarlo, Jehová nos promete: «yo nunca me olvidaré de ti». Por el contrario, su consuelo y amor para con su pueblo son inagotables: «Como aquél a quien consuela su madre, así os consolaré yo a vosotros». Como en estos textos Jehová se revela como la madre de su pueblo Israel, el individuo israelita se sentía libre de entrar en esa clase de relación. El salmista incluso se atrevió a comparar la quietud que encontraba en Dios con la humilde confianza de un niño recién amamantado. De vez en vez Jesús mismo utilizó imágenes femeninas; comparó a Dios con una mujer que había perdido una moneda, así como con un padre que había perdido un hijo; además se comparó a sí mismo, en su lamento por la falta de arrepentimiento de Jerusalén, con la gallina que quiere reunir sus pollitos debajo de las alas.[12]

Volviendo a la historia de la creación se pone en evidencia, entonces, que desde el primer capítulo de la Biblia en adelante se afirma la igualdad básica de los sexos. Todo lo que es esencialmente humano tanto en el varón como en la mujer refleja la imagen divina que compartimos por igual. Asimismo es compartido el llamado a gobernar la tierra, a cooperar con el Creador en el desarrollo de los recursos para el bien común.

Esta igualdad original de los sexos se distorsionó con la caída. Parte del juicio de Dios por la desobediencia de nuestros progenitores lo constituyó el pronunciamiento sobre la mujer: «tu deseo será para tu marido, y él se enseñoreará de ti». A partir de entonces se produciría cierto grado de alienación entre los sexos. En vez de igualdad y complementariedad (a la que nos referiremos más adelante), comenzaría a haber dominio de uno sobre el otro. La intención original de Dios fue que la complementariedad incluyese que el hombre fuese «cabeza», como lo sostuvo Pablo, pero a causa de la caída, dicha relación degeneró en dominio.

El hecho es que los hombres han explotado este pronunciamiento de Dios y han oprimido y subyugado brutalmente a las mujeres en formas que Dios nunca se propuso. Existen ejemplos de esto en diversas culturas; citaremos tres casos. En primer lugar, la autobiografía de Gandhi: «El marido hindú se considera amo y señor de su mujer, quien lo debe atender permanentemente con gran deferencia.»[13] Observemos, en segundo término, el Sura 4 del Corán, titulado «La mujer»: «El hombre tiene autoridad sobre la mujer porque Alá ha hecho a uno superior al otro ... En cuanto a aquéllas de quienes temen desobediencia, repréndanlas, mándenlas a camas separadas y azótenlas...»[14]

El tercer ejemplo proviene de los esquimales. Raymond de Coccola pasó doce años entre los «krangmalit» en el Artico canadiense como misionero católicorromano y los llegó a conocer bien. Le resultó chocante la primera vez que escuchó a un cazador referirse a una mujer con una palabra que también se aplicaba a una loba o una perra. Estas son sus reflexiones: «Entrenada para realizar toda clase de tareas prosaicas, la mujer esquimal está acostumbrada a soportar las debilidades y los apetitos de los hombres. Pero yo no pude acostumbrarme a lo que parecía una relación amo-esclavo entre el cazador y su mujer.»[15]

Estos son ejemplos de la ilegítima explotación de la mujer. No obstante, en el Antiguo Testamento el marido era patriarca de su clan, y su *baal* (señor o gobernante). Pero las mujeres no eran víctimas del desprecio ni de malos tratos, sino que se las consideraba parte integral de la comunidad del pacto, de modo que «varones, mujeres y niños» se congregaban para escuchar la lectura pública de la Tora y para la adoración comunitaria (Dt. 31.12). Se daba suma honra al matrimonio, el cual tenía por modelo el amor del pacto de Jehová con Israel; se celebraba la belleza del amor sexual (como en el Cantar de los Cantares); se ponderaban las capacidades de una buena esposa (Proverbios 31); se erigían como ejemplos dignos de admiración la vida de mujeres piadosas y emprendedoras como Ana, Abigail, Noemí, Rut y Ester; y constantemente se subrayaba la necesidad de cuidar de las viudas.

Los profetas, no obstante, esperaban el tiempo del Nuevo Pacto, cuando la igualdad original entre los sexos sería reafirmada. Pues Dios derramaría su Espíritu sobre todo el género humano, hijos e hijas, siervos y siervas inclusive. No existiría ninguna descalificación basada en el sexo.

Luego, en la plenitud de los tiempos, llegó Jesús, nacido de una mujer (Gá. 4.4). Si bien los protestantes nos afanamos por evitar la veneración exagerada de la Virgen María como la que le rinden las Iglesias Católica Romana y Ortodoxa, también deberíamos evitar el extremo opuesto de no honrarla en absoluto. Si el ángel Gabriel la llamó «muy favorecida», y su prima Elisabet la consideró «Bendita...entre todas las mujeres», nosotros no deberíamos tener reservas en referirnos a ella en esos términos, por causa de la grandeza de su Hijo.[16]

Pero no sólo el nacimiento de Jesús de una mujer restituyó a las mujeres la dignidad que habían perdido con la caída, sino también su actitud hacia ellas. En los viajes, a Jesús lo acompañaban los apóstoles, todos hombres; pero también un grupo de mujeres a quienes él había sanado colaboraba para sostenerlo con sus propios recursos. En una oportunidad, junto al pozo de Jacob habló con una persona que tenía tres impedimentos: era mujer, samaritana y pecadora; sin embargo, Jesús entabló una verdadera discusión teológica con ella. Algo similar sucedió con la mujer que había sido sorprendida en adulterio: Jesús fue amable con ella y se negó a condenarla. Asimismo permitió que una prostituta se le acercara cuando él estaba a la mesa, para mojarle los pies con lágrimas, secarlos con su cabello y cubrirlos de besos. Jesús aceptó el amor de aquella mujer, interpretándolo como gratitud por su perdón. Al aceptarla, arriesgó su reputación e hizo caso omiso al silencio indignado de su anfitrión. Quizá él fue el primer hombre que la trató con dignidad; anteriormente los hombres sólo la habían usado.[17]

En esas tres oportunidades Jesús recibió *en público* a una mujer pecadora. En ese entonces un hombre judío tenía prohibido hablarle a una mujer en la calle, aunque se tratara de su propia mujer, hija o hermana. Además se consideraba como un hecho impío enseñarle la ley a una mujer; según el Talmud, sería mejor quemar las palabras de la ley que confiárselas a una mujer. Pero Jesús quebrantó estas normas y convenciones de la tradición. Cuando María de Betania se sentó a sus pies para escuchar sus enseñanzas él la felicitó por hacer lo que era necesario, y a otra María le dio el honor de ser la primera testigo de la Resurrección.[18] De todo esto no existían precedentes. Sin alharacas ni publicidad, Jesús acabó con la maldición de la caída, devolvió a la mujer la nobleza que había perdido parcialmente, y restituyó en la nueva comunidad de su Reino la bendición original de la igualdad sexual.

Evidentemente el apóstol Pablo comprendía esto, como lo demuestra en su declaración de los derechos y garantías de la libertad cristiana: «Ya no hay judío ni griego; no hay esclavo ni libre; no hay varón ni mujer; porque todos vosotros sois uno en Cristo Jesús» (Gá. 3.28).

Esto no significa que judíos y griegos perdieran sus diferencias físicas, ni sus rasgos culturales distintivos, pues aún hablaban, comían y se vestían de manera diferente; ni que desaparecieran las diferencias sociales entre esclavos y hombres libres, pues la mayoría de los esclavos siguieron siendo esclavos y los hombres libres conservaron su libertad; ni tampoco que los hombres perdieran la masculinidad y las mujeres la femineidad. En cambio, quiere decir que las diferencias de raza, nacionalidad, clase social y sexo, no afectan nuestro lugar delante de Dios, porque estamos «en Cristo» y participamos de una relación común con él. Las personas de todas las razas y clases, de ambos sexos, son iguales delante de Dios. El contexto es de justificación por sola gracia, sólo por medio de la fe. Pablo declara que todos los que por fe están en Cristo son aceptados en igualdad de condiciones, son hijos de Dios por igual, sin distinción, discriminación ni favoritismo por su raza, sexo o clase. De manera que, cualquiera sea el desarrollo posterior del tema de los roles sexuales, no cabrá especulación alguna sobre la superioridad o inferioridad de un sexo con respecto al otro. Delante de Dios y en Cristo «no hay varón ni mujer». Somos iguales.

Así pues, la igualdad sexual, establecida en la creación pero pervertida con la caída, fue recuperada mediante la redención en Cristo. Con la redención se remedia la caída, y se recupera y restablece la creación. Hombres y mujeres disfrutan, pues, de absoluta igualdad de valor delante de Dios: por igual han sido creados por Dios y a su imagen, justificados por gracia por medio de la fe, y regenerados por el Espíritu que les fue derramado. En otras palabras, en la nueva comunidad de Jesús no sólo somos copartícipes de la imagen de Dios por igual, sino también coherederos de su gracia en Cristo (1 P. 3.7) y morada de su Espíritu. Nada puede destruir esta igualdad trinitaria (nuestra coparticipación en el Padre, el Hijo y el Espíritu Santo). Cristianos e iglesias de diferentes culturas la han negado; pero es un hecho indestructible.

La complementariedad

Hombres y mujeres son iguales pero, a la vez, no son idénticos. No se debe confundir igualdad con identidad. Somos diferentes y nos complementamos con las cualidades distintivas de nuestra propia sexualidad, psicológicas así como fisiológicas. Este hecho es la base de la diferencia y adecuación de los roles respectivos dentro de la sociedad. Como lo expresa J. H. Yoder: «Igualdad de *valor* no es identidad de *rol*.»[19]

Sin embargo, cuando examinamos los roles del hombre y la mujer, debemos tener cuidado de no conformarnos de manera acrítica al estereotipo que nuestra cultura particular ha desarrollado, menos aún suponer que Moisés lo trajo al bajar del Monte de Sinaí junto con los Diez Mandamientos. Esta sería una grave confusión de las Escrituras y las convenciones.

Es comprensible que las feministas se rebelen precisamente contra esta expectativa de que las mujeres se acomoden a un rol preestablecido. Pues ¿quiénes sino los hombres fueron los que establecieron el modelo? A esto se refería la psicóloga norteamericana Betty Friedan al hablar de «la mística femenina», en su libro titulado precisamente así. Es la imagen a la que las mujeres se sienten compelidas a adaptarse, y que les ha sido impuesta por una sociedad dominada por hombres. Estas son sus palabras:

> La tesis que sostengo es que el problema medular para las mujeres en la actualidad no es sexual, sino de identidad: un truncamiento o evasión del crecimiento que se perpetúa gracias a la mística femenina ... Nuestra cultura no permite a las mujeres aceptar ni satisfacer su necesidad básica de crecer y satisfacer sus potencialidades como seres humanos ...[20]

La maternidad es una vocación que viene de Dios, y requiere grandes sacrificios. Pero no es la única vocación de la mujer. Existen otras formas de servicio a la sociedad igualmente significativas y altruistas a las que quizá esté llamada.

En las Escrituras no existen indicios que nos lleven a concluir, por ejemplo, que las mujeres no deben seguir su propia carrera o mantenerse económicamente; ni tampoco que deba ser sólo la mujer quien haga las compras, la comida y la limpieza, mientras que el marido es el beneficiario no contribuyente del trabajo de ella; ni que el cuidado del bebé sea dominio exclusivo de la mujer en el que el hombre no debe inmiscuirse. El dicho alemán que circunscribe el ámbito de la mujer a «Kinder, Küche und Kirche» (los chicos, la cocina y la iglesia) es un ejemplo patente de chauvinismo machista. En la Biblia no hay ninguna referencia a este tipo de división del trabajo. Pero ¿dice algo acerca de los roles y las relaciones entre los sexos?

Sin duda es por la deliberada providencia de Dios que contamos con dos narraciones distintas de la creación; Génesis 2 complementa y enriquece Génesis 1:

Y dijo Jehová Dios: No es bueno que el hombre esté solo; le haré ayuda idónea para él.
Jehová Dios formó, pues, de la tierra toda bestia del campo, y toda ave de los cielos, y las trajo a Adán para que viese cómo las había de llamar; y todo lo que Adán llamó a los animales vivientes, ese es su nombre. Y puso Adán nombre a toda bestia y ave de los cielos y a todo ganado del campo; mas para Adán no se halló ayuda idónea para él.
Entonces Jehová Dios hizo caer sueño profundo sobre Adán, y mientras éste dormía, tomó una de sus costillas, y cerró la carne en su lugar. Y de la costilla que Jehová Dios tomó del hombre, hizo una mujer, y la trajo al hombre.
(Gn. 2.18-22)

Este segundo relato de la creación revela que si bien Dios hizo al hombre y a la mujer *iguales*, también los hizo *diferentes*. Pues en Génesis 1 se relacionan masculinidad y femineidad con la imagen de Dios, mientras que en Génesis 2 se relacionan entre sí: Dios crea a Eva a partir de Adán y la trae a él. Génesis 1 declara la igualdad de los sexos; Génesis 2 aclara que «igualdad» no significa «identidad» sino «complementariedad» (que implica que el hombre es «cabeza», como veremos en breve). Este concepto de «igual pero diferente» es el que nos cuesta mantener. Pero sus dos partes no son incompatibles; lejos de ello, están íntimamente ligadas entre sí.

Debido a la igualdad del hombre y la mujer (por creación y en Cristo), queda descartada la posibilidad de que un sexo sea inferior al otro. Pero por su complementariedad, queda descartada la mutua identidad. Es más, esta doble verdad echa luz sobre los roles sexuales y las relaciones entre los sexos. Dado que han sido creados por Dios con *igual* dignidad, el hombre y la mujer deben respetarse, amarse, servirse, y no despreciarse mutuamente. Dado que son *complementarios* entre sí, pues así los ha creado Dios, el hombre y la mujer deben reconocer sus diferencias y no tratar de eliminarlas o de usurpar el rol distintivo del otro.

Con referencia a la creación especial de Eva, Matthew Henry comenta con exquisita profundidad que «ella no fue creada de la cabeza de Adán para que fuera superior a él, ni de sus pies para que fuera inferior, sino de su costado para que fuera igual a él, de abajo de su brazo para ser protegida, y de las proximidades del corazón para ser amada». Tal vez haya tomado esta idea de Peter Lombard quien alrededor de 1157, poco tiempo antes de ser ordenado Obispo de París, escribió en su *Book of Sentences*: «Eva no fue sacada de los pies de Adán para ser su esclava, ni de la cabeza para ser su ama, sino de su costado para ser su compañera.»[21]

Cuando comenzamos a desarrollar el significado de la complementariedad, a explicar la manera en que los sexos se complementan mutuamente, y a definir los rasgos distintivos de la masculinidad y de la femineidad, nos topamos con problemas. Las feministas se sienten incómodas. Desconfían de todo intento de definir la femineidad, en parte porque son los hombres los que generalmente elaboran las definiciones, y ellos tienen (o al menos pueden tener) intereses creados para que la definición les convenga; en parte también porque, como hemos visto, muchos rasgos distintivos de los roles de ambos sexos no son inherentes sino establecidos por presión social. En palabras de Janet Radcliffe Richards, las feministas piensan que «no es por *naturaleza* que las mujeres son tan diferentes de los hombres, sino por *artificio*».[22]

No obstante, las diferencias sexuales intrínsecas permanecen, por mucho que algunas personas quieran suprimirlas. George F. Gilder en su libro *Sexual Suicide* ha subrayado la importancia de estas diferencias: «Las feministas a menudo se refieren ... a los 'seres humanos', pero personalmente no tengo ningún interés en conocer a ninguno de ellos. Sólo me interesan los hombres y las mujeres.»[23] Luego continúa diciendo: «no existen los seres humanos; sólo hay hombres y mujeres, y cuando niegan su sexualidad divergente, rechazan la mayor fuente de amor e identidad. Se hacen responsables del suicidio sexual».[24] Además logran «exaltar el modelo sexual excéntrico: el andrógino».[25] George Gilder cita a Margaret Mead quien afirma que si «una sociedad humana ... ha de sobrevivir, las pautas de funcionamiento social deben estar en conformidad con las diferencias entre los sexos». Pues, prosigue Gilder, «las diferencias entre los sexos constituyen el hecho más importante de la sociedad humana».[26]

La responsabilidad

Todos los estudiosos de Génesis coinciden en que el capítulo 1 enseña la igualdad de los sexos y el capítulo 2 la complementariedad entre ellos. El apóstol Pablo agrega el rol masculino como «cabeza». Afirma que «el marido es cabeza de la mujer» (Ef. 5.23), y en términos generales, que «Cristo es la cabeza de todo varón, y el varón es la cabeza de la mujer, y Dios la cabeza de Cristo» (1 Co. 11.3). Se pregunta, entonces, cómo pueden conciliarse este concepto con la igualdad y complementariedad de los sexos.

Algunos responden que no es posible; por ejemplo, el doctor Paul Jewett, en su libro titulado *El hombre como varón y hembra*, que por lo demás es admirable. Su tesis, simplificada, es la siguiente. El «compañerismo», que era la intención original de Dios para el hombre y la mujer, fue reemplazado en los días del Antiguo Testamento por un modelo jerárquico derivado de la cultura de Israel. Pero luego, con Jesús sucedió algo distinto: él hablaba de las mujeres y «las trató como plenamente humanas, iguales al hombre en cada aspecto».[27] En esto Jesús fue un verdadero revolucionario. Pablo encarnó esta dialéctica entre el Antiguo Testamento y Jesús; a veces expresaba uno de los puntos de vista y otras veces el otro. Como apóstol de la libertad cristiana pensaba decisivamente a favor de la liberación de la mujer (a saber, Gá. 3.28 «no hay varón ni mujer»), pero como ex rabino judío, de acuerdo con las interpretaciones rabínicas de Génesis 2, «pensaba en la mujer como subordinada al hombre para quien había sido creada» (a saber, 1 Co. 11.3 «el varón es la cabeza de la mujer»).[28] El doctor Jewett sigue diciendo: «Debido a que estas dos perspectivas –la judía y la cristiana– son incompatibles, no hay un modo satisfactorio de armonizar el argumento paulino de la subordinación femenina con la más amplia visión cristiana.»[29] En efecto, «el argumento de la subordinación femenina es incompatible con a) los relatos bíblicos de la creación del hombre, b) la revelación que nos es dada en la vida de Jesucristo, y c) la declaración fundamental ... sobre la libertad cristiana»[30] (es decir, Gá. 3.28). Concluye diciendo que esta incongruencia se debe a que las Escrituras son humanas además de divinas, y que el discernimiento de Pablo «refleja las limitaciones históricas de su percepción cristiana».[31] En otras palabras, Pablo se equivocó; no comprendió cabalmente el alcance de sus propias palabras cuando afirmó que en Cristo ya no hay varón ni mujer. Vacilaba entre una postura y la otra. Debemos elegir entre el apóstol de la libertad cristiana y el rabino no reformado; y según el doctor Jewett no dudaremos en preferir al primero.

No obstante, el libro del doctor Jewett es excelente en muchos otros aspectos, especialmente en la exposición de las actitudes y enseñanzas de Jesús. Pero abandonar la tarea de la armonización y declarar que el apóstol Pablo vacilaba y que estaba en un error es recurrir a la desesperación. Más vale reconocer la coherencia de su pensamiento. La verdad es que la sumisión no implica inferioridad, y que la identidad sexual y los roles sexuales distintivos no son incompatibles con la igualdad de valor.

Otros rechazan la enseñanza de Pablo acerca del rol del hombre como «cabeza», argumentando que está condicionada culturalmente, y que por lo tanto, pudo haber sido válida para su generación pero no puede considerársela obligatoria para la nuestra. A veces se intenta reforzar este argumento cultural con una referencia a la esclavitud. Pues así como Pablo mandó a las esposas someterse a sus esposos, también mandó a los esclavos someterse a sus amos. Pero los esclavos han sido liberados hace ya mucho tiempo; ¿no es hora de liberar también a las mujeres? Este paralelo entre los esclavos y las mujeres, y entre el abolicionismo y el feminismo, ya se había hecho en el año 1837, cuando se publicaron dos libros norteamericanos: *The Bible Against Slavery* (La Biblia contra la esclavitud) de Theodore Weld, y *Letters on the Equality of the Sexes* (Cartas sobre la igualdad de los sexos) de su cuñada, Sarah Grimke. El texto clave en el argumento de ambos es Gálatas 3.28, ya que en él Pablo escribió, por un lado, que en Cristo «no hay esclavo ni libre» y, por otro, que «no hay varón ni mujer».[32]

Pero el argumento es defectuoso. La analogía entre las mujeres y los esclavos es inexacta por dos razones. Primero, las mujeres no son bienes muebles, que se compran y venden en el mercado como se hacía con los esclavos. Y en segundo lugar, si bien Pablo se proponía establecer pautas para las relaciones entre esclavos y amos, en ninguna oportunidad recurrió a las Escrituras en defensa de la esclavitud, mientras que sí basó sus enseñanzas sobre el «ser cabeza» masculino en la doctrina bíblica de la creación. Pablo llamó la atención de sus oyentes a la *precedencia* en la creación («Adán fue formado primero, después Eva», 1 Ti. 2.13), al *procedimiento* de la creación («el varón no procede de la mujer, sino la mujer del varón», 1 Co. 11.8), y al *propósito* de la creación («y tampoco el varón fue creado por causa de la mujer, sino la mujer por causa del varón», 1 Co. 11.9). Así pues, según las Escrituras, aunque «el varón nace de la mujer» y los sexos son interdependientes (1 Co. 11.11ss.), la mujer fue creada después del hombre, a partir del hombre y para el hombre. Estos argumentos no pueden ser descartados con arrogancia (como lo hacen algunos autores) aduciendo que se trata de un ejemplo de la «tortuosa exégesis rabínica». Por el contrario, tal como lo demuestra el doctor James B. Hurley en *Man and Woman in Biblical Perspective* (El hombre y la mujer según la perspectiva bíblica), estos argumentos tienen un sólido fundamento exegético: a) por el derecho de primogenitura «el primogénito heredaba el dominio de los recursos y la responsabilidad de 'ser cabeza'», b) cuando Eva fue tomada de Adán y traída a él, la llamó «mujer» y «el poder de asignar ... un nombre estaba relacionado con la autoridad», y c) la creación de Eva no fue una idea adicional, ni su propósito, que fuera un juguete, sino la compañera y colaboradora de Adán, copartícipe «en el servicio a Dios y en la mayordomía de la tierra».[33]

Es fundamental notar que Pablo toma los tres argumentos de Génesis 2, y no de Génesis 3. Es decir, que se basan en la creación y no en la caída. Y como son reflejo de los hechos de la creación humana, no varían con las modas pasajeras de la cultura. Pues lo que la creación ha establecido, no puede ser destruido por ninguna cultura. El uso de un velo o de un peinado en particular era en efecto la expresión cultural de sumisión al «ser cabeza» masculino,[34] que puede ser reemplazada por otros símbolos más adecuados al siglo veinte; pero el «ser cabeza» en sí mismo es creacional y no cultural.

¿Cómo, pues, debemos interpretar el «ser cabeza»?

Algunos estudiosos señalan que en griego clásico *kephalē* (cabeza) puede significar «fuente» o «principio», y por esta razón sostienen que Pablo sólo aludía a que el hombre es el «origen» de la mujer, refiriéndose a la precedencia en la creación. Aunque este argumento fuese válido, no podría usarse para contradecir el concepto de liderazgo.[35] El concepto de «ser cabeza» implica, sin duda, algún tipo de «autoridad», que requiere sumisión, como cuando Dios «sometió todas las cosas bajo sus pies (es decir, de Cristo), y lo dio por cabeza sobre todas las cosas a la iglesia» (Ef. 1.22). Pero debemos tener cuidado de no distorsionar esta noción. Es verdad que la «sumisión» se requiere tanto de las mujeres a sus maridos, como de los hijos a sus padres, de los esclavos a sus amos, y de los ciudadanos al Estado. Por lo tanto, entre estas actitudes debe existir un común denominador. Sin embargo, es inconcebible pensar que la sumisión de la mujer a su marido sea *idéntica* a la obediencia que se espera de los hijos, los esclavos o los ciudadanos, pues se trata de una relación completamente distinta. Además, en el Nuevo Testamento no se emplea la palabra «autoridad» para describir el rol del marido, ni «obediencia» para el rol de la mujer. Ni tampoco creo que «subordinación» sea el término apropiado para describir la sumisión de ella. Si bien sería una traducción aceptable del término griego *hupotage*, en el uso moderno lleva la connotación de inferioridad, y aun de rango y disciplina militar.[36] En cambio, pienso que el término «responsabilidad» transmite con mayor precisón la idea de «ser cabeza» que Pablo tenía en mente. Sin embargo, la base de mi argumento no reside en la palabra misma, sino en los dos modelos que Pablo usa en Efesios 5 para ilustrar la actitud de la cabeza hacia el cuerpo. El primer modelo es la actitud de Cristo hacia su cuerpo, la iglesia; el segundo, nuestra preocupación personal por el bienestar de nuestro propio cuerpo.

En primer lugar, «el marido es cabeza de la mujer, así como Cristo es cabeza de la iglesia, la cual es su cuerpo, y él es su Salvador» (v. 23). La última frase es reveladora: Cristo es la «cabeza» de la iglesia en cuanto «Salvador». Usando otra metáfora: Cristo amó a la iglesia como a su esposa, «y se entregó a sí mismo por ella, para santificarla ... a fin de presentársela a sí mismo ... santa y sin mancha» (vv. 25-27). En segundo lugar, «los maridos deben amar a sus mujeres como a sus mismos cuerpos. El que ama a su mujer, a sí mismo se ama. Porque nadie aborreció jamás a su propia carne, sino que la sustenta y la cuida, como también Cristo a la iglesia, porque somos miembros de su cuerpo» (vv. 28-30). En el mundo antiguo no se pensaba en la relación de la cabeza y el cuerpo en los términos neurológicos modernos, pues no se tenía conocimiento del sistema nervioso central. Se pensaba en la integración y el sustento del cuerpo por medio de la cabeza. De ahí que en otra parte Pablo describiese a Cristo como cabeza de la iglesia, por quien «el cuerpo entero se ajusta y se liga bien» y «va creciendo» (Ef. 4.16 VP; Col. 2.19).

En consecuencia, «ser cabeza» de su esposa significa para el marido cuidado y no dominio; responsabilidad y no autoridad. Como «cabeza», se entrega a sí mismo por amor a ella, tal como lo hizo Cristo por su cuerpo, la iglesia, y la cuida, como todos cuidamos de nuestro propio cuerpo. Su interés no es oprimirla, sino liberarla. Tal como Cristo se dio a sí mismo por su esposa, con el fin de presentársela a sí mismo radiante y sin culpa, así también el marido se da a sí mismo por su esposa, con el fin de crear las condiciones adecuadas para que ella pueda crecer hasta la plenitud de su femineidad.

Pero ¿qué es la «femineidad» para requerir que se creen ciertas condiciones de modo que florezca? ¿Se pueden definir la «masculinidad» y la «femineidad» en términos de ciertas características invariables? Muchos estudiosos sostienen que no, y agregan que las diferentes culturas han asignado arbitrariamente diferentes cualidades y, en consecuencia, diferentes roles a los hombres y a las mujeres. Por ejemplo, Margaret Mead en *Male and Female* (Varón y mujer), «un estudio de los sexos en un mundo en transformación», compara las concepciones de la sexualidad de siete pueblos de los mares del Sur entre sí y con la concepción imperante en la Norteamérica actual. Como resultado, comprueba que la diversidad de rasgos masculinos y femeninos es enorme, y que las semejanzas y diferencias, vulnerabilidades, potencialidades e impedimentos varían de cultura en cultura. Sin embargo, agrega que existen algunas constantes que aparentemente encuentran su origen último en las diferencias fisiológicas básicas entre varón y mujer, y se relacionan con la tensión entre actividad y pasividad, iniciativa y respuesta, potencia y receptividad.[37] Naturalmente, Janet Radcliffe Richards también se ocupa del tema. En su capítulo titulado «Las feministas y lo femenino» pregunta: «¿A qué le temen los que dicen oponerse al feminismo porque traerá como consecuencia la pérdida de la femineidad de las mujeres?»[38]

A riesgo de ofender a alguien, creo que es necesario considerar la descripción que el apóstol Pedro hace de las mujeres como el «vaso más frágil» (1 P. 3.7). Naturalmente, sabemos que las mujeres pueden ser sumamente fuertes. En algunas culturas se encargan de todos los trabajos físicos pesados. Son capaces de realizar verdaderas hazañas de resistencia física. Y existieron las amazonas, mujeres guerreras de la mitología griega. Pero aun una fervorosa feminista como Janet Richards siente la necesidad de reconocer que «quizá en algún sentido las mujeres tiendan a ser más débiles que los hombres».[39] Y Margaret Mead señala: «En todas las sociedades, los hombres suelen ser más grandes que las mujeres, y más fuertes.»[40]

La razón por la que esta afirmación nos turba es que por lo general la «debilidad» no es una cualidad que los occidentales del siglo veinte admiren, pues hemos absorbido parte de la filosofía del poder de Nietzsche. En consecuencia, tendemos a despreciar la debilidad, mientras que Pedro nos dice que debemos honrarla. Además, el reconocimiento de que la mujer es «más débil» no es incompatible con la otra afirmación que hace Pedro en el mismo versículo en cuanto a que ella es junto con su marido coheredera «de la gracia de la vida (eterna)».

Bajo la rúbrica de «debilidad» quizá debamos incluir aquellos rasgos característicamente femeninos: suavidad, ternura, sensibilidad, paciencia y devoción. Se trata de plantas delicadas, que fácilmente son pisoteadas, y que se marchitan y mueren si el clima no es favorable. No creo que sea degradante para la mujer decir que el rol de «cabeza» que tiene el hombre es el medio provisto por Dios para proteger su femineidad y ayudar a que florezca. Naturalmente, el hombre necesita a la mujer («no es bueno que el hombre esté solo»), pero también la mujer necesita al hombre. Que el hombre sea «cabeza» no tiene como propósito oprimirla, sino servirla, y asegurar que sea —y llegue a ser plenamente— ella misma.

El profundo clamor de las feministas es por «liberación». Sienten que el dominio masculino les impide descubrir su verdadera identidad. Por ejemplo, Letha Scanzoni y Nancy Hardesty, quienes siguen al doctor Paul Jewett en su enfoque del material bíblico, cerca de la apertura de su libro *All We're Meant To Be* (Todo lo que deberíamos ser), afirman lo siguiente: «La mujer cristiana liberada ... tiene la libertad de conocerse a sí misma, ser plenamente ella, y crecer a su propio modo, usando plena y creativamente su intelecto y sus talentos.» Luego hacia el final escriben: «¿Cuáles son las propuestas básicas de la liberación de la mujer? ¿Las mujeres quieren llegar a ser hombres? No, lo que queremos es simplemente ser seres humanos ... Sólo queremos ser personas, con la libertad de darle al mundo todo lo que podemos ofrecer de nuestros talentos, mente y personalidad.»[41] El firme deseo de la mujer de conocerse a sí misma, de ser ella misma, de desarrollarse, y de usar sus dones al servicio del mundo, es tan evidentemente la voluntad de Dios para ella, que negarlo o frustrarlo es un caso grave de opresión. Es un derecho elemental y una responsabilidad para la mujer descubrirse a sí misma, su identidad y su vocación. La pregunta fundamental es en qué tipo de relación con el hombre se descubrirá y se desarrollará la mujer. Ciertamente no en una de subordinación, que implica inferioridad con respecto a los hombres y genera una baja autoestima. En cambio, Letha Scanzoni y Nancy Hardesty insisten en «un compañerismo de plena igualdad». «Igualdad» y «compañerismo» entre los sexos constituyen dos conceptos bíblicos sólidos. Pero no si se los utiliza para negar que el «ser cabeza» masculino implica protección y cuidado masculino. Sin duda la degeneración del «ser cabeza» en dominación ha sido lo que llevó a las mujeres a pensar que no pueden encontrarse a sí mismas en esa relación. Sólo el ideal bíblico de «ser cabeza» –que puede considerarse «a la manera de Cristo» porque se caracteriza por el amor-entrega– puede convencerlas de que conduciría al desarrollo de su verdadera identidad y no a su destrucción.

¿Esto se aplica sólo a la mujer casada, cuya cabeza protectora es su marido? ¿Qué diremos de la mujer soltera? En las Escrituras no hay una referencia directa a esta situación, quizá porque en aquellos tiempos la mujer soltera estaba bajo el cuidado de su padre, así como la casada estaba bajo el cuidado de su marido. En la actualidad, por lo menos en Occidente, es común que las mujeres solteras dejen a sus padres y establezcan su propio hogar independiente. No veo ninguna razón para oponernos a esto. Pero creo que sería antinatural que las mujeres se aislaran completamente de los hombres. Pues los hombres y las mujeres se necesitan mutuamente. Por lo tanto sería mucho más propicio para el desarrollo pleno de su femineidad que pudieran experimentar el cuidado y el apoyo masculino en algún contexto, ya sea entre parientes o amigos, en el trabajo, o (si son cristianas) en la iglesia. Es cierto que «no es bueno que el hombre esté solo», sin el compañerismo de la mujer, pero tampoco es bueno que la mujer esté sola, sin «cabeza» masculina.

El ministerio

El hecho de que las mujeres han sido llamadas por Dios al ministerio casi no necesita demostración. Pues «ministerio» significa «servicio» (*diakonía*), y todo cristiano, varón y mujer, joven y viejo, está llamado a seguir las pisadas de aquél que no vino para ser servido sino para servir (Mr. 10.45). Lo único en cuestión es la forma que debe asumir el ministerio de la mujer, si éste debe tener límites, y, en especial, si corresponde o no la ordenación de mujeres al ministerio.

Las Iglesias Católica Romana y Ortodoxa de Oriente no tienen sacerdotisas; han mantenido una firme oposición a esta tendencia. Numerosas Iglesias Luteranas actualmente tienen pastoras, por ejemplo en Escandinavia, aunque aún mantienen serias discrepancias internas en este tema. La Iglesia Reformada Francesa aprobó la ordenación de mujeres en 1965, y la Iglesia de Escocia, en 1966. Entre las Iglesias Libres británicas, las Congregacionalistas han designado ministras desde 1917, mientras que las Metodistas y Bautistas han hecho lo mismo más recientemente.

En la Iglesia Anglicana no hay acuerdo al respecto. El obispo R. O. Hall de Hong Kong fue el primero en ordenar a una mujer sacerdotisa (es decir, presbítera) en 1944. En 1968 la Conferencia Lambeth (de obispos anglicanos) declaró que «los argumentos presentados a favor y en contra de la ordenación de la mujer al sacerdocio no son concluyentes». Sin embargo, en 1975 el Sínodo General de la Iglesia Anglicana sostuvo que «no existen objeciones básicas para la ordenación de las mujeres al sacerdocio», si bien ninguna mujer ha sido ordenada aún en la Iglesia Anglicana. Luego en la Conferencia Lambeth de 1978 los obispos reconocieron que en algunas diócesis anglicanas había mujeres ministras, y decidieron respetar la disciplina de cada diócesis al respecto. No obstante, aún perdura un profundo desacuerdo, que es en parte teológico y en parte ecuménico, en cuanto al perjuicio que causaría la ordenación de mujeres en las relaciones de la Iglesia Anglicana con las Iglesias Católica Romana y Ortodoxa. Un grupo considerable se ha separado de la Iglesia Episcopal americana por este asunto, y amenaza una división similar de la Iglesia Anglicana si alguna vez se ordenara a mujeres. En cambio, en otras esferas, por ejemplo como diaconisas y pioneras en la misión, las mujeres se han destacado por su consagración al servicio a lo largo de la historia.

Algunos cristianos, ansiosos por pensar y actuar bíblicamente, de inmediato dirán que la ordenación de la mujer es inadmisible. No sólo se basan en que todos los apóstoles y presbíteros neotestamentarios fueron hombres, sino que consideran que las instrucciones específicas en cuanto a que las mujeres «callen en las congregaciones» y a que no deben «enseñar, ni ejercer dominio sobre el hombre»[42] resuelven el asunto.

Pero ése es sólo un lado de la discusión. Por el otro, se puede esgrimir un fuerte argumento bíblico *prima facie* a favor del liderazgo activo de la mujer en la iglesia, incluso en el ministerio de la enseñanza. En el Antiguo Testamento había profetisas además de profetas, a quienes Dios llamó y envió para transmitir su palabra, como Hulda, en el tiempo del rey Josías. Antes que ella, María, hermana de Moisés, fue llamada «profetisa», y Débora fue más que eso, pues además gobernó a los israelitas durante varios años, resolvía sus pleitos, y los condujo en una batalla contra los cananeos.[43] En el Nuevo Testamento, si bien Jesús no tuvo mujeres apóstoles, las primeras personas a quienes se reveló después de la Resurrección y encomendó las buenas noticias de su victoria fueron mujeres.[44] Además, en los Hechos y las Epístolas hay numerosas referencias a mujeres predicadoras y trabajadoras. Las cuatro hijas solteras de Felipe el evangelista tenían dones de profecía, y Pablo se refiere también a las mujeres que oraban y profetizaban en la iglesia de Corinto. Al parecer, en varias oportunidades se hospedó en casa de Aquila y Priscila (a quienes él llamó «mis colaboradores en Cristo Jesús»), y evidentemente Priscila era una activa sierva de Cristo, pues dos veces se la menciona antes que a su marido, y juntos llamaron aparte a Apolos y «le expusieron más exactamente el camino de Dios».[45] En sus viajes Pablo parece haber tenido colaboradoras, tal como Jesús. Es notable la cantidad de mujeres que menciona en sus cartas. A Evodia y Síntique las describe como colaboradoras (término que aplicaba a hombres tales como Timoteo y Tito) «que combatieron juntamente conmigo en el evangelio». En Romanos 16 expresa su reconocimiento a ocho mujeres. Comienza por recomendar a «nuestra hermana Febe, la cual es diaconisa de la iglesia en Cencrea», quien había «ayudado a muchos», incluso a Pablo mismo; luego envía saludos (entre otros) a María, Trifena, Trifosa, y Pérsida, de quienes dice que han «trabajado» o «trabajado mucho» en el servicio al Señor.[46]

Es cierto que todos los ejemplos bíblicos del párrafo anterior son de ministerios «carismáticos» (como el de las profetisas) o informales y privados (como el de Priscila en su hogar enseñándole a Apolos), y que ninguno es «institucional» (por ejemplo, el de presbítera). No obstante, si Dios no vio ningún impedimento para llamar a una mujer a un ministerio de enseñanza, corresponde a la iglesia demostrar por qué no puede asignar responsabilidades semejantes a las mujeres.

Existe una evidencia a favor del ministerio de la mujer (que podría incluir el liderazgo y la enseñanza), más general que las referencias anteriores. En el día de Pentecostés, en cumplimiento de las profecías, Dios derramó su Espíritu «sobre toda carne», lo cual incluía a «vuestros hijos y vuestras hijas», a «mis siervos» y «mis siervas». Si el don del Espíritu fue otorgado a todos los creyentes de ambos sexos, también lo fueron sus dones. No existen evidencias, ni siquiera la insinuación, de que los *carísmata* fueran privativos de los hombres. Al contrario, los dones del Espíritu fueron distribuidos a todos para el bien común, lo cual hace posible «el ministerio de todos los miembros del cuerpo de Cristo».[47] Por lo tanto, debemos concluir que Cristo no sólo da *carísmata* (que incluyen los dones de enseñanza) a las mujeres, sino también que al conceder sus dones, Cristo hace el llamado a desarrollarlos y ejercerlos en el servicio a él y al prójimo, para el crecimiento de su cuerpo.

Esta parte queda clara. Pero regresemos al doble mandato dirigido a las mujeres de permanecer en silencio en la congregación. ¿Cómo debemos abordar estos textos? Se ha intentado limitar la aplicación de ambos a las circunstancias locales específicas. Ciertamente en 1 Corintios 14 el contexto es el crecimiento de la iglesia (ver vv. 3ss. y 26), y la exhortación a que se haga «todo decentemente y con orden» (v. 40) se halla enmarcado en él. Como han sugerido algunos comentaristas, es muy probable que tal como se requiere del que habla en lenguas que «calle en la iglesia» si no hay intérprete (v. 28), y de un profeta que deje de hablar si otra persona recibe una revelación (v. 30), del mismo modo se manda a la mujer habladora que calle en la congregación, y que si tiene preguntas se las haga a su marido al regresar a su casa (vv. 34ss.). Pues el principio que gobierna todo el comportamiento público en la iglesia es que «Dios no es un Dios de confusión, sino de paz» (v. 33).[48] Difícilmente se trate de una prohibición *absoluta* a las mujeres de hablar en la iglesia, ya que Pablo antes hacía referencia a las profetisas (11.15) y aquí mismo permite a «cada uno» contribuir un salmo, doctrina, lengua, revelación o interpretación (v. 26), y esto no lo limita a los hombres.

Del mismo modo, se ha intentado interpretar 1 Timoteo 2.11ss. como una alusión a un movimiento feminista hereje en particular.[49] Pero personalmente no creo que pueda justificarse tal interpretación. La instrucción del apóstol es general: «La mujer aprenda en silencio, con toda sujeción. Porque no permito a la mujer enseñar, ni ejercer dominio sobre el hombre, sino estar en silencio.» Lo que sorprende en estas oraciones (y en 1 Co. 14.34), y que no ha sido debidamente señalado por los comentaristas, es que Pablo expresa dos antítesis: la primera entre «aprenda en silencio» o «estar en silencio» y «enseñar», y la segunda entre «toda sujeción» y «dominio». Este último es el punto esencial, confirma la constante enseñanza de Pablo sobre la sumisión de la mujer al hombre, y está sólidamente basada en el relato bíblico de la creación («porque Adán fue formado primero, después Eva»). Pero el otro mandato (a permanecer en silencio y la prohibición de enseñar), a pesar de la controvertida referencia al hecho de que Eva fue «engañada», al parecer sería sólo una *expresión* de la relación autoridad-sumisión y no una *añadidura*. No parece existir nada inherente a nuestra diferencia de sexo por lo cual sea universalmente inadecuado que las mujeres enseñen a los hombres. Por lo tanto, pregunto: ¿No será que la exhortación a la «sumisión» es de validez permanente y universal, por basarse en la Creación, mientras que la demanda de «silencio», así como la de cubrirse la cabeza en 1 Corintios 11, ha sido una aplicación cultural de la misma en el primer siglo? ¿Es posible, pues, que la exigencia de silencio a las mujeres no sea una prohibición absoluta de que ellas enseñen a los hombres, sino que sea una prohibición de cualquier clase de enseñanza que quebrante el principio de que el hombre sea «cabeza»?

Mi respuesta tentativa a mis propias preguntas es afirmativa. Considero que hay situaciones en las que es perfectamente adecuado que las mujeres enseñen, y que enseñen a los hombres, con tal que al hacerlo no se arroguen una autoridad sobre ellos que no les corresponde. Para que esto se cumpla se deben dar tres condiciones relativas al contenido, al contexto y al estilo de la enseñanza.

1) El *contenido*. Jesús eligió, designó e inspiró a sus apóstoles como maestros infalibles de su Iglesia. Eran todos hombres, probablemente porque estas enseñanzas que servirían de fundamento requerían un alto grado de autoridad. La situacion actual es completamente distinta. Hace ya mucho tiempo que se ha completado el canon de las Escrituras, y ya no hay apóstoles en la Iglesia. La principal función de los maestros cristianos es guardar el legado de la doctrina apostólica del Nuevo Testamento e interpretarla. De manera que no se atribuyen autoridad a sí mismos, sino que someten sus enseñanzas y ellos mismos se someten a la autoridad de las Escrituras. Dado que ésta es la situación, ¿no pueden contarse las mujeres entre los maestros?

2) El *contexto* de la enseñanza debe ser un ministerio en equipo dentro de la iglesia local. En cada iglesia Pablo nombró ancianos (más de uno), ya sea directa o indirectamente.[50] En nuestros días son numerosas las iglesias locales que, arrepentidas de mantener un liderazgo unipersonal antibíblico, vuelven al saludable modelo neotestamentario del liderazgo pastoral colegiado. Los miembros de un equipo se benefician por la suma de sus dones; entre ellos deben contarse una o varias mujeres. Pero, en conformidad con la enseñanza cristiana sobre el «ser cabeza» masculino, considero que un hombre debe presidir el equipo. La práctica de la «trasposición cultural» intenta dar a la esencia inmutable de la revelación una expresión cultural apropiada. En el primer siglo el «ser cabeza» masculino se manifestaba en el mandato a las mujeres de cubrirse la cabeza y la prohibición de enseñar a los hombres. En la actualidad, ¿no podría expresarse, de una manera fiel a las Escrituras y a la vez pertinente al siglo XX, en la participación de la mujer en ministerios de equipo,

liderados por hombres? El concepto de equipo también debe aplicarse en el ámbito de la disciplina eclesiástica. La disciplina supone autoridad, se afirma con razón, y por lo tanto no debería ser ejercida por una mujer. Pero, a la vez, tampoco debería ser ejercida por un solo hombre. La disciplina (especialmente en la forma extrema de la excomunión) debe ser administrada por toda la membresía de la iglesia local, y por un equipo de líderes o ancianos en conjunto, antes de llegar a la decisión última.[51]

3) El *estilo* de la enseñanza. Los maestros cristianos, ya sean hombres o mujeres, no deben ser fanfarrones. La humildad de los maestros cristianos debe manifestarse tanto en la sumisión a la autoridad de las Escrituras como en el espíritu de modestia personal. Jesús previno a los apóstoles contra imitar el autoritarismo vanaglorioso de los fariseos o la tiranía ávida de poder de los gobernantes seculares.[52] Asimismo el apóstol Pedro, consciente de la tentación del orgullo que todos los líderes cristianos conocen, exhorta a los ancianos a adoptar la humildad, sin dominar a quienes se les encomienda a su cuidado, sino sirviendo de ejemplo al rebaño de Cristo.[53] Esta exhortación a los hombres se verá aún más claramente ilustrada por aquellas mujeres que han asumido plenamente su identidad femenina y no tratan de ser o comportarse como hombres.

Así pues, parece ser bíblicamente aceptable que las mujeres enseñen a los hombres, con tal que el contenido de sus enseñanzas sea bíblico, el contexto el de un equipo y el estilo humilde. Pues en tal caso estarían ejerciendo sus dones sin atribuirse un rol de «cabeza» que no les corresponde. ¿Significa esto que se puede y se debe ordenar mujeres? La dificultad que se me presenta al tratar de dar una respuesta directa se debe a la confusión que se ha creado en torno al tema. ¿Qué es la «ordenación»? Y ¿a qué tipo de «ministerio» abre paso? Los cristianos de creencia católica tienden a sostener que una mujer no puede ser «sacerdote». Pero como yo no considero el ministerio pastoral como «sacerdotal» en el sentido católico, no es ése mi problema. Los cristianos de tradición reformada tienden a ver en el presbiterado un cargo preestablecido que supone necesariamente tanto la enseñanza con autoridad como el ejercicio de la disciplina, al cual por lo tanto no puede acceder una mujer. Pero es cuestionable que el Nuevo Testamento presente un modelo de ministerio en el cual todos los pastores son «maestros ancianos» al estilo reformado.

Suponiendo que el liderazgo que presenta el Nuevo Testamento no sea sacerdotal en el sentido católico sino pastoral, y que tampoco sea presbiteral en el estricto sentido reformado de autoridad y disciplina, sino más flexible, modesto y variado, que ofreciera diferentes clases y grados de ministerio, y suponiendo que la ordenación significara el reconocimiento público de dones otorgados por Dios, y la autorización pública para ejercerlos en equipo, ¿se negará a la mujer el acceso al ministerio y a la ordenación concebidos en estos términos? Personalmente, no veo la razón. Es cierto que se describe a los pastores de la iglesia local como quienes «os presiden en el Señor», y a la congregación se la exhorta así: «Obedeced a vuestros pastores, y sujetaos a ellos».[54] Si toda ordenación al ministerio cristiano tiene inevitablemente esta cualidad de autoridad y disciplina, pues entonces pienso que deberíamos concluir que es sólo para hombres. Pero si hay circunstancias en las que el cuidado pastoral de las personas es una tarea mucho más modesta, y la forma de ejercerlo es humilde, entonces no se quebranta ningún principio bíblico al permitir la participación de la mujer. Subrayo el hecho de que la cuestión fundamental en relación con la iglesia no es ni el «sacerdocio», ni la «ordenación», sino el grado de autoridad inherente al presbiterado. El problema práctico, al menos desde la perspectiva anglicana, es si se podría ordenar mujeres al presbiterado, y luego limitar su ministerio a la participación en una comisión pastoral. Todavía no considero bíblicamente aceptable que una mujer llegue a ser párroco u obispo.

Concluyo con algunas ideas centrales sencillas. Si Dios concede dones espirituales a las mujeres (lo cual hace), y por lo tanto las llama a ejercer sus dones para el bien común (lo cual hace), la iglesia debe reconocer los dones y la vocación que vienen de Dios, abrir a la mujer esferas de servicio adecuadas, y «ordenarlas» (es decir, encomendarlas y autorizarlas) para el ejercicio del ministerio que reciben de Dios, al menos en situaciones de equipo. De acuerdo con nuestras doctrinas cristianas de la Creación y la Redención, Dios se propone que los miembros de su pueblo a quienes concedió dones alcancen la realización y no la frustración, y que su Iglesia se vea enriquecida por su servicio.

Notas

1. Plato, *Timaeus*, trad. R. G. Bury, Loeb Classical Library, Heinemann, 1929, p. 249, párr. 91a.
2. Aristotle, *The Generation of Animals*, II. iii., trad. A. L. Peck, Loeb Classical Library, Londres, Heinemann, 1943, p.175.
3. Josephus, *Against Apion* or *On The Antiquity of the Jews*, Tomo II, párr. 201, trad. H. St J. Thackeray, Loeb Classical Library, Heinemann, 1926, p. 373.
4. William Barclay, *Ephesians*, Daily Study Bible, St Andrews Press, pp. 199ss.

5. Tertullian, *On the Apparel of Women*, Libro I, Cap. 1, The Ante-Nicene Fathers, Vol. IV, Eerdmans, Grand Rapids, 1982, p. 14.
6. Germaine Greer, *The Female Eunuch*, Paladin, 1971, p. 12.
7. *Ibid.*, pp. 18, 22.
8. *Ibid.*, pp. 59-60.
9. Janet Radcliffe Richards, *The Sceptical Feminist*, a philosophical enquiry, Penguin, 1982, p. 11.
10. *Ibid.*, pp. 13-14, 16.
11. *An Inclusive Language Lectionary: Readings for Year A*, Cooperative Publication Association, 1983. Las citas son tomadas del Prefacio y la Introducción.
12. Dt. 32.18; cf Is. 42.14; Is. 49.15; 66.13; Sal. 131.1ss.; Lc. 15.8ss.; Mt. 23.37.
13. *Gandhi: An Autobiography*, 1949; Jonathan Cape, 1966, p. 155.
14. *The Koran*, trad. N. J. Dawood, Penguin, 1956, pp. 360ss.
15. Raymond de Coccola, *Ayorama*, 1955; Paper Jacks, Ontario, 1973, p. 212.
16. Lc. 1.28, 42.
17. Lc. 8.1ss.; Mr. 15.41; Jn. 8.1ss.; Lc. 7.36ss.
18. Lc. 10.38ss.; Jn. 20.10ss. John Wenham en *Easter Enigma* (Enigma de Pascua), Paternoster, 1984, argumenta eficazmente que «María de Betania» era María Magdalena (pp. 22-33).
19. John Howard Yoder, *Jesús y la Realidad Política*, Ediciones Certeza, 1985, p. 212, nota 23.
20. Betty Friedan, *The Feminine Mystique*, Pelican, 1963, p. 68.
21. Leslie F. Church, ed. *Matthew Henry's Commentary*, 1708, Marshall Morgan & Scott, 1960, p. 7.
22. *The Sceptical Feminist*, p. 65.
23. George F. Gilder, *Sexual Suicide*, 1973; Bantam, 1975, p.v.
24. *Ibid.*, p. 46.
25. *Ibid.*, p. 246.
26. *Ibid.*, p. 63.
27. Paul K. Jewett, *El hombre como varón y hembra*, Caribe, p. 101.
28. *Ibid.*, p. 120.
29. *Ibid.*, p. 120.
30. *Ibid.*, p. 142.
31. *Ibid.*, p. 146.
32. Ver *Discovering An Evangelical Heritage* por Donald W. Dayton, Harper & Row, 1976. En el capítulo titulado «The Evangelical Roots of Feminism» (Las raíces evangélicas del feminismo, pp. 85-98), el doctor Dayton halla las raíces del movimiento feminista

norteamericano remontándose al avivamiento de Charles G. Finney, cuyo Oberlin College «fue la primera universidad coeducacional del mundo» (p. 88).

33. James B. Hurley, *Man and Woman in Biblical Perspective*, un estudio de la autoridad y los roles en las relaciones, IVP, 1981, pp. 206-214.

34. James B. Hurley ofrece un análisis completo del tema del «velo». Señala que en el Antiguo Testamento no existe ninguna ley sobre el uso del velo, y que la costumbre hebrea y grecorromana era que las mujeres no usaran velo. También en ambas culturas era común que las mujeres se recogieran el cabello; el pelo suelto era señal de luto o de separación de la comunidad (p. ej. por lepra, voto de nazareo o por sospecha de adulterio). El doctor Hurley sostiene, por lo tanto, que el «cubrirse» y «no cubrirse» que Pablo menciona se refiere al cabello recogido o suelto. La New International Version de la Biblia incluye esta interpretación en el margen (*Ibid.*, pp. 45-47, 66-68, 166-171, 178-9 y 254-71.)

35. El argumento del «origen» al parecer procede del artículo de S. Bedale «The Meaning of *Kephale* in the Pauline Epistles» (*Journal of Theological Studies*, 5, 1954), del cual se ha malinterpretado que niega el elemento de la «autoridad». Ver James B. Hurley, *op. cit.* p. 164 (nota).

36. Stephen B. Clark opta por esta palabra en su estudio magistral *Man and Woman in Christ*, un análisis de los roles del hombre y la mujer a la luz de las Escrituras y de las ciencias sociales, Servant Books, 1980, pp. 23-45. A pesar de la diferencia que establece entre subordinación «compulsiva», «mercenaria» y «voluntaria», el término no deja de resultarme perturbador.

37. Margaret Mead, *Male and Female*, 1949; Penguin, 1962, p. ej. pp. 41, 71, 86 y 192ss. Considérese asimismo la antiquísima enseñanza china sobre el equilibrio entre Yin (el principio pasivo o femenino) y Yang (el activo o masculino). Stephen B. Clark resume los hallazgos antropológicos y psicológicos relativos a las diferencias entre los sexos (*op. cit.* pp. 371-465).

38. *The Sceptical Feminist*, p. 192.

39. *Ibid.*, p. 175.

40. *Male and Female*, p. 88.

41. Letha Scanzoni y Nancy Hardesty, *All We're Meant To Be*, un enfoque bíblico de la liberación de la mujer, Word, 1974, pp. 12 y 206.

42. 1 Co. 14.34; 1 Ti. 2.12.

43. 2 R. 22.11ss. = 2 Cr. 34.19ss.; Ex. 15.20; Jue. 4 y 5.
44. Jn. 20.10ss.; Mt. 28.8ss.
45. Hch. 21.9; 1 Co. 11.5; cf. Jl. 2.28 = Hch. 2.17; Hch. 18.26.
46. Fil. 4.2ss.; Ro. 16.1ss.
47. Hch. 2.17ss.; 1 Co. 12.4ss.
48. En un interesante artículo titulado «Pandemonium and Silence at Corinth» publicado en el número de junio de 1978 de *The Reformed Journal*, vol. 28 No. 6, Richard y Catherine Clark Kroeger señalan que la antigua Corinto era conocida como centro de adoración de Baco (Dionysius), que incluía el griterío frenético, especialmente de las mujeres. Por lo tanto, sugieren que Pablo hace una exhortación al dominio propio en la adoración, y que aquello que prohibe (*lalein*, palabra onomatopéyica) se refiere a la repetición ritual de «alala» o al parloteo chismoso.
49. En *The Reformed Journal*, Vol. 30, No. 10, oct. 1980, Richard y Catherine Clark Kroeger se refieren en general al énfasis de las epístolas pastorales en la necesidad de «tapar la boca» a los herejes (p. ej. Tit. 1.10) y en particular a sistemas gnósticos posteriores cuya «*gnosis* se basaba en una revelación especial hecha a una mujer», Eva, pues ella fue la *primera* persona que comió del árbol de la sabiduría (*gnosis*) y además había gozado de una existencia previa (según enseñaban algunos). De modo que esas dos cualidades la hacían apta para instruir a Adán. Si esa herejía ya se había popularizado en aquel entonces (lo cual es una especulación), la insistencia de Pablo en que Adán fue creado primero y que Eva fue engañada (y no iluminada) primero sin duda adquiriría una importancia adicional. Otros comentaristas han sostenido que el verbo *autheutéo* (única aparición en el Nuevo Testamento), con el significado de «dominar», a veces se empleaba con connotación sexual, y que lo que Pablo prohibe aquí es la seducción de los hombres que era común en la prostitución cúltica de Efeso. Pero éstas, en el mejor de los casos, son especulaciones, y el mandato a permanecer en «silencio» parecería una manera algo rebuscada e indirecta de prohibir esa clase de prácticas.
50. P. ej. Hch. 14.23; 20.17; Fil. 1.1; Tit. 1.5.
51. P. ej. Mt. 18.17; 1 Co. 5.4ss.; He. 13.17.
52. Mt. 23.1ss. y Mr. 10.42ss.
53. 1 P. 5.1ss.
54. 1 Ts. 5.12; He. 13.17.

2

Matrimonio y divorcio

Si bien en todas las sociedades el matrimonio es una institución humana reconocida y reglamentada, no es una invención humana. La enseñanza cristiana sobre este tema parte del feliz reconocimiento de que el matrimonio es idea de Dios, y no del hombre. Tal como lo expresa el libro de oraciones de 1662 en la sección empleada para la ceremonia nupcial, el matrimonio fue «instituido por Dios mismo en el tiempo de la inocencia del hombre», fue «pulido y embellecido» por la presencia de Cristo en las bodas de Caná, y simboliza la «unión mística entre Cristo y su iglesia». De esta manera Dios ha creado, confirmado y dignificado el matrimonio. Es cierto que él llama a algunos a renunciar al mismo y a permanecer solteros,[1] y en el mundo venidero, después de la Resurrección, será abolido.[2] No obstante, mientras dure el orden presente, el matrimonio debe ser respetado por todos; quienes prohiben el matrimonio son falsos maestros que han sido seducidos por espíritus engañadores.[3] Es más, por pertenecer al orden de la creación, anterior a la caída, el matrimonio debe ser considerado un don de la gracia de Dios a toda la humanidad.

La teología clásica, siguiendo la revelación divina, ha identificado tres propósitos fundamentales para los cuales Dios instituyó el matrimonio. Generalmente, también los ha enumerado en el mismo orden en que se los menciona en Génesis 1 y 2, señalando que el mismo no necesariamente implica prioridad. El primer mandamiento al varón y a la mujer a quienes Dios había creado a su propia imagen fue «Fructificad y multiplicaos» (Gn. 1.28). Así pues, por lo general la procreación encabeza la lista, y se le añade la crianza de los hijos en amor y la disciplina de la familia.[4] En segundo lugar, Dios dijo «No es bueno que el hombre esté solo; le haré ayuda idónea para él» (Gn. 2.18). De modo que Dios se propuso crear el matrimonio para «la compañía, la ayuda y el apoyo mutuos, que debe recibir el uno del otro tanto en la prosperidad como en la adversidad» (para citar nuevamente el libro de oraciones de la Iglesia Anglicana). El doctor Jack Dominian emplea terminología más moderna cuando sostiene que el marido y la mujer pueden ser de mutuo «sostén» (apoyándose y estimándose el uno al otro), «sanarse» mutuamente (pues la vida matrimonial es el mejor contexto para que las heridas de la primera infancia sanen por medio del amor), y favorecer el mutuo «crecimiento» o realización personal (estimulándose mutuamente a realizar su potencial individual y llegar a ser así personas maduras).[5] En tercer lugar, el matrimonio tiene el propósito de ser un compromiso recíproco de amor-entrega que encuentra su expresión natural en la unión sexual, el llegar a ser «una sola carne» (Gn. 2.24).

Estas tres necesidades se han acentuado con la caída. En la vida familiar la disciplina en amor se ha vuelto más necesaria por la desobediencia de los niños, el apoyo mutuo por las dolencias de un mundo quebrantado y la unión sexual por la tentación a la inmoralidad. Pero los tres propósitos existían antes de la caída y deben tomarse como parte de la provisión amorosa de Dios al instituir el matrimonio.

Cuanto más alto sea nuestro concepto del plan original de Dios para el matrimonio y la familia, tanto más desoladora será la experiencia del divorcio. Un matrimonio que comenzó con tierno amor y amplias expectativas luego acaba en ruinas. El fracaso matrimonial es siempre una tragedia: contradice la voluntad de Dios; frustra su propósito; acarrea para el marido y la mujer el agudo dolor de la separación, la desilusión, la recriminación y la culpa; provoca en los hijos una crisis de confusión, inseguridad y, a menudo, de enojo.[6]

Cambio de actitudes

A pesar del sufrimiento que esta situación entraña, el número de divorcios va en aumento. En Gran Bretaña hubo en 1980 cuatrocientos nueve mil matrimonios (el treinta y cinco por ciento de los cuales eran de segundas nupcias) y ciento cincuenta y nueve mil divorcios. El año anterior se calculó que se producía un matrimonio cada 85 minutos y un divorcio cada 180 minutos. En la actualidad, el total de personas divorciadas en el país supera los dos millones, y hay una alarmante cantidad de familias constituidas por uno solo de los cónyuges. El índice de divorcio en Gran Bretaña, que ha aumentado en un seiscientos por ciento en los últimos veinticinco años, es uno de los más altos del mundo occidental. En el Reino Unido uno de cada tres matrimonios se separa; en los Estados Unidos, uno de cada dos.[7]

Las causas sociológicas de este aumento son diversas y numerosas. Entre otras se cuentan la emancipación de la mujer, los cambios en el área laboral (ambos cónyuges trabajan), las presiones que el desempleo y la ansiedad económica ejercen sobre la vida familiar y, naturalmente, las disposiciones de la ley civil para facilitar el divorcio. Pero, sin duda, la razón de mayor peso es la decadencia de la fe cristiana en Occidente, la consiguiente pérdida de compromiso con la concepción cristiana de la santidad y permanencia del matrimonio y el creciente ataque no cristiano a los conceptos tradicionales de sexo, matrimonio y familia. Indice de esta secularización es el hecho de que mientras en 1850 sólo un cuatro por ciento de los matrimonios británicos se celebraba en una oficina del Registro Civil (y no en una iglesia, capilla o sinagoga), en 1979 este porcentaje había ascendido al cincuenta y uno por ciento.

Como ejemplo del cambio que se está dando en las actitudes tomemos el libro de George y Nena O'Neill, *Open Marriage: a new lifestyle for couples* (El matrimonio abierto: un nuevo estilo de vida para la pareja). Declaran su convicción de que el matrimonio monógamo es obsoleto; por lo tanto, recomiendan a sus lectores reemplazar una institución «victoriana, decadente, anticuada, estática, opresiva, rígida y arcaica» por otra «libre, dinámica, sincera, espontánea y creativa». Rechazan la exaltación del matrimonio tradicional y de la maternidad; sostienen la igualdad e independencia de los miembros de una pareja y la plena reversibilidad de sus roles.[8]

En una carta al periódico *The Times* del día 14 de julio de 1983, el doctor Jack Dominian manifiesta estar convencido de que en la actualidad la sociedad experimenta «un profundo cambio en la naturaleza del matrimonio». Continúa diciendo: «El nombre es el mismo, pero su mundo interior, que anteriormente era fundamentalmente un pacto permanente, en el cual los hijos y su bienestar eran de interés prioritario, se está transformando en una relación inicialmente planteada como permanente, en la cual el compañerismo, la igualdad y la realización personal llegan a ser tan importantes como el bienestar de los hijos.»

El doctor Dominian tuvo la cortesía de no llamar a este cambio de concepción por su nombre: «egoísmo», pero ciertamente de eso se trata. Si cada miembro de la pareja toma el matrimonio fundamentalmente como medio para la búsqueda de su propia realización personal, en vez de verlo como una aventura de autoentrega mutua, por medio de la cual padres e hijos crecen hacia la madurez, es muy probable que el resultado no sea demasiado alentador. No obstante, hoy en día hay muchos que propugnan esta actitud egocéntrica hacia el matrimonio, como por ejemplo la que refleja esta cita extraída del libro de John H. Adam y Nancy Williamson Adam, *Divorce: how and when to let go* (Divorcio: cómo y cuándo liberarse). Apareció en el número de junio de 1982 de la revista *New Woman* (La nueva mujer), que alega tener más de ocho millones de lectores:

> Es cierto, su matrimonio se puede desgastar. Los valores y estilo de vida de cada uno van cambiando. Todos queremos tener nuevas vivencias, ya que el cambio forma parte de la vida. El cambio y el crecimiento personal son rasgos de los que usted debe enorgullecerse, pues revelan una mente vital e inquieta. Debe aceptar el hecho de que en el mundo multifacético de hoy es muy fácil que dos personas se vayan alejando. Si su matrimonio ya no le satisface, liberarse de él puede ser lo más productivo que haga en su vida. La obtención del divorcio puede resultar un paso positivo hacia el crecimiento y la resolución de sus problemas. Puede convertirse en un triunfo personal.

Esta es una muestra de la mente secular en su más desvergonzada perversidad. Celebra el fracaso como éxito, la desintegración como crecimiento y el desastre como triunfo.

La concepción cristiana del matrimonio como un compromiso o pacto de por vida, no sólo es minoritaria en Occidente, sino que de hecho la Iglesia corre peligro de ceder al mundo. Pues también entre los cristianos el matrimonio ya no es tan estable como lo era, y el divorcio se vuelve cada vez más común. Aun algunos líderes cristianos se divorcian de su cónyuge y se vuelven a casar, y mientras tanto conservan su posición de liderazgo. También en esta área el pensamiento cristiano muestra indicios de capitulación con el secularismo.

El propósito de este capítulo es examinar la concepción cristiana del matrimonio según se lo presenta en las Escrituras. Son muy importantes los asuntos político-legales (tales como el lugar de la ofensa matrimonial en el concepto de malogro irreparable, la justicia en las asignaciones económicas, la custodia de los hijos y el derecho a acceder a ellos). Lo son también las cuestiones sociales y psicológicas, algunas de las cuales ya hemos mencionado. Hacia el fin del capítulo trataremos los aspectos personales y pastorales del problema. Pero el enfoque bíblico del tema es de fundamental importancia para el pensamiento cristiano. Ni siquiera el doloroso trauma que significa el fracaso matrimonial puede servir de excusa para eludirlo. ¿Cuál es la voluntad de Dios, según nos la ha revelado, en cuanto al matrimonio y a la posibilidad del divorcio y de las segundas nupcias? ¿Cómo elaboraremos nuestros criterios y prácticas para que respondan a los principios bíblicos? Por cierto, no hay respuestas fáciles. La Iglesia siente la tensión entre la responsabilidad profética de dar testimonio de las normas reveladas por Dios, por un lado, y la responsabilidad pastoral de mostrar compasión hacia quienes no han sido capaces de ajustarse a esas normas, por otro. John Williams tiene razón al exhortarnos a recordar que «el mismo Dios quien por medio de Malaquías dijo: 'aborrezco al que se divorcia de su esposa' (2.16 VP) también dijo por medio de Oseas (cuya compañera había sido desvergonzadamente inmoral): 'Voy a curarlos de su rebeldía; voy a amarlos aunque no lo merezcan, pues ya se ha apartado de ellos mi ira'(14.4 VP).»[9]

La enseñanza del Antiguo Testamento

En la Biblia lo que más se aproxima a una definición del matrimonio es Génesis 2.24, pasaje que Jesús mismo, cuando fue interrogado acerca de las causas lícitas de divorcio, citó como palabra de Dios (Mt. 19.4, 5). Inmediatamente después de que Eva fue creada y presentada a Adán, y de que Adán la reconociera como la esposa que Dios le había dado (y que de sus labios brotara el primer poema de amor), el narrador comenta: «Por tanto, dejará el hombre a su padre y a su madre, y se unirá a su mujer, y serán una sola carne.»

Deducimos de esto que un matrimonio existe a los ojos de Dios cuando un hombre deja a sus padres con vistas a «unirse» a su mujer y llega a ser una sola carne con ella. El «dejar» y el «unirse» van juntos, y deben ocurrir en ese orden. Denotan el reemplazo de un vínculo (hijo-padre) por otro (marido-mujer). Existen algunas semejanzas entre estos vínculos, pues ambos son complejos y contienen varios elementos: físicos (en un caso la concepción, el nacimiento y la alimentación; en el otro la relación sexual); emocionales (el crecimiento, que implica el proceso de pasar de la dependencia en la infancia a la madurez en la pareja); y sociales (los hijos heredan un núcleo familiar ya existente; los padres crean uno nuevo). Sin embargo, también existe una diferencia fundamental. Pues la expresión bíblica «una sola carne» implica claramente que la unidad física, emocional y social de marido y mujer es mucho más profunda y misteriosamente personal que la relación entre padres e hijos. Es un hecho cada vez más admitido que el desarrollo como seres humanos adultos requiere cierto grado de separación emocional de los padres y que, tal como lo afirma el doctor Dominian, «la falta del logro de un mínimo de independencia emocional es una de las causas fundamentales del fracaso matrimonial».[10]

De manera que Génesis 2.24 implica que la unión matrimonial es exclusiva («el hombre ... su mujer»), de reconocimiento público («dejará ... a su padre y a su madre»), permanente («se unirá a su mujer») y se consuma en la relación sexual («serán una sola carne»). Una definición bíblica del matrimonio podría ser la siguiente: «El matrimonio es un pacto heterosexual exclusivo entre un hombre y una mujer, ordenado y sellado por Dios, precedido por el acto público de dejar a los padres, consumado en la unión sexual, que resulta en el compañerismo permanente de apoyo mutuo, y generalmente coronado con el don de los hijos.» Esto no significa que el matrimonio es literalmente «indisoluble», que nada puede quebrarlo, ya que el «divorcio» (que es la disolución del vínculo matrimonial) es permisible en ciertas circunstancias extremas, como lo veremos más adelante. Pero aun cuando sea permitida, la disolución es siempre una desviación de la intención y el ideal de Dios. En principio, el matrimonio es una unión de por vida, a la que John Murray llamó un vínculo «en la intención de Dios ... indisoluble»,[11] y el divorcio es un quebrantamiento del pacto, un acto de «traición» que Dios aborrece (Mal. 2.13ss.).

Esto nos lleva a Deuteronomio 24.1-4, que es de especial importancia por ser el único pasaje del Antiguo Testamento que se refiere a la base y al procedimiento del divorcio:

> 1 Cuando alguno tomare mujer y se casare con ella, si no le agradare por haber hallado en ella alguna cosa indecente, le escribirá carta de divorcio, y se la entregará en su mano, y la despedirá de su casa.
>
> 2 Y salida de su casa, podrá ir y casarse con otro hombre.
>
> 3 Pero si la aborreciere este último, y le escribiere carta de divorcio, y se la entregare en su mano, y la despidiere de su casa; o si hubiere muerto el postrer hombre que la tomó por mujer,
>
> 4 no podrá su primer marido, que la despidió, volverla a tomar para que sea su mujer, después que fue envilecida; porque es abominación delante de Jehová, y no has de pervertir la tierra que Jehová tu Dios te da por heredad.

El primer punto que debe considerarse es qué fuerza tiene esta legislación. Aquí no se exige, ni se recomienda, ni siquiera se sanciona el divorcio. El tema central aquí no es el divorcio, ni los certificados de divorcio. El objetivo de esta ley es prohibir al hombre que se vuelva a casar con su antigua esposa, una vez que se ha divorciado de ella, ya que esto sería «abominación delante de Jehová». Se piensa que el propósito de esta disposición era proteger a la mujer de un ex marido de carácter imprevisible, probablemente cruel. De todos modos, los primeros tres versículos forman la prótasis o parte condicional de la oración; la apódosis o consecuencia recién comienza en el versículo 4. La ley no aprueba el divorcio; lo que afirma es que *si* un hombre se divorcia de su mujer, y *si* le da carta de divorcio, y *si* ella se va y vuelve a casarse, *si* su segundo marido la rechaza y se divorcia de ella o muere, *luego* el primer marido no puede volver a casarse con ella.

En segundo lugar, aunque no se incentiva el divorcio, si éste ocurre, la causa ha de ser que el marido halla «alguna cosa indecente» en su mujer. Esta no puede ser una alusión al adulterio por parte de la mujer, porque en ese caso el castigo era la muerte y no el divorcio.[12] ¿A qué alude, entonces? En el primer siglo a. de J.C. los dos grupos fariseos rivales liderados por los rabinos Shammai y Hillel debatían precisamente sobre este punto. Shammai lo interpretaba en sentido estricto y entendía por «alguna cosa indecente» (cuya raíz hebrea alude a la «desnudez» o «exhibición») alguna ofensa sexual, que aunque no tenía una definición precisa, se aproximaba al adulterio o a la promiscuidad. En cambio, el rabino Hillel le otorgaba un sentido más amplio. Se aferró a las frases referidas a que al marido ya «no le agradare» su mujer (v. 1) y a que el segundo marido «la aborreciere» (v. 3), y en su interpretación esto llegaba a abarcar hasta las faltas menores, como por ejemplo, que ella quemara una comida, o fuese pendenciera, o que él llegara a conocer a una mujer más hermosa, y que por lo tanto perdiera interés en ella.[13] En efecto, «cualquier cosa que fastidiara o avergonzara al marido constituía una causa legítima para un pleito por divorcio».[14]

El tercer punto que merece destacarse en estos versículos de Deuteronomio es que si el divorcio estaba permitido, evidentemente también lo estaban las segundas nupcias. El texto presupone que, una vez que la mujer recibiera la carta de divorcio y fuese expulsada de su casa, era libre de volver a casarse, aunque en este caso ella fuera la parte culpable por haber hecho «algo indecente». En efecto, según entiendo, en las culturas del mundo antiguo se daba por sentado que el divorcio suponía el permiso de volver a casarse; el concepto de *divortium a thoro et mensa* (de cama y mesa), es decir la separación legal, no se concebía sin que implicara además *a vinculo matrimonii* (del vínculo matrimonial mismo). El doctor James B. Hurley hace una síntesis de las leyes matrimoniales y de divorcio del Código de Hamurabi – rey de Babilonia a principios del siglo XVIII a. de J.C. en el tiempo en que Abraham salió de Ur – y de las leyes asirias de la época del éxodo del pueblo de Israel de Egipto, estas últimas más severas.[15] Asimismo el doctor Gordon Wenham ha agregado información de los papiros del siglo V a. de J.C. de Elefantina – una pequeña plaza fuerte judía del sur de Egipto – así como de Filón, Josefo y de los mundos griego y romano.[16] Todas estas culturas ofrecen evidencias del divorcio por iniciativa del marido, y en algunos casos también de la mujer, con derecho a un nuevo matrimonio. Por lo general, al divorciarse la mujer recibía una asignación además de la dote que le era devuelta. El hecho de que en el mundo antiguo el divorcio era comparativamente poco frecuente se debía a que poner término a un matrimonio y comenzar uno nuevo habría significado la quiebra.

La enseñanza de Jesús

El Señor Jesús impartió sus enseñanzas sobre el matrimonio y el divorcio en respuesta a una pregunta de los fariseos. Marcos comenta que lo interrogaron «para tentarle» (10.2), y Mateo elabora el contenido de dicha pregunta: «¿Es lícito al hombre repudiar a su mujer por cualquier causa?» (19.3). Tal vez tenían presente el escándalo público de Herodías, quien había dejado a Felipe, su marido, para casarse con el rey Herodes Antipas. Juan el Bautista valientemente había declarado ilícita aquella unión (Mr. 6.17ss.), y por esa causa había sido encarcelado. ¿Hablaría Jesús con la misma osadía, considerando que muy probablemente se encontrara en jurisdicción de Herodes (Mr. 10.1)? Seguramente los fariseos se proponían enredarlo en el debate Shammai-Hillel ya mencionado. De allí el énfasis en las «razones» o «causas» justificadas de divorcio.

> 3 Entonces vinieron a él los fariseos, tentándole y diciéndole: ¿Es lícito al hombre repudiar a su mujer por cualquier causa?
>
> 4 El, respondiendo, les dijo: ¿No habéis leído que el que los hizo al principio, varón y hembra los hizo,
>
> 5 y dijo: Por esto el hombre dejará padre y madre, y se unirá a su mujer, y los dos serán una sola carne?
>
> 6 Así que no son ya más dos, sino una sola carne; por tanto, lo que Dios juntó, no lo separe el hombre.
>
> 7 Le dijeron: ¿Por qué, pues, mandó Moisés dar carta de divorcio, y repudiarla?
>
> 8 El les dijo: Por la dureza de vuestro corazón Moisés os permitió repudiar a vuestras mujeres; mas al principio no fue así.
>
> 9 Y yo os digo que cualquiera que repudia a su mujer, salvo por causa de fornicación, y se casa con otra, adultera; y el que se casa con la repudiada, adultera.
>
> 10 Le dijeron sus discípulos: Si así es la condición del hombre con su mujer, no conviene casarse.
>
> 11 Entonces él les dijo: No todos son capaces de recibir esto, sino aquellos a quienes es dado.

12 Pues hay eunucos que nacieron así del vientre de su madre, y hay eunucos que son hechos eunucos por los hombres, y hay eunucos que a sí mismos se hicieron eunucos por causa del reino de los cielos. El que sea capaz de recibir esto, que lo reciba.

(Mt. 19.3-12)

Es evidente que aquí Jesús se desvincula de la postura laxa del rabino Hillel. Ya lo había hecho en el Sermón del Monte. Su enseñanza sobre el divorcio en aquel pasaje es una de las seis antítesis introducidas por la fórmula «Oísteis que fue dicho ... pero yo os digo ...». Estas antítesis no presentaban una oposición a las Escrituras («fue escrito») sino a la tradición («fue dicho»), no a la revelación de Dios sino a las perversas interpretaciones de los escribas. El objeto de esas tergiversaciones era reducir las demandas de la ley y suavizarlas. En la antítesis del divorcio, la cita de la tradición de los escribas («También fue dicho: Cualquiera que repudie a su mujer, dele carta de divorcio.») parecería ser una abreviación deliberadamente engañosa del pasaje de Deuteronomio 24. Da la impresión que el divorcio era permitido fácilmente, aun por causas triviales (tal como Hillel lo enseñaba), con tal que se extendiese una carta de divorcio. Jesús rechazó categóricamente esta postura. ¿Cuál es su enseñanza?

1) *Jesús se pronunció a favor de la permanencia del matrimonio*. Es significativo que no haya respondido directamente al interrogante de los fariseos sobre el divorcio y que, en cambio, se haya referido al matrimonio. Los retrotrajo a Génesis 1 y 2 y les preguntó, incrédulamente, si nunca habían leído esos capítulos. Se concentró en dos hechos: que la sexualidad humana fue creada por Dios y que el matrimonio fue instituido por Dios. Pues tomó dos textos (Génesis 1.27 y 2.24) y los unió para subrayar que Dios era autor de los dos hechos. Pues el mismo creador quien «al principio, varón y hembra los hizo» también dijo (en el texto bíblico) «Por esto el hombre dejará padre y madre, y se unirá a su mujer, y los dos serán una sola carne». Y Jesús agrega su propia explicación: «Así que no son ya más dos, sino una sola carne», y sigue diciendo «por tanto, lo que Dios juntó, no lo separe el hombre».

La enseñanza es inequívoca. El vínculo matrimonial es más que un compromiso humano; es un yugo divino. Y la forma en que Dios coloca este yugo sobre la pareja casada no es creando una unión mística, sino declarando su propósito en su Palabra. Por lo tanto, el fracaso matrimonial, aun la llamada «muerte» de la relación, no puede ser considerada en sí misma razón suficiente para la disolución. Pues la base de la unión no es la fluctuante experiencia humana («Te amo, no te amo») sino la palabra y la voluntad divina («serán una sola carne»).

2) *Jesús declaró que la disposición mosaica del divorcio era una concesión temporal al pecado humano*. Los fariseos respondieron a estas citas de Génesis con una segunda pregunta: «¿Por qué, pues, mandó Moisés dar carta de divorcio, y repudiarla?» Jesús respondió: «Por la dureza de vuestro corazón Moisés os permitió repudiar a vuestras mujeres; mas al principio no fue así.» De modo que lo que ellos llamaron «mandamiento» Jesús lo llamó «permiso»; es más, un permiso renuente, por causa de la testarudez humana más que por intención divina.[17]

Puesto que Jesús se refirió a la disposición mosaica como una concesión al pecado humano, que además tenía como objeto limitar los efectos del mal, de ningún modo se puede deducir de allí que Dios aprueba el divorcio. Ciertamente se trataba de una concesión *divina*, pues, según lo sostuvo Jesús, todo lo que Moisés dijo fueron palabras de Dios. Sin embargo, la concesión divina al divorcio se oponía a la institución divina del matrimonio «al principio». El error de los rabinos consistió en confundir la voluntad absoluta de Dios (Génesis 1 y 2) con sus disposiciones legales por causa de la pecaminosidad humana (Dt. 24). «La conducta humana que no cumple el mandato absoluto de Dios es pecado y se encuentra bajo juicio divino. Las disposiciones concebidas por misericordia de Dios para limitar las consecuencias del pecado del hombre no deben interpretarse como la aprobación del pecado por parte de Dios.»[18]

3) *Jesús llamó «adulterio» al matrimonio después del divorcio*. Si recopilamos sus enseñanzas de los Evangelios sinópticos, y dejamos de lado por un momento la cláusula de excepción, podemos resumirlas de la siguiente manera: el hombre que se divorcia de su mujer y se vuelve a casar no sólo comete adulterio él mismo,[19] sino que además, como se presume que la mujer una vez divorciada se volverá a casar, la lleva a cometer adulterio a ella también (Mt. 5.32). Asimismo, la mujer que se divorcia de su marido y se vuelve a casar comete adulterio (Mr. 10.12). Es más, el hombre que se casa con una divorciada comete adulterio (muy probablemente el caso de la mujer sea el mismo, si se presupone la reciprocidad en esta situación como en otras).[20] Son palabras duras; exponen de un modo directo las consecuencias lógicas del pecado. Cuando una persona se divorcia y se vuelve a casar, y no cuenta con la aprobación de Dios, entonces toda nueva unión, por ser ilícita, es adúltera.

4) *Jesús permitió el divorcio y las segundas nupcias sobre la única base de la inmoralidad*. Es bien sabido que Mateo 5.32 y 19.9 contienen una

«cláusula de excepción», cuyo propósito es eximir del estigma de adulterio a una de las categorías de divorcio y segundas nupcias. Esta cláusula ha suscitado una gran controversia. Personalmente, no puedo más que presentar las tres conclusiones a que he arribado:

a. *La cláusula de excepción debe ser aceptada como una auténtica declaración de Jesús.* Como no aparece en los pasajes paralelos de Marcos y Lucas, muchos estudiosos la han desechado. Algunos sugieren que era una antigua interpolación de los escribas y que no formaba parte del texto original de Mateo. Pero no existen evidencias de añadidura en ninguno de los manuscritos; aun la versión alternativa del Codex Vaticanus incluye la cláusula. Otros estudiosos la atribuyen a Mateo mismo, y/o a la iglesia en la que él escribió, pero niegan que Jesús la haya pronunciado. La omisión en los textos de Marcos y Lucas no es en sí misma base suficiente para rechazarla como si tratara de una invención o una interpretación editorial del primer evangelista. Es perfectamente posible suponer que Mateo la haya incluido por causa de sus lectores judíos, a quienes les interesaba en especial conocer las causas lícitas para el divorcio, mientras que Marcos y Lucas, cuyos lectores eran gentiles, no compartían ese interés. La omisión no se debe necesariamente a su desconocimiento; es igualmente posible que hayan dado por sentada la cláusula. Las culturas paganas tomaban el adulterio como base para el divorcio. Así también las dos escuelas judías de Hillel y Shammai; a pesar de su discrepancia en otros puntos, este tema no estaba en discusión.

b. *La palabra «porneía» significa inmoralidad sexual.* Al decidir sobre la traducción de *porneía* debemos evitar las posturas extremas, ya sea demasiado laxa o demasiado rígida.

Se han propuesto varias interpretaciones «rígidas», que equiparan *porneía* con un tipo de pecado sexual en particular (ya sea «fornicación» con el sentido del descubrimiento de inmoralidad sexual prematrimonial, o un matrimonio dentro de las categorías prohibidas, o adulterio después del matrimonio). La razón principal para rechazar cualquiera de estas traducciones es que, si bien *porneía* podría significar todas estas cosas, no puede ser interpretada como si se refiriera a una de ellas en particular si no lleva ninguna calificación. De hecho, *porneía* es un término genérico que indica infidelidad sexual o infidelidad marital e incluía «toda clase de relación sexual ilícita» (Arndt-Gingrich).

La postura «laxa» interpreta que *porneía* abarca ofensas que pueden considerarse «sexuales» no en términos físicos sino porque minan la base de la unidad matrimonial, por ejemplo la crueldad, y aun la incompatibilidad de temperamentos. Quizá sea posible usar otros argumentos para justificar la legitimidad del divorcio por estas causas, pero no se los puede derivar del significado de la palabra *porneía*. *Porneía* significa inmoralidad sexual física; la razón por la cual Jesús la estableció como única razón valedera para el divorcio ha de ser porque significa la violación del principio de «una sola carne» que es fundamental para el matrimonio ordenado por Dios y definido en la Biblia.

c. *El divorcio por inmoralidad está permitido, pero no es un mandato*. Jesús no dijo que la parte inocente *debe* divorciarse del cónyuge infiel y menos aún que la infidelidad sexual *ipso facto* disuelve el matrimonio. Ni siquiera alentó ni recomendó el divorcio por infidelidad. Por el contrario, puso todo el acento en la permanencia del matrimonio dentro de los propósitos de Dios y en lo inadmisible que eran el divorcio y el nuevo matrimonio. La razón por la cual añadió la cláusula de excepción fue aclarar que el único caso de divorcio y segundas nupcias que no equivale a adulterio es el de la persona inocente cuyo cónyuge ha sido infiel, pues en este caso la infidelidad de la otra parte ya existe. El propósito de Jesús no era fomentar el divorcio por esta causa, sino prohibirlo enfáticamente por cualquier otra. John Murray escribe: «Esta es la *única* excepción; toda otra excepción es, pues, ilegítima. La importancia de esta excepción no debe hacernos perder de vista que todas las demás son enérgicamente rechazadas.»[21]

Aquí corresponde mencionar la postura extrema que ha sido bien expuesta por Gordon Wenham en los ya mencionados artículos de *Third Way*. Sostiene que la cláusula de excepción de Jesús permite el divorcio con el sentido de separación, pero que prohibe todo nuevo matrimonio. Su posición se basa en dos argumentos principales. El primero es que durante cinco siglos (con la única excepción de Ambrosiaster en el siglo IV) los Padres de la Iglesia negaron todo derecho a un nuevo matrimonio después del divorcio, insistiendo en que nada puede disolver el matrimonio excepto la muerte, y que ésta fue la norma de la Iglesia occidental hasta que Erasmo defendió el derecho de la parte inocente para volver a casarse después del divorcio, a quien imitarían luego los reformadores protestantes. En segundo lugar, Gordon Wenham sostiene que sólo una prohibición absoluta del nuevo casamiento puede explicar el asombro de sus discípulos, que exclamaron: «Si así es la condición del hombre con su mujer, no conviene casarse» (Mt. 19.10). A esto Jesús respondió con una referencia a tres clases de «eunucos», en el sentido de «célibes».

El argumento del doctor Wenham tiene peso pero no es concluyente. En primer lugar, los Padres de la Iglesia pueden haberse equivocado en este tema, así como en otros. En segundo lugar, la afirmación de Mateo 5.32 en cuanto a que el marido que se divorcia ilegítimamente de su mujer «hace que ella adultere», sólo se cumple si después del divorcio ella se vuelve a casar. En tercer lugar, el asombro de los discípulos pudo haber tenido otra causa. Deben de haber notado cuán estricto era Jesús. Pues no sólo rechazó la trivialidad laxa de la escuela de Hillel sino también la interpretación de Shammai, y hasta la referencia de Moisés mismo a «alguna cosa indecente», por ser demasiado imprecisas. Sólo la infidelidad sexual podía ser admitida como razón para romper el vínculo matrimonial. Esto se reconocía claramente en el Antiguo Testamento porque se castigaba con la muerte. El castigo máximo por adulterio había caído en desuso, y de todos modos los romanos no permitían a los judíos imponerlo. Así pues, cuando José sospechó de María, pensó en el divorcio y no en la muerte (Mt. 1.18ss.). Jesús se negó a caer en la trampa de quienes le preguntaron si la mujer sorprendida en adulterio debía ser apedreada (Jn. 8.3ss.). Entonces, al parecer abrogó la pena de muerte por infidelidad sexual y convirtió a ésta en la única base legítima para la disolución del vínculo matrimonial, mediante el divorcio y no la muerte, sólo como una concesión. En suma, la unión de por vida, originalmente instituida en la creación, es la mejor alternativa, que los ciudadanos del Reino aceptarán. James B. Hurley hace un buen resumen de esto:

> Ahora comprendemos por qué los discípulos se sorprendieron tanto por la enseñanza de Jesús. El era mucho más estricto que los rabinos. Desautorizó el divorcio por todas las razones que habían sido aducidas con relación a Deuteronomio 24.1, y sólo lo permitió por causas desconocidas en el Antiguo Testamento. Lo admitió sólo por quebrantamiento sexual del vínculo matrimonial, el cual hubiera significado la muerte bajo el Antiguo Testamento. De acuerdo con las enseñanzas de Jesús, sólo las relaciones sexuales ilícitas (*porneía*: adulterio, homosexualidad, brutalidad) constituían una causa para poner término a un matrimonio.[22]

La enseñanza de Pablo

La enseñanza de Pablo que hemos de considerar se encuentra en 1 Corintios 7.10-16 y trata en particular del llamado «privilegio paulino»:

> 10 Pero a los que están unidos en matrimonio, mando, no yo, sino el Señor: Que la mujer no se separe del marido;
>
> 11 y si se separa, quédese sin casar, o reconcíliese con su marido; y que el marido no abandone a su mujer.
>
> 12 Y a los demás yo digo, no el Señor: Si algún hermano tiene mujer que no sea creyente, y ella consiente en vivir con él, no la abandone.

13 Y si una mujer tiene marido que no sea creyente, y él consiente en vivir con ella, no lo abandone.

14 Porque el marido incrédulo es santificado en la mujer, y la mujer incrédula en el marido; pues de otra manera vuestros hijos serían inmundos, mientras que ahora son santos.

15 Pero si el incrédulo se separa, sepárese; pues no está el hermano o la hermana sujeto a servidumbre en semejante caso, sino que a paz nos llamó Dios.

16 Porque ¿qué sabes tú, oh mujer, si quizá harás salvo a tu marido? ¿O qué sabes tú, oh marido, si quizá harás salva a tu mujer?

Debemos observar, primeramente, que *Pablo imparte estas enseñanzas con autoridad apostólica*. La antítesis que establece entre los versículos 10 («mando, no yo, sino el Señor») y 12 («Y a los demás yo digo, no el Señor») con frecuencia ha sido mal interpretada. Es un grave error pensar que Pablo contrapone las enseñanzas de Cristo a las suyas, lo cual implica que las de Cristo tienen autoridad y las suyas no. De ninguna manera; la oposición que plantea no es entre la infalible enseñanza divina (de Cristo) y la falible enseñanza humana (propia), sino entre dos formas de enseñanza divina e infalible: por un lado, la dominical (del Señor) y, por el otro, la apostólica (la suya). No cabe duda de que esto es correcto, pues Pablo continúa usando a lo largo del capítulo el término *ego*, expresión de autoridad apostólica: en los versículos 17 («esto ordeno en todas las iglesias»), 25 («no tengo mandamiento del Señor», es decir, no hay testimonio escrito de palabras de Jesús al respecto, «mas doy mi parecer, como quien ha alcanzado misericordia del Señor para ser fiel») y 40 («y pienso que también yo tengo el Espíritu de Dios»). Asimismo, más adelante pone su autoridad por encima de la de los profetas y declara que su enseñanza es mandamiento del Señor: «Si alguno se cree profeta, o espiritual, reconozca que lo que os escribo son mandamientos del Señor» (14.37).

En segundo lugar, *Pablo reitera y confirma la prohibición del divorcio pronunciada por Jesús*. En los versículos 10 y 11, así como en la enseñanza de Romanos 7.1-3, y en las enseñanzas del Señor que se encuentran en Marcos y en Lucas, la prohibición del divorcio está expresada en términos absolutos. «Que la mujer no se separe del marido ... y que el marido no abandone a su mujer». La razón es que se trata de la enunciación del principio general; no debemos suponer que Pablo no conocía la cláusula de excepción de Jesús.

En el versículo 11 añade un paréntesis importante por el cual manda a la mujer que se separa de su marido: «quédese sin casar, o reconcíliese con su marido». El verbo que Pablo emplea con el sentido de separar (*jorízo*) podría referirse al divorcio, y en efecto, aparece con ese significado en los contratos matrimoniales de los papiros y de algunos escritos de los Padres de la Iglesia (Arndt-Gingrich). Pero el contexto sugiere que Pablo no se refiere al divorcio. Al parecer la situación que aquí se contempla es la de un marido que no ha sido sexualmente infiel y, por lo tanto, la mujer no es libre para divorciarse de él. Alguna otra razón la ha llevado a «separarse» de él. Así pues, Pablo subraya el hecho de que en este caso ella no es libre de volver a casarse. Su llamado cristiano es a permanecer sola o reconciliarse con su marido, pero no volver a casarse.

En tercer lugar, *Pablo autoriza el divorcio en caso de deserción del cónyuge no creyente*. En tres párrafos sucesivos se dirije, respectivamente, «a los solteros y a las viudas» (versículos 8, 9), «a los que están unidos en matrimonio» (versículos 10, 11), y «a los demás» (versículos 12-16). El contexto revela que por «los demás» se refiere a una clase particular de matrimonio mixto. No permite a los cristianos casarse con no cristianos; pues una mujer cristiana «libre es de casarse con quien quiere, con tal que sea en el Señor» (versículo 39); lo mismo es válido para el hombre cristiano (1 Co. 6.14ss.). Pero aquí en particular Pablo trata la situación que surge cuando dos no cristianos se casan, uno de los cuales posteriormente se convierte. Evidentemente, los corintios le habían enviado preguntas sobre el asunto. ¿Era impuro tal matrimonio? ¿Debería divorciarse el cónyuge cristiano? ¿Cuál era la situación de los hijos? La respuesta de Pablo es clara.

Si el cónyuge no creyente «consiente en vivir con» el cónyuge creyente, éste no debe recurrir al divorcio. La razón que se ofrece es que el cónyuge no creyente «es santificado» por medio de su esposa o esposo cristiano y así también lo son los hijos. La «santificación» a la que se alude aquí obviamente no es una transformación del carácter a la imagen de Cristo. John Murray lo explica así: «la santificación de que habla Pablo ... tiene que ser una santificación de privilegio, de unión y de intimidad.»[23]

Pero si, por otra parte, el cónyuge incrédulo no desea quedarse y decide irse, entonces «sepárese; pues no está el hermano o la hermana sujeto a servidumbre en este caso». Las razones aducidas son que Dios nos ha llamado a vivir en paz, y que el creyente no puede garantizar que ganará al incrédulo por insistir en perpetuar una unión que el incrédulo no esta dispuesto a mantener.[24]

Es importante comprender exactamente la situación que el apóstol tiene en mente y no hacer deducciones que no hallan su justificación en esta enseñanza. Pablo afirma que si el no creyente rehúsa quedarse, el creyente no está «sujeto a servidumbre», es decir, no tiene la obligación de permanecer con él o ella; de hecho, está eximido de la obligación misma del matrimonio.[25] Debemos destacar varios puntos acerca de la libertad que se atribuye aquí al cónyuge cristiano.

a. La libertad no es por causa de su conversión, sino por la no conversión del cónyuge y su negativa a permanecer unidos. Algunos cristianos invocan el llamado «realismo del evangelio», alegando que como por la conversión todas las cosas son hechas nuevas, un matrimonio contraído antes de la conversión no necesariamente obliga al creyente y, por lo tanto, éste puede contraer un nuevo matrimonio. Pero este tipo de razonamiento es peligroso. ¿Se cancelan por la conversión todos los compromisos contraídos con anterioridad, las deudas inclusive? De ninguna manera; la enseñanza de Pablo no ofrece ninguna base para tal argumento. Lejos de ello, lo contradice. La enseñanza no es que después de la conversión el cónyuge cristiano es inmundo por causa del no cristiano y que, por lo tanto, debe desembarazarse de la relación. Es exactamente lo opuesto: que el cónyuge no creyente «es santificado» por el creyente, y que por esa razón, el cristiano no debería tratar de escaparse. Es más, en los versículos 17-24 Pablo exhorta a los cristianos a permanecer en el mismo estado en el que se encontraban cuando Dios los llamó, y sostiene que nos es posible porque ahora estamos «con Dios».

b. La libertad del creyente no surge de una decisión suya de iniciar los trámites de divorcio sino de su renuente consentimiento al abandono de su cónyuge, o de la negativa de éste a quedarse. La iniciativa no debe ser del creyente. Al contrario, si el cónyuge no creyente desea quedarse, él «no la abandone» y ella «no lo abandone» (vv. 12,13). Lo máximo que Pablo llega a decir es que «si el esposo o la esposa no creyentes insisten en separarse» (v.15 VP), que se lo permitan.

c. La libertad del creyente no se puede basar en el abandono por cualquier razón, ni en el abandono por alguna forma de incredulidad (por ejemplo, la perspectiva católicorromana por la cual el matrimonio no es *ratum* si uno de los cónyuges no es bautizado), sino que se basa sólo específicamente en la negativa de la persona inconversa a seguir viviendo con su cónyuge cristiano por motivos religiosos. De modo que el «privilegio paulino» no ofrece un fundamento para el divorcio sobre la base del abandono en términos generales; ésta no es una opción cristiana.

Como síntesis de las enseñanzas bíblicas de los pasajes que hemos observado podemos hacer las siguientes afirmaciones:

1. En el principio Dios creó al hombre varón y mujer, y él mismo instituyó el matrimonio. Su propósito era y es que la sexualidad humana se

realizara en el matrimonio, y que el matrimonio fuese una unión de amor, exclusiva y permanente. Este es su ideal.

2. En ninguna parte de las Escrituras hay un mandamiento al divorcio, ni se lo alienta. Por el contrario, aun en el caso de tener justificación bíblica, es una triste y pecaminosa desviación del ideal divino.

3. El divorcio y el nuevo casamiento se permiten (no son obligatorios) en dos casos. En primer lugar, una persona inocente puede divorciarse de su cónyuge si este último ha cometido un grave acto de inmoralidad sexual. En segundo lugar, un cristiano puede consentir que su cónyuge inconverso lo deje, si este último se niega a seguir viviendo con él o ella. Sin embargo, en ambos casos el permiso se plantea en términos negativos y se concede con renuencia. Sólo cuando una persona se divorcia por causa de infidelidad, el nuevo matrimonio no es adúltero. Sólo cuando el inconverso insiste en separarse, el creyente deja de estar «sujeto».

El matrimonio como pacto

Una versión anterior y más breve de lo que acabo de exponer apareció en el número de otoño de 1971 de la revista *Churchman* y fue publicado al año siguiente. Mi postura fue criticada por el doctor David Atkinson en su libro *To Have and to Hold* (Tener y retener, 1979). Lo calificó de «legislativo» y expresó su inquietud en estos términos:

> El problema de su perspectiva es que en la práctica pastoral *puede* conducir a la clase de casuística que, a su vez, puede convertirse en un legalismo negativo. Se concentra en el adulterio físico pero deja de lado otros tipos de «infidelidad», y puede significar que la bendición de la iglesia sobre un segundo matrimonio está reservada sólo para aquellos que tengan la suerte (!) de que su antiguo cónyuge haya cometido adulterio contra ellos. Suscita el interrogante en cuanto a qué causa la ruptura del vínculo matrimonial.[26]

Efectivamente, la cantidad de problemas prácticos que nos acosan cuando insistimos en que la única causa legítima de divorcio es una «ofensa matrimonial», ha llevado a buscar un enfoque más flexible. El informe de la Iglesia Anglicana *Putting Asunder* (Sobre la separación, 1966), propone como alternativa el concepto de «fracaso irreparable», y la Ley de Reforma del Divorcio de 1969 se basó en él. Luego la comisión de la Iglesia Anglicana presidida por el profesor Howard Root, en el informe titulado *Marriage, Divorce and The Church* (Matrimonio, divorcio y la Iglesia, SPCK, 1971), examinó en mayor profundidad el concepto de que algunos matrimonios en efecto «mueren» aunque ambos cónyuges permanezcan con vida. Y unos años más tarde la comisión presidida por el

Obispo Kenneth Skelton de Lichfield, cuyo informe se denominó *Marriage and the Church's Task* (El matrimonio y la misión de la Iglesia, CIO, 1978), siguió una línea similar. ¿Puede hallarse una base bíblica para el abandono de la «ofensa matrimonial» como fundamento para el divorcio?

Está claro que en las Escrituras el matrimonio se considera un pacto; es más, un pacto de Dios —aunque sea entre dos seres humanos— (Pr. 2.17, literalmente), instituido por él y del cual él es testigo. En una carta que recibí hace unos años Roger Beckwith, director de Latimer House, enumeró los cinco términos del pacto matrimonial tal como él los concebía: 1) amor (como en todo pacto), pero en este caso amor matrimonial, que implica deberes específicos; 2) vivir juntos como una sola familia; 3) fidelidad al lecho matrimonial; 4) que el marido vele por el bienestar de la mujer; y 5) sumisión de la mujer al marido. Proponía además que si alguno de estos cinco términos fundamentales del pacto matrimonial es violado, la parte ofendida queda libre de los deberes correspondientes.

En el libro de David Atkinson, *To Have and To Hold*, que lleva el subtítulo de «El pacto matrimonial y la disciplina del divorcio», el autor desarrolla el concepto de pacto en más profundidad. Define un pacto como «un acuerdo entre dos partes basado en la promesa, que incluye los siguientes elementos: 1. el compromiso de fidelidad asumido por una de las partes para con la otra (o de cada parte para con la otra); 2. la aceptación de ese compromiso por la otra parte; 3. el conocimiento público de dicho compromiso y su aceptación; y 4. el crecimiento de una relación personal basada en dicho compromiso y como expresión del mismo».[27]

No es difícil aplicar tal definición de «pacto» al matrimonio, en especial porque en las Escrituras se usa el matrimonio humano como modelo del pacto de Dios con su pueblo, y el pacto de Dios como modelo para el matrimonio humano.[28] David Atkinson luego cita al profesor G. R. Dunstan en su desarrollo de esta analogía, y señala que tanto el pacto de Dios como el matrimonio humano comprenden: 1) una *iniciativa de amor*, que invita a una respuesta, de modo que se crea una relación, 2) una *promesa de compromiso*, que resguarda la unión de la inconstancia de las emociones, 3) *deberes de fidelidad*, 4) la *promesa de bendición* para quienes se mantienen fieles a las obligaciones del pacto, y 5) *sacrificio*, entregar la vida, especialmente en este caso morir a la antigua independencia y al egocentrismo.[29]

David Atkinson afirma luego que «la estructura del matrimonio como pacto da solidez a la concepción ... del matrimonio no como un estado metafísico indestructible, sino como un compromiso moral que se debe honrar».[30] Sin embargo, un pacto puede ser quebrantado. Pero «los pactos no se 'quiebran' solos; alguien los quebranta; en el divorcio se manifiesta el pecado además de la tragedia». De manera que, «desde una perspectiva moral bíblica, no podemos anular la categoría de 'ofensa matrimonial' sin caer en el concepto menos centrado en lo personal de 'fracaso irreparable'».[31] En cambio, «el modelo del pacto para el matrimonio ubica el divorcio dentro del área de la responsabilidad moral».[32] Y concluye que «cualquier acción que constituya infidelidad al pacto matrimonial, tan persistente e impenitente que haga imposible la reconciliación, puede ser suficiente para quebrar el vínculo matrimonial, de manera que libera al otro cónyuge de la promesa del pacto».[33]

El modelo de pacto para el matrimonio tiene muchos aspectos dignos de atención. En primer lugar, es un concepto netamente bíblico. Además, subraya la gran solemnidad que entraña tanto el contraer un pacto como el quebrantarlo: en el primer caso el énfasis está en el amor, el compromiso, el reconocimiento público, la fidelidad exclusiva y el sacrificio; y en el segundo, en el pecado de faltar a las promesas y romper una relación de amor. Sin embargo, debo confesar que lo que me resulta difícil es saber cómo fusionar los conceptos de lealtad al pacto y ofensa matrimonial. Comprendo por qué no se querría sustentar el permiso para el divorcio en dos ofensas. Pero si las Escrituras consideran que el pacto matrimonial es susceptible de ser quebrantado de diversas formas, ¿cómo explicamos la sola ofensa mencionada en la cláusula de excepción del Señor? La relación contemplada en el pacto matrimonial (la unión en «una sola carne») sin duda es mucho más profunda que la de otros pactos, ya sea un tratado de protectorado, un acuerdo comercial o aun un pacto de amistad. ¿No será cierto, pues, que ninguna otra cosa de menor gravedad que la violación (por infidelidad sexual) de esta relación fundamental puede quebrantar el pacto matrimonial?

En esta etapa de la discusión cabe observar el pacto matrimonial de Dios con «Jerusalén» (personificación de su pueblo), descrito detalladamente en Ezequiel 16. Dios le dice a Jerusalén: «y te di juramento y entré en pacto contigo ... y fuiste mía» (v. 8). Pero Jerusalén se prostituyó, o mejor dicho fue una esposa culpable de adulterio promiscuo (vv. 15-34). Por lo tanto, Dios dijo que la juzgaría «por las leyes de las adúlteras» (v. 38). No obstante, aunque su conducta fue peor que la de «su hermana menor» Sodoma (vv. 46-52), y aunque había menospreciado el juramento de Dios «para invalidar el pacto» (v. 59), Dios le dijo: «yo tendré memoria de mi pacto que concerté contigo en los días de tu juventud, y estableceré contigo un pacto sempiterno» (v. 60), lo que suponía arrepentimiento y perdón.

En mi opinión, debemos permitir que esta visión del pacto de Dios moldee nuestra comprensión del pacto matrimonial. El pacto matrimonial no es un pacto humano común, en el cual si una de las partes reniega de él, la otra parte puede renunciar a él. Se parece más al pacto de Dios con su pueblo. Según esta analogía (que se desarrolla en las Escrituras) sólo la infidelidad sexual fundamental rompe el pacto. Ni aun esto conduce necesaria o automáticamente al divorcio; en cambio puede ser una ocasión para la reconciliación y el perdón.

La realidad personal y pastoral

Este ha sido un capítulo extenso. Quizá algunos lectores se hayan irritado, por considerarlo ya sea demasiado árido y académico, o insensible a los profundos sufrimientos de aquéllos cuyos matrimonios se desmoronan, o alejado de las realidades del mundo occidental contemporáneo, o las tres cosas. Creo comprender sus reacciones. Sin embargo, era necesario examinar detenidamente el material bíblico, pues este libro trata del desarrollo de una perspectiva cristiana de los problemas actuales. Los discípulos de Jesucristo, los que lo son a conciencia, saben que la acción cristiana es imposible sin un pensamiento cristiano; no ceden a la tentación de tomar atajos. Al mismo tiempo, la adopción de una forma de pensar significa llegar a una decisión que tiene consecuencias prácticas. ¿Cuáles han de ser? Dada la extrema seriedad que las Escrituras asignan tanto al matrimonio como al divorcio, concluyo con cuatro necesidades pastorales urgentes.

1) *La necesidad de una enseñanza bíblica profunda sobre el matrimonio y la reconciliación*. Los pastores deben dar enseñanzas concretas acerca de ambos temas. En los sermones, en la escuela dominical y en los grupos de estudio debemos presentar ante la congregación a la que servimos el propósito y el ideal divinos de la fidelidad exclusiva, comprometida y permanente en el matrimonio. También debemos dar enseñanzas claras y prácticas sobre el deber de perdonar y la forma de hacerlo, ya que la reconciliación está en el corazón mismo del cristianismo. Hace ya algunos años que he adoptado una norma sencilla, que consiste en que cada vez que alguien me hace una pregunta sobre el divorcio, me niego a contestarla sin antes hablar acerca de dos temas: el matrimonio y la reconciliación. Este es un intento simple de imitar a Jesucristo en sus prioridades. Cuando los fariseos lo interrogaron con relación a las bases del divorcio, él los remitió a la institución original del matrimonio. Si per-

mitimos que nuestra preocupación se centre en el divorcio y sus razones, en vez de hacerlo en el matrimonio y sus ideales, caemos en el fariseismo. El propósito de Dios es el matrimonio y no el divorcio, y el evangelio trae las buenas nuevas de reconciliación. Debemos ver las Escrituras como un todo y no aislar el tema del divorcio.

2) *La necesidad de preparación para el matrimonio*. Por lo general, las parejas que se preparan para el matrimonio tienen elevados ideales para su futuro, y están abiertas a recibir ayuda, e incluso la ansían. Pero los pastores, siempre muy acosados, a menudo alcanzan a concederle a cada pareja sólo una entrevista, durante la cual los asuntos legales y sociales muchas veces desplazan las dimensiones espirituales y morales del matrimonio. Algunos pastores organizan cursos para grupos de parejas que se han comprometido, o los animan a ir a retiros especialmente orientados a parejas que planean casarse.[34] Otros les dan un libro o una lista de libros recomendados. Quizá lo mejor es buscar el apoyo de una pareja madura laica de la congregación, que esté dispuesta a tener varias charlas con la pareja antes de casarse, encontrarse con ellos después del casamiento y permanecer en contacto con ellos durante los primeros tiempos de adaptación.

3) *La necesidad de un servicio de reconciliación*. En el Reino Unido los agentes judiciales parecen ser las personas más involucradas con las parejas casadas y las familias que necesitan ayuda. Existen además organizaciones voluntarias de aconsejamiento matrimonial. Desearía que las iglesias estuvieran más activamente comprometidas en este ministerio, especialmente a nivel local. Supuestamente la reconciliación es asunto de los cristianos. Muchas más personas buscarían ayuda, y la buscarían en las etapas *tempranas* cuando más se la necesita, si supieran adónde acudir en busca de compasión, comprensión y consejo. Ciertos casos requerirán una terapia matrimonial especializada, pero en otros quizá sea suficiente un oído atento. Como afirma el doctor Jack Dominian, «la reconciliación matrimonial depende básicamente de la capacidad de los esposos de cambiar lo suficiente como para satisfacer las necesidades mínimas del otro».[35] Pero a menudo un amigo puede ser el catalizador que ayude a las personas a ver la necesidad de cambiar y anhelar el cambio.

Los cristianos norteamericanos han avanzado más que los británicos en este aspecto. En parte como resultado de la actual epidemia de juicios (en 1982 se entablaban 22.000 juicios por día), en 1977 la Sociedad Legal Cristiana tomó la iniciativa de establecer «el Servicio Cristiano de Conciliación». En respuesta al llamado de Cristo a sus seguidores a ser pacificadores, a su enseñanza de Mateo 18.15-17 y a la de Pablo de 1

Corintios 6.1-18, se propone resolver los conflictos y poner fin a las disputas (comerciales, maritales y de otras áreas de la vida) fuera de la corte. Así, ofrecen la mediación, la reconciliación y (si fracasan) el arbitraje, como alternativas al enfoque de las cortes oficiales, en el que desde un principio las partes son adversarias.[36]

4) *La necesidad del ministerio pastoral a los divorciados*. Como el matrimonio fue ordenado en la creación, los propósitos de Dios para este vínculo no varían; son los mismos para el mundo y para la Iglesia. El mundo no cristiano con frecuencia no será capaz o no estará dispuesto a cumplirlos por la dureza del corazón humano. Así es que seguramente tendrá su propia legislación para el divorcio, en tanto que corresponde tener expectativas más altas para la nueva comunidad de Cristo. Pues él reiteradamente dijo a sus seguidores que no sigan los caminos del mundo. «Pero no será así entre vosotros», dijo. Así pues, la Iglesia está llamada a no conformarse a las tendencias populares, sino a ser testigo del propósito de Dios de permanencia para el matrimonio.

No obstante, la «dureza del corazón» no se circunscribe al mundo no cristiano. Como en el caso del pueblo de Dios del Antiguo Testamento, también el pueblo del Nuevo Pacto necesita algunas concesiones a la falibilidad y el fracaso humanos; cada iglesia o denominación deberá elaborar sus propias normas. Por varias décadas la política de la Iglesia Anglicana ha sido la de negarse a casar por iglesia a cualquier persona cuyo cónyuge anterior aún viva, ofreciendo al mismo tiempo un ministerio de compasión y cuidado pastoral a los divorciados. Pero en 1981, revirtiendo el dictamen de 1978, el Sínodo General resolvió que «hay circunstancias en las que una persona divorciada puede casarse por iglesia en vida de su cónyuge anterior». De modo que se están buscando los medios por los cuales se permita a algunas personas divorciadas casarse por iglesia, lo cual parece ser correcto. Pues si Jesús y el apóstol Pablo permitían el divorcio y el casamiento en segundas nupcias en algunos casos, esta autorización para un nuevo comienzo debe «hacerse institucionalmente visible», para citar la expresión del profesor Oliver O'Donovan.[37]

¿Qué «medidas institucionales» debe adoptar la Iglesia? El profesor O'Donovan continúa: «El asunto fundamental es cómo hallará la forma de plasmar en ellas tanto su creencia en la permanencia del matrimonio como su creencia en el perdón del pecador arrepentido».[38] Se podría expresar la ambivalencia ya sea permitiendo el segundo casamiento en la iglesia (enfatizando el evangelio de la redención), incluyendo al mismo tiempo alguna forma de disciplina (como reconocimiento del ideal divino para el matrimonio), ya sea desautorizando el casamiento en la iglesia (enfatizando así el ideal), agregando asimismo una expresión de aceptación (como reconocimiento del evangelio). Personalmente me inclino por la primera opción. Pero antes de autorizar la ceremonia religiosa para el casamiento de una persona divorciada, la Iglesia debe manifestar su fidelidad a la revelación divina de dos formas. Debe cerciorarse de que el nuevo matrimonio está comprendido dentro de los casos bíblicamente permitidos, y de que la pareja en cuestión acepta el ideal divino de la permanencia del matrimonio.

En este caso la ceremonia religiosa, por razones de integridad, no puede ser idéntica a una ceremonia matrimonial normal. Debe incluir alguna expresión de arrepentimiento, ya sea en una reunión preliminar privada o si no, en la ceremonia pública misma. Ambas formas constituirían el reconocimiento de que todo divorcio, aun el bíblicamente permitido, se aparta del ideal divino. Esto no significa adoptar una postura orgullosa o paternalista de juicio hacia las personas involucradas; lejos de ello, implica confesar la mácula universal del pecado, en la cual nosotros mismos, así como ellos, estamos personalmente involucrados.

En todo este asunto permanecemos atrapados en la tensión entre la ley y la gracia, el testimonio de la verdad y la compasión, el ministerio profético y el cuidado pastoral. Por un lado, necesitamos valor para resistir los vientos de la permisividad, defender el matrimonio y oponernos al divorcio. El Estado seguirá elaborando sus propias leyes de divorcio, y la Iglesia puede haber acertado al proponer el concepto de «fracaso irreparable» como la base menos alejada de lo aceptable para la legislación en la sociedad secular. Pero la Iglesia también tiene que dar testimonio de la enseñanza divina de su Señor, y debe ejercer su propia disciplina. Por otro lado, nos propondremos participar con profunda compasión en el sufrimiento de aquellas personas cuyos matrimonios han fracasado, y especialmente de aquéllos a quienes no podemos recomendar a conciencia que busquen la salida por la vía del divorcio. En alguna oportunidad tal vez nos sintamos libres de recomendar la legitimidad de la separación sin divorcio, o aun del divorcio sin nuevo casamiento, fundándonos en 1 Corintios 7.11. Pero no tenemos la libertad de ir más allá de lo que nuestro Señor permitió. El conoce la voluntad de su Padre y se interesa por el bienestar de sus discípulos. La sabiduría, la rectitud y la compasión se hallan siguiéndolo a él.

Notas

1. Mt. 19.11ss; 1 Co. 7.7.
2. Mr. 12.25.

3. He. 13.4; 1 Ti. 4.1ss.
4. Ver «London Lectures in Contemporary Christianity», por O. Raymond Johnston, publicadas bajo el título *Who needs the Family?*, Hodder & Stoughton, 1979.
5. Jack Dominian, *Marriage, Faith and Love*, Darton, Longman & Todd, 1981, pp. 49-83. Ver también su libro anterior, *Christian Marriage*, Darton, Longman & Todd, 1965.
6. Ver Judson J. Swihart y Steven L. Brigham, *Helping Children of Divorce*, Inter-Varsity Press, Illinois, 1982.
7. Estadísticas tomadas de *Social Trends* No. 13, ed. Deo Ramprakash (HMSO, 1983), pp. 29-31; un artículo de John Witherow en *The Times*, 21 de noviembre de 1983; y *Spotlight* 2, un folleto publicado por la Oficina de Censos y Encuestas de Población (Office of Population Censuses and Surveys), HMSO, 1980.
8. George y Nena O'Neill, *Open Marriage: a new lifestyle for couples*, Evans, Nueva York, 1972. Este libro es mencionado y citado por George J. Gilder en *Sexual Suicide*, Bantam, 1975, pp. 47ss.
9. John Williams, *For Every Cause?*, un estudio bíblico del divorcio, Paternoster, 1981, p. 12.
10. Jack Dominian, *Marital Breakdown*, Penguin, 1968, p. 42.
11. John Murray, *El divorcio*, Ediciones Evangélicas Europeas, 1979, p.16.
12. Dt. 22.20ss.; cf. Lv. 20.10.
13. Pueden encontrarse detalles en el tratado *Gittin* del Talmud babilonio. Ver también Eclo. 25.26.
14. William L. Lane, *The Gospel of Mark*, New International Commentary Series, Eerdmans y Marshall Morgan & Scott, 1974, p. 353.
15. James B. Hurley, *Man and Woman in Biblical Perspective,* IVP, 1981, pp. 22-28.
16. *The Biblical View of Marriage and Divorce*, tres artículos publicados en *Third Way* en octubre y noviembre de 1977, vol. 1, números 20-22.
17. Es cierto que en Marcos 10.3ss. Jesús utiliza el verbo «mandar», pero en ese caso parece referirse a la legislación mosaica en general, o, en particular, al acto de extender un certificado de divorcio.
18. C. E. B. Cranfield, en *The Gospel According to Mark*, Cambridge Greek Testament Commentary, CUP, 1959, pp. 319-320.
19. Mt. 19.9; Mr. 10.11; Lc. 16.18.

20. Mt. 5.32.; Lc. 16.18.
21. John Murray, *op. cit.* p. 48.
22. James B. Hurley, *op. cit.* p. 103, cf. también p. 111. Las conclusiones de John Murray son muy similares (*op. cit.* pp. 27-28).
23. John Murray , *op. cit.* p. 103.
24. 1 Co. 7.16 dice «¿qué sabes tú, oh mujer, si quizá harás salvo a tu marido? ¿O qué sabes tú, oh marido, si quizá harás salva a tu mujer?», entendiendo que la pregunta expresa duda, y hasta resignación. Puede ser, sin embargo, que el apóstol esté expresando esperanza. Como afirma F. F. Bruce, «un matrimonio mixto tenía, pues, potencialidades misioneras» (*New Century Bible*, 1971, p. 70). Por lo tanto, el cónyuge cristiano debe hacer todo lo posible para conservar el matrimonio.
25. En *The Teaching of the New Testament on Divorce*, William & Norgate, 1921, R. H. Charles afirma que, ya que en 1 Corintios 7.39 lo contrario de «ligada» es «libre para casarse», en v.9 «el derecho a un nuevo matrimonio se concede aquí al cónyuge creyente que es abandonado por el que no lo es» (p. 58).
26. David Atkinson, *To Have and To Hold*, The Marriage Covenant and the Discipline of Divorce, Collins, 1979, p. 28.
27. *Ibíd.*, p. 70.
28. *Ibíd.*, p. 71.
29. *Ibíd.*, pp. 75-76.
30. *Ibíd.*, p. 91.
31. *Ibíd.*, p. 151.
32. *Ibíd.*, p. 152.
33. *Ibíd.*, p. 154.
34. Care and Counsel, 146, Queen Victoria St., Londres EC4V 4BX.
35. *Marital Breakdown*, p. 61.
36. Ver Lynn R. Buzzard y Laurence Eck, *Tell It To The Church: Reconciling Out Of Court*, David C. Cook, 1982. La dirección de la Christian Legal Society es P.O. Box 2069, Oak Park, Illinois 60303, USA. Ver también *Reconciliation and Conciliation in the Context of Divorce*, Order of Christian Unity, 1982, y *Marriage Breakdown and Conciliation*, Board for Social Responsibility, Boletín No. 111, diciembre de 1982.
37. Oliver O'Donovan, *Marriage and Permanence*, Grove Booklet on Ethics No. 26, Grove Books, 1978, p. 20.
38. *Ibíd.* p. 21.

3

El dilema del aborto

El debate sobre el aborto es notoriamente complejo. Comprende aspectos legales, teológicos, éticos, sociales y personales. Además, es un tema con un fuerte elemento emocional, pues se vincula con los misterios humanos de la sexualidad y la reproducción, y a menudo entraña dilemas sumamente dolorosos.

Pero los cristianos no podemos eludir la adopción de una postura personal ni la participación en el debate público de este tópico, simplemente por su complejidad. En cambio, deberíamos darle especial prioridad por dos factores.

El primero es que el problema del aborto se relaciona nada menos que con las doctrinas cristianas de Dios y del hombre, o más precisamente, con la soberanía de Dios y el carácter sagrado de la vida humana. Todos los cristianos creen que Dios Todopoderoso es el único dador y sustentador de la vida y quien puede quitarla. Por un lado, «él es quien da a todos vida y aliento y todas las cosas» y «en él vivimos, y nos movemos, y somos». Por el otro, como el salmista le dice a Dios: «si les quitas el aliento, mueren y vuelven al polvo». En efecto, cada vez que alguien muere, la fe cristiana se esfuerza por afirmar con Job: «Jehová dio, y Jehová quitó; sea el nombre de Jehová bendito».[1]

De modo que para el cristiano tanto el dar la vida como el quitarla son prerrogativas divinas. Y si bien no podemos interpretar «no matarás» como una prohibición absoluta, ya que la misma ley que prohibía matar también lo mandaba en algunas situaciones (por ejemplo, la pena de muerte y la guerra santa), no obstante, quitar la vida humana es una prerrogativa divina que está permitida a los seres humanos sólo por mandatos divinos específicos. Fuera de esto, acabar con la vida humana es el colmo de la arrogancia. De allí la fuerte denuncia que la Madre Teresa hace del mal del aborto:

> Sólo Dios puede decidir sobre la vida y la muerte ... Esa es la razón por la cual el aborto es un pecado terrible. No sólo se está matando vida, sino que también se está poniendo el yo antes que a Dios. Sin embargo, las personas deciden sobre quién debe vivir y quién debe morir. Quieren erigirse en Dios todopoderoso. Quieren tomar el poder de Dios en sus propias manos. Quieren decir: «Yo puedo prescindir de Dios. Yo puedo decidir».[2]

En segundo término, la cuestión del aborto concierne a nuestra doctrina del hombre además de la de Dios, pues, por poco desarrollado que pueda estar el embrión, todos coinciden en que está vivo y es humano. Y cualquiera sea la relación que establezcamos entre el recién nacido y el nonato, inevitablemente entra en juego nuestra valoración del ser humano. Así pues, la actual práctica casi indiscriminada del aborto refleja un rechazo de la concepción bíblica de la dignidad humana. Es este aspecto de la situación el que más preocupa a Francis Schaeffer y Everett Koop en el libro y la película *Whatever Happened to the Human Race?* en el que tratan no sólo el problema del aborto sino también el del infanticidio y la eutanasia. Ellos aciertan al atribuir «la corrosión del carácter sagrado de la vida humana» a «la decadencia del cristianismo».[3]

De manera que, si el debate sobre el aborto es un desafío tanto a la soberanía divina como a la dignidad humana, el cristiano concienzudo no puede permanecer ajeno a él.

La revolución de la opinión pública

La segunda razón para tomar en serio este problema está relacionada con la revolución que ha ocurrido recientemente en la opinión pública. Ya sea que los médicos hicieran o no el juramento hipocrático (que data del siglo V a. de J.C.), antes generalmente se daba por sentado que asumían sus compromisos fundamentales:

> Adoptaré aquel método de tratamiento que, según mi capacidad y juicio, considere sea para el beneficio de mis pacientes, y me abstendré de todo lo que fuese nocivo y malicioso. No administraré una droga mortal a quien me la pidiere, ni aconsejaré su empleo; asimismo, no colocaré el pesario a una mujer para provocar el aborto.

Puesto que algunas de las cláusulas del juramento se han vuelto obsoletas, la Declaración de Ginebra (1948) lo actualiza, a la vez que agrega la promesa: «Mantendré sumo respeto por la vida humana desde el momento de la concepción.»

No se puede esperar que un país como Japón, cuyo porcentaje de cristianos es del uno por ciento de la población, refleje la concepción bíblica de la naturaleza sagrada de la vida humana (si bien es cierto que según la tradición budista toda forma de vida es sagrada). De modo que no nos sorprenden las estadísticas posteriores a la liberalización de las leyes de aborto de 1948. Durante los primeros ocho años se practicaron más de cinco millones de abortos, y en 1972 la cifra había aumentado a un millón y medio.[4]

Pero en Occidente, heredero de una tradición cristiana de siglos, nuestras expectativas tienden a ser mayores. En Inglaterra el aborto era ilegal hasta que la Ley para la Preservación de la Vida del Infante de 1929 estableció que ningún acto sería considerado delictivo «si fuere realizado en buena fe con la intención de salvar la vida de la madre». La Ley de Aborto de 1967 del señor David Steel fue considerada por muchos sólo una cautelosa extensión de la misma. Requería que dos médicos expresaran su opinión «formada en buena fe», en cuanto a que la continuación del embarazo implicaba 1) riesgo para la vida de la madre embarazada, o 2) y 3) riesgo de daño para ella o para la salud física o mental de los hijos sobrevivientes «mayor que el ocasionado por la interrupción del embarazo», o 4) «riesgo considerable de que si el niño naciera padecería de tales anormalidades físicas o mentales que supondrían un grado serio de discapacidad». Cualesquiera que fuesen las intenciones de la Asociación para la Reforma de la Ley de Aborto (que ideó el proyecto de ley) es indudable que los parlamentarios que la votaron no previeron la catástrofe que acarrearía. Antes que el proyecto se convirtiese en ley, el número de abortos practicados anualmente en los hospitales del Servicio Nacional de Salud de Inglaterra y Gales lentamente ascendió a seis mil cien (1966).[5]

En 1968 la cifra ya había llegado a veinticuatro mil y en 1973 se alcanzó la cifra pico de ciento sesenta y siete mil.[6] En 1983 ya se habían practicado más de dos millones de abortos legales desde 1967, año en que se aprobó la ley.

La situación en Estados Unidos es aun peor. En 1970 una señora tejana (que usaba el seudónimo de Jane Roe) quedó embarazada y decidió luchar contra la legislación antiaborto vigente en su estado. Inició un juicio contra el fiscal del distrito de Dallas, Henry Wade. En enero de 1973, en el famoso caso *Roe vs. Wade* la Corte Suprema de los Estados Unidos declaró inconstitucional la ley de Texas por siete votos contra dos.[7] El fallo impedía toda reglamentación del aborto durante los primeros tres meses de embarazo, y durante el segundo y tercer trimestres lo reglamentaba sólo con relación a la salud física y mental de la madre. Este fallo implícitamente autorizaba el aborto a solicitud en todas las etapas del embarazo. En 1969 el número de abortos legales era inferior a veinte mil. En 1975 superaba el millón, y en 1980 ya había llegado al millón y medio. Esto significa que en 1980 de cada mil «nacimientos» (naturales e inducidos), trescientos fueron abortos. De hecho, se abortan más de cuatro mil doscientos cincuenta bebés por día, ciento setenta y siete por hora, es decir, tres por minuto. En Washington DC, capital de Estados Unidos, el número de abortos supera el de nacimientos normales en una relación de tres a uno.[8]

En 1968 el número total de abortos legales e ilegales en todo el mundo se estimó entre treinta y treinta y cinco millones.[9] Desde entonces seguramente ha aumentado.

Estas cifras son tan abrumadoras que escapan a la imaginación. No creo que Francis Schaeffer y Everett Koop exageren cuando escriben sobre «La matanza de los inocentes», ni John Powell SJ cuando titula su conmovedora obra *Abortion: The Silent Holocaust* (Aborto: el holocausto silencioso).[10] Para que su argumento fuera aún más contundente, en la introducción presenta un cuadro de «bajas de guerra», en el que cada cruz representa cincuenta mil norteamericanos caídos en combate. Las guerras de Corea y de Vietnam sólo tienen una cruz cada una. La Primera Guerra Mundial tiene dos cruces y media, y la Segunda Guerra once. Pero «la Guerra contra los nonatos» tiene nada menos que doscientas cuarenta cruces, que representan los doce millones de abortos legales practicados hasta principios de 1981.

Cualquier sociedad que tolera estas cosas, y peor aun que las favorece mediante la legislación, ha dejado de ser civilizada. Uno de los principales signos de decadencia del Imperio Romano era que se «exponía» a los bebés no deseados, es decir, se los abandonaba a la intemperie y se los dejaba morir. ¿Podemos argumentar que la sociedad occidental contemporánea sea menos decadente porque envía los bebés no deseados al incinerador de un hospital en vez de abandonarlos en el basurero municipal? De hecho el aborto moderno es aun peor que el antiguo abandono ya que se ha comercializado, y se ha vuelto, por lo menos para algunos médicos y algunas clínicas, una práctica sumamente lucrativa.[11] Pero el respeto por la vida humana es una característica indispensable para una sociedad civilizada y humanitaria.

El punto clave

Los defensores de una política de aborto laxa y los defensores de una estricta parten de posiciones opuestas.

Los abortistas destacan los derechos de la madre, especialmente el derecho que tiene a elegir; los antiabortistas subrayan los derechos del niño nonato, especialmente el derecho a la vida. Los primeros consideran al aborto como poco más que un anticonceptivo retroactivo; los segundos como poco menos que un infanticidio prenatal. Los defensores del aborto apelan a la compasión (aunque también a la justicia de los que ellos consideran ser los derechos de la mujer); citan situaciones en las que, si se permite que el embarazo no deseado llegue a término, la madre y/o el resto de la familia soportarían tensiones intolerables. Los opositores del aborto apelan especialmente a la justicia; hacen hincapié en la necesidad de defender los derechos del niño nonato quien es incapaz de defenderse a sí mismo.

Aquellos que se oponen al aborto fácil no carecen de compasión. Reconocen las dificultades y aun la tragedia que a menudo causa la llegada de un hijo no planeado. Por ejemplo, una madre embarazada ya está agobiada por las demandas de una familia numerosa. Su hogar ya está superpoblado y el presupuesto ya no alcanza. Una boca más para alimentar sería una carga económica demasiado pesada. La familia simplemente no podría hacer frente a la llegada de otro hijo. O tal vez la madre es la que gana el sustento (porque es viuda o divorciada, o porque su marido está enfermo o desocupado); tener otro hijo arruinaría la familia. O el marido es violento o cruel, tal vez alcohólico o psicópata, y su mujer no se arriesgaría a poner a otro niño bajo su influencia. O tal vez es soltera y cree que no puede enfrentar el estigma o las desventajas que ella y su hijo deberán soportar como familia de un solo progenitor. O se trata de una estudiante a quien un embarazo dificultaría los estudios y la carrera. O tal vez el embarazo sea consecuencia de adulterio, incesto o violación, y éstas ya son tragedias lo suficientemente serias como para agregarles la carga de un hijo no deseado. O la madre ha contraído rubéola o se ha realizado una ecografía y teme que su hijo sea mogólico o tenga alguna otra deficiencia.

Todos estos casos y muchos más causan gran sufrimiento personal y nos mueven a la sincera compasión cristiana. Resulta fácil comprender por qué algunas mujeres en estas circunstancias optan por el aborto, que les parece la única salida, y por qué algunos médicos interpretan la ley lo más liberalmente posible para poder justificarlo.

Pero los cristianos que confiesan a Jesucristo como Señor y desean vivir bajo la autoridad de su verdad, justicia y compasión, no pueden ser meramente pragmatistas. Debemos preguntarnos qué principios están en juego. Nuestra compasión requiere pautas teológicas y morales; si la manifestamos a costa de la verdad o de la justicia, deja de ser genuina compasión.

De manera que el punto clave es moral y teológico; específicamente se refiere a la naturaleza del feto (*fetus* del latín «descendencia»). ¿Qué concepto debemos tener del embrión en el interior del útero materno? Nuestra valoración del feto determinará nuestra actitud hacia el aborto. No es mi intención referirme a la ingeniería genética, la fertilización *in vitro* y la experimentación embrionaria, en las cuales entran en juego otras cuestiones de principio. No obstante, en estas áreas el problema principal es el mismo, a saber: ante Dios, ¿cuál es la condición de un óvulo fecundado, ya sea en el útero o en un tubo de ensayo?

Rechazamos como absolutamente falso y sumamente abominable el argumento según el cual el feto es sólo un bulto de gelatina, una masa de tejido o una malformación en el útero materno, que por lo tanto puede ser extirpado y destruido como si se tratara de un diente, las amígdalas o un tumor. Sin embargo, al parecer hay quienes adoptan esta postura extrema. Por ejemplo, K. Hindell y Madelaine Simms (partidarios del aborto) han escrito que «desde el punto de vista médico y legal, el embrión y el feto son simplemente partes del cuerpo de la madre, y aún no humanos».[12] Estas personas insisten en que el feto pertenece a la mujer que lo lleva en su interior, que de ninguna manera puede considerárselo independiente de ella o como un ser humano por derecho propio, que su extracción es comparable a la extirpación de cualquier otro tejido no deseado y que la decisión de abortar o no le corresponde enteramente a la mujer. Como es su cuerpo, la decisión también es suya. Nadie más (y menos un hombre, dirían las feministas) tiene voz en el asunto. No se puede obligar a una mujer liberada a que dé a luz un hijo; ella tiene pleno control de sus propios procesos y capacidades reproductivos.

En junio de 1983, después de una concentración multitudinaria en Hyde Park, convocada por la Sociedad Protectora de los Niños Nonatos, marchamos hacia la residencia de la primer ministro para presentarle una petición. A la altura de Whitehall (el asiento de las más altas autoridades gubernamentales de Gran Bretaña) un grupo de mujeres jóvenes comenzó a entonar el estribillo:

> La Iglesia, no; el Estado, no;
> que la mujer decida su destino.

Me acerqué hasta ellas para reclamar pacíficamente que nuestra concentración y marcha no se centraba tanto en el destino de la mujer, sino en el de su hijo nonato. La única respuesta que obtuve fue una sarta de obscenidades irreproducibles, y un comentario algo obvio acerca de mi incapacidad para dar a luz un hijo. No quiero decir que estaban completamente erradas. Pues debo reconocer que el aborto es más un problema de la mujer que del hombre. Ella es quien ha quedado embarazada, tal vez sin su consentimiento, quien debe sobrellevar el embarazo, y quien deberá hacerse cargo de los primeros cuidados del bebé. El hombre fácilmente olvida estos puntos. No obstante, el niño tiene derechos propios antes y después de nacer, y son esos derechos los que las jóvenes de Whitehall no reconocían.

El hecho de que el embrión, aunque se encuentre dentro del cuerpo de la madre, no forma parte de éste, no es sólo una verdad teológica sino también fisiológica. Esto es cierto en parte porque el niño tiene un genotipo distinto del de la madre y también porque todo el proceso de gestación, desde la ovulación hasta el nacimiento, puede considerarse como una especie de «expulsión» del niño con vistas a su independencia final.

Existe un segundo grupo de personas que intentan establecer el momento decisivo de la «humanización» del embrión en algún punto entre la concepción y el nacimiento. Algunos eligen la implantación, cuando el óvulo desciende por la trompa de Falopio y se adhiere a la pared del útero, cuatro o cinco días después de la fecundación. Es cierto que la implantación es una etapa indispensable en el desarrollo del feto y que el mayor número de abortos espontáneos (a menudo causados por anomalías del feto) se producen antes de este momento. Pero con la implantación sólo cambia el medio del feto y no su constitución. Las generaciones pasadas pensaban que el momento en que la madre comenzaba a sentir el movimiento del bebé coincidía con el tiempo en que se infundía el alma al niño, o al menos que era la evidencia de ello. Pero en la actualidad sabemos que los movimientos del niño no comienzan en ese momento, sino que es entonces cuando la madre comienza a percibirlos. Una tercera opción es la de «viabilidad», el tiempo en que el feto, si naciera prematuro, sería capaz de sobrevivir. Pero las técnicas médicas modernas cada vez adelantan más ese momento. La cuarta opción es considerar al nacimiento mismo como momento crucial. Esta fue la postura adoptada por Rex Gardner en su libro *Abortion: The Personal Dilemma* (Aborto: el dilema personal, 1972). Dice así: «En mi opinión, mientras que el feto debe ser valorado cada vez más a medida que se desarrolla, debemos considerar su primer aliento al nacer como el momento en que Dios le da no sólo la vida, sino el ofrecimiento de la Vida.» Luego cita Génesis 2.7 como evidencia bíblica, y hace referencia al momento en que

Dios sopló «aliento de vida» en la nariz del hombre. Además apela a la experiencia común: «se suele oir un suspiro de alivio general en la sala de partos cuando el bebé toma el primer aliento».[13] Es cierto que no se realiza ningún funeral para los bebés que mueren antes de nacer, y que las Escrituras generalmente se refieren al comienzo de la «nueva vida» a partir del «nuevo nacimiento». Pero esto no resuelve el problema porque las Escrituras también hacen referencia a que Dios nos «engendró» y a la «simiente» que lleva al nuevo nacimiento.[14] Además, las fotografías del niño tomadas antes de nacer muestran que no existe una diferencia fundamental entre el nonato y el recién nacido: ambos dependen de la madre, aunque de maneras distintas.

El tercer grupo de personas, al que en mi opinión deberían pertenecer todos los cristianos aunque formulen el asunto de diferentes maneras y saquen conclusiones diferentes, toma la concepción o la fusión como el momento decisivo que da comienzo al ser humano. Esta es la opinión oficial de la Iglesia Católica Romana. Por ejemplo, en 1951 el Papa Pío XII en su discurso a la Sociedad Católica Italiana de Parteras afirmó: «El bebé, aún por nacer, es un ser humano en el mismo grado y por la misma razón que la madre».[15]

De un modo similar, muchos protestantes afirman que no existe ningún punto entre la concepción y la muerte, del cual podamos decir «a partir de ese momento empecé a ser una persona, pero antes no lo era». Pues ciertamente el feto está vivo y la vida que posee es vida humana. En efecto, muchos profesionales de la medicina que no profesan el cristianismo reconocen este hecho. Así pues, en la Primera Conferencia Internacional sobre el Aborto, llevada a cabo en Washington DC en 1967, se declaró: «No encontramos ningún punto en el tiempo entre la unión del esperma y el óvulo y el nacimiento del niño en el cual se pueda negar que se trate de una vida humana».[16]

El fundamento bíblico

En mi opinión, la base escritural más sólida para esta postura es la que se encuentra en el Salmo 139, en el que el autor se maravilla ante la omnisciencia y omnipresencia de Dios, y durante su meditación hace importantes afirmaciones acerca de la existencia prenatal. Por cierto, el Salmo 139 no pretende ser un tratado de embriología. En él abundan las imágenes poéticas y el lenguaje figurativo (por ejemplo, v. 15 «fui ... entretejido en lo más profundo de la tierra»). Sin embargo, el salmista afirma por lo menos tres verdades importantes.

La primera se refiere a la *creación*. «Porque tú formaste mis entrañas; Tú me hiciste en el vientre de mi madre» (v. 13). Se emplean dos metáforas familiares para ilustrar la capacidad creativa de Dios: el alfarero y el tejedor. Dios es como un artesano experto, que lo «creó» (o mejor dicho lo «formó»), tal como un alfarero modela la arcilla. El mismo pensamiento se repite en Job 10.8, donde Job afirma que las manos de Dios lo «hicieron» y lo «formaron» (RV) o lo «plasmaron» (BJ). La otra figura es la del tejedor que lo ha «tejido» (v. 13BJ). Asimismo, Job afirma: «Me vestiste de piel y carne, y me tejiste con huesos y nervios» (10.11). En consecuencia, el salmista prosigue: «yo te doy gracias por tantas maravillas: prodigio soy, prodigios son tus obras» (v. 14BJ).

Si bien los autores bíblicos no se proponen ofrecer un informe científico del desarrollo fetal, no obstante afirman (con imágenes familiares del antiguo Cercano Oriente) que el proceso de crecimiento embrionario no es automático ni producto del azar, sino que es obra de la capacidad creativa divina.

El segundo factor que el salmista destaca es la *continuidad*. En el presente es un adulto, pero echa una mirada al pasado hasta el tiempo en que aún no había nacido. Hace referencia a sí mismo antes y después de nacer con los mismos pronombres personales «yo» y «mí», pues es consciente de que durante su vida pre y posnatal era la misma persona. Reconoce en su vida cuatro etapas. La primera (v. 1) «tú me has examinado» (el pasado). La segunda (vv. 2, 3VP) «tú conoces todas mis acciones; ... ¡sabes todo lo que hago!» (el presente). La tercera (v. 10), «me guiará tu mano» (el futuro). Y la cuarta (v. 13), «tú me hiciste en el vientre de mi madre» (la etapa prenatal). En las cuatro etapas (antes del nacimiento, desde el nacimiento hasta el presente, en el presente, y en el futuro) se refiere a sí mismo como «yo». Aquél que piensa y escribe ya de adulto tiene la misma identidad personal que el feto que estaba en el vientre de su madre. No reconoce ninguna discontinuidad entre su ser pre y posnatal. Al contrario, dentro y fuera del vientre de su madre; antes y despúes del nacimiento; como embrión, bebé, joven y adulto, es consciente de ser la misma persona.

La tercera verdad que el salmista expresa la llamaré *comunión*, pues reconoce una comunión personal y muy particular entre Dios y él mismo. Es el mismo Dios que lo creó quien ahora lo sustenta, lo conoce y ama, y quien por siempre lo sostendrá firmemente. El Salmo 139 es quizá la declaración más radicalmente personal del Antiguo Testamento sobre la relación individual de Dios con el creyente. La relación «yo-tú» se expresa en casi todas las líneas. El pronombre personal o el posesivo de la primera persona (yo-me-mi) aparecen en el salmo veintisiete veces y los de la segunda persona (tú-tu) veintitrés. Más importante que la relación «yo-tú» es el reconocimiento de la relación «tú-yo», de que Dios lo conoce, lo rodea, lo sostiene (vv. 1-6), y de la fidelidad del pacto de Dios por el cual nunca lo abandona ni lo deja ir (vv. 7-12).

De hecho, quizá «comunión» no sea la mejor palabra para describir este reconocimiento, porque el término implica una relación recíproca, mientras que el salmista da testimonio de una relación que Dios ha establecido y que Dios sostiene. Por ello tal vez «pacto» resulte más adecuada; y se trata de un pacto unilateral, o pacto de «gracia» que Dios inició y que Dios mantiene. Pues Dios nuestro Creador nos amó y se relacionó con nosotros mucho antes de que nosotros pudiéramos responderle en una relación consciente. Por lo tanto, lo que nos hace personas no es el hecho de que conozcamos a Dios, sino que él nos conoce a nosotros; no que lo amemos a él sino que él ha derramado su amor sobre nosotros. De manera que cada uno de nosotros ya era una persona en el vientre materno, porque Dios ya nos conocía y nos amaba.

Estas tres palabras (creación, continuidad y comunión o pacto) nos dan la perspectiva bíblica esencial para desarrollar nuestro pensamiento. El feto no es una formación en el cuerpo de la madre, ni un ser humano en potencia, sino que ya es una vida humana que, si bien todavía no ha madurado, tiene la potencialidad de crecer hasta la plenitud de la individualidad humana que *ya* posee.

Otros pasajes bíblicos expresan el mismo sentido de continuidad personal por gracia divina. Varias veces en los libros de la sabiduría del Antiguo Testamento se expresa la convicción de que Dios fue «El que en el vientre me hizo a mí» (Job 31.15; Sal. 119.73) aunque no sepamos cómo lo hizo (Ec. 11.5), y «el que me sacó del vientre», y quien por lo tanto «desde el vientre de mi madre» ha sido mi Dios (Sal. 22.9, 10; 71.6). Los profetas también compartían esta creencia, ya sea con respecto al individuo como, por ejemplo, Jeremías («Antes que te formase en el vientre te conocí», 1.5), o al «siervo de Jehová» (a quien el Señor formó y llamó en el vientre de la madre, Is. 49.1, 5) o, por analogía, a la nación de Israel (Is. 46.3, 4). Las consecuencias de estos textos sobre la continuidad personal no pueden ser eludidas mediante una analogía con las afirmaciones del Nuevo Testamento en el sentido de que Dios nos «escogió» en Cristo y nos «dio» su gracia en Cristo «antes de la creación del mundo» (por ejemplo, Ef. 1.4; 2 Ti. 1.9). El argumento sería entonces que así como no existíamos antes del principio de los tiempos excepto en la mente de Dios, de la misma manera carecíamos de existencia personal en el vientre, aunque se dice de Dios que nos «conocía» en ambos casos. La analogía es inexacta, pues las situaciones son diferentes. En los pasajes relacionados con la «elección», el énfasis es en la salvación por gracia y no por obras y, por lo tanto, en que Dios nos eligió antes de que existiésemos o fuésemos capaces de realizar buenas obras. Pero en los pasajes relativos a la *vocación* (ya sea el llamado de un profeta como Jeremías o de un apóstol como Pablo, cf. Gá. 1.16), el énfasis no recae sólo en la elección por gracia de Dios sino en el hecho de que él los «formó» o «moldeó» para ese servicio en particular. No se refiere a «antes de la creación del mundo», ni a «antes de la concepción», sino a «antes del nacimiento», antes de que estuvieran plenamente «formados», es decir, mientras aún estaban siendo «moldeados» en el vientre. La continuidad personal antes y después del nacimiento es una parte esencial de esta enseñanza.

Existe sólo un pasaje en el Antiguo Testamento en el que algunos han interpretado que se le resta valor al feto humano, a saber: Exodo 21.22-25.[17] La situación que contempla no está en discusión. Durante la pelea entre dos hombres, por accidente golpean a una mujer embarazada quien en consecuencia pierde el bebé o da a luz prematuramente. El castigo que se debía imponer dependería de la gravedad del daño causado. Si el daño no era grave, se fijaría una multa; si era grave, correspondería la retribución exacta, «vida por vida», etc. Algunos han sostenido que la primera categoría (ningún daño grave) implica la muerte del bebé, mientras que la segunda corresponde a un daño grave ocasionado a la madre, y que por lo tanto, la simple imposición de una multa en el primer caso sugiere que se otorgaba menos valor al feto que a la madre. Sin embargo, ésta es una interpretación gratuita. Es mucho más probable que la escala del castigo debía corresponder al grado del daño, ya sea causado a la madre o al hijo, en cuyo caso se daba el mismo valor a la madre y al hijo.

Consideremos el Nuevo Testamento. Con frecuencia se ha señalado no sólo que cuando María y Elisabet se encontraron, embarazadas ambas, el bebé de Elisabet (Juan el bautista) «saltó en su vientre» en un saludo al bebé de María (Jesús), sino también que aquí Lucas emplea la palabra *bréfos* para referirse a un niño sin nacer (1.41, 44), la misma que utiliza luego al referirse al recién nacido (2.12, 16) y a los niños que traían a Jesús para que los bendijera (18.15).

Esto concuerda plenamente con la continuidad que la tradición sostiene acerca de Jesucristo en el Credo Apostólico, que declara que «fue concebido por el Espíritu Santo, nació de la Virgen María, sufrió bajo Poncio Pilato, fue crucificado, muerto y enterrado, ... y al tercer día resucitó ...» A lo largo de estos acontecimientos, de principio a fin, Jesús era y es el mismo Jesús que fue concebido en el vientre de su madre virgen.

La ciencia médica moderna confirma esta enseñanza bíblica. Recién en la década del sesenta se llegó a descifrar el código genético. Ahora sabemos que el momento en que el óvulo es fecundado por la penetración del esperma, los veintitrés pares de cromosomas están completos; el cigoto tiene un genotipo único que es distinto del de ambos padres; el sexo, el tamaño y la forma, el color de la piel, los ojos y el pelo, el temperamento y la inteligencia del niño ya están determinados. Cada ser humano comienza siendo una única célula fecundada, mientras que un adulto tiene alrededor de treinta billones de células. Entre estos dos momentos (la fusión y la madurez) median cuarenta y cinco generaciones de división de células, cuarenta y una de las cuales ocurren *antes del nacimiento*.

La fotografía médica prenatal ha revelado aún más acerca de las maravillas del desarrollo fetal. Pienso especialmente en las asombrosamente hermosas fotos del libro *A Child is Born* (Nace un niño), del fotógrafo sueco Lennart Nilsson.[18] A las tres semanas o tres semanas y media, el corazoncito comienza a latir. A las cuatro, aunque el feto sólo mide alrededor de un centímetro, ya se distinguen la cabeza y el cuerpo, como también la boca, las orejas y los ojos apenas rudimentarios. A las seis o siete semanas se detecta el funcionamiento cerebral, y a las ocho (el momento en que se comienzan a practicar los abortos) ya se reconocen todos los miembros del cuerpo, incluidos los dedos de las manos, las huellas digitales y los dedos de los pies. A las nueve o diez semanas el bebé ya usa las manos para asir y la boca para tragar, y hasta puede chuparse el dedo. A las trece semanas, el primer trimestre, el embrión está completamente organizado, y en el vientre de la madre se encuentra un bebé en miniatura; es capaz de cambiar de posición, de responder al dolor, al sonido y a la luz, y hasta de tener un ataque de hipo. En adelante el niño simplemente aumenta de tamaño y desarrolla más fuerza. Hacia el fin del quinto mes y principios del sexto (antes de finalizar el segundo trimestre, y cuando el embarazo aún no ha llegado a las dos terceras partes de su desarrollo), el bebé ya tiene pelo, pestañas, uñas y tetillas, y ya puede llorar, asir con fuerza, golpear con el puño y patear (esto sucede a veces después de un aborto practicado por histerotomía, lo cual provoca gran angustia en el equipo médico).

Las madres embarazadas corroboran estos hechos con su propia experiencia al expresar su sentido de llevar en su vientre una criatura viva. Es cierto que los padres a veces le dan a su pequeño un sobrenombre cómico, especialmente si todavía no saben el sexo. Pero también dicen con orgullo: «Tenemos un bebé en camino.» Durante el embarazo una madre dijo que se «sentía madre de una persona, con determinadas responsabilidades antes del nacimiento, y otras después». Otra madre escribió: «Sé que se trata de una persona y que, por lo tanto, tiene sus propios derechos delante de Dios.»

Un debate cristiano contemporáneo

No nos ajustaríamos a la verdad si afirmáramos que todos los cristianos comparten un mismo punto de vista con respecto a este problema, ni siquiera todos los cristianos que buscan someterse a la autoridad de las Escrituras. Una diferencia marcada ha surgido a partir de un seminario interdisciplinario de teólogos y médicos, que se llevó a cabo en 1983, auspiciado conjuntamente por el London Institute for Contemporary Christianity y el Christian Medical Fellowship. El discurso de apertura lo pronunció el canónigo Oliver O'Donovan, profesor de teología moral y pastoral en la Universidad de Oxford. Tituló su discurso: «¿Y quién es una persona?», y tomó como punto de partida la parábola del buen samaritano. Así como Jesús se negó a responder la pregunta «¿quién es mi prójimo?» proveyendo una serie de criterios, tampoco existen criterios (ya sea basados en la conciencia de uno mismo, en la razón o en el amor compasivo) sobre cuya base se pueda decidir quién es una «persona». En cambio, el buen samaritano identificó a su prójimo cuidándolo, ya que «la verdad de ser prójimo se conoce en el compromiso». Asimismo, la pregunta «¿quién es una persona?» no puede ser respondida con especulaciones. En cambio, llegamos a *reconocer* que alguien es una persona «sólo una vez que se ha asumido el compromiso moral de tratarlo/la como persona». Luego, llegamos a *conocerlo/la* como una persona, a medida que él o ella se nos va revelando en las relaciones personales. No es que nosotros *confiramos* al otro la condición de persona por nuestra decisión de tratarlo como persona, sino que su condición de persona se *revela* de esa forma. La condición de persona se manifiesta en las relaciones personales, aunque no se establece por ellas. Asimismo, antes de dedicarnos al servicio de una persona corresponde buscar evidencia acerca de si es adecuado hacerlo, ya sea por lo aparente o (en el caso del feto) por nuestro conocimiento científico de su genotipo único. De modo que se dan tres etapas. En primer lugar debe haber un reconocimiento por el cual es adecuado relacionarse con una persona como persona. Luego sigue el compromiso, el interés por él como persona. En tercer lugar sigue el encuentro: «a quienes *tratamos* como personas cuando aún no han nacido, los llegamos a *conocer* como personas, una vez que son niños». En estas tres etapas se reconoce que el desarrollo hasta el encuentro personal es gradual, mientras que se afirma la realidad de la condición de persona desde el momento de la concepción.[19]

En un ensayo que no ha sido publicado titulado «La lógica de los orígenes» el profesor Donald MacKay, director del Departamento de Investigación de Comunicación y Neurociencia de la Universidad de Keele, replica al razonamiento del profesor O'Donovan. Dice así: «Las cosas adquieren existencia de diversas formas.» Por ejemplo, los artefactos (como un auto) se montan pieza por pieza, las nubes se forman por condensación, una mezcla explosiva de gas y aire se desarrolla gradualmente, mientras que los animales y las plantas crecen. Cada uno de estos procesos tiene un producto final (un automóvil, una nube, una explosión, una planta o un animal maduro), pero nos es difícil percibir el momento exacto en el que éste comienza a existir, o la naturaleza exacta del cambio que se produce cuando esto sucede. Esto lleva a Donald MacKay a criticar el lenguaje de «potencialidad». Sin duda, el comienzo de todo proceso tiene la potencialidad de lograr su producto final, dadas las condiciones necesarias; pero esto no justifica las afirmaciones ontológicas sobre las etapas anteriores. Por ejemplo, un auto resultará de diversos componentes, si es que se los monta bien; pero no nos referimos a las partes en términos de un «automóvil en potencia», pues quizá acaben en el montón de chatarra. ¿Corresponde, pues, que nos refiramos a un óvulo fecundado como «un ser humano en potencia»? Sí corresponde, por cuanto alcanzará la madurez si la gestación evoluciona normalmente, pero no si esto nos lleva a atribuir al óvulo las propiedades específicas del producto final. El valor del lenguaje de la «potencialidad» es que subraya la importancia de los comienzos, las expectativas y las obligaciones resultantes. El peligro es suponer que todos los atributos y los derechos del producto final ya pertenecen a su principio, pues no le pertenecen, aunque exista una línea de continuidad directa entre el producto final y su principio.

Donald MacKay concluye diciendo que antes de que el feto pueda ser debidamente considerado un «agente personal consciente», hay ciertos requisitos de procesamientos de información necesarios para la autosupervisión. Esto no significa reducir a la persona a un cerebro, sino que la persona no puede ser incorporada en una estructura que carece de un sistema de autosupervisión por falta de un adecuado desarrollo cerebral. «La capacidad de mantener la condición de persona consciente es una propiedad del sistema nervioso central.» Por un lado, ei óvulo fecundado es una «estructura física con el repertorio de potencialidades más rico y más extrañamente misterioso que el hombre haya conocido», pues puede desarrollarse hasta llegar a ser «la encarnación de un nuevo ser humano a la imagen de Dios, amado por Dios, lleno de potencialidades de importancia no sólo terrena sino también eterna». Por otro lado, considerarlo como «una persona con los derechos de una persona» sería una concesión inaceptable.[20]

En suma, Oliver O'Donovan insiste en que el feto es una persona desde el momento de la fusión, y que por lo tanto debemos dedicarnos a su cuidado, aunque su condición de persona sólo se revelará más adelante en las relaciones personales. Donald MacKay coincide en que desde el momento de la fusión el feto tiene vida biológica y un maravilloso repertorio de potencialidades, en tanto que sostiene que éste llega a ser una persona con derechos y necesidad de cuidado una vez que el desarrollo cerebral hace posible la autosupervisión.

El conflicto entre las posturas de los dos eruditos parecería ser irreconciliable. Sin embargo pienso que existe más terreno común entre ellos que el que se distingue a primera vista, y no creo que ninguno de los dos niegue las afirmaciones del otro en su totalidad. Donald MacKay pone énfasis en el desarrollo del feto, sin negar que el óvulo fecundado ya tiene un rico repertorio. Oliver O'Donovan pone énfasis en que desde el principio el feto tiene un genotipo único completo, y de hecho ya es persona, sin negar que su destino es alcanzar la madurez humana. ¿No es ésta básicamente la tensión entre el «ya» y el «todavía no» (con la cual nos ha familiarizado el Nuevo Testamento)? Tertuliano lo expresó nada menos que a fines del siglo II: «El también es un hombre que está por llegar a serlo; el fruto ya se encuentra en la semilla.»[21] En nuestros días Paul Ramsey lo ha manifestado así: «El individuo humano cobra existencia como una diminuta partícula de información ... El desarrollo prenatal y posnatal subsiguiente puede describirse como *el proceso de volverse lo que ya es* a partir del momento en que fue concebido.»[22] Lewis Smedes describe la condición del feto como una «profunda ambigüedad ontológica: la ambigüedad de no ser todavía y al mismo tiempo tener las cualidades esenciales de lo que será».[23]

Esto me lleva de nuevo al Salmo 139 y a la causa del sentido de continuidad del ser expresada por el salmista, a saber: el inmutable amor de Dios. En efecto, al pensar en el compromiso personal y amoroso de Dios con el niño nonato se me hace difícil aceptar las analogías con entes no personales (artefactos, nubes, gases, animales y plantas) que me propone Donald MacKay. La iniciativa soberana de Dios de crear y amar constituye el concepto bíblico de gracia. Donald MacKay se niega a atribuir la condición de persona al feto recién concebido porque aún no posee un cerebro para mantener la autosupervisión y establecer relaciones concientes. Pero supongamos que la relación vital que le confiere condición de persona al feto es el compromiso consciente y amoroso de Dios con él, en vez de ser el suyo con Dios. Una relación unilateral semejante es la de los padres que aman a su hijo, y se dedican a su cuidado y protección mucho antes de que el niño sea capaz de responder. Es precisamente la iniciativa unilateral la que hace que la gracia sea gracia. De hecho, es la gracia de Dios la que confiere al niño nonato, desde el momento de la concepción, tanto la condición única que ya posee como el destino único que luego heredará. Es la gracia la que mantiene unida esta dualidad de lo real y lo potencial, del «ya» y del «todavía no».

Consecuencias y conclusiones

¿Cómo influirá sobre nuestro modo de pensar y actuar nuestra valoración del carácter único del feto humano (cualquiera sea la forma en que la formulemos)?

En primer lugar, modificará nuestras actitudes. Como la vida de un feto humano es una vida humana, con la potencialidad de llegar a ser un ser humano maduro, debemos aprender a pensar en la madre y el niño nonato como en dos seres humanos en diferentes etapas de desarrollo. Los médicos y las enfermeras deben considerar que tienen dos pacientes y no uno solo, y deben procurar el bienestar de ambos. La actitud de los abogados y políticos debe ser similar. Como afirma la Declaración de las Naciones Unidas de los Derechos del Niño (1959), el niño necesita «cuidado y resguardo especiales, lo cual abarca una protección legal adecuada, antes y después del nacimiento». Los cristianos desearíamos agregar «cuidado especial antes del nacimiento», pues la Biblia tiene mucho que decir acerca de la preocupación de Dios por los indefensos, y las personas más indefensas son los niños que aún no han nacido. No tienen voz para defender su propia causa y se encuentran impotentes para defender su propia vida. Así pues, es nuestra responsabilidad hacer por ellos lo que ellos no pueden hacer por sí mismos.

Por lo tanto, todos los cristianos deberían coincidir en que el feto humano es en principio inviolable. El barón Michael Ramsey, al dirigirse a la asamblea de la iglesia como Arzobispo de Canterbury en 1967, proclamó:

> Debemos establecer como normativa la inviolabilidad del feto ... haremos bien en seguir teniendo por una de las mayores contribuciones del cristianismo al mundo la creencia en que el feto humano ha de ser reverenciado como el embrión de una vida capaz de llegar a reflejar la gloria de Dios...

Lo que hace que el aborto sea tan horrendo es esta combinación de lo que el feto humano ya es y lo que un día puede llegar a ser. ¿Cómo puede alguien conciliar las técnicas brutales de aborto con la noción de que el feto abortado es en potencia el reflejo de la gloria de Dios? El método más antiguo es el de dilatación y curetaje. Se dilata el cuello uterino para posibilitar la inserción de un instrumento, ya sea una «cureta» con la que se raspa la pared del útero hasta que el feto se corta en pedazos, ya sea un tubo de succión con el que también se lo desgarra en pedazos. El segundo método (empleado entre la décimo segunda y décimo sexta semana después de la concepción) consiste en inyectar una solución tóxica (generalmente salina) con una aguja larga a través del abdomen de la madre al saco amniótico que envuelve al feto, el cual se envenena, se quema y muere, y luego es expulsado «espontáneamente». En una etapa posterior del embarazo se emplea la cirugía; ya sea la histerotomía, que se asemeja a una cesárea (excepto que en este caso el bebé se extrae del útero para matarlo y no para salvarlo), o la histerectomía completa por la cual el útero y el feto se extirpan y eliminan juntos. El cuarto método, alternativo a la cirujía, es el uso de prostaglandina, una hormona que provoca el alumbramiento inmediato, a menudo del bebé vivo.

El conocimiento objetivo de estos procedimientos nos debería llevar a rever nuestro vocabulario. Los eufemismos populares nos ayudan a ocultar la verdad y engañarnos a nosotros mismos. El ocupante del vientre materno no es un «producto de la concepción» ni «material gamético», sino un bebé nonato. ¿Cómo podemos hablar de «dar término a un embarazo» si a lo que se da término no es sólo al embarazo de la madre sino a la vida del hijo? ¿Y cómo podemos llamar al aborto común de hoy en día «terapéutico» (término originalmente usado sólo cuando peligraba la vida de la madre), si el embarazo no es una enfermedad que requiera terapia y lo que el aborto provoca no es una cura sino una muerte? ¿Y cómo pueden algunos pensar en el aborto como un anticonceptivo, si lo que hace no es prevenir la concepción sino destruir al ser ya concebido? Debemos tener el valor de hablar con precisión. El aborto provocado es feticidio, la destrucción deliberada de un niño nonato, el derramamiento de sangre inocente.

¿De manera que el aborto no se justifica en ningún caso? Para responder a esta pregunta de un modo fiel y realista, los teólogos y los médicos se necesitan mutuamente. Hace falta más consulta interdisciplinaria: los teólogos provocan la impaciencia de los médicos, por ser poco prácticos y hacer declaraciones desde una torre de marfil, sin mucha vinculación con los crudos dilemas clínicos; y los médicos provocan la impaciencia de los teólogos, por ser pragmáticos y tomar decisiones clínicas independientemente de los principios teológicos. El principio en el que deberíamos estar de acuerdo está bien expresado en el primer objetivo de la Sociedad Protectora del Niño Nonato que dice así: «no se debe quitar la vida humana excepto en casos de necesidad perentoria». Quizá el profesor G. R. Dunstan tenga razón al afirmar que existe una ética del «feticidio justificable», por analogía con el «homicidio justificable».[24] Pero si aceptamos la inviolabilidad general del feto humano, luego cada excepción ha de ser estudiada rigurosa y específicamente. A partir de la sanción de la ley para la Preservación de la Vida del Infante (1929), el aborto para salvar la vida de la madre ha sido legal en Inglaterra, aunque no fue condonado por la Iglesia Católica Romana. Sin embargo, con el avance de las técnicas médicas modernas, rara vez surge este caso, aunque podemos imaginar la situación límite en la que un embarazo no deseado puede significar para una madre sobrecargada y neurótica la amenaza de una crisis tan profunda que la convertiría «física y mentalmente en una piltrafa»,[25] o incluso el riesgo de quitarse la vida. De acuerdo con las Escrituras la vida humana sólo se puede quitar para proteger y defender otra vida, por ejemplo, en defensa propia; no tenemos derecho a introducir muerte en una situación en la cual ésta no existe, ni en forma de amenaza.

¿Qué diremos del «riesgo sustancial» de que el niño nazca «con una seria discapacidad», que es la cuarta cláusula de la Ley de Aborto de 1967? Los estudios prenatales de punción y análisis del líquido amniótico permiten en la actualidad detectar anormalidades en el feto alrededor del cuarto mes. En ese caso, ¿se justifica moralmente el aborto? Hay muchos que consideran que sí. El doctor Glanville Williams se ha pronunciado enérgicamente sobre este punto: «Permitir la crianza de los defectuosos es un mal horrible, mucho peor que cualquier mal que pueda ser hallado en el aborto.»[26] Al analizar la tragedia de una madre que da a luz «un monstruo viable o un niño idiota», llegó a decir: «La muerte eugenésica causada por la madre, análoga a la muerte de los cachorros deformes ocasionada por la hembra, no puede ser declarada inmoral inequívocamente.»[27] ¿Cuál será la reacción de la conciencia cristiana frente a esta posibilidad? Ciertamente de repulsión. La única excepción sería un bebé anencefálico (que nace sin cerebro) o un niño con una malformación tal que le impidiera la supervivencia independiente; en estos casos se puede dejar que muera, pues esos fetos se consideran subhumanos y por lo general se hace referencia a ellos como «monstruos».

Pero hay por lo menos tres razones por las cuales este procedimiento tan drástico debe reservarse sólo para los casos más excepcionales y no debe extenderse a otras anormalidades (aunque sean graves). En primer término, hoy en día se dice con frecuencia que lo que importa no es si la vida es o no «sagrada» sino la «calidad» de vida, y que, por lo tanto, la vida de una persona con seria discapacidad no vale la pena ser vivida. Pero ¿quién se atreve a decidirlo? En mi opinión, el discurso más conmovedor de la concentración en Hyde Park en junio de 1983, antes referida, fue pronunciado por Alison Davis, quien habló desde una silla de ruedas y se describió a sí misma como «una adulta feliz con columna bífida». Además dijo: «Hay pocos conceptos más pavorosos que el pensar que determinadas personas estarían mejor muertas, y que por lo tanto se las puede matar *por su propio bien*». Un doctor, al escucharla decir que se alegraba de estar viva, «hizo una increíble observación diciendo que nadie puede juzgar la calidad de su propia vida, y que otras personas muy probablemente consideren que una vida como la mía es muy desgraciada.» Ella insistía que por el contrario, «muchas personas discapacitadas están perfectamente conformes con su calidad de vida». En definitiva, es el amor el que da calidad a la vida y hace que valga la pena ser vivida; y somos nosotros, sus prójimos, quienes podemos escoger entre darles amor a los discapacitados o no. Su calidad de vida está en nuestras manos.

En segundo término, una vez que se acepta que se puede matar un niño discapacitado antes de nacer, ¿por qué no se lo puede hacer después del nacimiento? De hecho, la práctica del infanticidio ya ha comenzado. Naturalmente, los médicos no usan esa palabra, y algunos tratan de convencerse de que dejar que los bebés se mueran de hambre no significa matarlos; «¡apuesto a que cambiarían de idea si se lo hiciésemos a ellos!», protestó Alison Davis. El hecho grave es que si la sociedad está dispuesta a matar a un niño nonato sobre la única base de que será discapacitado, no existe ninguna razón lógica por la cual el próximo paso no sea matar a los recién nacidos deformes, a la víctima comatosa de un accidente automovilístico, a los imbéciles y a los seniles. Pues los discapacitados se vuelven desechables cuando se juzga que su vida es «inútil» o «improductiva», y una vez más estamos frente al horror del Tercer Reich de Hitler.

Los cristianos antes bien coincidirán con Jean Rostan, biólogo francés quien sostuvo:

> Por mi parte creo que no hay vida tan degradada, rebajada, deteriorada o empobrecida que no merezca respeto y sea digna de ser defendida con celo y convicción ... Tengo la debilidad de creer que es un honor para nuestra sociedad anhelar el caro lujo de sustentar la vida de sus miembros inútiles, incompetentes y de los enfermos incurables. Hasta mediría el grado de civilización de una sociedad por el

nivel de esfuerzo y vigilancia que se impone a sí misma por simple respeto a la vida.[28]

Una tercera razón para no abortar a los discapacitados es que para los mortales falibles significaría asumir el papel de Dios. No tenemos autoridad para hacerlo, y quienes se la arrogan seguramente cometerán serios errores. Maurice Baring solía contar la historia de un médico que le preguntó a otro:

«Me interesa su opinión acerca de la interrupción del embarazo. El padre era sifilítico y la madre tuberculosa. De los cuatro hijos que tuvieron, el primero era ciego, el segundo murió, el tercero era sordomudo y el cuarto también era tuberculoso. ¿Qué hubiera hecho usted?»
«Habría interrumpido el embarazo.»
«Entonces habría asesinado a Beethoven.»[29]

En este debate debemos mantenernos en guardia contra las racionalizaciones egoístas. Temo que la verdadera razón por la cual decimos que la discapacidad grave sería una carga insoportable para un niño, si se le permitiera nacer, es en realidad que sería una carga insoportable para nosotros. Pero los cristianos debemos recordar que el Dios de la Biblia ha expresado su especial interés en cuidar y proteger a los débiles y discapacitados.

¿Qué debemos hacer, pues? En primer lugar, *debemos arrepentirnos*. Coincido con las palabras de Raymond Johnston, director de CARE, publicadas en un artículo de un periódico: «Personalmente, estoy convencido de que la muerte de los nonatos, en esta escala masiva y deliberada, es la mayor ofensa perpetrada regularmente en Gran Bretaña en nuestros días, y sería lo *primero* por lo que nos reprendería un profeta del Antiguo Testamento revivido.» El doctor Francis Schaeffer y el doctor Everett Koop dedican el libro y la película titulados *Whatever Happened to the Human Race?* (¿Qué le ha sucedido a la raza humana?) «A todos aquéllos a quienes se les ha arrebatado la vida: los nonatos, los débiles, los enfermos, los ancianos, durante la edad sombría de avaricia, lujuria, locura y egoísmo característicos de las últimas décadas del siglo veinte.» ¿Tenían razón al censurar a nuestra «iluminada» civilización occidental calificándola de «era sombría»? Por lo menos en este tema pienso que la tenían, y personalmente estoy avergonzado de que nosotros, los cristianos, no hemos sido «la luz del mundo» de acuerdo con la intención de Jesús.

En segundo lugar, *debemos asumir la responsabilidad plena de los efectos de una política de abortos más estricta*, si se lograra establecer. Si no estamos dispuestos a asumir el costo, la movilización para conseguirla sería hipócrita. No debemos provocar el aumento de los abortos ilegales. En cambio, nuestra tarea será ayudar a las madres embarazadas a superar aquello por lo cual se niegan a tener el bebé, y asegurarnos de que reciban todo el apoyo personal, médico, social y económico posible. Pues Dios nos manda: «Sobrellevad los unos las cargas de los otros, y cumplid así la ley de Cristo» (Gá. 6.2). Debemos cerciorarnos de que si bien algunos bebés no son deseados (ni amados) por sus padres, ninguno sea «no deseado» para la sociedad en general, ni para la iglesia en particular. No debemos vacilar en oponernos al aborto ni en abogar por el nacimiento de cada niño. El embarazo es un período de inestabilidad emocional, de modo que la mente y los sentimientos de la madre embarazada a veces fluctúan. Rex Gardner cita dos informes sobre mujeres a quienes se les ha negado el aborto. En un caso, el setenta y tres por ciento de ellas, en el otro, el ochenta y cuatro por ciento manifestó que se alegraba de que el embarazo no hubiese sido interrumpido. Asimismo cita a Sir John Stallworthy quien considera que entre las personas más felices que conoce están aquéllas que alguna vez le comentaron: «Usted no se acuerda, pero a mi primera consulta vine para pedirle un aborto. Gracias a Dios usted se opuso, porque este hijo nos ha traído la mayor alegría que hayamos disfrutado en nuestro hogar.»[30] En cuanto a quienes no podrían sobrellevar la carga de otro hijo, existe una larga lista de parejas casadas estériles que ansían adoptar un niño. Como dice la Madre Teresa: «combatimos el aborto con la adopción».

Agradezco a Dios por las distintas organizaciones que han estado promoviendo el ministerio de apoyo a las madres embarazadas: «Birthright» (Derecho a la vida) en Canadá y los Estados Unidos; «Alternatives to Abortion International» (Alternativas al aborto), cuya publicación se llama *Heartbeat* (Latido de corazón); LIFE (Vida) y SPUC (Sociedad para la protección del niño nonato) en Inglaterra.[31] Estas ofrecen un servicio de amor de diferentes formas. Por ejemplo, ofrecen aconsejamiento a las mujeres con embarazos no deseados, socorren a las mujeres en momentos de desesperación, dan consejos sobre cuestiones prácticas, procuran alojamiento para las madres en los días previos y posteriores al nacimiento, les ayudan a buscar trabajo, les facilitan ayuda económica y organizan grupos de apoyo personal. Al decir de Louise Summerhill, fundadora de «Birthright»: «En lugar del aborto, ofrecemos ayuda; creemos en la creación de un mundo mejor para los bebés que lleguen, en vez de matarlos.»[32]

En tercer lugar, *debemos apoyar una campaña educativa y social positiva*. Los cristianos no deben vacilar en ofrecer una enseñanza cabal y constante de la concepción bíblica del ser humano, de su valor y de la naturaleza sagrada de la vida humana. Debemos reconocer que todos los abortos se deben a embarazos no deseados, que a su vez se deben a algún tipo de fracaso.

Con frecuencia, el fracaso es sexual; ya sea falta de dominio propio en el área sexual (en especial de los hombres, que por lo general huyen de las trágicas consecuencias de sus actos), ya falta de un uso responsable de los anticonceptivos. El Consejo para la Responsabilidad Social del Sínodo General de la Iglesia Anglicana ha hecho un llamado a «un esfuerzo significativo en el área de la educación social» (podríamos agregar «y el de la educación moral»), con el fin de «reducir la cantidad de embarazos no deseados», «socavar el hábito mental por el cual el reconocimiento de un embarazo conduce directamente a recurrir a un abortista» y persuadir a la opinión pública de «buscar una solución mejor».[33] Este es «El camino mejor» al que se refiere Rex Gardner en los capítulos 28 y 29 de su libro.[34]

Los embarazos no planeados también se deben a menudo al fracaso social, a condiciones tales como la pobreza, la desocupación y la superpoblación. De manera que también por esta razón debemos trabajar por una sociedad mejor. Los males sociales se han de combatir; no se resolverán con más abortos.

En el fondo, más importante que la educación y la acción social (por más que éstas sean vitales) son las buenas nuevas de Jesucristo. El vino para atender a los acongojados y defender a los débiles. Nos llama a tratar con reverencia a toda vida humana, ya se trate de los nonatos, los infantes, los discapacitados o los seniles.

No es mi intención adoptar una actitud de juicio personal contra las mujeres que han recurrido al aborto, ni contra los hombres que, por su desenfreno, son responsables de la mayor parte de los embarazos no deseados. En cambio, a ellos quiero decirles que en Dios hay perdón (Sal. 130.4). Pues Cristo murió por nuestros pecados y nos ofrece un nuevo comienzo. Resucitó y vive, y por medio de su Espíritu puede darnos el poder interior del dominio propio. Además está edificando una nueva comunidad caracterizada por el amor, la alegría, la paz, la libertad y la justicia. Un nuevo comienzo, un nuevo poder, una nueva comunidad: éste es el evangelio de Jesucristo.

Notas

1. Hch. 17.25, 28; Sal. 104.29; Job 1.21.
2. Desmond Doig, *Mother Teresa: Her People and Her Work*, Collins, 1976, p. 162.

3. Francis A. Schaeffer y C. Everett Koop, *Whatever Happened to the Human Race?*, Revell, 1979; edición británica revisada por Marshall Morgan & Scott, 1980. Ver en particular el capítulo 1 «The Abortion of the Human Race», pp. 2-27, y el capítulo 4 «The Basis for Human Dignity», pp. 68-99.
4. C. Everett Koop brinda las estadísticas sobre el aborto en Japón en su obra *The Right to Live; the Right to Die*, Tyndale House USA y Coverdale House, UK, 1976, p. 46.
5. *Informe del Comité sobre la Ley de Aborto 1967*, vol. 1, HMSO Cmnd. 5579, abril de 1974, p. 11.
6. Registrar General's Statistical Review of England and Wales para los años 1968-1973; suplemento sobre el aborto, HMSO.
7. Para un análisis completo del caso Roe vs. Wade, ver *Death Before Birth*, de Harold O. J. Brown, Thomas Nelson, 1977, pp. 73-96.
8. Las cifras han sido tomadas de (1) *Statistical Abstract of the United States: 1982-83*, U. S. Bureau of the Census, 1982, p. 68, y (2) «Intercessors for America Newsletter», vol. 10, No. 2, febrero de 1983.
9. Cita de *Abortion: Law, Choice and Morality* de Daniel Callahan, p. 298, en *Mere Morality*, de Lewis B. Smedes, Eerdmans, 1983, p. 267, nota 21.
10. John Powell S. J., *Abortion: the Silent Holocaust*, Argus Communications, Allen, Texas, 1981, e. g. pp. 20-39.
11. Con relación a perspectivas y prácticas antiguas, ver *Abortion and the Early Church, Christian, Jewish and Pagan attitudes in the Graeco-Roman world*, por Michael J. Gorman, Inter-Varsity Press, Illinois, 1982.
12. Cita de *Abortion: The Personal Dilemma*, Paternoster Press, 1972, p. 62.
13. R. F. R. Gardner, *Abortion: The Personal Dilemma*, Paternoster Press, 1972, p. 126.
14. Ver, por ejemplo, Santiago 1.18; 1 Pedro 1.23-25; y 1 Juan 3.9.
15. Citado por John T. Noonan en *The Morality of Abortion*, Harvard University Press, 1970, p. 45.
16. Citado por C. Everett Koop en *The Right to Live; the Right to Die, pp. 43-44.*
17. John M. Frame analiza en profundidad este pasaje, e incluye el significado de las palabras hebreas utilizadas, en su capítulo en *Thou Shall Not Kill*, The Christian Case against Abortion, ed. Richard L. Ganz, Arlington House, 1978, pp. 50-57.
18. Publicado por primera vez por Faber en 1965.

19. La posición de Oliver O'Donovan está expuesta en su obra *The Christian and the Unborn Child*, Grove Booklets on Ethics, No. 1, 1973, y en sus conferencias dictadas en Londres en 1983, *Begotten Not Made?*, Human Procreation and Medical Technique, OUP, 1984.
20. Ver también Donald MacKay, 1977 London Lectures in Contemporary Christianity, *Human Science and Human Dignity*, Hodder & Stoughton, 1979, especialmente pp. 64-65 y 98-102.
21. *Apología* de Tertuliano, capítulo ix. Michael J. Gorman brinda un relato popular pero completo de la unánime actitud en favor de la vida y en contra del aborto de los primeros cinco siglos de cristiandad, en su obra *Abortion and the Early Church*, American IVP, 1982. Sus referencias a Tertuliano están en las pp. 54-58.
22. Paul Ramsey, *Fabricated Man*, la ética del control genético, Yale University Press, 1970, p. 11.
23. Lewis B. Smedes, *Mere Morality*, Eerdmans, 1983, p. 129.
24. De la contribución del profesor G. R. Dunstan al artículo sobre el aborto en el *Dictionary of Medical Ethics*, ed. por A. S. Duncan, G. R. Dunstan y R. B. Welbourn, Darton, Longman y Todd, edición revisada y ampliada, 1981.
25. Expresión utilizada por el juez McNaughten en el caso Rex vs. Bourne en 1938.
26. Glanville Williams, *The Sanctity of Life and the Criminal Law*, Faber, 1958, p. 212.
27. *op. cit.* p. 31.
28. Citado de su libro *Humanly Possible* por C. Everett Koop al comienzo de su obra *The Right to Live; the Right to Die* (q.v).
29. Citado por Norman St. John Stevas en *The Right to Life*, Hodder & Stoughton, 1963, p. 20.
30. *op. cit.* p. 225-226.
31. Las direcciones son las siguientes: «Birthright», 777 Coxwell Avenue, Toronto, Ontario, Canadá, M4C 3C6. Alternatives to Abortion, International, 2606 1/2 West 8th Street, Los Angeles, California 90057, U.S.A. LIFE, 7 The Parade, Leamington Spa, Warwickshire. SPUC, 7 Tufton St., Londres, SW1.
32. Citado por Rex F. R. Gardner en *Abortion: The Personal Dilemma*, p. 276. Ver también *The Story of Birthright: the Alternative to Abortion*, por Louise Summerhill, Prow Books, Kenosha, 1973.
33. *Abortion: an Ethical Dilemma*, informe de la Junta para la responsabilidad social (Board for Social Responsibility), CIO, 1965, p. 57.
34. *op. cit.* pp. 248-262.

4

¿Parejas homosexuales estables?

En virtud de la conmoción que por su naturaleza provoca este tema, permítanme comenzar por describir el contexto adecuado para la reflexión y enunciar una serie de hechos acerca de los lectores y de mí mismo, que doy por sentados al escribir.

El contexto de la reflexión

En primer término, *todos somos seres humanos*. No existe el fenómeno llamado «homosexual». Sólo existen personas, seres humanos, creados a la imagen de Dios, pero caídos, con toda la gloria y la miseria que esa paradoja entraña, incluido el potencial de la sexualidad y los problemas sexuales. Por firme que sea nuestra desaprobación de las prácticas homosexuales, no tenemos derecho alguno de deshumanizar a quienes las adoptan.

En segundo término, *todos somos seres sexuados*. De acuerdo con las Escrituras y con la experiencia, la sexualidad es esencial a nuestra humanidad. Quizá los ángeles sean asexuados, pero no los seres humanos. Cuando Dios hizo al género humano, nos creó varón y mujer. De modo que al hablar de la sexualidad tocamos un punto cercano al centro de nuestra personalidad; está en consideración nuestra identidad misma, que tal vez sea reafirmada o amenazada. Así es que el asunto requiere una sensibilidad extrema.

Es más, no sólo es cierto que todos somos seres sexuados, sino también que cada uno tiene una determinada orientación sexual. El zoólogo norteamericano Alfred C. Kinsey, a partir de su famosa investigación sobre la sexualidad humana, dio en ubicar a todos los seres humanos en algún lugar de una escala del 0 (una tendencia exclusivamente heterosexual, con atracción hacia el sexo opuesto solamente) al 6 (una tendencia exclusivamente homosexual, con atracción hacia el mismo sexo solamente, ya sea hombres homosexuales o «lesbianas», como se suele llamar a las mujeres homosexuales). Entre estos dos polos el doctor Kinsey marca varios grados de bisexualidad, y hace referencia a personas con orientación sexual doble, indeterminada o fluctuante. Sus estudios lo llevaron a concluir que el cuatro por ciento de los hombres (por lo menos de los norteamericanos blancos) es exclusivamente homosexual a lo largo de toda su vida, que el diez por ciento lo es durante unos tres años, y que no menos del treinta y siete por ciento tiene algún tipo de experiencia homosexual entre la adolescencia y la vejez. El porcentaje de mujeres homosexuales resultó menor, aunque alcanza el cuatro por ciento en el grupo de edad entre los veinte y los treinta y cinco años.[1] Las cifras son lo suficientemente elevadas como para justificar el comentario del doctor D. J. West en cuanto a que «la homosexualidad es una circunstancia sumamente común».[2]

En tercer término, *todos somos pecadores*, y pecadores sexuales entre otras cosas. La doctrina de la depravación completa sostiene que el pecado ha corrompido y distorsionado cada parte de nuestro ser, incluida la sexualidad. El doctor Merville Vincent, del Departamento de Psiquiatría de la Facultad de Medicina de la Universidad de Harvard, acertó en afirmar en 1972: «Sospecho que desde el punto de vista de Dios todos tenemos desviaciones sexuales. Dudo que exista alguien que nunca haya tenido un pensamiento lujurioso que se desviaba del perfecto ideal de Dios para la sexualidad.»[3]

Nadie (con la única excepción de Jesús de Nazaret) permanece limpio de pecado sexual. Por lo tanto, no cabe que abordemos este tema con una actitud de superioridad espiritual y moral. Por ser todos pecadores, estamos bajo el juicio de Dios y tenemos una necesidad apremiante de su gracia. Además, los pecados sexuales no son los únicos pecados que existen, ni los más pecaminosos; sin duda, el orgullo y la hipocresía son peores.

En cuarto término, además de criaturas humanas, sexuadas y pecadoras, presumo que *todos somos cristianos*. Por lo menos en este capítulo, los lectores a los que me dirijo no son quienes rechazan el señorío de Jesucristo, sino aquéllos que anhelan sinceramente someterse a él, que creen que Jesucristo lo ejerce por medio de las Escrituras, que desean comprender cuanto las Escrituras revelen sobre este tema, y que están dispuestos a buscar la gracia de Dios para responder a su voluntad una vez que la hayan comprendido. Si este compromiso faltara, sería más difícil encontrar coincidencias. Ciertamente, las pautas de Dios son las mismas para los no cristianos, pero ellos no están tan dispuestos a aceptarlas.

Una vez esbozado el contexto de nuestra reflexión, estamos en condiciones de preguntarnos: ¿Es la formación de una pareja homosexual estable una opción cristiana? Formulo así la pregunta para señalar tres distinciones necesarias.

En primer lugar, a partir del Informe Wolfenden de 1957 y de la resultante Ley de Ofensas Sexuales de 1967, hemos aprendido a distinguir pecados de crímenes. El adulterio ha sido siempre un pecado (según la ley de Dios), pero en la mayoría de los países no es un delito penado por la ley. En cambio, la violación es tanto un pecado como un delito. La Ley de Ofensas Sexuales de 1967 establece que un acto homosexual realizado en privado de común acuerdo por adultos mayores de veintiún años ya no es un delito. El profesor Norman Anderson explica: «La ley no 'legalizó' dicha conducta, pues por ley aún se considera inmoral, y carece de reconocimiento legal; lo único que hace la ley es quitar la sanción penal de tales actos cuando dos adultos los realizan en privado de común acuerdo.»[4]

En segundo lugar, nos hemos acostumbrado a distinguir la orientación homosexual o «inversión» (de la cual las personas no son responsables) de las prácticas homosexuales (de las cuales sí son responsables). La importancia de esta distinción va más allá de la atribución de responsabilidad a la atribución de culpa. No podemos culpar a una persona por lo que es, pero sí por lo que hace. Y en todo debate sobre la homosexualidad debemos trazar rigurosamente las diferencias entre «ser» y «hacer», entre identidad y actividad de la persona, entre preferencia sexual y práctica sexual, entre constitución y conducta.

Asimismo debemos reconocer una tercera distinción: entre las prácticas homosexuales que son actos eventuales (y quizá anónimos) de autosatisfacción y aquéllas que (según sostienen algunos) son tan expresivas del auténtico amor humano como la relación sexual dentro del matrimonio. Ninguna persona homosexual responsable (ya sea cristiana o no) defiende las relaciones promiscuas de una noche y menos aún la violencia ni la corrupción de jóvenes y niños. En cambio, lo que algunos sostienen, en especial el llamado «Movimiento Cristiano Gay», es que el matrimonio heterosexual y la pareja homosexual estable son «dos alternativas igualmente válidas»,[5] siempre y cuando haya ternura, madurez y fidelidad.

De manera que la pregunta que se nos presenta no se refiere a las prácticas homosexuales de naturaleza eventual, sino a si los vínculos homosexuales (permanentes y de amor) son o no una alternativa cristiana. Nuestro propósito es someter a un escrutinio bíblico las actitudes predominantes (ya sea la plena aversión o la aprobación igualmente acrítica). ¿Es nuestra «preferencia» sexual una mera cuestión de gustos? ¿O es que Dios ha revelado su voluntad con respecto a una norma? Específicamente, ¿se puede comprobar que la Biblia autoriza los vínculos homosexuales estables, o que por lo menos no los condena? En verdad, ¿qué es lo que la Biblia condena?

Las prohibiciones bíblicas

Derrick Sherwin Bailey, ya fallecido, fue el primer teólogo cristiano que reevaluó la interpretación tradicional de las prohibiciones bíblicas. Su famosa obra *Homosexuality and the Western Christian Tradition* (La homosexualidad y la tradición cristiana occidental), publicada en 1955, se convirtió luego en libro de consulta para todo escritor que abordara el tema. Si bien muchos no han podido aceptar la reconstrucción tentativa que él hace, en particular la reinterpretación del pecado de Sodoma, otros autores, menos cuidadosos en sus criterios de investigación, consideran que su argumento es sólo preliminar y elaboran sobre esa base una postura mucho más permisiva. Resulta imprescindible examinar este debate.

Hay cuatro pasajes principales en la Biblia que se refieren (o aparentemente se refieren) al tema de la homosexualidad en términos negativos: 1) la historia de Sodoma (Gn. 19.1-13), con la que naturalmente se tiende a asociar la similar historia de Gabaa (Jueces 19); 2) los textos de Levítico (Lv. 18.22 y 20.13) que expresamente prohiben acostarse «con varón como con mujer»; 3) la descripción que el apóstol Pablo hace de la sociedad pagana decadente de su época (Ro. 1.18-32); y 4) las dos listas paulinas de pecadores, cada una de las cuales contiene una referencia a alguna clase de práctica homosexual (1 Co. 6.9-10 y 1 Ti. 1.8-11).

1) Las historias de Sodoma y Gabaa

El relato de Génesis deja bien en claro que «los hombres de Sodoma eran malos y pecadores contra Jehová en gran manera» (13.13) y que «Por cuanto el clamor contra Sodoma y Gomorra se aumenta más y más, y el pecado de ellos se ha agravado en extremo» Dios resolvió investigarlo (18.20-21) y finalmente «destruyó las ciudades, y toda aquella llanura, con todos los moradores de aquellas ciudades» (19.25), en un juicio absolutamente consecuente con la justicia del «Juez de toda la tierra» (18.25). No existen controversias sobre el trasfondo de esta historia bíblica. El problema es el siguiente: ¿cuál era el pecado del pueblo de Sodoma (y Gomorra) para merecer la destrucción?

La interpretación cristiana tradicional ha sido que eran culpables de prácticas homosexuales, las cuales intentaron (en vano) infligir a los dos ángeles a quienes Lot había recibido en su casa. De ahí surge la palabra «sodomía». Pero Sherwin Bailey desafía esta interpretación por dos razones principales. En primer lugar, sostiene que es una suposición gratuita que el pedido de los hombres de Sodoma, «Sácalos, para que los *conozcamos*» (19.5 RV, énfasis mío), signifique «queremos acostarnos con ellos» (VP). La palabra hebrea que se traduce como «conocer» (*yādha'*) ocurre 943 veces en el Antiguo Testamento, de las cuales sólo diez se refieren a la relación sexual, y en todo caso únicamente a relaciones heterosexuales. Sería más acertado traducir la frase «para que seamos presentados». Así podemos comprender la violencia de los hombres como enojo porque Lot se había excedido en sus derechos de residente extranjero, al recibir en su casa a dos extraños «cuyas intenciones podían ser hostiles y cuyas credenciales ... no habían sido examinadas».[6] En este caso el pecado de Sodoma fue invadir la privacidad del hogar de Lot y burlar el antiguo código de hospitalidad. Lot les rogó que desistieran: «a estos varones no hagáis nada», y explica la razón: «pues que vinieron a la sombra de mi tejado» (v. 8).

El segundo argumento de Bailey es que en ninguna otra parte del Antiguo Testamento se sugiere que la naturaleza del pecado de Sodoma haya sido homosexual. En cambio, Isaías da a entender que era la hipocresía y la injusticia social; Jeremías, el adulterio, el engaño y la maldad general; Ezequiel, la arrogancia, la avaricia y la indiferencia hacia los pobres.[7] Luego Jesús mismo (aunque Bailey no menciona esto) en tres oportunidades hace referencia a los habitantes de Sodoma y Gomorra, y declara que el castigo será «más tolerable» para ellos en el día del juicio que para aquéllos que rechazan el evangelio.[8] Sin embargo, en ninguna de estas referencias existe el menor indicio de inmoralidad homosexual. Sólo al llegar a los escritos apócrifos palestinos del siglo II a. de J.C., encontramos que el pecado de Sodoma se describe como una conducta sexual desnaturalizada.[9] Esto halla eco claro en la epístola de Judas: «Sodoma y Gomorra y las ciudades vecinas, las cuales de la misma manera que aquéllos, habiendo fornicado e ido en pos de vicios contra naturaleza...» (v.7), y en las obras de Filón y Josefo, escritores judíos que estaban escandalizados por las prácticas homosexuales de la sociedad griega.

Sherwin Bailey da el mismo enfoque a la historia de Gabaa, pues es muy similar. Otro residente extranjero (esta vez un «hombre viejo» anónimo) recibe en su casa a dos extraños (no ángeles sino un levita y su concubina). Unos hombres perversos rodean la casa y exigen lo mismo que los sodomitas: que el visitante fuese llevado afuera «para que lo conozcamos». El dueño de casa les ruega que no cometan esa maldad a su invitado, y luego les ofrece su hija y la concubina a cambio. Se sugiere nuevamente que el pecado de los hombres de Gabaa no fue la propuesta de relaciones homosexuales, sino la violación de las reglas de hospitalidad.

Si bien Bailey debe de haber sabido que su reconstrucción de las dos historias era a lo sumo tentativa, no obstante exageró al afirmar que «no existe la menor razón para creer, ni como hecho histórico ni como verdad revelada, que la ciudad de Sodoma y las ciudades vecinas fueron destruidas por causa de sus prácticas homosexuales».[10] En cambio, la tradición cristiana sobre la «sodomía» se derivaría de fuentes apócrifas judías posteriores.

Pero el argumento de Sherwin Bailey no es convincente por una serie de razones: 1) Las palabras «maldad» y «mal» (Gn. 18.7; Jue. 19.23) no parecen las más apropiadas para describir la falta de hospitalidad; 2) el ofrecimiento de mujeres a cambio «da la impresión de que el episodio tiene alguna connotación sexual»;[11] 3) si bien el verbo *yādha'* se emplea sólo diez veces con referencia a las relaciones sexuales, Bailey no menciona que seis de estos casos ocurren en Génesis y uno de ellos en la misma historia de Sodoma (con relación a las hijas de Lot quienes no habían «conocido varón», v. 8); y 4) para quienes tomamos en serio los documentos del Nuevo Testamento, la afirmación inequívoca de Judas no puede ser descartada como un mero error copiado de los escritos apócrifos judíos. Sin duda, la conducta homosexual no era el único pecado de Sodoma; pero, de acuerdo con las Escrituras, ciertamente era uno de ellos.

2) Los textos de Levítico

Ambos textos en Levítico pertenecen al «código de santidad» que es el corazón del libro, y que desafía al pueblo de Dios a guardar sus leyes y no imitar las prácticas de Egipto (la tierra en la que vivían antes) ni de Canaán (la tierra hacia la cual se dirigían). Esas prácticas incluían las relaciones sexuales en los niveles prohibidos, una variedad de desviaciones sexuales, el sacrificio de niños, la idolatría y la injusticia social de diferentes tipos. Corresponde leer los siguientes versículos dentro de este contexto más amplio:

18.22 No te echarás con varón como con mujer; es abominación.
20.13 Si alguno se ayuntare con varón como con mujer, abominación hicieron; ambos han de ser muertos; sobre ellos será su sangre.

Bailey escribe al respecto: «Sin lugar a dudas, ambas leyes de Levítico se relacionan con actos homosexuales comunes entre hombres, y no con rituales u otros actos realizados en el nombre de la religión.»[12] No obstante, otros afirman exactamente el mismo punto que Bailey niega. Señalan correctamente que los dos textos se encuentran en un contexto que se ocupa en gran parte de la pureza ritual, y Peter Coleman añade que la palabra que se traduce «abominación» o «infame» en ambos versículos se vincula con la idolatría. «En el lenguaje moderno la palabra expresa repugnancia o desaprobación, pero en la Biblia el significado predominante está relacionado con la verdad religiosa más que con la moralidad o la estética.»[13] ¿Son estas prohibiciones sólo tabúes religiosos? ¿Se relacionan con aquella otra prohibición: «Ningún hombre ni ninguna mujer israelita deberá consagrarse a la prostitución practicada en cultos paganos» (Dt. 23.17 VP)? Pues el culto de la fertilidad cananita incluía la prostitución ritual, y por lo tanto, existían en él tanto hombres como mujeres dedicados a la «prostitución sagrada» (aunque no existan evidencias claras de que esto abarcara las relaciones homosexuales). Los reyes perversos de Israel y Judá siempre los introducían en la religión de Jehová, mientras que los reyes justos constantemente los expulsaban.[14] Los defensores de la homosexualidad sostienen que los textos de Levítico prohiben prácticas religiosas que ya hace mucho tiempo se han abandonado y que no guardan relación alguna con los vínculos homosexuales permanentes de la actualidad.

3) La declaración de Pablo en Romanos 1

26 Por esto Dios los entregó a pasiones vergonzosas; pues aun sus mujeres cambiaron el uso natural por el que es contra naturaleza,
27 y de igual modo también los hombres, dejando el uso natural de la mujer, se encendieron en su lascivia unos con otros, cometiendo hechos vergonzosos hombres con hombres, y recibiendo en sí mismos la retribución debida a su extravío.

Todos coinciden en que el apóstol está describiendo a los paganos idólatras del mundo grecorromano de su tiempo. Tenían cierto conocimiento de Dios por medio del universo creado (vv. 19-20) y su propio sentido moral (v.32); sin embargo, desterraron la verdad que conocían para practicar la maldad. En vez de dar a Dios el honor que le corresponde, se volvieron a los ídolos y confundieron al Creador con sus criaturas. Como juicio por sus actos, «Dios los entregó» a sus mentes depravadas y a sus prácticas decadentes (vv. 24, 26, 28), incluidas las relaciones sexuales «contra naturaleza». A primera vista parece ser una clara condena de la conducta homosexual. Pero la otra parte ofrece dos argumentos: 1) Si bien Pablo no sabía nada acerca de la diferenciación moderna entre «invertidos» (que tienen una predisposición a la homosexualidad) y «pervertidos» (que aunque tienen inclinación heterosexual se entregan a prácticas homosexuales), no obstante, condena a estos últimos y no a los primeros. Esto es así porque se dice de ellos que han «abandonado» las relaciones normales con mujeres, mientras que ningún hombre exclusivamente homosexual las habría tenido antes. 2) Evidentemente, Pablo está describiendo la conducta descabellada, desvergonzada, libertina, promiscua de las personas a quienes Dios había «abandonado» (VP). ¿Qué pertinencia tiene esto en el caso del compromiso de amor de los vínculos homosexuales estables?

4) Los demás textos paulinos

> 1 Co. 6.9, 10 ¿No sabéis que los injustos no heredarán el reino de Dios? No erréis; ni los fornicarios, ni los idólatras, ni los adúlteros, ni los afeminados (*malakoí*), ni los que se echan con varones (*arsenokoítai*), ni los ladrones, ni los avaros, ni los borrachos, ni los maldicientes, ni los estafadores, heredarán el reino de Dios.
> 1 Ti. 1.9, 10 conociendo esto, que la ley no fue dada para el justo, sino para los transgresores y desobedientes, para los impíos y pecadores, para los irreverentes y profanos, para los parricidas y matricidas, para los homicidas, para los fornicarios, para los sodomitas (*arsenokoítais*), para los secuestradores, para los mentirosos y perjuros, y para cuanto se oponga a la sana doctrina, según el glorioso evangelio del Dios bendito...

Aquí hay dos listas repulsivas de pecados que Pablo declara incompatibles con el Reino de Dios, en primer término, y con la ley y el evangelio, en segundo término. Se observa que a uno de los grupos de transgresores se los denomina *malakoí* y al otro (en ambas listas) *arsenokoítai*. ¿Qué significan estas dos palabras? Cabe mencionar que lamentablemente en la primera edición de la traducción inglesa de la Revised Standard Version las dos palabras de 1 Corintios 6.9 fueron combinadas en una (ver también la VP) y traducidas como «homosexuales». Bailey tuvo razón en protestar, ya que el uso de esta palabra «implica inevitablemente que el invertido, aunque sea un hombre de moral irreprochable, automáticamente queda estigmatizado como perverso y excluido del Reino de Dios».[15] Felizmente, en la revisión posterior se tomó en cuenta esta objeción, y en la segunda edición (1973), si bien se volvieron a combinar ambas palabras, se las tradujo como «sexual perverts» (pervertidos sexuales). La cuestión es que las diez categorías enumeradas en 1 Corintios 6.9, 10 (con la única posible excepción de «los avaros») denotan personas que han pecado mediante sus *actos*, por ejemplo: los idólatras, los adúlteros y los ladrones.

Sin embargo, los dos términos griegos *malakoí* y *arsenokoítai* no deben combinarse pues «tienen un significado preciso. El primero literalmente es 'suave al tacto' y los griegos lo empleaban metafóricamente para referirse al varón que desempeñaba el rol pasivo en la relación homosexual. El segundo término significa literalmente 'varón en la cama' y los griegos lo usaban con referencia al que adoptaba el rol activo».[16] En las conclusiones de su obra, Peter Coleman sugiere: «Tal vez Pablo tenía en mente la prostitución homosexual de jóvenes por parte de hombres mayores, que era la forma más común de conducta homosexual en el mundo clásico.»[17] En ese caso, se podría argumentar que la condena paulina no es aplicable a los adultos homosexuales que comparten un compromiso mutuo. Peter Coleman no llega a esta conclusión, sino que resume el tema de la siguiente manera: «En conjunto, los escritos de San Pablo repudian la conducta homosexual por diversas causas: por ser un vicio de los gentiles en Romanos, un impedimento para entrar en el Reino en Corintios, y un pecado repudiable por la ley moral en 1 Timoteo.»[18]

Al examinar las referencias bíblicas a la conducta homosexual que hemos reunido, notamos que son sólo cuatro. ¿Debemos deducir, pues, que este tópico está al margen del objetivo fundamental de la Biblia? ¿Debemos admitir que constituyen una base insustancial para adoptar una posición firme en contra del estilo de vida homosexual? ¿Tienen razón quienes sostienen que las prohibiciones bíblicas son «sumamente específicas»:[19] contra la violación del código de hospitalidad (Sodoma y Gabaa), contra los tabúes cúlticos (Levítico), contra las orgías desvergonzadas (Romanos) y contra la prostitución masculina o la corrupción de menores (1 Corintios y 1 Timoteo); y que ninguno de estos pasajes hace referencia al vínculo de amor entre homosexuales invertidos, y menos aún lo condena? Esta es la conclusión de Letha Scanzoni y Virginia Mollenkott en su libro *Is The Homosexual My Neighbour?* (¿Es el homosexual mi prójimo?):

> La Biblia condena claramente ciertos tipos de prácticas homosexuales (la violación en bandas, la idolatría y la promiscuidad lujuriosa). Sin embargo, guarda silencio en cuanto a otros aspectos de la homosexualidad: la «orientación homosexual» y «la relación de amor y compromiso análoga a la monogamia heterosexual».[20]

Pero de ninguna manera podemos encarar el material bíblico de esta forma, por plausible que parezca. El rechazo cristiano de las prácticas homosexuales no se basa en «algunos textos de prueba aislados y oscuros» (como a veces se dice), cuya explicación tradicional se puede subvertir. Es preocupante que quienes escriben sobre este tema y dedican una sección de su análisis a las enseñanzas bíblicas lo aborden de este modo. Por ejemplo, Sherwin Bailey escribe: «Un análisis de la actitud cristiana frente a las prácticas homosexuales comienza inevitablemente por la historia de la destrucción de Sodoma y Gomorra.»[21] Sin embargo, ese punto de partida no es «inevitable» en absoluto. De hecho, es erróneo. Las prohibiciones *negativas* de las prácticas homosexuales en las Escrituras sólo tienen sentido a la luz de las enseñanzas *positivas* de Génesis 1 y 2 sobre la sexualidad humana y el matrimonio heterosexual. Pero el libro de Sherwin Bailey no se refiere en ningún momento a estos capítulos. Aun Peter Coleman, cuya obra *Christian Attitudes to Homosexuality* (Actitudes cristianas frente a la homosexualidad) constituye sin duda el más amplio estudio bíblico, histórico y moral que se haya publicado, sólo los menciona tangencialmente en una referencia a 1 Corintios 6 donde Pablo cita Génesis 2.24. Si dejamos de lado la enseñanza bíblica sana y positiva sobre el sexo y el matrimonio, nuestra perspectiva de la homosexualidad seguramente será tergiversada.

Sexo y matrimonio en la Biblia

A mi entender, el lugar básico para comenzar nuestra investigación es la institución del matrimonio en Génesis 2. Como los miembros del Movimiento Cristiano Gay hacen la analogía entre el matrimonio heterosexual y las parejas homosexuales estables, debemos averiguar si dicho paralelo puede justificarse.

Dios nos ha dado dos relatos distintos de la creación. El primero (Génesis 1) es general y afirma la *igualdad* de los sexos, puesto que ambos comparten la imagen de Dios y la mayordomía de la tierra. El segundo (Génesis 2) es particular y afirma la *complementariedad* de los sexos, que es la base del matrimonio heterosexual. De este segundo relato de la creación se desprenden tres verdades fundamentales.

En primer término, *la necesidad humana de compañía*. «No es bueno que el hombre esté solo» (v. 18). Es cierto que esta afirmación fue limitada cuando el apóstol Pablo escribió (seguramente como eco de Génesis) «bueno le sería al hombre no tocar mujer» (1 Co. 7.1). Es decir, si bien el matrimonio es la buena institución de Dios, el llamado a la soltería es también la buena vocación de algunos. No obstante, como regla general, «no es bueno que el hombre esté solo», pues Dios nos ha creado seres sociales. Porque él es amor y nos ha hecho a su semejanza, nos ha dado la capacidad de amar y ser amados. Su propósito es que vivamos en comunidad, no en aislamiento. En particular, Dios siguió diciendo: «le haré ayuda idónea para él». Además, esta «ayuda» o compañera a la que Dios declara «idónea para él» habría de ser su compañera sexual, con la que llegaría a ser «una sola carne», de modo que así consumaran su amor y procrearan hijos.

En segundo término, Génesis 2 revela *la provisión divina para satisfacer esta necesidad humana*. Luego de la afirmación acerca de la necesidad de Adán de tener una compañera, comienza la búsqueda de una adecuada. Primeramente, Dios hizo desfilar delante de él todas las aves y todas las bestias, y a continuación Adán les «puso nombre», como símbolo de que los adoptaba a su servicio. «Mas para Adán no se halló ayuda idónea para él» (v. 20), que pudiera vivir «a su lado» o «frente» a él, que pudiera ser su complemento, su contrapartida, su compañera, y menos aún su pareja sexual. En consecuencia, fue necesaria una creación especial.

El debate sobre cuán literalmente hemos de interpretar el resto del relato (la cirugía divina bajo anestesia divina) no debe impedirnos captar el quid del asunto. Algo sucedió durante el sueño profundo de Adán. Una obra especial de creación divina se llevó a cabo. Los sexos fueron diferenciados. De la humanidad sin diferenciación de Adán, surgieron varón y hembra. Adán despertó de su sueño profundo y contempló delante de él un reflejo de sí mismo, un complemento suyo; de hecho, una parte suya. Una vez que hubo creado a la mujer a partir del hombre, Dios mismo la trajo delante de él, de un modo muy similar a cómo el padre entrega la novia en la ceremonia de bodas. Y la exclamación de Adán habría de ser el primer poema de amor:

> Esto es ahora (en contraste con las aves y las bestias)
> hueso de mis huesos
> y carne de mi carne;
> ésta será llamada Varona,
> porque del varón fue tomada.

No caben dudas en cuanto al énfasis de la historia. Según Génesis 1, Eva fue creada a imagen de Dios tal como Adán. Pero en cuanto al modo en que fue creada, según Génesis 2, no fue formada de la nada (como el universo), ni «del polvo de la tierra» (como Adán, v. 7), sino a partir de Adán mismo.

La tercera verdad significativa de Génesis 2 está relacionada con *la institución del matrimonio resultante*. El poema de amor de Adán corresponde al versículo 23. La expresión «por tanto» del versículo 24 introduce la deducción del narrador: «Por tanto, dejará el hombre a su padre y a su madre, y se unirá a su mujer, y serán una sola carne.» Aun el lector inadvertido se sorprenderá por las tres menciones de «carne»: «Esto es ... carne de mi carne ... serán una sola carne». Podemos estar seguros de que esto es intencionado y no accidental. Implica que la relación heterosexual en el matrimonio es más que una unión: es una especie de reunión. No es la unión de dos personas ajenas que no se pertenecen una a la otra y que no pueden llegar a ser plenamente una sola carne. Por el contrario, es la unión de dos personas que originalmente eran una, que luego fueron separadas y que vuelven a unirse en el vínculo sexual del matrimonio.

Ciertamente así se explica el profundo misterio de la intimidad heterosexual que los poetas y filósofos de todas las culturas han celebrado. La relación heterosexual es mucho más que la unión de los cuerpos: es la armonización de personalidades complementarias, mediante la cual se vuelve a experimentar la riqueza de la unidad creada del ser humano, en medio de la alienación predominante. La complementariedad de los órganos sexuales masculinos y femeninos es sólo un símbolo físico de una complementariedad espiritual mucho más profunda.

Pero para que sea posible ser una sola carne y experimentar ese misterio sagrado, hay ciertas condiciones, que son elementos constitutivos del matrimonio. «Por tanto» (v. 24)

«el hombre» (el singular indica que el matrimonio es una unión exclusiva entre dos individuos)
«dejará ... a su padre y a su madre» (se trata de un acontecimiento social público)
«y se unirá a su mujer» (el matrimonio es un compromiso o pacto de amor y lealtad, heterosexual y permanente)
«y serán una sola carne» (el matrimonio debe consumarse en la relación sexual, que es señal y sello del pacto matrimonial, y sobre la cual aún no había caído la sombra de la vergüenza, v. 25)

Jesús mismo reafirma luego esta enseñanza. Cita Génesis 2.24, declara que tal unión permanente entre el hombre y su mujer era la intención original de Dios, y añade «lo que Dios juntó, no lo separe el hombre» (Mr. 10.4-9).

Por lo tanto, las Escrituras definen el matrimonio instituido por Dios en términos de monogamia heterosexual. Es la unión de un hombre con una mujer, que ha de ser reconocida públicamente (el dejar a los padres), sellada de por vida («se unirá a su mujer») y consumada físicamente («una sola carne»). Las Escrituras no contemplan otra clase de matrimonio ni de relación sexual, pues Dios no ofreció otra alternativa.

Los cristianos, en consecuencia, no deberían señalar las relaciones homosexuales para una condena especial. En realidad, toda relación o acto sexual que se desvía del propósito revelado de Dios es *ipso facto* una ofensa contra él y merece su juicio. Esto abarca la poligamia y la poliandria (que violan el principio de «un hombre - una mujer»), las uniones clandestinas (pues no suponen ningún acto concluyente de dejar a los padres), vínculos eventuales y uniones pasajeras, el adulterio y muchos divorcios (que son incompatibles con el «unirse» y con la prohibición de Jesús: «no lo separe el hombre»), y las parejas homosexuales estables (que violan la afirmación en cuanto a que «el hombre» se unirá a «su mujer»).

En suma, la única experiencia de «una sola carne» que corresponde al propósito de Dios y que se contempla en las Escrituras es la unión sexual de un hombre y su mujer, a quien reconoce como «carne de su carne».

Los argumentos contemporáneos

Las enseñanzas bíblicas sobre la sexualidad humana y la institución del matrimonio heterosexual no satisfacen a los cristianos homosexuales, quienes plantean una serie de objeciones en defensa de la legitimidad de los vínculos homosexuales estables.

1)El argumento sobre las Escrituras y la cultura

Tradicionalmente, se ha dado por supuesto que la Biblia condena todo acto homosexual. Pero ¿en qué medida es confiable la guía de los escritores bíblicos? ¿No será que sus horizontes estaban limitados por su propia experiencia y cultura? Por lo general, el argumento cultural adopta una de dos formas.

En primer lugar, los autores bíblicos se referían a asuntos pertinentes a su propia situación, la cual difería mucho de la nuestra. En la historia de Sodoma y Gomorra su preocupación se centraba en las reglas convencionales de hospitalidad del Antiguo Cercano Oriente, que hoy son obsoletas, o (si el pecado era sexual) en el infrecuente fenómeno de la violación homosexual en bandas. En las leyes levíticas el problema eran los ritos de la fertilidad, ya en desuso; por su parte Pablo se refería a los griegos que tenían inclinación sexual por los jóvenes. Todo es tan anticuado. Las enseñanzas de los autores bíblicos sobre estos temas no son pertinentes a nuestra situación, pues estaban presos en su propia cultura.

El segundo problema cultural es complementario, a saber: los autores bíblicos no se referían a *nuestros* asuntos. El problema que nos presentan las Escrituras no son sólo sus enseñanzas, sino también sus silencios. Pablo no tenía ningún conocimiento de psicología posfreudiana; los autores veterotestamentarios menos aún. No habían oído hablar de la «condición homosexual»; sólo sabían de la existencia de ciertas prácticas. La diferencia entre «inversión» y «perversión» les hubiera resultado incomprensible. Ni se les hubiera ocurrido que dos hombres o dos mujeres pudiesen enamorarse y desarrollar una relación de amor estable y profunda, comparable al matrimonio. De modo que tal como ha llegado la liberación de los esclavos, los negros y las mujeres, hace ya tiempo que debería haber llegado la «liberación homosexual».

Si los textos de las prohibiciones fueran las únicas enseñanzas bíblicas sobre este tópico quizá sería difícil responder a estas objeciones. Pero una vez que se toman esos textos en relación con la institución divina del matrimonio, contamos con un principio de revelación divina que es de aplicación universal. Se aplicaba a las situaciones culturales tanto del Antiguo Cercano Oriente como del mundo grecorromano del siglo I, y es igualmente aplicable a las cuestiones sexuales modernas completamente desconocidas en la antigüedad. La razón de ser de las prohibiciones bíblicas es precisamente la misma por la cual los vínculos de amor homosexual deben ser condenados: son incompatibles con el orden creado por Dios. Y como ese orden (la monogamia heterosexual) fue establecido en la creación y no por la cultura, su validez es permanente y universal. No puede haber «liberación» de las normas creadas por Dios; la verdadera liberación sólo se encuentra aceptándolas.

2) El argumento sobre la creación y la naturaleza

Alguna vez he escuchado o leído afirmaciones de esta clase: «Soy homosexual porque Dios me hizo así. Así que ser homosexual tiene que ser bueno. Acepto y celebro lo que soy por creación.» O también: «Pueden decir que la práctica homosexual se opone a la naturaleza y a la normalidad; pero no va contra *mi* naturaleza, ni es anormal para *mí*, en absoluto.» Norman Pittenger expuso osadamente este argumento dos décadas atrás: «Un homosexual no es una persona anormal con deseos y hábitos antinaturales.» Por el contrario, «para una persona con orientación heterosexual el actuar heterosexualmente es conducta 'natural', en tanto que para una persona con orientación homosexual el actuar de acuerdo con su impulso y deseo homosexuales, básicos e innatos es igualmente conducta 'natural'.»[22]

Otros sostienen que la conducta homosexual es «natural» a) porque en muchas sociedades primitivas es bastante aceptable, b) porque en algunas civilizaciones avanzadas (en la antigua Grecia, por ejemplo) hasta se la idealizaba y c) porque es bastante común entre los animales. El doctor D. J. West, quien informa esto, cita luego al doctor F. A. Beach, experto en sexualidad animal, que basándose en la conducta homosexual de los animales considera que calificar de «antinatural» la conducta homosexual humana «carece de rigor científico».[23]

Pero estos argumentos expresan una visión sumamente subjetiva de lo que es «natural» y «normal». No podemos aceptar la afirmación de Norman Pittenger en cuanto a que «no existen pautas eternas de normalidad o naturalidad».[24] Ni podemos coincidir con el establecimiento de normas de conducta humana a partir de la conducta animal, pues Dios ha establecido una norma para el sexo y el matrimonio en la creación. Esto ya se reconocía en la era del Antiguo Testamento. Por lo tanto, las relaciones sexuales con animales estaban prohibidas, pues «es perversión» (Lv. 18.23); en otras palabras, una violación o confusión de la naturaleza, que muestra una «comprensión rudimentaria de las leyes de la naturaleza».[25] El mismo veredicto da sobre Sodoma el *Testamento de Neftalí* del siglo II a. de J. C.:

> Como el sol y las estrellas no cambian de orden, así también la tribu de Neftalí debe obedecer a Dios y no al desorden de la idolatría. Reconocer en todo lo creado al Señor que lo hizo y así no volverse como Sodoma, que cambió el orden de la naturaleza...[26]

Sin duda en Romanos 1 Pablo tenía en mente el mismo concepto. Cuando habla de las mujeres que «cambiaron el uso natural por el que es contra naturaleza» y de los hombres que «dejando el uso natural...», al decir «naturaleza» (*fúsis*) se refiere al orden natural que Dios había establecido (como en 2.14, 27 y 11.24). Lo que Pablo condena no es la conducta pervertida de personas heterosexuales que actúan contra *su propia* naturaleza, sino toda conducta humana que va contra «la naturaleza», es decir, contra el orden creado por Dios. Como lo expresa C. K. Barrett: «En los placeres obscenos a los que se refiere (Pablo) se observa precisamente la perversión del orden creado que es de esperar cuando los hombres ponen la creación en el lugar de su Creador».[27]

3) El argumento sobre la calidad de la relación

El Movimiento Cristiano Gay toma de las Escrituras esta verdad: que el amor es lo más importante en el mundo (por cierto, lo es); por otra parte, toma de la «nueva moralidad» o «ética situacional» de la década del sesenta esta noción: que el amor es el criterio adecuado por el cual se ha de juzgar toda relación (que no es válida). No obstante, esta visión está ganando terreno en la actualidad. El informe de los cuáqueros titulado *Towards a Quaker View of Sex* (Hacia una perspectiva cuáquera de la sexualidad, 1963), por ejemplo, contiene estas afirmaciones: «así como no deploramos la zurdera, tampoco debemos deplorar la homosexualidad»[28] y «sin duda lo importante es la naturaleza y la calidad de la relación».[29] Asimismo la «División de Responsabilidad Social» de la Iglesia Metodista, en el informe de 1979, *A Christian Understanding of Human Sexuality* (Una visión cristiana de la sexualidad humana), declara: las «actividades homosexuales no son intrínsecamente malas», ya que «la calidad de toda relación homosexual ... ha de ser evaluada de acuerdo con los mismos criterios básicos que se han aplicado a las relaciones heterosexuales. Para el hombre y la mujer homosexuales, una relación permanente caracterizada por el amor puede ser la manera apropiada y cristiana de expresar su sexualidad».[30] Ese mismo año (1979) el equipo de trabajo de la Iglesia Anglicana publicó su informe *Homosexual Relationships: a contribution to discussion* (Las relaciones homosexuales: una contribución a la discusión). Era más cauteloso, prudente y ambiguo que los informes cuáquero y metodista. Los autores no creían poder desechar siglos de tradición cristiana; sin embargo, les parecía «imposible negar» que en determinadas circunstancias los individuos pueden «elegir justificadamente» una relación homosexual en su búsqueda de compañerismo y amor sexual «similar» al que se encuentra en el matrimonio.[31]

Norman Pittenger, en *Time for Consent* (Tiempo de acuerdo), enumera seis características de una verdadera relación de amor: 1) compromiso (la libre autoentrega mutua), 2) reciprocidad en el dar y recibir (una forma de compartir por la cual cada uno encuentra su yo en el otro), 3) ternura (ausencia de coacción y crueldad), 4) fidelidad (el propósito de una relación permanente), 5) esperanza (que cada uno contribuya a la madurez del otro) y 6) deseo de unión.[32]

Así pues, el argumento que muchos plantean es el siguiente: si una relación homosexual, ya sea entre dos hombres o dos mujeres, está caracterizada por estas cualidades, sin duda debe ser confirmada como buena y no rechazada como mala. Rescata a las personas de la soledad, del egoísmo y de la promiscuidad. Puede ser tan rica y responsable, y traer tanta liberación y realización como el matrimonio heterosexual.

Pero el cristiano bíblico no puede aceptar la premisa básica sobre la que se funda este razonamiento: que el amor es el único absoluto, que aparte de él toda ley moral ha sido abolida, y que todo lo que parezca compatible con el amor es bueno *ipso facto*, sin ninguna otra consideración. Esto es inaceptable, pues el amor necesita de la ley para ser guiado. Cuando Jesús y los apóstoles destacan el amor a Dios y al prójimo como los dos mandamientos más importantes, no descartan todos los demás. Al contrario, Jesús dijo: «Si me amáis, guardad mis mandamientos» y Pablo escribió: «el cumplimiento de la ley (y no su abolición) es el amor».[33]

De modo que el amor en una relación es esencial pero insuficiente como criterio para autenticarla. Por ejemplo, si el amor fuese la única prueba de autenticidad, no existiría ningún impedimento para la poligamia, pues seguramente un polígamo podría disfrutar de una relación con varias mujeres, que reflejara todas las características enumeradas por el doctor Pittenger. Para ilustrar este punto recurriré a mi experiencia pastoral. En distintas oportunidades ha venido a verme algún hombre casado para confesarme que se había enamorado de otra mujer. Luego de reconvenirlo suavemente, su respuesta ha sido más o menos ésta: «Es cierto, estoy de acuerdo: yo ya tengo mujer e hijos. Pero esta nueva relación es la verdadera. Fuimos hechos el uno para el otro. Nuestro amor mutuo es de una calidad y una profundidad que nunca antes habíamos experimentado. *Tiene* que estar bien.» Pero he tenido que decirle que no, que no está bien. Nadie puede justificar el hecho de romper el pacto matrimonial con su esposa sobre la base de la calidad del amor que siente por otra mujer. La calidad del amor no es el único criterio para juzgar lo que es bueno o correcto.

Si bien no niego que pueda haber amor en las relaciones homosexuales, tal como algunos lo sostienen (aunque *a priori* no entiendo cómo pueden lograr la misma riqueza que en el compañerismo heterosexual dispuesto por Dios), el amor no es suficiente para justificarlas. De hecho, debo agregar que son incompatibles con el verdadero amor, pues son incompatibles con la ley de Dios. El amor se interesa en el sumo bienestar del amado. Y nuestro sumo bienestar como seres humanos se encuentra en la obediencia a la ley y el propósito de Dios, y no en la rebelión contra ellos.

Aparentemente, algunos líderes del Movimiento Cristiano Gay adoptan la lógica de su propia postura, pues dicen que hasta la monogamia puede abandonarse en beneficio del «amor». Por ejemplo, Malcolm Macourt sostiene que la perspectiva de la liberación homosexual abarca «una amplia variedad de modelos de vida», cada uno de los cuales goza de «igual aceptación en la sociedad». Entre ellos enumera las siguientes alternativas: monogamia y vínculos múltiples; vínculos de por vida y vínculos por un período de crecimiento mutuo; relaciones entre personas de un mismo sexo y del sexo opuesto; vida comunitaria y en grupos familiares reducidos.[34] No parece haber límite para lo que algunas personas tratan de justificar en nombre del amor.

4) El argumento sobre la aceptación y el evangelio

Hoy en día algunas personas afirman: «Sin duda los cristianos heterosexuales deben aceptar a los cristianos homosexuales. Pablo manda que nos aceptemos unos a otros. Si Dios ha recibido a alguien, ¿quiénes somos nosotros para juzgarlo (Ro. 14.1ss.)?» Norman Pittenger va aún más lejos y declara que quienes rechazan a las personas homosexuales «no han comprendido en absoluto el evangelio de Cristo». Luego sostiene que no recibimos la gracia de Dios porque somos buenos y confesamos nuestros pecados, sino que es a la inversa. «La gracia de Dios siempre está en primer lugar, ... su perdón despierta en nosotros el arrepentimiento.»[35] Hasta cita el himno que dice «Tal como soy, sin más decir», y añade: «la verdad central del evangelio es que Dios nos ama y nos acepta tal como somos».[36]

Pero ésa es una forma muy confusa de plantear el evangelio. En efecto, Dios nos acepta «tal como somos» y no necesitamos hacernos buenos antes; de hecho no podemos. Pero su «aceptación» significa que perdona plena y libremente a todo aquél que se arrepiente y cree, no que condona nuestra perseverancia en el pecado. Asimismo, es cierto que debemos aceptarnos unos a otros, pero sólo como compañeros en el peregrinaje y co-penitentes, no como co-pecadores dispuestos a persistir en el pecado. Si endurecemos nuestro corazón a la Palabra y la voluntad de Dios, no se nos promete aceptación alguna, ni de la Iglesia ni de Dios, sino únicamente el juicio.

La fe, la esperanza y el amor

Si a la luz de la revelación de Dios en su totalidad la práctica homosexual debe considerarse una desviación de la norma de Dios, y no una de las variantes dentro de la amplia gama que conforman lo normalmente aceptado; y si, por lo tanto, nuestro deber es exhortar a las personas con tal orientación a abstenerse de prácticas y parejas homosexuales, ¿qué consejos les daremos para animarlos a responder a este llamado? Quisiera tomar la tríada perfecta de Pablo formada por la fe, la esperanza y el amor, y aplicarla a las personas con tendencia homosexual.

1) El llamado cristiano a tener fe

La fe es la respuesta humana a la revelación divina; es creer en la Palabra de Dios.

En primer lugar, *la fe acepta las normas establecidas por Dios*. La única alternativa al matrimonio heterosexual es la abstinencia sexual. Creo conocer lo que esto entraña. Nada me ha ayudado tanto a comprender el dolor del celibato homosexual como el conmovedor libro de Alex Davidson, *The Returns of Love* (Los beneficios del amor). Habla de «la incesante tensión entre la ley y la concupiscencia», «ese monstruo que acecha desde las profundidades», este «tormento abrasador».[37]

El mundo secular dice: El sexo es esencial a la realización humana. Esperar que las personas homosexuales se abstengan de la práctica homosexual significa condenarlos a la frustración y conducirlos a la neurosis, la desesperación y aun el suicidio. Es inaudito que se le pida a alguien que se niegue lo que para él es la forma normal y natural de expresión sexual. Es un hecho «inhumano e insensible».[38] Es una verdadera crueldad.

Pero no, la enseñanza de la Palabra de Dios es otra. La experiencia sexual no es esencial a la realización humana. Por cierto, es un don bueno de Dios, pero no es dado a todos, y no le es imprescindible al ser humano. En tiempos de Pablo se decía que lo era. El lema en aquel entonces era «La comida para el cuerpo y el cuerpo para la comida; el sexo para el cuerpo y el cuerpo para el sexo» (ver 1 Co. 6.13). Pero ésta es una mentira del diablo. Jesucristo era soltero; no obstante, su humanidad era perfecta. Además, los mandamientos de Dios son buenos y no crueles. El yugo de Cristo trae descanso y no desasosiego; el conflicto sólo se les presenta a quienes le ofrecen resistencia.

De manera que, en última instancia, es una crisis de fe: ¿A quién creeremos? ¿A Dios o al mundo? ¿Nos someteremos al señorío de Cristo, o sucumbiremos a las presiones de la cultura predominante? La verdadera «orientación» de los cristianos no es lo que somos por constitución física (hormonas), sino lo que somos por elección (corazón, mente y voluntad).

En segundo lugar, *la fe acepta la gracia de Dios*. La abstinencia no sólo es buena, si Dios nos llama al celibato; además es posible. Sin embargo, muchos lo niegan y plantean su argumento en estos términos: «Sabemos lo imperiosamente fuerte que es el impulso sexual. No se nos puede pedir que lo reprimamos.» Norman Pittenger afirma que «está tan cerca de ser imposible que casi ni vale la pena hablar del tema».[39]

¿Cómo puede ser? ¿Cómo, pues, interpretaremos la declaración que Pablo hace a continuación de la advertencia a los corintios de que los que se dedican a la prostitución masculina y a las prácticas homosexuales no heredarán el Reino de Dios? Luego Pablo exclama: «Y esto erais algunos; mas ya habéis sido lavados, ya habéis sido justificados en el nombre del Señor Jesús, y por el Espíritu de nuestro Dios» (1 Co. 6.11). Y ¿qué diremos a los millones de personas heterosexuales que son solteras? Sin duda, todas las personas solteras experimentan el dolor de la lucha y la soledad. Pero ¿cómo nos llamaremos cristianos y al mismo tiempo declararemos que la castidad es imposible? Se hace más difícil por la obsesión sexual de la sociedad contemporánea. Y lo hacemos más difícil para nosotros mismos si nos dejamos llevar por los argumentos plausibles del mundo, o caemos en la autoconmiseración, o alimentamos nuestra imaginación con material pornográfico y así habitamos un mundo del que Cristo no es Señor, o hacemos caso omiso de su mandamiento a sacarnos los ojos y cortarnos las manos y pies, es decir, a ser inflexibles con los medios de tentación. Pero, cualquiera sea nuestro «aguijón en la carne», Cristo viene a nosotros como vino a Pablo y dice: «Bástate mi gracia; porque mi poder se perfecciona en la debilidad» (2 Co. 12.9). Negar esto es representar a los cristianos como indefensas víctimas del mundo, de la carne y del diablo; y contradecir el evangelio de la gracia de Dios.

2) El llamado cristiano a la esperanza

No nos hemos referido aún a la posibilidad que tienen las personas homosexuales de «sanar», entendida ésta no como dominio propio sino como reversión de la tendencia homosexual. Las expectativas en cuanto a esta posibilidad dependerán fundamentalmente de nuestra interpretación de la etiología de la homosexualidad, y aún no se ha llegado a una conclusión definitiva. En palabras del doctor D. J. West: «La investigación de las causas de la homosexualidad ha dejado numerosos misterios sin resolver.»[40] Sin embargo, en su opinión «los niños no nacen con el instinto sexual orientado específicamente hacia un sexo o el otro. La preferencia exclusiva por el sexo opuesto es un rasgo adquirido».[41]

En general se coincide en que frente a la falta de medios de canalización heterosexual, y bajo las presiones culturales, un alto porcentaje de personas adoptaría conductas homosexuales (o al menos podría adoptarlas). De hecho, aunque puede haber un factor o componente genético, la condición es más «aprendida» que «heredada». Hay quienes la atribuyen a experiencias traumáticas de la niñez, tal como la carencia de amor maternal, que inhibe el crecimiento sexual.[42] Entonces, si se trata de un aprendizaje, ¿no se podrá revertir?

La posibilidad de cambio por la gracia y el poder de Dios depende asimismo de cuán firme sea la determinación de la persona a cambiar, lo que a su vez está sujeto a otros factores. Aquéllos con sexualidad indefinida seguramente pueden cambiar bajo una fuerte influencia y con una firme motivación. Pero muchos investigadores sostienen que la homosexualidad orgánica es irreversible. D. J. West afirma que «ningún método de tratamiento ni castigo ofrece muchas esperanzas de provocar una reducción sustancial en la inmensa legión de adultos que practica la homosexualidad»; sería «más realista encontrarles un lugar en la sociedad». Aboga por la «tolerancia» hacia la conducta homosexual, si bien propone que no se la «fomente».[43] Otros psicólogos van aún más lejos al declarar que la homosexualidad no es una condición patológica y que, por lo tanto, debe ser aceptada y no curada. En 1973 los miembros de la Asociación Americana de Psiquiatría eliminaron la homosexualidad de la categoría de enfermedad mental.

¿No representan estas perspectivas la opinión desesperada del pensamiento secular? Los cristianos sabemos que la homosexualidad, por ser una desviación de los preceptos divinos, no refleja el orden de la creación sino el desorden de la caída. ¿Cómo, pues, le daremos nuestra aprobación o la declararemos incurable? No podemos hacerlo. Por lo tanto, lo único que cabe preguntarse es *cuándo* y *cómo* se ha de esperar que se produzcan la liberación y la restauración. El hecho es que, aunque hay quienes declaran que se realizan «sanidades» de homosexuales, ya sea mediante la regeneración o mediante la obra posterior del Espíritu Santo, no es fácil su comprobación. Martin Hallett, quien antes de su conversión era un miembro activo del movimiento homosexual, fundó posteriormente el «True Freedom Trust» (Asociación para la verdadera libertad), un ministerio interdenominacional de aconsejamiento y enseñanza relativo a la homosexualidad y sus problemas.[44] Ha publicado un folleto titulado *Testimonies* (Testimonios) en el que hombres y mujeres homosexuales cristianos dan testimonio de lo que Cristo ha hecho por ellos. En él han encontrado una nueva identidad y un nuevo sentido de realización personal como hijos de Dios. Han sido liberados de la culpa, la vergüenza y el temor, por la aceptación perdonadora de Dios, y de la esclavitud a su antigua actividad homosexual, por el poder interior del Espíritu Santo. Pero no se han liberado de la orientación homosexual, y por lo tanto, paralelmente al nuevo gozo y a la nueva paz que experimentan, aún persiste cierto dolor. Estos dos testimonios ilustran el hecho:

> Mis oraciones no fueron respondidas de la manera en que habría esperado, pero el Señor me bendijo grandemente al darme dos amigos cristianos que me aceptaron tal como soy.
>
> Despúes de que oraron por mí y me impusieron las manos, me abandonó un espíritu de perversión. Alabo a Dios por la liberación que encontré esa tarde ... Puedo dar testimonio de tres años libres de actividad homosexual. Pero en este tiempo no me he transformado en un heterosexual.

¿Es que no hay ninguna esperanza de un cambio sustancial de orientación? La doctora Elizabeth Moberly cree que sí la hay. De sus investigaciones concluye que «la orientación homosexual no depende de la predisposición genética, el equilibrio hormonal, ni la anormalidad en los procesos de aprendizaje, sino de dificultades en las relaciones entre padres e hijos, especialmente en los primeros años de vida». Sigue diciendo: «el principio subyacente es que el homosexual —ya sea hombre o mujer— ha sufrido una carencia en la relación con el progenitor *del mismo sexo*; y que existe el correspondiente impulso a suplir esta carencia por medio de relaciones del mismo sexo u 'homosexuales'».[45] La carencia y el impulso están íntimamente relacionados. El impulso compensador hacia el amor del mismo sexo no es patológico en sí mismo, sino que, «por el contrario, es un intento de resolver y curar la patología». «La condición homosexual no comprende necesidades anormales, sino necesidades normales que, de manera anormal, han quedado sin respuesta en el proceso de crecimiento.» La homosexualidad «es esencialmente un estado de desarrollo incompleto» o de necesidades no satisfechas.[46] De modo que la solución adecuada es «la satisfacción de las necesidades de vínculo con el mismo sexo sin actividad sexual», pues erotizar las carencias del desarrollo significa confundir las necesidades emocionales con deseos fisiológicos.[47] ¿Cómo, pues, se pueden satisfacer estas necesidades, ya que son legítimas? Pero ¿cuáles son los medios legítimos para satisfacerlas? Según la doctora Moberly «las relaciones sustitutas del cuidado paterno forman parte del plan redentor de Dios, así como las relaciones paternas forman parte de su plan creador».[48] Lo que se necesita son relaciones de amor profundas y duraderas, del mismo sexo, mas no sexuales, especialmente dentro de la iglesia. Su conclusión es: «El amor tanto en oración como en la relación es la terapia básica ... El amor es el problema básico, la gran necesidad y la única solución verdadera. Si estamos dispuestos a buscar y transmitir el amor sanador y redentor de Cristo, la sanidad será una realidad grande y gloriosa para los homosexuales.»[49]

Aun así, la sanidad completa de cuerpo, mente y espíritu no se producirá en esta vida. En cada uno de nosotros persiste cierto grado de carencia o desorden. Pero no definitivamente, ya que el horizonte de los cristianos no se circunscribe a este mundo. Jesucristo vuelve; nuestros cuerpos serán redimidos; el pecado, el dolor y la muerte serán abolidos; el universo y nosotros seremos transformados. Entonces seremos liberados definitivamente de todo aquello que mancha o distorsiona nuestra personalidad. Esta confianza cristiana nos ayuda a soportar cualquier dolor presente, pues el dolor existe en medio de la paz. «Porque sabemos que toda la creación gime a una, y a una está con dolores de parto hasta ahora; y no sólo ella, sino que también nosotros mismos, que tenemos las primicias del Espíritu, nosotros también gemimos dentro de nosotros mismos, esperando la adopción, la redención de nuestro cuerpo» (Ro. 8.22ss.). Así es que nuestros gemidos expresan los dolores de parto de la nueva era. Estamos convencidos de que «las aflicciones del tiempo presente no son comparables con la gloria venidera que en nosotros ha de manifestarse» (Ro. 8.18). Esta esperanza nos sostiene.

Alex Davidson encuentra consuelo por su homosexualidad en su esperanza cristiana, y lo expresa así:

> ¿No es una de las mayores desgracias de esta condición el hecho de que al mirar hacia adelante parecería extenderse indefinidamente el mismo camino insoportable? Pensar, por un lado, que no tiene ningún sentido nos conduce a la rebeldía y, por otro, que no tiene fin nos conduce a la desesperación. Por esa razón cuando caigo en la desesperación o en la rebeldía, o en ambas, encuentro consuelo al recordarme a mí mismo la promesa de Dios de que un día se habrá acabado...[50]

3) El llamado cristiano al amor

En el presente vivimos «entre tiempos», entre la gracia que percibimos por la fe y la gloria que anticipamos en la esperanza. Entre ellas se extiende el amor. Sin embargo es precisamente amor lo que generalmente la iglesia no ha sabido mostrar hacia los homosexuales. Jim Cotter presenta severas quejas por ser tratados como «objetos de insultos y burlas, de temor, prejuicio y opresión».[51] Norman Pittenger describe la correspondencia «vituperante» que ha recibido, en la que a los homosexuales se los repudia como «seres repulsivos», «perversos repugnantes», «pecadores abominables» y epítetos semejantes.[52] Pierre Berton, comentarista social, escribe que «hay fuertes razones para sostener que el homosexual es el equivalente moderno del leproso».[53] Rictor Norton es aún más punzante:«La historia de las actitudes de la Iglesia hacia los homosexuales es una atrocidad de principio a fin; no corresponde que nosotros busquemos el perdón, sino que la Iglesia haga expiación.»[54]

La hostilidad personal hacia los homosexuales actualmente se denomina «homofobia».[55] Es una combinación de temor irracional, odio e incluso repugnancia. No toma en cuenta el hecho de que la mayoría de las personas homosexuales no son responsables de su condición (aunque sí lo son de su conducta). Porque su perversión no es voluntaria, merecen nuestra comprensión y compasión (si bien a algunos esto les resulta paternalista), y no nuestro rechazo. Richard Lovelace hace una apropiada exhortación al «doble arrepentimiento», a saber: «que los cristianos homosexuales renuncien a su actividad» y que «los cristianos heterosexuales renuncien a su homofobia».[56] El doctor David Atkinson añade con razón: «No tenemos derecho de instar a los cristianos homosexuales al celibato y a que amplíen el núcleo de sus relaciones, a menos que se les ofrezca, con amor genuino, apoyo y oportunidades.»[57] Considero que la existencia misma del Movimiento Cristiano Gay, sin mencionar la llamada «Comunidad Evangélica» dentro de él, es un voto de censura contra la Iglesia.

Detrás de la condición homosexual existen una profunda soledad, el anhelo humano natural de amor mutuo, la búsqueda de identidad y las ansias de llegar a ser completo. Si las personas homosexuales no encuentran esto en la «familia de la iglesia» local, no tiene sentido que usemos esa expresión. La alternativa no es entre la calidez física de la relación homosexual y el dolor de la frialdad y el aislamiento. Existe una tercera opción: un medio cristiano de amor, comprensión, aceptación y apoyo. No creo que haya necesidad de animar a la persona homosexual a revelar su orientación homosexual a todos; no es necesario, ni constructivo. Pero ciertamente necesita por lo menos un confidente con quien compartir sus cargas, quien no lo desprecie ni rechace, sino que lo apoye con su amistad y oración. Quizá esto lo encuentre en un pastor o consejero profesional; tal vez se puede combinar con una terapia de grupo, lo cual se debe sumar al afecto de un buen número de amistades de ambos sexos. Deben fomentarse las amistades del mismo sexo, como las de la Biblia entre Rut y Noemí, David y Jonatán, Pablo y Timoteo. No hay indicio de que éstas fueran homosexuales en el sentido erótico; sin embargo, evidentemente eran afectuosas, y (al menos en el caso de David y Jonatán) aun demostrativas.[58] Naturalmente, es sensato tomar algunas precauciones. Pero en las culturas africanas y asiáticas comúnmente se puede observar que dos hombres van de la mano por la calle, sin avergonzarse. Es triste que nuestra cultura occidental inhiba el desarrollo de amistades ricas del mismo sexo, al generar el temor al ridículo o a ser rechazado por «rarito».

Estas relaciones, tanto del mismo sexo como del sexo opuesto, han de desarrollarse dentro de la familia de Dios, que si bien es universal tiene su manifestación local. El propósito de Dios es que cada iglesia local sea una comunidad en la que se pueda hallar calidez, aceptación y apoyo. Por «aceptación» no quiero decir «consentimiento», así como al oponerme a la «homofobia» no me opongo a la censura cristiana de la conducta homosexual. De ninguna manera. El verdadero amor cristiano no es incompatible con la sustentación de los preceptos morales. Hay lugar, pues, para la disciplina de la iglesia en el caso de miembros que se niegan al arrepentimiento y que deliberadamente perseveran en las relaciones homosexuales. Pero debe ser ejercida con espíritu de humildad y benignidad (Gá. 6.1 ss.). Debemos tener cuidado de no discriminar entre hombres y mujeres, ni entre pecados de homosexualidad o de heterosexualidad. Además, en el caso de un escándalo público, la disciplina adecuada y necesaria no debe convertirse en una cacería de brujas.

Aunque el dilema del cristiano homosexual es complicado y doloroso, Jesucristo le ofrece (de hecho, a todos) fe, esperanza y amor: la fe para aceptar sus normas, junto con la gracia para guardarlas; la esperanza para levantar la mirada más allá del sufrimiento presente a la gloria futura; el amor para cuidarnos y apoyarnos los unos a los otros. «Pero el mayor de ellos es el amor» (1 Co. 13.13).

Notas

1. Ver A. C. Kinsey, *Sexual Behaviour in the Human Male*, 1948, y *Sexual Behaviour in the Human Female*, 1953. Sus métodos de investigación y sus descubrimientos han sido criticados, sin embargo; los primeros por ser selectivos, y los últimos por mostrar, en consecuencia, un alto porcentaje de anormalidad erróneo.
2. Donald J. West, *Homosexuality*, Duckworth, 1968, p. 12.
3. De un artículo titulado «God, Sex and You» en *Eternity*, agosto de 1972.
4. J. N. D. Anderson, *Morality, Law and Grace*, Tyndale Press, 1972, p. 73.
5. Malcolm Macourt ed., *Towards a Theology of Gay Liberation*, SCM Press, 1977, p. 3. La cita pertenece a la introducción del propio Macourt.
6. Derrick Sherwin Bailey, *Homosexuality and the Western Christian Tradition*, Longmans, Green, 1955, p. 4.
7. Is. 1.10ss; Jer. 23.14; Ez.16.49ss. Cf. las referencias al orgullo en Eclo. 16.8 y a la hostilidad hacia los extranjeros en Sab. 19.14-15.
8. Mt. 10.15; 11.24; Lc. 10.12.

9 Sherwin Bailey da citas de *Book of Jubilees* y *Testaments of the Twelve Patriarchs*, *op. cit.* pp. 11-20. Hay una evaluación aún más completa de los escritos del período intertestamental en la obra de Peter Coleman *Christian Attitudes to Homosexuality*, SPCK, 1980, pp. 58-85.
10. Sherwin Bailey, *op. cit.* p. 27.
11. James D. Martin en *Towards a Theology of Gay Liberation*, ed. Malcolm Macourt, SCM, 1977, p. 53.
12. Sherwin Bailey, *op. cit.* p. 30.
13. Peter Coleman, *op. cit.* p. 49.
14. Ver, por ejemplo, 1 Reyes 14.22ss; 15.12; 22.46 y 2 Reyes 23. 7.
15. Sherwin Bailey, *op. cit.* p. 39.
16. Peter Coleman, *op. cit.* pp. 95-96.
17. Peter Coleman, *op. cit.* p. 277.
18. Peter Coleman, *op. cit.* p. 101.
19. Rictor Norton en *Towards a Theology of Gay Liberation*, q.v., p. 58.
20. Letha Scanzoni y Virginia R. Mollenkott, *Is the Homosexual My Neighbour?*, Harper & Row, y SCM, 1978, p. 111.
21. Sherwin Bailey, *op. cit.* p. 1.
22. Norman Pittenger, *Time for Consent*, 3a. ed., SCM, 1976, pp. 7 y 73.
23. Donald J. West, *op. cit.* pp. 17-32.
24. Norman Pittenger, *op. cit.* p. 7.
25. Peter Coleman, *op. cit.* p. 50.
26. Capítulo 3.3-5, citado por Peter Coleman, *op. cit.* p. 71.
27. C. K. Barrett, *Commentary on the Epistle to the Romans*, A. & C. Black, 1962, p. 39.
28. p. 21.
29. p. 36.
30. Capítulo 9.
31. Capítulo 5.
32. Norman Pittenger, *op. cit.* pp. 31-33.
33. Jn. 14.15; Ro. 13.8-10.
34. Malcolm Macourt, *op. cit.* p. 25.
35. Norman Pittenger, *op. cit.* p. 2.
36. *Ibíd.* p. 94.
37. Alex Davidson, *The Returns of Love*, IVP, 1970, pp. 12, 16, 49.
38. Norman Pittenger en *Towards a Theology of Gay Liberation*, q.v., p. 87.
39. *Time for Consent*, q.v., p. 7.
40. Donald J. West, *op. cit.* p. 261.

41. *Ibíd.* p. 15.
42. El profesor R. J. Berry brinda un resumen muy útil de las opiniones actuales sobre etiología en su contribución a London Lectures, 1982, *Free To Be Different*, Marshall, Morgan & Scott, 1984, pp. 108-116.
43. D. J. West, *op. cit.* pp. 266 y 273.
44. La dirección de True Freedom Trust es P.O. Box 3, Upton, Wirrall, Merseyside L49 6NY.
45. Elizabeth R. Moberly, *Homosexuality: A New Christian Ethic*, James Clarke, 1983, p. 2.
46. *Ibíd.* p. 28.
47. *Ibíd.* pp. 18-20.
48. *Ibíd.* pp. 35-36.
49. *Ibíd.* p. 52.
50. Alex Davidson, *op. cit.* p. 51.
51. *Towards a Theology of Gay Liberation*, q.v., p. 63.
52. *Time for Consent*, q.v., p. 2.
53. Cita de *The Comfortable Pew*, 1965, de Letha Scanzoni y Virginia Mollenkott.
54. *Towards a Theology of Gay Liberation*, q.v., p. 45.
55. La palabra, al parecer, fue utilizada por primera vez por George Weinberg en *Society and the Healthy Homosexual*, Doubleday, 1973.
56. Richard F. Lovelace, *Homosexuality and the Church*, Revell, 1978, p. 129 y cf. p. 125.
57. David J. Atkinson, *Homosexuals in the Christian Fellowship*, Latimer House, 1979, p. 118. El doctor Roger Moss centra su análisis en cuestiones pastorales en su obra *Christians and Homosexuality*, Paternoster, 1977.
58. e. g. 1 S. 20.41 y 2 S. 1.26.

CONCLUSION GENERAL

Un llamado al liderazgo cristiano

En el mundo contemporáneo hay una seria falta de líderes. Enfrentamos problemas graves por su magnitud y profundidad, algunos de los cuales hemos examinado. Entre los problemas mundiales se cuentan el terrorífico desarrollo de arsenales nucleares, la violación de los derechos humanos ampliamente extendida, la crisis ambiental y de energía, y la desigualdad económica Norte-Sur. En el ámbito social consideramos la tragedia de la desocupación prolongada, el constante conflicto en las relaciones industriales, y los estallidos de violencia racial. En el aspecto moral, los cristianos están perturbados por las fuerzas que minan la estabilidad del matrimonio y la familia, los desafíos a las costumbres sexuales establecidas y a los roles sexuales, y la vergüenza de lo que virtualmente es el aborto a solicitud. Podría agregar, en el ámbito espiritual, la propagación del materialismo y la consiguiente pérdida del sentido de una realidad trascendente. Muchos nos advierten que el mundo se encamina hacia el desastre; pero pocos nos aconsejan cómo hacer para prevenirlo. Los conocimientos técnicos abundan; pero la sabiduría escasea. La gente está confundida, desconcertada, enajenada. Para emplear las metáforas de Jesús, parecería que estamos «como ovejas que no tienen pastor», y nuestros líderes a menudo parecen «ciegos gúias de ciegos».

Existen muchos tipos y grados de liderazgo. El liderazgo no se circunscribe a un núcleo reducido de estadistas mundiales, ni a los cuadros del gobierno y el empresariado nacional. En cada sociedad adopta diversas formas: los pastores son líderes de la iglesia y la comunidad local; los padres son líderes de su hogar y su familia; asimismo lo son los maestros en la escuela y los profesores en la universidad; los ejecutivos del comercio y la industria; los jueces, médicos, políticos, asistentes sociales y sindicalistas ejercen el liderazgo en sus respectivos campos. Así también los formadores de opinión que trabajan en los medios masivos de comunicación: escritores y dramaturgos, periodistas, locutores de radio y televisión, artistas y productores. Y a partir de la década del sesenta, los líderes estudiantiles han ejercitado una influencia que supera su corta edad y experiencia. En estas áreas y en otras hay una gran necesidad de líderes que se caractericen por su discernimiento, valor y dedicación.

Tales líderes tanto nacen como se hacen. Como ha escrito Bennie E. Goodwin, pedagogo norteamericano: «Si bien los líderes en potencia nacen, los líderes eficaces se hacen.»[1] Según los famosos versos de Shakespeare:

> Be not afraid of greatness! Some are born great, some achieve greatness, and some have greatness thrust upon them.[2]
> (No temáis la grandeza. Unos nacen con grandeza, otros la alcanzan y a otros les es impuesta.)

Los libros de conducción de empresas hablan de «líderes naturales», personas de carácter y personalidad fuertes y de agudo intelecto. Nosotros coincidiríamos con Oswald Sanders en agregar que el liderazgo cristiano es «una combinación de cualidades naturales y espirituales»,[3] o de talento natural y dones espirituales. De todos modos, los dones de Dios se deben cultivar, y el liderazgo potencial debe desarrollarse.

¿Cuáles son, pues, los distintivos del liderazgo en general, y del liderazgo cristiano en particular? ¿Qué hace falta para que ya no nos sentemos a esperar que otro tome la iniciativa, sino que la tomemos nosotros mismos? ¿Cómo podemos abrir una senda de trabajo en la que otros puedan seguir?

Aunque se han realizado diversos análisis del liderazgo, deseo sugerir que se compone de cuatro elementos esenciales.

Visión

«Sin visión, el pueblo muere» es un proverbio de la traducción inglesa de la Biblia King James Version, que ha pasado al uso corriente en ese idioma. Muy probablemente es un error de interpretación del hebreo, aunque es una afirmación certera.[4] De hecho, ha sido una característica de la era que sigue a Pentecostés que «Vuestros jóvenes verán visiones, y vuestros ancianos soñarán sueños» (Hch. 2.17). Monseñor Ronald Knox de Oxford concluye así su libro *Enthusiasm* (Entusiasmo):

El hombre sin visión no vivirá; esa máxima haremos bien en retener luego de contemplar, de tantas maneras distintas, la historia de los visionarios. Si nos conformamos con la rutina, la mediocridad y la vida vivida de momento en momento —como quien avanza por un andarivel, una mano tras otra—, no nos será perdonado.[5]

«Sueños» y «visiones», soñadores y visionarios: parece todo muy poco práctico y demasiado alejado de la vida sobre la tierra, con sus duras realidades. Por tanto, generalmente se usan palabras más prosaicas. El experto en administración aconseja fijar metas de corto y largo plazo. El político publica su manifiesto electoral. El personal militar traza una estrategia de campaña. Pero ya sea que se llame «meta», «manifiesto» o «estrategia», se trata de una *visión*.

¿Qué es la visión, entonces? Naturalmente, es el acto de ver; una percepción de las cosas en la que se combinan la intuición y la predicción. Pero más específicamente, en el sentido en que empleo la palabra aquí, está compuesta de una profunda disconformidad con lo que *es* y un clara comprensión de lo que *puede ser*. Surge de la indignación por el statu quo y se transforma en la diligente búsqueda de una alternativa. Ambos aspectos se manifiestan claramente en el ministerio público de Jesús. Sentía indignación frente a la enfermedad, la muerte y el hambre de la gente, pues comprendía que eso era ajeno al propósito de Dios. De allí su compasión por las víctimas. Indignación y compasión: una combinación poderosa. Son esenciales a la visión, y por lo tanto al liderazgo.

Se recordará que Bobby Kennedy fue asesinado en 1968 a los cuarenta y dos años de edad. En una reseña biográfica que apareció diez años más tarde, David S. Broder escribía que

su cualidad distintiva era la capacidad para lo que sólo puede definirse como indignación moral. «Es inadmisible», solía decir con relación a muchas situaciones que la mayoría de nosotros acepta como inevitables...La pobreza, el analfabetismo, la desnutrición, el racismo, la corrupción, el disimulo: todos estos males eran para él una ofensa personal.[6]

La apatía es la aceptación de lo inaceptable; el liderazgo comienza con una rotunda negativa a esa actitud. Como escribía George F. Will en diciembre de 1981, tras la declaración de la ley marcial en Polonia: «Lo indignante es la ausencia de indignación.» Existe hoy una gran necesidad de más indignación, ira, enojo justos frente a aquellos males que ofenden a Dios. ¿Cómo podemos tolerar lo que él juzga intolerable?

Pero el enojo es estéril si no nos mueve a la acción positiva para remediar lo que ha provocado la ira. Robert Greenleaf afirma:

Debemos oponernos a aquello que consideramos que está mal, pero no podemos *liderar* desde una postura predominantemente negativa.[7]

En 1981, antes de abandonar el cargo de presidente del Banco Mundial, el que había ocupado durante trece años, Robert McNamara pronunció su discurso de despedida en la asamblea anual. En él citó a George Bernard Shaw:

Tú ves las cosas tal como son y preguntas «¿por qué?». Pero yo sueño cosas que nunca han sido, y pregunto «¿por qué no?».

En la historia abundan los ejemplos, tanto bíblicos como seculares. Moisés se horrorizó ante la cruel opresión de sus compatriotas israelitas bajo los egipcios; recordó el pacto de Dios con Abraham, Isaac y Jacob; y a lo largo de su vida lo sostuvo la visión de la «Tierra Prometida». Nehemías se enteró durante su exilio persa que los muros de la Ciudad Santa estaban en ruinas, y sus habitantes sufriendo penalidades. La noticia lo agobió, hasta que Dios puso en su corazón lo que podía y debía hacer. Nehemías hizo el llamamiento: «Venid, y edifiquemos el muro de Jerusalén». Y la gente le respondió: «Levantémonos y edifiquemos» (Neh. 2.12, 17, 18).

En los tiempos neotestamentarios los primeros cristianos tenían plena conciencia del poder de Roma y de la hostilidad hacia el pueblo judío. Pero Jesucristo los había mandado a ser testigos de él «hasta lo último de la tierra», y la visión que él les dio los transformó. Saulo de Tarso había sido educado para aceptar como inevitable e insalvable el abismo entre judíos y gentiles. Pero Jesús le encomendó la tarea de llevar el evangelio al mundo gentil, y no fue «rebelde a la visión celestial». En efecto, la visión de una humanidad reconciliada, nueva y única capturó su mente y su corazón de tal manera que trabajó, sufrió y murió por su causa.[8]

En nuestra propia generación los presidentes norteamericanos han tenido la visión del «Nuevo Trato» y de la «Gran Sociedad», y el hecho de que sus expectativas no se hayan materializado plenamente no desvirtúa la visión misma. Martin Luther King, furioso por las injusticias de la segregación, tuvo el sueño de la dignidad para los negros en una Norteamérica libre y multirracial; vivió y murió por la realización de ese sueño.

No cabe duda de que el estrepitoso éxito del comunismo (a cincuenta años de la Revolución Rusa de 1917 había conquistado un tercio del mundo) ha sido el resultado de la visión de una sociedad mejor que ellos han logrado inspirar en sus seguidores. Al menos es ésta la opinión de Douglas Hyde quien en marzo de 1948 renunció al Partido Comunista británico (luego de treinta años de afiliación) y a sus funciones como director del periódico *Daily Worker*, y se convirtió al catolicismo. Su libro titulado *Dedication and Leadership* (Dedicación y liderazgo) lleva el subtítulo «Learning from the Communists» (Qué aprender de los comunistas), y fue escrito para responder a la pregunta: «¿Por qué es que los comunistas tienen tanta dedicación y éxito en su liderazgo, mientras que a menudo otras personas no?» Hyde ofrece su explicación: «Si me preguntan cuál es la cualidad distintiva de los comunistas, qué es lo más notable que tienen en común, ... diría que sin lugar a dudas es el idealismo...»[9] Sueñan con una sociedad en la que (citando a a Liu Shao-chi) ya no habrá «personas oprimidas ni explotadas; oscuridad, ignorancia ni retraso ... ni cosas irracionales como el engaño, el antagonismo, la matanza y la guerra.»[10] En su *Tesis sobre Feuerbach* (1888), Marx escribió: «los filósofos sólo han *interpretado* el mundo de diversas formas; pero el asunto es *cambiarlo*». Douglas Hyde comenta que ese lema, «cambiar el mundo», «ha sido uno de los más dinámicos de los últimos ciento veinte años ... Marx cierra su *Manifiesto comunista* con estas palabras: 'Tienen un mundo por ganar'.»[11]

Esta visión estimula la imaginación y el celo de los jóvenes idealistas afiliados al comunismo. «Así se transmite al afiliado la certeza de que se está librando una gran batalla en todo el mundo ... incluso en su propio país, su ciudad, su vecindario, el edificio de departamentos en el que vive, la fábrica u oficina donde trabaja.»[12]

Douglas Hyde sostiene que una de las razones por las cuales el comunista está listo para hacer sacrificios excepcionales es que tiene la convicción de estar participando en una cruzada.[13]

Pero Jesucristo es un líder mucho mayor y más glorioso de lo que Karl Marx haya podido ser, y la buenas nuevas del evangelio cristiano constituyen un mensaje más radical y liberador que el mensaje del *Manifiesto comunista*. El mundo puede ser ganado para Cristo por medio de la evangelización, y puede ser hecho más agradable a Cristo por medio de la acción social. ¿Por qué, pues, no se enciende nuestro corazón con el fervor de esta esperanza? ¿Dónde están hoy los cristianos que ven el statu quo, a quienes les desagrada lo que ven (porque hay hechos inaceptables para Dios), y que por lo tanto rehúsan conformarse, sueñan con una sociedad alternativa, más aceptable a los ojos de Dios, y deciden hacer algo al respecto? «Sucederá muy poco mientras no exista un sueño. Y si algo grande ha de suceder debe existir un gran sueño. Detrás de todo gran logro hay un soñador de grandes sueños.»[14]

Pensamos en los tres millones de personas sin evangelizar en el mundo, quienes no han tenido una oportunidad real de escuchar o responder al evangelio; en los pobres, los hambrientos y los desposeídos; en las personas sometidas a la opresión política, económica o racial; en los millones de bebés abortados e incinerados; y en el llamado «equilibrio» del horror nuclear. Vemos todo esto: ¿Es que no nos importa? Vemos lo que es, ¿no podemos ver lo que podría ser? Las cosas podrían ser distintas. Quienes no han sido evangelizados pueden ser alcanzados con el evangelio; los hambrientos alimentados; los oprimidos liberados. Nos hace falta la visión del propósito y el poder de Dios.

David Bleakley describe a tales visionarios: «aquellos que tienen la alternativa de la 'intuición', quienes creen que *es* posible construir un mundo mejor.» Los llama «descubridores de sendas», quienes «aman nuestro planeta, sienten una responsabilidad por la creación de Dios, y anhelan dar verdadero sentido a la vida de todas las personas». De hecho, está persuadido, y personalmente también lo estoy, de que tales «descubridores de sendas representan un creciente movimiento hacia el cambio en nuestra sociedad y en otras sociedades».[15]

Laboriosidad

El mundo siempre ha despreciado a los soñadores. Los hermanos mayores de José murmuraban entre sí: «He aquí viene el soñador. Ahora pues, venid, y matémosle ... y veremos qué será de sus sueños» (Gn. 37.19ss.). Los sueños de la noche tienden a evaporarse a la fría luz de la mañana.

De modo que los soñadores deben transformarse en pensadores, planificadores y realizadores, y esto implica trabajo duro. Los hombres de visión deben convertirse en hombres de acción. Thomas Carlyle, escritor escocés del siglo pasado, en conversación con Federico el Grande definió la genialidad en primer lugar como «la capacidad trascendente de tomarse el trabajo»; asimismo Thomas Alva Edison, inventor de dispositivos eléctricos, afirmó que la genialidad es «un uno por ciento de inspiración y un noventa y nueve por ciento de transpiración». Todos los grandes líderes, no menos los grandes artistas, comprueban que esto es verdad. Detrás de una aparentemente fácil ejecución se halla la más esmerada y rigurosa auto-disciplina. Un buen ejemplo es el mundialmente famoso pianista, Paderewski. Dedicaba largas horas a la práctica diaria. A menudo repetía una frase musical o un compás hasta cincuenta veces para perfeccionarlo. Cierta vez después de escucharlo tocar, la reina Victoria lo felicitó y le dijo «Señor Paderewski, es usted un genio.» El le respondió: «Eso es posible, Su Majestad, pero antes de la genialidad vino el trabajo arduo.»[16]

La suma de visión y laboriosidad es el sello de los grandes líderes de la historia. No fue suficiente que Moisés soñara con la tierra que fluía leche y miel; tuvo que organizar a la masa de israelitas en la semblanza de una nación y conducirlo a través de los peligros y penalidades del desierto antes de que pudieran tomar posesión de la Tierra Prometida. Así también, a Nehemías lo inspiró la visión de la Ciudad Santa reconstruida, pero antes tuvo que reunir materiales para reconstruir el muro y armas para defenderlo. Winston Churchill aborrecía la tiranía nazi y soñaba con la liberación de Europa. Pero no se engañaba con respecto al costo de la empresa. El 13 de mayo de 1940, en su primer discurso como Primer Ministro a la Cámara de los Comunes, advirtió a los miembros que no tenía «nada para ofrecer más que sangre, sudor, lágrimas y trabajo» y «muchos largos meses de lucha y sufrimiento».

Es más, la misma combinación de visión y laboriosidad es necesaria en nuestras vidas, más comunes y corrientes. William Morris, quien llegó a ser Lord Nuffield el benefactor público, comenzó su carrera arreglando bicicletas. ¿Cuál fue el secreto de su éxito? «La imaginación creativa unida a la infatigable laboriosidad».[17] Así es que el sueño y la realidad, la pasión y el sentido práctico deben ir de la mano. Sin un sueño la campaña pierde el ardor y la dirección; pero sin trabajo esforzado y proyectos prácticos al sueño se lo lleva el viento.

Perseverancia

Thomas Sutcliffe Mort fue uno de los primeros colonos de Sidney, Australia, en el siglo pasado; las Dársenas de Mort llevan su nombre. Estaba empeñado en resolver el problema de la refrigeración, para que se pudiera exportar carne de Australia a Gran Bretaña, y decidió que dedicaría tres años a ver si lo lograba; pero le tomó veintiséis años. Vivió para ver zarpar de Sidney el primer cargamento de carne refrigerada, pero murió sin saber si había llegado bien a destino. La casa que construyó en Edgecliffe en la actualidad es Bishopscourt, la residencia del Arzobispo Anglicano de Sidney. En la corniza del cielo raso del estudio se encuentran pintadas veinte veces estas palabras: «Persevera y triunfarás», y grabado en piedra a la entrada de la casa se observa el lema de la familia Mort: «Fidèle à la Mort» (un juego de palabras con el apellido hugonote).

La perseverancia es por cierto una cualidad indispensable para el liderazgo. Una cosa es tener sueños y visiones. Otra es transformar un sueño en un plan de acción. Y aun otra perseverar en él cuando surge la oposición, pues la oposición seguramente vendrá. Apenas se pone en marcha la campaña, las fuerzas de la reacción se alistan, los privilegios atrincherados cavan aún más hondo, los intereses económicos se sienten amenzados y dan la alarma, los cínicos se sonríen frente a la estupidez de los «hacedores de bien», y la apatía se transmuta en hostilidad.

Pero la verdadera obra de Dios prospera con la oposición. La plata se refina y el acero se endurece. Naturalmente, quienes no tienen la visión y simplemente marchan con el ímpetu de la campaña pronto capitularán. Así es cómo los jóvenes no-conformistas de una década se convierten en el *establishment* conservador de la siguiente. Los jóvenes rebeldes caen en la mediocre indefinición de los ciudadanos de mediana edad de la clase media. Aun los revolucionarios, una vez terminada la revolución, suelen perder los ideales. No así el verdadero líder. Tiene flexibilidad para tomar con calma los reveses, tenacidad para superar la fatiga y el desánimo, y sabiduría para «transformar las piedras de tropiezo en pasaderas» (según una frase favorita de John Mott).[18] El verdadero líder añade a la visión y laboriosidad la gracia de la perseverancia.

En el Antiguo Testamento Moisés es nuevamente el ejemplo más notable. En unas doce oportunidades distintas el pueblo «murmuró» contra él, y como líder tuvo que hacer frente a un incipiente motín. Cuando el ejército del Faraón los amenazó, cuando se acabó el agua o estaba demasiado amarga para tomar, cuando no había carne para comer, cuando los exploradores volvieron con un informe negativo sobre la solidez de las fortificaciones cananitas, cuando algunos con estrechez de miras tuvieron envidia de su posición: éstos son algunas de las ocasiones en las que el pueblo se quejó de su liderazgo y desafió su autoridad. Un hombre de espíritu menor se hubiera rendido y los hubiera abandonado a su propia pequeñez. Pero no así Moisés. Nunca olvidó que ese era el pueblo *de Dios* por el pacto *de Dios*, quienes heredarían la tierra por la promesa *de Dios*.

En el Nuevo Testamento el hombre que llegó al fin de sus días con sus ideales intactos y sus valores inalterados fue el apóstol Pablo. También él enfrentó una oposición violenta e implacable. Debió soportar graves padecimientos físicos, pues en varias oportunidades fue azotado, apedreado y encarcelado. Padeció también sufrimientos psíquicos, pues constantemente iban siguiendo sus pasos falsos profetas para contradecir sus enseñanzas y calumniarlo. Asimismo experimentó una profunda soledad. Hacia el fin de su vida escribió «me abandonaron todos los que están en Asia» y «En mi primera defensa ... todos me desampararon» (2 Ti. 1.15; 4.16). Sin embargo nunca perdió la visión de la nueva sociedad de Dios, redimida, y nunca dejó de proclamarla. En el calabozo subterráneo, cuya única salida sería la muerte, escribió: «He peleado la buena batalla, he acabado la carrera, he guardado la fe» (2 Ti. 4.7). Perseveró hasta la muerte.

En los últimos siglos quizá no haya mejor ejemplo de perseverancia que William Wilberforce. Refiriéndose a él, Sir Reginald Coupland manifestó que, con el objeto de quebrar la apatía del parlamento el aspirante a reformador social «debe poseer, en primer lugar, las virtudes de un fanático sin sus vicios. Debe ser un hombre palpablemente desinteresado y de un sólo propósito. Debe tener la fuerza suficiente para enfrentar la oposición y la burla, y la constancia suficiente para soportar las demoras y vencer los obstáculos.»[19] En Wilberforce estas cualidades se manifestaban plenamente.

En 1787 decidió hacer la moción sobre el tráfico de esclavos en la Cámara de los Comunes. Esta actividad nefasta existía desde hacía tres siglos, y los propietarios de esclavos de las Indias Occidentales tenían la firme decisión de oponerse a la abolición hasta el fin. Además, Wilberforce no era un hombre demasiado agradable. Era pequeño, feo, corto de vista y de nariz respingona. Luego de oirlo hablar, Boswell comentó que era «un enano», pero luego debió admitir que «el enano pronto se transformó en gigante».[20] En 1789 en la Cámara de los Comunes Wilberforce declaró acerca del tráfico de esclavos lo siguiente: «Era tan desmesurada, tan terrible, tan irremediable su iniquidad que tomé la firme determinación de lograr su abolición.»[21] Así pues, los proyectos de ley de Abolición (relacionada al tráfico) y de Esclavitud y Asuntos Exteriores (que prohibiría la participación de navíos británicos) se debatieron en la Cámara baja en 1789, 1791, 1792, 1794, 1796 (a esta altura ya la Abolición se había convertido en «el principal sentido de mi existencia parlamentaria»), 1798 y 1799. Sin embargo en todos los casos el proyecto fracasó. La ley de Esclavitud y Asuntos Exteriores fue aprobada en 1806 y la ley de Abolición del Tráfico de Esclavos en 1807. Esta parte de la campaña duró dieciocho años.

Luego, al concluir las guerras napoleónicas, Wilberforce comenzó a concentrar sus energías en la abolición de la esclavitud propiamente dicha y la emancipación de los esclavos. En 1823 se formó la Sociedad Anti-Esclavista. Dos veces en el transcurso de aquel año y dos veces más al año siguiente Wilberforce abogó por la causa de los esclavos en la Cámara de los Comunes. Pero en 1825, por problemas de salud se vio obligado a renunciar a su bancada y a continuar su campaña desde afuera. En 1831 envió un mensaje a la Sociedad Anti-Esclavista que decía:

> Nuestro lema debe seguir siendo la *perseverancia*. Y confío que finalmente el Todopoderoso habrá de coronar nuestros esfuerzos con el éxito.[22]

Así fue. En julio de 1833 la ley de Abolición de la Esclavitud fue aprobada por ambas Cámaras, aunque incluía la promesa de pagar veinte millones de libras en compensación a los propietarios de esclavos. Wilberforce escribió entonces:

> Gracias a Dios que he vivido para ver el día en que Inglaterra está dispuesta a pagar veinte millones de libras esterlinas por la abolición de la esclavitud.[23]

Tres días después murió. Fue enterrado en la Abadía de Westminster, como reconocimiento nacional por los *cuarenta y cinco años* de perseverancia en la lucha a favor de los esclavos africanos.

Cabe advertir que perseverancia no es sinónimo de terquedad. El verdadero líder no es insensible a la crítica. Al contrario, la escucha y considera, y tal vez modifique sus planes de acuerdo con ella. Pero su convicción fundamental de aquello a lo que Dios lo ha llamado no fluctúa. Cualquiera sea el sacrificio que entrañe, o la oposición que surja, él perseverará.

Servicio

En este punto debemos hacer un llamado a la precaución. El «liderazgo» es un concepto compartido por el mundo y la iglesia. Sin embargo, no debemos suponer que las interpretaciones cristiana y no-cristiana sean idénticas. Tampoco debemos adoptar modelos de la administración secular sin antes someterlos a un análisis crítico cristiano, pues Jesús introdujo en el mundo un estilo de liderazgo completamente nuevo. Expresó la diferencia entre el antiguo y el nuevo liderazgo en estos términos:

> Sabéis que los que son tenidos por gobernantes en las naciones se enseñorean de ellas, y sus grandes ejercen sobre ellas potestad. Pero no será así entre vosotros, sino que el que quiera hacerse grande entre vosotros será vuestro servidor, y el que de vosotros quiera ser el primero, será siervo de todos. Porque el Hijo del Hombre no vino para ser servido, sino para servir, y para dar su vida en rescate por muchos (Mr. 10.42-45).

Así pues, entre los seguidores de Jesús, liderazgo no es sinónimo de señorío. Nuestro llamado es a ser siervos y no jefes, esclavos y no amos. Es verdad, cierta autoridad corresponde a los líderes, es más, el liderazgo sería imposible sin ella. Los apóstoles recibieron autoridad de Jesús, y la ejercieron tanto en la enseñanza como en la disciplina de la iglesia. Aun a los pastores actuales, si bien no son apóstoles y no poseen autoridad apostólica, se les debe «tener respeto» por su rol, pues «dirigen» a la congregación (1 Ts. 5.12VP) e incluso se les debe obedecer

(He. 13.17). Pero el énfasis de Jesús no se centró en la autoridad del líder-gobernante sino en la humildad del líder-siervo. La autoridad de un líder cristiano no es mediante el poder sino mediante el amor, no es por la fuerza sino por el ejemplo, no emplea la coacción sino la persuasión razonada. Los líderes tienen poder, pero el poder sólo está a salvo en las manos de aquellos que se humillan para servir.

¿Por qué razón hace hincapié Jesús en el servicio del líder? Sin duda en parte es porque el peligro del liderazgo es el orgullo. El modelo farisaico no servía para la nueva comunidad que Jesús estaba edificando. Los fariseos amaban los títulos nobiliarios como «Padre», «Maestro», «Rabí», pero esto era a la vez un pecado contra Dios, a quien pertenecen estos títulos, y un elemento destructivo dentro de la comunidad cristiana (Mt. 23.1-12).

Sin embargo, la principal razón por la cual Jesús subrayó el rol de siervo del líder es, por cierto, que el servicio a los demás significa el reconocimiento tácito de su valor. Me preocupa observar últimamente cómo el mundo toma prestado el modelo de «servicio» en el liderazgo y lo recomienda por razones equivocadas. Por ejemplo Robert K. Greenleaf, especialista en el campo de la investigación y la educación en el área de la conducción de empresas, publicó en 1977 un extenso libro titulado *Servant Leadership* (El líder-siervo), al que le dio el misterioso subtítulo de «Un viaje hacia la naturaleza de la grandeza y el poder legítimos». Explica que el concepto del «siervo como líder» lo descubrió en *Viaje al Este*, una novela de Herman Hesse, en la que Leo, un criado que formaba parte de un grupo de viajeros al fin se revela como quien ha estado liderando a los demás. El «principio moral» que el señor Greenleaf deduce es que «el gran líder es visto en primer término como siervo». O expresado en extenso:

> la única autoridad que merece nuestra lealtad es aquella otorgada libremente y con discernimiento por los liderados al líder, en respuesta y en proporción a la clara y evidente estatura de siervo que el líder posee. Quienes escojan obedecer este principio ... responderán libremente a los individuos que han sido elegidos como líderes por ser siervos comprobados y confiables.[24]

No niego que esto sea cierto, que los líderes deben distinguirse primeramente en el servicio. Pero el peligro del principio tal como se lo plantea es que considera el servicio sólo como un medio para otro fin (alcanzar el liderazgo), y por lo tanto se lo recomienda por su utilidad pragmática. Sin embargo, eso no es lo que enseña Jesucristo. Para él el servicio es un fin en sí mismo. T. W. Manson da una explicación lúcida de la diferencia:

En el Reino de Dios el servicio no es un trampolín a la nobleza; es la nobleza misma, la única clase de nobleza que goza de reconocimiento.[25]

¿Por qué, pues, identificó Jesús el servicio con la grandeza? ¿No será por el valor intrínsico de los seres humanos, que es la presuposición en que se basó Cristo para el ministerio de amor-entrega, y que es un elemento esencial de la mente cristiana? Si los seres humanos son seres creados a imagen de Dios, entonces han de ser servidos y no explotados, respetados y no manipulados. En palabras de Oswald Sanders:

la verdadera grandeza, el verdadero liderazgo no se logra reduciendo a los hombres al propio servicio, sino entregándose uno mismo al servicio desinteresado de los demás.[26]

Aquí también se encuentra el peligro de ver el liderazgo en términos de proyectos y programas. El liderazgo inevitablemente abarcará el desarrollo de tales herramientas, pero las personas tienen prioridad sobre los proyectos. Y las personas no deben ser «manipuladas» ni «manejadas» (en inglés sinónimo de «administradas»). Si bien el último término es menos humillante que el primero, ambos son derivados de *manus*, mano, y ambos implican un manipuleo de la gente como si se tratara de un producto en vez de una persona.

Así es que los líderes cristianos sirven, y de hecho no sirven a sus propios intereses sino a los de los demás (Fi. 2.4). Este sencillo principio debe librar al líder del individualismo excesivo, del aislamiento excesivo y de la construcción egocéntrica de un imperio. Pues quienes sirven a otros sirven mejor en equipo. El liderazgo en equipo es más sano que el liderazgo inividual, por varias razones. La primera: los miembros de un equipo se *complementan* unos a otro, pues construyen sobre la base de los puntos fuertes de cada uno y se compensan las debilidades mutuamente. Ningún líder posee todos los dones, de modo que ningún líder debe conservar todas las riendas en sus manos. La segunda razón: los miembros de un equipo se *animan* mutuamente, identificando los dones de cada uno e incentivándose unos a otros a usarlos y desarrollarlos. Como solía decir Max Warren:

El liderazgo cristiano no tiene nada que ver con la auto-afirmación (o engreimiento), pero todo que ver con estimular a los demás a afirmarse a sí mismos.[27]

La tercera razón, los miembros de un equipo son *responsables los unos delante de los otros*. El trabajo compartido significa responsabilidad compartida. Asimismo se escuchan mutuamente y aprenden unos de otros. Tanto la familia humana como la familia divina (el cuerpo de Cristo) son contextos de solidaridad en los que cualquier delirio de grandeza incipiente se esfuma de inmediato.«El camino del necio es derecho en su opinión; mas el que obedece al consejo es sabio» (Pr. 12.15).

En todo este énfasis cristiano del servicio, el discípulo sólo busca seguir y reflejar a su maestro. Pues aunque era Señor de todos Jesús se hizo siervo de todos. Se puso el delantal de servidumbre, se arrodilló y lavó los pies de los apóstoles. Ahora nos dice a nosotros que hagamos lo mismo, que nos revistamos de humildad y que en amor nos sirvamos unos a otros.[28] Ningún liderazgo es auténticamente a imagen de Cristo si no se caracteriza por un espíritu de servicio humilde y gozoso.

Disciplina

Toda visión tiende a disiparse. Todo visionario es propenso al desánimo. El trabajo duro que se comenzó con celo fácilmente se vuelve una pesada carga. El sufrimiento y la soledad hacen de su parte. El líder se siente poco reconocido en su trabajo y se cansa. El ideal cristiano de servicio humilde suena bien en teoría pero al parecer resulta impráctico. Así que el líder tal vez se sorprende a sí mismo pronunciando este soliloquio: «Resulta más rápido obrar atropellando a los demás; así se obtienen mejores resultados. Y si el fin es bueno, ¿importa realmente qué medios empleamos para alcanzarlo? Quizá hasta unas leves claudicaciones a los valores se puedan justificar a veces.»

Evidentemente, los líderes también son de carne y hueso, y no de yeso, mármol ni vidrio de color. Efectivamente, como afirmó Peter Drucker «las personas fuertes siempre tienen fuertes debilidades».[29] Aun los grandes líderes de la historia bíblica tuvieron defectos fatales. Ellos también eran de naturaleza caída, débiles y falibles. Noé el justo se emborrachó. Abraham el fiel llegó tan bajo como para arriesgar la castidad de su esposa para garantizar su propia seguridad. Moisés perdió la paciencia y se enojó. David quebrantó cada uno de los mandamientos de la segunda tabla de la ley, pues se hizo culpable de adulterio, asesinato, robo, falso testimonio y codicia, todo en el mismo episodio de rebelión moral por Betsabé. La solitaria valentía de Jeremías estaba viciado por la auto-conmiseración. Juan el Bautista, a quien Jesús describió como el mayor hombre que hubiera existido jamás, estaba agobiado por la duda. Detrás de su impulsiva jactancia Pedro sin duda ocultaba una profunda inseguridad. Si los héroes de las Escrituras fallaron, ¿qué esperanza tenemos nosotros?

La última cualidad distintiva del líder cristiano es la disciplina, no sólo la auto-disciplina en general (el dominio de las pasiones, del tiempo y las energías), sino en particular la disciplina con la cual espera en Dios. Conoce su propia debilidad. Conoce la grandeza de la tarea y la fuerza de la oposición. Pero también conoce las inagotables riquezas de la gracia de Dios.

Hay numerosos ejemplos bíblicos. Moisés buscó a Dios «Y hablaba Jehová a Moisés cara a cara como habla cualquiera a su compañero.» David confiaba en Dios como su pastor, su luz y salvación, su roca, la fortaleza de su vida, y en tiempos de profunda angustia hallaba fuerzas en el Señor su Dios. El apóstol Pablo, agobiado por un mal físico o psicológico al que él llamaba «aguijón en mi carne», oyó a Jesús que le dijo: «Bástate mi gracia» y aprendió que sólo en su debilidad hallaba fortaleza.

Pero nuestro ejemplo sublime es nuestro Señor Jesucristo mismo. A menudo se dice que siempre estaba a disposición de la gente. Eso no es cierto, no lo estaba. Hubo ocasiones en que mandó a las multitudes que se marcharan. No permitía que lo urgente sustituyera a lo importante. Constantemente se alejó de las presiones y el fulgor de su ministerio público, con el fin de buscar a su Padre en la quietud de la soledad y volver a colmar sus reservas de fuerzas. Luego, cuando llegó el fin, Jesús y sus apóstoles enfrentaron la última prueba juntos. Con frecuencia me he preguntado: ¿Cómo fue que ellos lo abandonaron y huyeron, mientras que él fue a la cruz con tanta serenidad? ¿No habrá sido porque él oró mientras ellos dormían?[30]

Sólo Dios es quien «da fuerza al cansado, y multiplica las fuerzas al que no tiene ningunas». Pues aun «los muchachos se fatigan y se cansan» y «los jóvenes flaquean y caen». Pero quienes «esperan a Jehová» y confían en él pacientemente, «tendrán nuevas fuerzas; levantarán alas como las águilas; correrán y no se cansarán; caminarán y no se fatigarán» (Is. 40.29-31). Sólo aquellos que se disciplinan a buscar el rostro de Dios son quienes mantienen viva su visión. Sólo en quienes viven delante de la cruz de Cristo el fuego interior se reaviva constantemente y nunca se apaga. Aquellos líderes que se consideran fuertes en su propia fortaleza son las personas más lastimosamente débiles; sólo aquellos que conocen su debilidad y la reconocen pueden volverse fuertes en la fortaleza de Cristo.

Hemos intentado el análisis del liderazgo cristiano. Al parecer se lo puede desglosar en cinco componentes principales: visión clara, trabajo arduo, perseverancia tenaz, servicio humilde y disciplina férrea.

En conclusión, mi opinión es que debemos arrepentirnos de dos pecados especialmente horrendos. El primero es el *pesimismo*, que deshonra a Dios y es incompatible con la fe cristiana. Por cierto, no olvidamos la naturaleza caída de los seres humanos y su depravación. Tenemos plena conciencia de cuan penetrante es el mal. No nos permitimos la necedad de imaginar que la sociedad alcance la perfección antes de que Cristo vuelva y establezca su reino plenamente. No obstante, también creemos en el poder de Dios: en el poder del evangelio de Dios para cambiar a los individuos y en el poder del pueblo de Dios (que actúa como sal y luz) para cambiar la sociedad. Debemos abandonar, pues, tanto el optimismo ingenuo como el pesimismo cínico, y reemplazarlos con la sensatez y la confianza del realismo de la Biblia.

El segundo pecado del que necesitamos arrepentirnos es la *mediocridad*, y su aceptación. Me urge hablar así, especialmente a los jóvenes: «¡No te contentes con lo mediocre! ¡No te conformes con nada menos que la plenitud del potencial que recibiste de Dios! ¡Sé ambicioso y aventurero para Dios! Dios te ha hecho una persona única por tu dotación genética, tu crianza y educación. El mismo te ha creado y dado dones, y no quiere que su trabajo se desperdicie. Su intención es que seas una persona realizada y no frustrada. Su propósito es que todo lo que eres y tienes se extienda en su servicio y el servicio a los demás.»

Esto significa que Dios tiene un papel de liderazgo de algún grado y de algún tipo para cada uno de nosotros. Debemos, pues, buscar su voluntad con todo nuestro corazón, clamar a él para que nos dé una visión de aquello a lo que nos está llamando a hacer con nuestras vidas, y orar pidiendo gracia para ser fieles (no necesariamente exitosos) en la obediencia a la visión celestial.

Así, al fin de nuestros días podremos decir junto con el apóstol Pablo: «He peleado la buena batalla, he acabado la carrera, he guardado la fe» y oiremos a Cristo decirnos aquellas palabras tan anheladas: «Bien, buen siervo y fiel».

Notas

1. Bennie E. Goodwin II, *The Effective Leader: a Basic Guide to Christian Leadership*, Inter-Varsity Press, Illinois, 1971, p. 8.
2. William Shakespeare, *Twelfth Night*, II. iv. 158.
3. J. Oswald Sanders, *Spiritual Leadership*, Marshall, Morgan & Scott, 1967; Lakeland ed., 1981, p. 20.
4. Pr. 29.18. La VRV dice: «Sin profecía el pueblo se desenfrena».

5. Ronald A. Knox, *Enthusiasm, a chapter in the history of religion*, Oxford University Press, 1950, p. 591.
6. Extraído del *Washington Post*, republicado en *The Guardian Weekly* en Junio de 1978.
7. Robert K. Greenleaf, *Servant Leadership, a journey into the nature of legitimate power and greatness*, Paulist Press, 1977, p. 236.
8. Con respecto a la visión de Pablo, ver, e. g. Hch. 26.16-20; Ef. 2.11 - 3.13.
9. Douglas Hyde, *Dedication and Leadership*, «Learning from the Communists», University of Notre Dame Press, 1966, pp. 15-16.
10. *Ibíd.* p. 121.
11. *Ibíd.* pp. 30-31.
12. *Ibíd.* p. 52.
13. *Ibíd.* p. 59.
14. Robert K. Greenleaf, *op. cit.*, p. 16.
15. David Bleakley, *Work: The Shadow and the Substance, a reappraisal of life and labour*, SCM, 1983, p. 85.
16. Citado por William Barclay en su obra *A Spiritual Autobiography or Testament of Faith*, Mowbray y Eerdmans, 1975, p. 112.
17. Extraído de un comentario de Canon R. W. Howard sobre *Wheels To Fortune: the life and times of Lord Nuffield*, de James Leasor, 1955.
18. Basil Matthews, *John R. Mott, World Citizen*, SCM, 1934, p. 357.
19. Reginald Coupland, *Wilberforce*, Collins, 1923, 2a. edición, 1945, p.77.
20. John C. Pollock, *Wilberforce*, Lion, 1977, p. 27. Sir Reginald Coupland relata el mismo incidente con otras palabras, *op. cit*. p. 9.
21. *Ibíd.* p. 56.
22. *Ibíd.* p. 304.
23. *Ibíd.* p. 308.
24. Robert K. Greenleaf, *op. cit.* pp. 7-10.
25. T. W. Manson, *The Church's Ministry*, Hodder & Stoughton, 1948, p. 27.
26. J. Oswald Sanders, *op. cit.* p. 13.
27. M. A. C. Warren, *Crowded Canvas*, Hodder & Stoughton, 1974, p. 44.
28. Jn. 13.12-17; 1 P. 5.5; Gá. 5.13.
29. Peter F. Drucker, *The Effective Executive*, Harper & Row, 1966, p. 72.

30. Acerca de Moisés, ver Ex. 33.11 y Dt. 34.10; acerca de David, Sal. 23.1, 27.1 y 1 S. 30.6; acerca de Pablo, 2 Co. 12.7-10; y acerca de Jesús, Mr. 4.36, 6.45, 14.32-42 y 50.